“十三五”国家重点出版物出版规划项目

中国当代法学家文库

张守文经济法学研究系列

发展法学

经济法维度的解析

张守文　著

中国人民大学出版社

·北京·

序　言

人民幸福，国家长安，历来是各国共同的发展目标。而如何有效解决“发展问题”，切实促进和保障发展，既是各相关学科历久弥新的研究对象，也是各国制度实践的重中之重。

回望发展史，在农业经济时代，中国的 GDP 曾长期遥遥领先于世界诸国。但西方国家工业革命的迅猛发展，新技术的大量运用，极大提升了劳动生产率，使东方古国在国际竞争中日渐落伍。尽管我国在 1860 年后曾发起“自强运动”，力图“师夷长技”，但终因制度保障不足，未能实现崛起和复兴。而辛亥革命后的军阀混战、外敌入侵、多年内战，更使国家发展严重受阻。直到 1949 年，随着新政权的建立和新制度的确立，国家的发展才得以步入正轨，并通过“集中力量办大事”的举国体制，迅速建立了较为完整的国民经济体系。随着计划经济体制诸多不足的显现，我国在 1978 年开启了改革开放的伟大征程，通过持续引进先进技术和优化相关制度，推动市场化、信息化、法治化，并逐步融入全球化，成功实现了经济起飞和多年高速增长，并跃升为世界第二大经济体。

发展是各国的第一要务。任何国家都必须持续推进本国的发展，并不断实现全面发展的目标。无论是中国的发展道路，还是各国不同的发展模式，都至少涉及两个重要的影响因素，即技术和制度。其中，技术对发展的促进作用较为显见，而制度对发展的重要贡献则易被忽视。如何通过各类制度（特别是法律制度）来保障和促进发展，如何构建良好的发展环境，实现高质量的永续发展，是亟待深入研究的重大问题。

对各类发展问题，迫切需要从法学视角展开专门研究，由此可以构建法学的重要新兴分支学科——发展法学。既往的发展经济学、发展社会学、发展政治学都提出了相关“发展理论”，发展法学不仅要从中汲取营养，更要推进整体“发展理论”的发展，对此，法学各个分支学科都可以也应当作出自己的理论贡献。

在诸多法律制度中，经济法制度对发展的影响更为直接而深远，为此，本书着重从经济法的维度，对发展法学的基本体系、基本范畴、基本问题、基本逻辑进行解析，相关研讨涉及发展法学的本体论、发生论、价值论、规范论、运行论和范畴论，上述诸论共同构成了发展法学的基本框架和主要内容。

本书强调，解决发展失衡、发展失调、发展失序等“发展问题”，需要加强法律制度的有效调整，充分保护各类发展主体的发展权利，确保其发展义务或发展负担轻重适度，并通过构建“发展导向型法治”，促进和保障现代化经济体系的建设；在市场化、信息化、全球化的背景下，应通过推进法治化，处理好国家与国民、政府与市场、中央与地方、国内与国外等各类关系，从而实现整体现代化的发展目标。

在本书初稿交给出版社后不久，新冠疫情暴发并迅速蔓延。疫情的全球大流行，引发了严重的社会危机和经济危机，对各国的发展路径和历史进程产生了重要影响；与此相关的公共卫生安全、逆全球化、内卷化等，构成了多重复杂的发展问题，对此尤其应通过制度优化，推进国内和国际各个层面的治理现代化来加以解决，同时需要大力加强发展法学研究。因此，除了经济法学，其他各个部门法学科、法理学等，都可以从各自的维度研究发展问题，这对于全面推进发展法学的构建和完善更为重要。

当前，我国已开启建设现代化国家的新发展阶段，要实现现代化的发展目标，必须切实落实新发展理念，构建新发展格局，推进高质量发展。在此过程中，只有强调法治建设的发展导向，才能有效推动现代市场体系和现代经济体制的完善，促进数字经济的发展和全球治理体系的形成。因此，在法治建设中融入正确的发展理念，逐步确立“发展导向型法治”，切实处理好效率与公平、自由与秩序、安全与发展等重要关系，都是发展法学研究应予关注的重要问题。

发展法学事关法学发展的未来。只有充分吸纳经济学、社会学、政治学等相关学科成果，开展跨学科研究，才能夯实发展法学的研究基础，丰富和完善整体的发展理论，推进相关领域的哲学社会科学发展。基于发展法学的独特性和重要性，基于学界的共同努力，未来的发展法学极有可能为中国法学乃至世界法学的发展作出重要贡献。

非常感谢中国人民大学出版社长期以来的大力支持，尤其感谢本书的各位编辑老师认真细致的编辑工作。由于发展法学是新兴的法学分支学科，本书仅是非常初步的探讨，对于其中可能存在的诸多不足，诚望读者方家多予雅正。

张守文

2021 年 7 月 1 日

于北京大学法学院科研楼

目　录

导　论

一、研究背景与价值

纵观人类社会的历史，如何通过有效的发展，实现民富国强，始终是世界各国普遍追求的重要目标。不同的发展道路、发展模式、发展制度，带来了发达与落后、富足与贫困、强盛与弱败等不同结局，直接影响着各国的兴衰沉浮和人民福祉。①

正因如此，围绕发展所形成的发展道路、发展模式、发展制度，以及发展失衡、发展失调、发展失序等诸多发展问题，一直是各国政府关注的焦点，同时，也是学术研究持续瞩目的热点。为了实现更好的发展，许多国家都在多个领域推进改革，并不断完善相关制度，加强法治建设，力图实现国家的现代化。

---

① 诺思（Douglass C. North）等认为，有效率的经济组织是经济增长的关键，也是西方兴起的原因；对经济增长起决定性作用的是制度性因素，因而应重视制度对发展的促进和保障。诺思，托马斯. 西方世界的兴起. 厉以平，等译. 北京：华夏出版社，1999：5-7. 此外，有关制度变迁与发展之间的内在关联的探讨，可参见诺思，托马斯. 经济史中的结构与变迁. 陈郁，等译. 上海：上海三联书店，1994：231-234。

事实上，实现现代化是许多国家的重要发展目标。从全球范围内看，一些欧洲国家在 300 年前即已开启现代化进程。我国大约晚于欧洲 100 年，也开始探索现代化道路。例如，在 1860 年以后，我国的一批志士仁人曾发起“自强运动”，旨在学习西方，实现现代化，但最终因“重器物而不重制度”，未能使国家走上富强的道路①；在 1954 年通过五四宪法之际，我国再次提出现代化的目标，并经历了艰辛的探索；在改革开放后，国家提出了“四个现代化”的目标；在 2017 年，国家又提出了分两个阶段建成社会主义现代化强国的目标，从而明确了未来的发展方向。

当前国家全面推进的现代化，需要经济、社会、政治、文化诸多领域的全面改革和发展，也需要法治的全面保障。在此过程中，全面深化改革、全面依法治国与全面推进发展，始终存在紧密关联，其中，改革和法治都要促进和保障发展，在发展中解决发展矛盾（即社会主要矛盾）和发展问题（即发展失衡、失调和失序的问题），从而实现各类重要的发展目标。

国家要有效发展，需要有明晰的发展理念，并在其指导下形成自己的发展道路，保障和促进发展的各类制度。从总体上说，各类法律制度均与发展存在直接或间接的关联，而那些以促进和保障发展为直接目标的相关法律制度，则构成了发展法学的研究对象，在此基础上有条件形成法学的新兴领域或者新兴学科，此即发展法学。

其实，关于“法律与发展”的研究在 20 世纪即已存在，它是随着跨越经济学、社会学、政治学、法学等诸多学科的发展理论的不断扩展，而不断发展起来的。在发展理论不断深化的过程中，有的国家形成了“法律与发展研究”的运动②，这在一定程度上为发展法学的形成奠定了重要基础。

---

① 中国的现代化始于 19 世纪 60 年代开始的自强运动（亦称洋务运动），其因主要从器物层次入手，缺少政治、文化改革的配套而导致失败。相关研究参见罗荣渠. 现代化新论——中国的现代化之路. 上海：华东师范大学出版社，2013：282-283；张琢. 中国现代化的历程及前瞻. 北京：社会科学文献出版社，2017：10。

② 可参见杜鲁贝克. 论当代美国的法律与发展研究运动. 比较法研究，1990（2，3）；姚建宗. 法律与发展研究的理论倾向. 南京大学法律评论，1990（1）；郑永流. 法律与发展——九十年代中国法哲学发展的新观点. 中外法学，1992（4）；等等。

随着经济学、社会学、政治学等对发展问题的集中关注，相应地形成了发展经济学、发展社会学、发展政治学等分支学科[①]；随着法学研究对发展问题重视程度的日益提高，“从法学视角看发展”的成果与日俱增，在法学领域也应形成发展法学，并将其作为跨越部门法学科划分的新兴法学分支学科，这也符合问题导向、问题定位、科际整合的研究方向。

中国是世界上最大的发展中国家，作为世界第一人口大国和第二大经济体，在自身的发展过程中，会涉及发展道路选择、发展理念落实、发展权利保障、发展能力提升等大量复杂问题，需要解决发展的不平衡、不协调、不可持续等各类发展问题，而各类发展矛盾、发展问题的解决，都与法律、法治密不可分。如何围绕发展目标和发展导向，深入进行法学研究，并由此提炼发展理论，构建发展法学，已成为非常迫切的重大现实问题。

随着市场化、信息化、全球化的发展，发展问题会变得更为多样和复杂，法律制度和法学理论也面临着许多新的挑战：如何在市场化的基础上，结合信息化、全球化带来的新问题，对各类主体的发展权予以有效保障？如何通过法律规制，有效应对和解决发展中的各类问题？如何基于发展需要，构建发展导向型的法治？等等，诸如此类的问题，也都需要法学研究作出回答，由此使构建发展法学更为必要。

传统的法学研究，主要围绕传统部门法领域展开，这些都是非常重要的。只是随着问题的日益复杂化，单靠某个部门法已难以解决诸多相互纠缠的问题，因而需要超越部门法，从问题定位、问题导向、科际整合的角度，来研究相关问题。发展问题作为“复杂问题”，尤其需要在传统部门法的基础上，依托于新兴部门法，展开跨部门的研究，因此，发展法学的构建，其实是各个相关部门法学科共同的任务，同时，也必须有法理学研究的深度参与。在这个意义上，只有各

① 例如，在发展社会学领域，基于马克思、韦伯、迪尔凯姆的开创性贡献，在发展理论研究的过程中，又形成了现代化理论、依附理论、世界体系理论等诸多理论，对此，已有大量研究成果，可参见韦伯斯特. 发展社会学. 陈一筠，译. 北京：华夏出版社，1987：22-28，等等。

个相关法学分支学科都对发展问题展开研究，才可能构建起发展法学的大厦。

整体的发展法学的构建任务非常繁重，需要各个学科形成基本共识；同时，在诸多发展问题中，经济发展、社会发展的问题更大量、更突出地存在，也更为迫切地需要解决，并且，从与经济、社会密切相关的部门法维度展开研究也更为便捷，因此，可以选择以经济法、社会法等新兴部门法为依托或突破口，对发展法学展开集中研究。

正是基于上述考量，本书着重从经济法的维度，对发展法学的相关问题展开研讨和解析。由于从经济法维度可以直接审视大量发展问题，有助于构建发展法学的基本理论框架和范畴体系，也有助于提炼发展法学研究中应关注的相关主线和基本问题，因此，从经济法维度研究发展法学问题，对于推进整体发展法学的构建和发展，是更为适当的捷径。

二、核心命题、基本结构与主要内容

（一）核心命题

发展法学应成为法学的重要新兴学科。虽然以往学界尚未在整体上对发展法学展开系统研究，但既往的探讨已为其学科构建奠定了重要基础。此外，中国以及其他国家的发展实践，特别是现代化建设的实践，以及其中展现的各类发展问题和法治问题，为发展法学研究提供了非常重要的源头活水，使发展法学研究更具有现实性、前沿性，对发展法治实践问题的解决更有解释力和指导力。

发展法学可以为中国乃至世界法学的发展作出重要贡献。中国作为最大的发展中国家，创造了人类历史上的发展奇迹，其中，法律或法治对于促进和保障发展起到了何种作用，是非常值得研究的问题，需要进一步展开“法律与发展”或者“发展与法治”的研究，并将其作为法学研究的重要领域。如果法理学和部门法学的学者能对上述问题展开系统研究并提出有效解释，并由此构建发展法学，则可能会对中国乃至世界法学发展作出重要贡献。

基于上述对发展法学的认识，本书的核心命题是：发展需要法律的促进和保障，应构建发展导向型法治，并据此构建发展法学。

如果对上述命题进一步展开，则本书试图强调：发展失衡、发展失调、发展失序等发展问题，需要通过法律制度的调整来加以解决，其具体方式是对各类发展主体的发展权利进行有效分配，对发展义务或发展负担进行轻重适度的调整，为此，需要明确整体法治的发展导向，并在法治体系的各个环节加以落实，唯有如此，才能切实提高法治化水平，保障和促进现代化经济体系的建设，在市场化、信息化、全球化的背景下，处理好国家与国民、政府与市场、中央与地方、国内与国外等各类关系，实现整体现代化的发展目标。

（二）基本结构和主要内容

基于上述考虑，本书着重从经济法的维度，基于如下基本结构，探讨如下主要内容：

导论部分，主要探讨发展法学的研究背景和研究价值，提出本书的核心命题和基本结构，揭示全书关注的基本问题和逻辑主线，说明本书所采用的研究方法等，从而为后续的研讨提供基本的引领。

本论部分，共分六章，每章都探讨发展法学的某一个领域的理论或实践问题；同时，各章节之间紧密关联，层层递进，在整体上构成发展法学的基本框架和主要内容。现分述如下。

第一章，主要探讨发展法学的基本理论。本章分别涉及贯穿发展法学的发展理念、支撑发展法学的发展理论，以及发展法学需要重点关注的发展促进问题，上述的发展理念、发展理论与发展促进，将理念、结构与功能三大问题关联起来，集中就发展法学的价值与理念、理论架构与基本范畴，以及法律规制功能方面展开研讨，这些思考涉及发展法学的本体论、价值论和发生论，是后续各章的理论基础。

第二章，主要探讨发展权利的法律分配。基于第一章对发展法学的基本框架和基本范畴的概括，可以认为，发展权利是发展法学的基本范畴，如何对发展权利进行法律分配是发展法学非常核心的问题，为此，本章先探讨一般意义上的发展权，并对其中最为重要的经济发展权作出解析，在此基础上，分别探讨市场主体定价权的分配与行使，以及地方政府举债权的法律规制问题。上述有关发展权利的分配、行使及其法律规制的探讨，不仅涉及发展法学的规范论，也涉及运行论问题。

第三章，主要探讨发展负担的法律调整。与第二章有关发展权利的探讨相对应，本章着重对发展主体的发展负担的法律调整问题加以阐释。发展负担作为发展义务的直接体现，其轻重直接影响各类主体的发展，为此，需要明确减负与转型是推动各类主体发展的重要路径。对于影响市场主体的发展负担必须依法调整，保障其轻重适度；对于政府主体负担过重的问题，必须考虑有效转变政府职能，并通过公私合作等制度创新推进其减负与转型，使政府可以专注履行其提供公共物品的发展责任。本章和第二章都涉及发展法学应当关注的主体、权利、义务、责任等问题，是对发展法学规范论问题的集中讨论。

第四章，主要探讨经济法治的发展导向。无论是前述的发展权利分配，还是发展负担调整，都需要在法治的框架下展开，因此，有利于促进和保障发展，是法治建设的重要方向，在经济法治领域尤其应体现发展导向。为此，在“发展与法治”的关系上，应总结经济法治存在的问题，明确强调其发展导向，着重解决法治经济领域的良法善治、产权保护等重要问题。在此基础上，本章以税收立法为例，说明在立法中如何体现发展导向，并进一步以具体的增值税立法和资本市场监管执法、营商环境优化为例，说明在经济法治领域坚持发展导向的必要性和重要性，这是对发展法学运行论问题的集中讨论。

第五章，主要探讨现代化经济体系的法治保障。基于上述经济法治的发展导向，为了实现现代化的发展目标，应加强对现代化经济体系的法治保障。为此，不仅需要通过法治手段，为现代化经济体系及其各个子体系提供支撑、促进和保障，还应构建促进发展的现代经济体制，并通过推行公平竞争审查制度，促进现代市场体系建设。在此过程中需要处理好政府与市场、中央与地方等各类关系，并加强各类制度的协调，以实现促进和保障发展的目标。上述探讨会大量涉及发展法学的规范论和运行论的内容。

第六章，主要探讨全球化与信息化发展的法律应对。前面各章主要在市场化的背景下，探讨法治对发展的促进和保障等问题，本章则主要结合全球化和信息化的最新发展和相关挑战，探讨如何进行法律应对，并实施具体的法律规制。本章在全球化方面，将着重研讨贸易战与国家竞争的法律应对问题；在信息化方面，将着重研讨人工智能产业发展以及分享经济发展的法律规制问题。上述研讨涉及国内与国外、传统与现代、科技与法律等诸多关系的处理，与发展法学的多种理论都有关联。

结论部分，主要是对前面各章的探讨作出总结，提炼发展法学的基本理论框架和需要关注的基本问题，提出对发展法学未来发展的期待和期望。

以上各部分，构成了本书的导论、本论和结论的基本结构，它与全书所涉及的主要内容相对应。此外，在上述结构和内容中，也贯穿着发展法学的本体论（如什么是发展法学，其定位如何等）、发生论（如发展法学或发展理论的产生和发展等）、价值论（如发展理念、公平与效率、自由与秩序、安全与发展等价值）、规范论（如发展主体、发展权利、发展义务、发展负担、发展责任等方面的讨论）、运行论（如发展导向型的法治，以及有关发展的具体立法、执法、法治保障等方面的研究）、范畴论（如发展矛盾、发展问题、发展目标、发展能力等范畴的提炼）。上述各类理论，构成了发展法学的基本结构或分析框架，这也是理解本书基本框架的一个重要路径。

此外，发展法学的构建，是在市场化、信息化、全球化相互影响、迅速发展的背景下展开的，因而本书前几章主要是基于传统的市场化主线，关注国家与国民、政府与市场、中央与地方等多重关系的调整；而最后一章则基于全球化与信息化的主线，进一步探讨影响各类主体发展的最新法律规制问题，使发展法学能够与时俱进，并关注时下正在发生和发展的最新问题。这不仅有助于增进发展法学的系统性或体系化，也有助于保持发展法学研究的前沿性或前瞻性。

总之，本书的基本结构与主要内容紧密相关、互相支撑，对上述基本结构的理解，有助于深入认识本书所研讨的主要内容之间的关联，从而可以从系统分析的视角对整体发展法学进行整合研究，也更有助于解决发展领域的现实问题。

三、研究维度与研究方法

（一）研究维度

发展是时代的主旋律，各类法律制度都与发展存在直接或间接的关联，即使是直接涉及发展目标或发展问题的法律制度，数量也十分庞大。因此，发展法学研究所涉及的内容非常丰富，在构建发展法学的过程中，不可能面面俱到，无所不包，而必须有所取舍，突出重点，这会对本书的研究维度和研究方法产生直接的影响。

本书的主要任务是提出发展法学的基本框架和基本范畴，并对相关基本问题展开探讨，因此，需要围绕主要任务，选取发展法学领域的重点法律制度，展开"以小见大""部分中体现整体"的研究。考虑到在诸多法律制度中，经济法制度与发展目标、发展问题等关联最为密切，为此，本书选取从经济法的维度展开研究。事实上，经济发展是一切发展的基础，经济发展权是各类发展权的基础，而对经济发展、经济发展权具有最为直接和重要影响的法律制度是经济法，因此，从经济法的维度展开研究，有助于发现发展法学中最重要、最基本的问题，对发展法学的构建具有更重要的意义。

基于经济法的维度，本书在探讨中会涉及三个关键词，即经济、发展、法治，并形成贯穿全书的"经济—发展—法治"的主线。本书从经济的角度，将关注各类经济主体（如市场主体和政府）在不同经济领域（包括私人经济和公共经济领域）的经济行为，探讨在发展过程中政府与市场的关系；从发展的角度，将关注促进和保障经济发展的各类制度，特别是经济法制度；从法治的角度，将关注如何在法治框架下促进和保障经济发展，以及如何确立发展导向型的经济法治。这样，就可以把经济发展、经济法治以及其中涉及的经济发展权、发展负担等问题联系起来，并构成一个整体的分析框架。

（二）研究方法

新兴的发展法学研究，需要运用哲学方法、一般科学方法（如逻辑方法、系统分析方法等）以及专门科学方法（如经济分析方法、社会分析方法、政策分析方法、历史分析方法等）。这些研究方法在本书中都会不同程度地运用。

由于发展法学的研究涉及不同部门法和不同学科，需要比较国内外促进发展的制度实践，以及与发展相关的理论成果，也需要对法律规定进行有效解释，因此，本书后面的研讨主要采用如下研究方法：

1. 跨学科研究方法。发展法学的研究，涉及在多个学科研究中生成的发展理论，因此，需要结合发展经济学、发展社会学、发展政治学等相关“发展类”学科的研究成果，同时融入法学研究的相关理论；此外，在法学内部，会涉及经济法学、宪法学、民商法学、社会法学、行政法学、国际法学等与“发展”密切相关的学科。

2. 比较研究的方法。主要是对不同国家、不同领域有关发展的制度安排和理论认识进行比较，结合我国的发展需要，提出促进和保障发展的制度安排设想，构建相关发展法学理论。这与上述的跨学科研究方法是一脉相传的，因为只要是跨学科的研究，就会涉及比较方法的运用。

3. 法律解释学的方法。前面的跨学科研究方法，主要涉及所谓社科法学的研究方法，而这里的法律解释学方法，或称法教义学方法，主要涉及对现行宪法、法律、法规的解释。发展法学的价值论、规范论、运行论等方面的研究，都会涉及此类方法的运用。

4. 系统分析的方法。发展问题是相关经济系统、社会系统等出现发展失调、失衡、失序的结果，因此要解决各类发展问题，必须从整体出发，运用系统分析方法，关注整体与局部、结构与功能等各方面的关系，使各类子系统、系统内外的相关部分保持应有的协调，以促进各类系统（如法治系统、现代化经济体系等）不断优化，这对于发展法学的研究非常重要。

上述几类研究方法并非截然分开，在相关问题的研究中可能会交替运用，从而有助于尽量避免相关研讨的片面性。随着发展法学研究的深入，在某些具体问题的探讨过程中还可能用到其他多种研究方法，这对于丰富法学研究的方法论也甚有裨益。

第一章　发展法学的基本理论

发展法学的基本理论，包括本体论、发生论、价值论、规范论、运行论、范畴论等，本章对上述诸论的内容均有不同程度涉及，同时，本书后续各章也都是对上述诸论的展开，只是各章的侧重点有所不同。本章着重探讨发展法学的本体论、价值论的问题，意在明确发展法学的学科定位、理论架构、精神理念、制度功能等更为基本的问题，以为整体发展法学奠定理论基础。

为此，后面各节将分别探讨什么是发展法学，发展理念对发展法学有何影响，贯穿发展法学的发展理论的基本架构如何，以及如何理解发展法学最为关注的法律促进发展的功能，等等。这些探讨涉及理念、结构和功能，是发展法学基本理论中最为核心的问题。

第一节　发展法学与发展理念

一、发展法学的提出

“发展才是硬道理”“发展是第一要务”，这些耳熟能详的命题，都强调了发展的重要性。从不同的层次上看，发展既是目标，也是手段。由于人类所面临的各类问题的产生与解决，往往都与发展直接相关，因而经济与社会发展历来备受重视，并在相关的研究领域，形成了发展经济学、发展社会学和发展政治学等学科。[①]

然而，既往的法学研究，对发展问题大多缺乏关注。即使是法学的学科分类，也基本是按照法律部门的划分标准（尤其是调整对象标准）作出的，对法律调整目标等标准，则较为忽视。事实上，如果从法律调整所要解决的问题来看，就像在经济学、社会学、政治学领域可以有发展经济学、发展社会学和发展政治学一样，在法学领域，也可以有发展法学。

对于发展法学的学科构建，以往曾经有多位学者从不同角度提出相关设想[②]，意在完善法学学科体系，激活相关的法学研究，使其可以围绕如何促进发展来展开。事实上，传统的法学学科，往往更多地关注微观的权义配置和定分止争，但对宏观上的长远发展，则关注不够。而现代法学学科则往往更关注如何通过法律的调整去促进发展的问题，关注经济与社会的未来走向。从对发展的关注，或者从法律调整的重要目标来看，现代法学学科在一定意义上大都可以归属于发展法学。在目前已有的部门法学中，经济法学和社会法学的研究涉及发展问题较多，并以解决经济和社会发展过程中存在的诸多法律问题为主要目标，因此，经济法学和社会法学大体上可以归入到发展法学之中。[③]

---

① 例如，在发展经济学方面刘易斯、佩鲁、罗斯托（Walt Whitman Rostow）、张培刚、缪尔达尔（Gunnar Myrdal）等许多学者曾作出重要贡献，其后也有多部著作产生较大影响，可参见林恩．发展经济学．王乃辉，等译．上海：格致出版社，2009；速水佑次郎．发展经济学．李周，译．北京：社会科学文献出版社，2003；瑟尔沃（A. P. Thirlwall）．发展经济学．郭熙保，崔文俊，译．北京：中国人民大学出版社，2015；等等。这些学科在理论著述和课程设置上都已初具规模，从而为发展法学的构建提供了有益的借鉴。

② 例如，有的学者基于现实存在的城乡、内外等多种“非均衡的二元结构”，强调应当重视和推进发展法学研究。张守文．经济法学的基本假设．现代法学，2001（6）．也有学者从发展中国家法治现代化的视角提出应设立发展法学学科。郝铁川．呼吁设立“发展法学”新学科．法制日报，2018-03-21．

③ 经济法的调整对于经济发展，社会法的调整对于社会发展，以及两类法律规范的综合调整对于经济与社会协调发展，都具有重要的作用，因而非常值得重视。当今国家的职能之所以被强调经济职能和社会职能方面，就是因为经济与社会的发展至为重要。如何通过更为宏观的发展法学的研究，推动经济与社会的良性运行和协调发展，是国家治理必须面对的重要问题。

法学的发展，离不开发展法学。在发展法学中，经济法学是非常重要的。经济法学、社会法学等，是从部门法的角度所作出的一种学科划分，而发展法学则不是，因此，它同民商法学、行政法学、经济法学等并非位于同一层面。其实，在部门法标准之外，还可以有其他不同层面的、不同类型的学科划分标准。因为学术上的划分，仅是为了完成一定的研究任务，未必要把它永久固定化。在经济法学之上，在更高的层面，对发展法学问题做进一步研究，更有利于增进对经济法的理解，也更有利于推进经济法的研究。

考虑到从一定的意义上说，经济法学可以被视为发展法学中的重要组成部分，因此，下面拟以发展理念对经济法学等发展法学的影响及发展理念在法学理论中的体现为线索，来揭示经济法学乃至整个发展法学，对法学发展的重要推动。在后面的研讨中试图说明，发展理念会影响到一个国家的制度建设，因而对包括经济法学在内的发展法学的形成和发展，会有直接的影响，这种影响会体现在经济法理论之中，从而使发展理念得以在经济法理论中渗透或显现。其中，正确的、先进的、科学的发展理念，对于相关的制度建设和法学发展，能够起到巨大的推动作用。

二、发展理念对发展法学的影响

所谓发展法学，概而言之，是以发展问题为研究对象，以促进和保障发展为目标的法学分支学科。较为狭义的发展法学，主要侧重于研究经济和社会的发展；较为广义的发展法学，则还要研究政治和文化的发展等。虽然发展法学的研究范围尚处于变化之中，但由于世界各国的核心目标一般都是经济发展以及与此密切相关的社会发展，因此，发展法学的核心，也主要是研究经济和社会的发展。

从经济法学和社会法学等学科的发展以及推动发展的主体来看，发展法学，在狭义上是以国家推动的发展为基本内容和研究对象的；在广义上，其研究对象还可以包括其他主体（如第三部门）推动的发展或者相关主体（如市场主体）的自我发展。

发展法学与发展理念直接相关。一个国家，一个民族，必须有自己的发展理念。如果对发展的问题认识不清，或者重视不够，国家和民族就不可能有很大的发展。在发展理念不清晰、不正确、不科学的情况下，就会存在许多问题，也不可能形成一套促进发展的合理制度。正因为发展理念非常重要，因而在本书的多个章节，都将贯穿对发展理念问题的讨论。

事实上，在一些特殊的历史时段，我国对发展问题并不重视，没有形成科学、合理的发展理念。在片面强调政治的时代，经济和社会的发展，自然会受到忽视，在制度建设上，人们对发展问题就不可能很重视。因此，在我国过去的法律制度中，对经济和社会发展问题的关注也非常少。历史经验一再表明：当我们普遍不重视发展问题，漠视或者忽视发展问题的时候，就会直接影响相关的制度建设。与此相联系，法学研究对发展问题自然也关注较少，很难形成重要的发展法学。

类似的问题不仅我国有之，在其他国家的历史上也都存在。人类对于发展问题的认识是逐渐深入的。在以往的法律中，主要关注的是生存问题，是最基本的一些人身权和财产权的问题。[①] 随着人类社会的发展，人们才逐渐关注发展问题，并认为发展权同样也是重要的人权（《发展权利宣言》就是典型例证[②]）。同时，对一个国家而言，人们越来越认识到发展的重要性：没有发展，就没有出路，国家在国际竞争中就会落伍。因此，许多后发的殖民地半殖民地国家都纷纷奋起，在国际舞台上主张自己的发展权，要求建立真正平等的国际经济新秩序，要求在国际经济规制的制定上发出自己的声音。与此同时，许多国家开始倡行开放政

① 如民法、刑法乃至宪法等，都要关注人身权和财产权等基本权利，而这些权利在一定意义上都是生存权。相应地，大略说来，以上述传统法为研究对象的法学，更主要的是“生存法学”，而不是发展法学。

② 《发展权利宣言》由联合国大会于 1986 年 12 月 4 日第 41/128 号决议通过。该宣言第 1 条宣布：“发展权利是一项不可剥夺的人权，由于这种权利，每个人和所有各国人民均有权参与、促进并享受经济、社会、文化和政治发展，在这种发展中，所有人权和基本自由都能获得充分实现。”

策，通过各种手段（如税收竞争）吸引外资，促进本国经济和社会的发展。各国在追求经济和社会发展的过程中，都形成了自己的发展理念，而由于这些发展理念的侧重点不同，就会对相关法律制度和发展法学的确立与发展产生不同的影响。

事实上，各个国家在其不同的历史时期，发展理念是很不同的。从纵向上看，各国一般都是由不重视发展向重视发展转变；从横向上看，发达国家比发展中国家往往有更好的、更为科学的发展理念。相对而言，在一定的时空范围内，可以对不同的发展理念进行比较，并大体上可以分为好的发展理念与坏的发展理念、科学的发展理念与非科学的发展理念、正确的发展理念与错误的发展理念、先进的发展理念与落后的发展理念，等等。事实上，正是发展理念的不同，以及在发展实践上的差别，才产生了国家与国家之间在发展水平上的差别。因此，确立一个什么样的发展理念是非常重要的。

发展理念往往会直接影响到制度建设，并由此来影响人类的经济和社会实践。从制度经济学的角度来看，一个国家的政策、法律等，都是人们行为的规则，都是一种制度。一个国家或一个民族的发展理念，往往会直接影响其政策、法律、道德、习俗等内在制度和外在制度①，并进而影响人们的行为，影响人们的发展实践。从历史上看，各个国家在发展水平上的差别，在很大程度上是上述制度实践造成的。

可见，发展理念会渗透到相关的制度之中，对制度的内容产生直接影响，同时，也会对发展法学理论的产生和发展产生直接影响。其中，正确、科学、先进的发展理念，会对制度建设和法学研究产生积极而巨大的影响，并会有效地体现在相关的制度和法学理论之中。不同国家或民族由于在发展理念上有其共同之处，因而在发展法学理论上也会有相通之处；同时，由于各个国家的发展阶段、发展任务、发展目标、发展道路等各不相同，制度建设也各异其趣，因而各个国家在具体的制度和发展法学理论上，又应当各有其特点。这在经济法学和社会法

① 柯武刚，史漫飞．制度经济学．韩朝华，译．北京：商务印书馆，2000：36－37；青木昌彦．比较制度分析．周黎安，译．上海：上海远东出版社，2001：6.

学理论中，都有突出的体现。

依据上述理解，发展理念对经济法的产生和发展也会产生直接的影响，并进而影响到经济法理论，从而使经济法理论中必然会显现出有关发展理念的内容。① 同样，发展理念也会体现在其他相关的法学理论之中，只不过在不同类型的法学理论中，其体现可能会有所不同。研究这种差异有助于说明：为什么发展理念会更多地体现在经济法理论等相关法学理论中，为什么发展法学具有自己的疆域与特质，以及为什么经济法学、发展法学的研究有助于推动整个法学的发展。

三、发展理念在不同类型法学理论中的体现

如前所述，发展理念对发展法学的产生和发展具有重要影响，其影响既可以通过有关发展的众多制度来实现，也可以通过研究者自身的发展理念和发展意识来实现。可以说，大量有关发展的制度，是发展法学产生和发展的重要制度基础；而研究者对发展问题的认识，则是发展法学产生和发展的认识基础。需要强调的是，研究者自身的发展理念也不容忽视，它可能与一个国家一定时期的发展理念一致，也可能存在一定的差别，并会对具体的发展法学研究产生直接影响。② 例如，当前国家倡导的创新、协调、绿色、开放、共享等新发展理念，其实同许多经济法学者以往研究的一些成果是不谋而合的。研究者个体正确的发展理念，同样有助于推动着国家或民族的发展理念的进步。

为了进行总体上的分析，有必要把法律分为传统法和现代法。从一般意义上说，随着现代经济和社会的发展，着重解决现代社会产生的突出现代问题的法（如 19 世纪末 20 世纪初普遍生成的经济法、社会法等），都可以归入现代法。而

① 单飞跃，等. 经济法发展理念论. 湘潭大学学报（社会科学版），2000（5）；刘大洪，等. 论经济法的发展理念——基于系统论的研究范式. 法学论坛，2005（1）.

② 例如，我国在历史上曾一度片面追求经济增长、唯 GDP 论，而对社会发展、生态环境保护等则重视不够，这种发展理念作为政府总体上的发展观，与某些研究者的发展理念并不一致。事实上，正是研究者正确的发展理念，推动着政府发展理念的发展。

由于产生的经济基础、社会基础和法律基础的不同，在现代法之前就已经存在的一些法律部门，可将其称为传统法。从各类法学理论来看，真正直接关注发展问题的，是现代法理论而不是传统法理论；在现代法理论中，又以经济法理论最为关注如何通过法律手段，来解决国家长期发展的问题。

从时空维度看，传统部门法所关注的都是具体时空中的特定人与事，特别是局部问题或局部纠纷的解决、局部矛盾的化解，侧重于微观层面个体化问题的解决。但随着经济、社会的发展，不仅局部的问题要解决，整体的问题也要处理好。这往往是传统法力所不及的。传统法学更加关注特定时点、具体地域上的主体生存问题，而现代法学或者发展法学，则更关注在广阔时空维度上的众生发展问题。生存是基础，但还必须有发展，必须有更高层次的发展，这样才能有进步。随着传统法和现代法所关注问题的变化，法的目标、结构、功能等也都发生了变化，并且这种变化还在持续。

因此，需要特别强调的是：法律已经发生变化，法律正在发生变化，法律的内涵和外延都在发生变化。尽管这种变化甚至连一些法律人也并未察觉，但却是客观的事实。上述变化所导致的直接结果，不仅是法律体系的更新，而且带来了整个法学地图的重绘。

无论是法律的发展还是法学的发展，主要都是通过问题带动的。事实上，随着经济和社会的迅猛发展，对许多复杂的新兴问题，传统的法律理论在解释方面存在着一定的困难，因此，就需要经济法理论等现代法理论作出相应的解释。由于这种解释存在着一定的难度，且同既往的法学理论有诸多不尽一致之处，因此，对“复杂性问题”如何透视和解释，就是经济法学方法论需要解决的重要问题。[①] 如果说，对局部的、静态的问题，传统部门法较有解释力和决断力，则对整体性的、动态发展的问题，其解释力就较为欠缺。经济法所面对的是一系列“非均衡的二元结构”，它要在现实差异性的基础上，解决整体上的一般均衡问题，解决发展中的不均衡问题，确保实质上的平等与公平。尽管有人认为经济法

① 张守文．经济法理论的重构．北京：人民出版社，2004：23.

理论相对于传统理论有些“另类”，但任何新生的、发展的理论，最初都是以“另类”或“叛逆者”的形式出现的。这也正是经济法理论的生命力之所在。

可见，在不同类型的法学理论中，对发展问题的关注以及对发展理念的体现，是有所不同的。从总体上说，传统法理论对发展问题的关注相对较弱，因而其中也很少体现发展理念的问题；而现代法理论则对发展问题高度重视，并且受到国家、民族乃至研究者个体的发展理念的影响都很大。在宏观上作出上述的大略区分，有助于更好地理解发展理念对发展法学的影响，有助于分析发展理念与经济法学的关系，解析经济法学的研究范式，以及整体上的经济法理论和发展法学对整个法学发展的推动。

四、发展理念在经济法理论中的具体显现

经过改革开放以来的多年积累，经济法理论已经从不成熟逐渐走向成熟。由于经济法在推进社会经济发展方面具有特殊的功用，因而发展理念也体现在具体的经济法制度的形成过程中，同时，在经济法理论中的发生论、本体论、价值论、规范论、运行论等各个领域，也都有具体的显现。

从经济法的发生论来看，经济法为什么会产生？产生的经济基础、社会基础和法律基础是什么？这些一直是经济法学者关注的问题。在许多人看来，现代市场经济的发展，高度细密的社会化分工，以及由此带来的垄断、外部效应、公共物品、信息偏在等市场失灵问题的存在，产生了政府弥补市场失灵的必要性，但与此同时，如何弥补政府失灵的问题又相伴而生。这就需要由新兴的经济法去弥补传统民商法的不足，以解决“两个失灵”的问题。在上述有关经济法产生基础的基本共识中，已说明经济法的产生离不开经济的发展、社会的发展和法律的发展[①]，同时，经济法产生的最主要的动因，还是经济发展的需要，是解决经济发

① 市场经济的发展尤其要体现现代法的精神，经济法是在现代市场经济基础上产生的重要部门法。有关现代法精神的讨论，可参见张文显．市场经济与现代法的精神论略．中国法学，1994（6）。

展产生的新问题的需要。此外，经济和社会如何发展，如何通过法律的调整去推动发展，人们对发展问题如何认识，等等，诸如此类的许多发展理念方面的问题，也都会体现在发生论的研究之中。

从经济法的本体论来看，在调整对象理论中，学界大都认为经济法调整宏观调控关系和市场规制关系。而在调整上述关系的过程中，必然会受到一定的发展理念的影响。从体系理论来看，经济法体系主要由宏观调控法和市场规制法构成，而宏观调控法和市场规制法的形成和发展，都离不开一定的发展理念。事实上，无论是宏观调控还是市场规制，无论是相关的关系调整还是法制建设，都会强烈受到发展理念的支配。此外，即使从经济法的特征来看，人们大都认为经济法具有突出的经济性，这种经济性的存在，同经济法对经济规律的遵从，及对经济政策、经济杠杆的体现与对经济效益的追求等直接相关。无论是经济政策的法律化，还是作为具体政策工具的经济杠杆的法律化，都会受到立法者的发展理念的影响。因此，经济法的经济性特征，也与发展理念直接相关。与此相对应，经济法的规制性特征，由于涉及积极的鼓励促进和消极的限制禁止，自然要涉及对不同对象的发展选择和手段上的宽猛取舍，因而也要体现一定的发展理念。①

从经济法的价值论来看，经济法所追求的效率与公平、自由与秩序等价值，都同经济与社会的稳定发展直接相关。同时，经济法的宗旨，包括了经济宗旨和社会宗旨，都涉及经济与社会的发展，并且，经济法的最高宗旨，就是经济与社会的良性运行和协调发展②，体现的就是符合规律的发展理念。可见，从整个经济法的价值追求到具体的宗旨体现，都离不开一定的发展理念。值得注意的是，一些经济法研究者对发展问题高度重视，以至于有人认为，发展或可持续发展也是经济法的价值；也有人认为，发展或者可持续发展，应当作为经济法学的范畴；等等。

从经济法的规范论来看，从主体的行为，到主体的权义结构及其责任等各类

---

① 程信和，李挚萍．可持续发展——经济法的理念更新和制度创新．学术研究，2001（2）．

② 张守文．略论经济法的宗旨．中外法学，1994（1）．

制度，都与一定的发展理念有关，并且，发展理念还会具体体现在许多具体的制度之中，如预算制度、国债制度、财政转移支付制度、税收优惠制度等。由于在经济法的领域里对经济发展的问题考虑更多，因此，这些制度中有很多涉及发展的问题，如反周期、制度的周期变易、总体的计划协调及其规则确立问题等。其实，在经济法的具体制度中，无论是财税制度、金融制度还是计划制度，也无论是竞争制度还是消费者保护制度，都是从经济与社会发展的角度来设计和考虑的，因而在各种制度中所体现的发展理念，也会体现在相关的规范论研究之中。

从经济法的运行论来看，整个经济法系统的运行，都是为了更好地解决经济和社会发展中出现的新问题。如果说广义的经济法运行，包括了从经济法的立法到执法等各个环节，则从经济法的立法阶段开始，就要大量地融入有关国民经济与社会发展的内容。事实上，许多制度改革，都需要通过经济法的立法体现出来，而这些改革，则是为了经济与社会的发展，如公共财政体制的改革、预算制度的改革、国库收付制度的改革、转移支付制度的改革、政府采购制度的改革、税收制度的改革、金融监管制度的改革、产业法律制度的改革等，莫不如此。上述旨在推进发展的各项制度，在其制定和变革过程中，自然要体现立法者对发展问题的理解，从而会直接渗透和显现一定的发展理念。通常，国家应发展哪些领域，应重点支持哪些领域，应向哪些领域倾斜，应限制哪些领域的扩张，应当如何对各个方面的发展进行调控，等等，都会在相关的立法中体现出来。这些立法，通过经济法的执法等环节，便可以发挥其促进国民经济和社会发展的重要功用。

以上仅是发展理念体现于经济法理论中的非常简要的说明。由于发展理念在经济法理论的各个部分都会有很多显现，并贯穿于整个经济法理论之中，因而其具体体现难以一一枚举。尽管如此，还应强调以下几个方面。

第一，经济法理论中贯穿的多种二元结构，也体现着对发展理念的认识。例如，在经济法学的基本假设方面，就存在着一些共通性的二元结构和特殊性的二元结构，它们体现了经济法调整所需要面对的矛盾，同时，也构成了经济法理论展开的具体框架。其中，经济—制度层面的共通性的二元结构，如城乡二元结构、东西二元结构、内外二元结构等[①]，各组成部分作为矛盾体中对立的两个方面，都是需要加以统筹的，二元结构同国家所提出的“五个统筹”的发展理念是一致的。从总体上说，经济和社会发展本身就是一个复杂系统，当然应当注意协调统筹。强调对各类二元结构进行“统筹”“兼顾”，实现经济与社会的协调发展和可持续发展，是经济法理论中长期蕴含的一种发展理念，也是经济法学界的一种理论贡献。

第二，随着对市场经济认识的日益深入，人们已经开始比较自觉地区分经济增长与经济发展，并认识到经济法的调整并非只重视经济效率和经济增长，也应当关注经济发展，重视经济增长的质量，以及与社会、环境和社会发展等方面的协调。上述认识实际上是受到了系统论的影响，相关协调、开放、共享等发展理念都是系统论思想的体现。事实上，经济法的研究者们往往既关注经济法系统内部各个子系统之间及其与其他各个系统之间的协调，也关注经济法理论中的各个部分之间的协调。[②] 因为协调对于一个开放系统的持续发展是非常重要的。

第三，经济法同所有的传统部门法相比，具有突出的现代性。事实上，经济法是用来解决现代市场经济运行过程中所产生的经济问题的法。现代市场经济的发展过程，是与各个国家（特别是发展中国家）的现代化过程相一致的。如何实现现代化，是经济法学等各类关注发展的学科都要研究的。在现代化的过程中，采取何种战略，如何发挥比较优势和后发优势，如何通过有效的调制，来实现资源的有效配置，如何协调经济、社会、环境等各个方面，都需要有制度上的体现和实践。事实上，一个国家在发展方面的各类战略和举措，一个国家的一定时期的发展理念，都要通过具体的制度化的安排来体现，经济法就是如此。可见，经济法从其现代性来看，从其对现代社会丰富而复杂的现代问题的解决来看，是非常重要的旨在解决发展问题的法。

---

① 张守文. 经济法学的基本假设. 现代法学，2000 (6).

② 杨紫烜. 国家协调论——关于经济法基本理论的若干问题. 经济法研究，2000 (1)；刘文华，等. 经济法的本质：协调主义及其经济学基础. 法学杂志，2000 (3)；等等。

其实，现代化问题同样是发展经济学、发展社会学等都要关注的问题。① 如果说，这些学科更加关注发展中国家的问题的话，那么，发展法学可能要更加宽泛一些。它不仅要关注发展中国家的问题，也要关注发达国家的问题，而且要关注发达国家与发展中国家的协调问题。其实，各个国家都在发展，在发展过程中都有各自的问题。不断出现的经济周期或经济危机，本身就说明了这一点。而经济法恰恰在反周期方面具有重要的作用。经济法中的相关制度的周期变易，恰恰与经济周期、社会周期、政治周期的存在有一定的关联性。② 其基于经济发展的需要而在熨平经济周期方面发挥的重要作用，是其他法律无法替代的。

五、经济法学、发展法学与法学的发展

如前所述，法律和法学正在发生变化。传统的对法律和法学的狭隘理解，无益于法学的发展。法学要发展，也必须有正确、科学的发展理念，必须紧密地结合经济和社会的发展实际，使法学能够更好地反映制度发展变化的需要，使法学研究能够更好地服务于经济和社会的发展。为此，必须转变传统的法学观念，对整个法学体系进行结构性改造和完善，以更好地发挥其功能。

要对法学体系进行改造或重构，就必须关注一些新兴的法学分支学科，特别是直接关系到经济和社会发展的经济法学、社会法学等。要对法学的各个分支学科的发展进行协调，结合现实和长远发展的需要，有效地配置相关资源，这对于法学的整体发展，尤为重要。

在对法学体系进行重构的过程中，应强调将经济法学、社会法学主要涉及发展的内容，作为发展法学的重要组成部分，这对整个法学的发展能够起到重要的推动作用。发展法学的研究不仅会带来整个法学研究方法、研究范式的转换，还

---

① 谭崇台. 发展经济学的新发展. 武汉：武汉大学出版社，1999；景天魁. 中国社会发展与发展社会学. 北京：学习出版社，2000；徐泽民. 发展社会学理论：评介、创新与应用. 北京：中国人民大学出版社，2014；等等。

② 张守文. 宏观调控法的周期变易. 中外法学，2002（5）.

会带来从具体理论到具体制度的一系列创新。

例如，以往的传统法研究，关注的是特定时空中的特定人事，或者说关注的是一时一事，对宏观上的发展问题往往关注不够，对此前已述及。而以经济法等为代表的发展法学的研究，则是以发展为核心，以解决发展中的问题为目标；它不只关注哈耶克所说的“司法法律”[①]，而且重视“非司法性法律”。发展法学与传统部门法理论的迥异之处尤其在于：它关注更为宏观层面的、涉及更多不特定主体的动态发展问题；它在时间期限上跨度更大，在空间上小至一个地区、一个国家，大至若干个国家的组合，乃至全球。正是在这个意义上，发展法学研究已超越了过去按照部门法理论划分的相关学科，甚至也可以超越国内经济法学与国际经济法学的划分等，从而形成跨越其上的高层学科。

又如，以往的民法等传统部门法，强调的是“无差异性”，并以此作为法律平等适用的基础。但实际上，在经济和社会领域，从主体到客体，从职权/权利到职责/义务，都差别甚巨，甚至在法律实施的具体时空维度上，也都存在着巨大的差别。因此，在经济和社会领域，从发展的角度，从横向公平和纵向公平的结合以及实质正义的角度出发，必须强调差别性或差异性。由于经济和社会领域、发展法学领域受经济政策和社会政策等公共政策的影响巨大（这也是现代法的重要特点[②]），并且，“没有区别，就没有政策”，因而发展法学更要关注差异性，关注各类综合性因素，强调实质公平，而非仅是实然法律的机械适用。这样，才能更好地解决经济、社会的动态运行过程中不断生成的各类问题。

发展法学直接关系到法学的发展。许多人会认为，法学研究远不及经济学研究活跃，对经济和社会发展的直接影响力不及经济学等相关学科，这在很大程度上

---

① 哈耶克认为，代议机构进行立法的最早领域，是涉及财政的政治法律（political laws），它不同于一般的司法法律（juridical laws），例如，在作为“法律”的预算中，所涉及的是政府掌握的资源应达致的目的和应采取的方式，它更是一种对政府的指令，而不是一般的规则。哈耶克．法律、立法与自由：一卷．北京：中国大百科全书出版社，2000：213-214．可见，哈耶克已经认识到了法律之间的差异，这对于理解传统法与现代法、发展法学都甚有助益。

② 张守文．论经济法的现代性．中国法学，2000（5）．

是导因于法学观念的滞后和僵化。其实，在人们对经济法学和社会法学等法学分支学科普遍认同的基础上，对发展法学，尽管有人在一段时期内会难以接受，但一般不会完全否认其研究价值。随着人们对经济法学等相关学科研究的深化，对于发展法学的一些基本问题，或者相关学科有关发展的共通问题，人们也会有更多的提炼，从而会形成发展法学的基本框架。这对促进经济、社会等领域的发展，特别是对各个领域的协调、可持续发展，实现更高层次的目标，亦有其助益。

事实上，尽管以往未必有发展法学研究之名，但却有发展法学研究之实。中国的经济和社会发展中存在的各类突出问题，如“三农”问题、社会保障问题、宏观调控问题、整顿和规范市场经济秩序问题等，多是从经济法或社会法的角度进行研究，这些问题都可以归结为发展法学领域的问题。从发展法学的角度，还可以把这些问题的研究进一步整合，从而有助于更全面、系统地从推动发展的角度，有效地解决世界最大的发展中国家的发展问题。上述问题作为重大的现实问题，是传统的法学领域不能有效地解决的问题，也是新兴的超越部门法学之上的发展法学应当着力解决的问题。这些问题的解决，能够更有力地推动法学的发展，并可能在解决中国的许多发展问题的过程中，奠定中国法学在世界法学版图上的地位。

六、小结

我国作为最大的发展中国家，发展是第一要务，如何富国裕民[①]，也是法学研究需要面对的重要问题。随着国家对发展问题的高度重视，以及新发展理念的提出，从法学的角度来研究发展问题，也必然是一个可持续研究的重要课题，由此也为发展法学的产生和发展提供了重要契机。对于发展法学的基本问题，国内

① 斯密认为，政治经济学有两个目标：一是给人民提供充足的收入或生计，二是给国家或社会提供充分的收入，两者可总称为“富国裕民”。亚当·斯密. 国民财富的性质和原因的研究：下卷. 郭大力，王亚南，译. 北京：商务印书馆，2003：1.

尚缺少深入、系统的研讨，因此，非常有必要结合发展理念对发展法学的影响，结合发展理念在不同类型法学理论，特别是经济法理论中的显现，来说明发展法学的特殊性及其对法学发展的重要价值。

事实上，发展理念不仅会影响到制度建设，而且会直接影响到相关法学学科的发展。正确的、先进的、科学的发展理念，对制度建设和法学发展，会起到积极的推动作用。经济法理论研究的过程，实际上一直受到了发展理念的影响。由于经济法理论受到了较为正确的、科学的发展理念的影响，因而经济法理论在总体上取得了长足进步，不仅推动了相关制度建设，而且有力地推动了整个法学的发展。

发展法学的产生，就像当年发展经济学的产生一样，有其现实的基础。特别是从学科整合的角度来看，发展法学的构建有极大的必要性和可行性，有助于弥补以传统部门法标准划分法学学科所产生的问题，因而有利于法学的整体发展。当然，就新兴的发展法学而言，尚有许多问题有待于研究，其基本的理论框架还需要在相关分支学科进一步发展的基础上合理确定；其确立和发展不仅需要学界认真准备，仔细研讨，还要以人们转变传统法学观念为基础，只有这样，才可能得到较为广泛的认同。

法学的发展离不开发展法学。发展法学的深入研究，有助于解决现代法发展过程中所引发的一些理论问题，包括经济法与社会法等方面的理论问题，同时，也有助于解决传统法学所不能解决的一些问题。尽管发展法学自身还有许多问题尚待解决，但从长远来看，要推进中国法学乃至世界法学的发展，就必须大力推进发展法学的发展。

第二节　发展理论的基本框架

发展法学需要有发展理论作为支撑，缺少发展理论的发展法学将难以存续。从总体上说，发展法学的基本架构主要是通过发展理论体现出来的。为此，非常有必要通过提炼发展理论，明晰发展法学的基本架构，这对于推进发展法学的研究，指导发展问题的有效解决，都有重要意义。

如前所述，发展法学的基本架构，涉及本体论、价值论、规范论、运行论等诸多理论，要提炼发展法学的发展理论，可以着重选取范畴论、方法论和价值论三个维度展开，并将其他理论的内容融入其中。之所以着重选择上述三个维度，是因为无论是有关发展理念与发展目标、发展主体与发展权利、发展能力与发展手段等基本范畴的分析，还是对结构—功能分析等重要方法的探讨，都会融入价值分析。这样，价值论、方法论和范畴论的融合、梳理和架构，就可以使发展理论融为一体，而据此形成的发展法学框架，更有助于解释和解决改革、法治与发展领域的复杂问题。

一、发展理论的研究路径

发端于20世纪五六十年代的"法律与发展"研究，虽历经兴衰沉浮，但始终关注法律制度如何促进发展，以及如何通过法律移植或自创来实现国家现代化的问题。① 而从"熊彼特—帕森斯的系统研究"传统看，上述研究的重要前提在于，法律不仅与政治、经济、社会、文化等系统均存在密切关联，而且对后者的发展会产生重要影响。② 由此推及具体部门法领域，从发展法学的视角看，经济法对经济、社会发展的影响，尤其值得探讨③，以此为基础，可以提炼经济法学的发展理论，并进而概括出发展法学的发展理论。

---

① 相关研究于20世纪90年代再度繁盛，可参见杜鲁贝克．论当代美国的法律与发展研究运动．比较法研究，1990（2/3）；姚建宗．法律与发展研究的理论倾向．南京大学法律评论，1990（1）；郑永流．法律与发展——九十年代中国法哲学发展的新观点．中外法学，1992（4）；等等。

② 无论是熊彼特（Joseph Alois Schumpeter）开创的财政社会学研究，还是帕森斯（Talcott Parsons）的社会系统分析理论，都非常重视经济、政治、法律、文化、社会等诸多系统之间的关联，由此形成的"熊彼特—帕森斯的系统研究"传统，对于促进发展理论研究尤其有重要意义。

③ 经济法对经济和社会发展的影响更为直接，尤其是具体的财税法、金融法、产业法、竞争法等，更是如此。其中，仅从税法的视角，就可以发现法律对其他系统的重要影响。张守文．税制变迁与税收法治现代化．中国社会科学，2015（2）.

自经济法学研究兴起以来，随着经济法调整范围的逐渐廓清，以及相关规范理论的不断完善，如何从功能主义的视角发展经济法理论，尚需学界进一步推进。尽管经济法学者历来强调经济法的独特功能，但相关的整合研究仍显不足，从而为经济法学发展理论的系统研究提供了较大空间。

依循功能主义的思路，学界以往对经济法的规制性已有诸多关注，并由此对促进型经济法规范展开过探究。[①] 基于经济法是“治国之法”和“促进发展之法”的共识，从制度规范的角度，挖掘经济法促进发展的功能，有助于揭示为什么经济法是“发展促进法”，并由此为经济法学的发展理论提供现实的制度支撑。

明晰经济法作为“发展促进法”的功能，尤其具有现实意义。发展是时代的主题，无论是“全面改革”抑或“全面法治”，都要以“全面发展”为主线，唯有如此，才能真正实现经济与社会的良性运行和协调发展，并由此增进全民的福祉，实现国家的长治久安。而如何推进“全面发展”，正是我国当前亟待破解的难题，由此使经济法学的发展理论研究更有现实的紧迫性。

经济法促进发展的功能，缘于经济法内涵的大量发展导向型规范，它们构成了发展型经济法制度。这些制度以促进发展为目标，分布于经济法的各个部门法，是经济法学发展理论的重要研究对象。由于传统的发展理论内容非常丰富，且法学界以往对发展问题已有相关研讨，因而提炼经济法学的发展理论亦不乏理论资源。如何在既往研究的基础上实现理论整合和提炼，尚需学界共同努力。

为此，下面拟结合学界有关发展问题的研究，吸纳传统发展理论的相关成果，着重从范畴论、价值论和方法论的视角，对经济法学发展理论研究的必要性和基本框架进行初步探讨，从而说明经济法学发展理论的提炼，不仅对于经济法理论的丰富，而且对于发展法学的整体发展，以及“法律与发展”问题的研究，都具有重要的理论价值；同时，也强调经济法学发展理论的运用，其无论对于解决我国经济和社会发展过程中出现的诸多重大结构问题，抑或对于相关发展型经

① 有关促进型经济法的探讨，可参见张守文．论促进型经济法．重庆大学学报（社会科学版），2008（5）；焦海涛．论“促进型”经济法的功能与结构．政治与法律，2009（8）；等等。

济法制度的完善，都具有重要的现实指导意义。

二、研究发展理论的必要性

传统的发展理论曾以发展经济学为核心，继而在整合过程中，吸纳了发展政治学、发展社会学等方面的理论。尽管在 20 世纪 60 年代以来的现代化浪潮下，一些发达国家的法学、政治学和社会学学者，力图将西方的法律制度移植或输出到发展中国家，但由此形成的“法律与发展”运动，并未取得预期效果。在 20 世纪 90 年代以来的全球化和社会转型背景下再度兴起的“法律与发展”研究，更强调法律制度对经济发展和社会变革的促进，但仍未能推出像发展经济学那样有影响力的发展法学。事实上，在经济学领域，发展经济学早已成为影响日隆的分支学科，但在法学领域，发展法学至今仍未受到普遍关注，即使是“法律与发展”方面的课程，也远未受到重视。要改变这种状况，就不能仅局限于法理学层面的研究，还需要从部门法的维度，尤其应从经济法的视角，探究法律制度对经济和社会发展的影响。因此，研究经济法学中的发展理论，对于丰富整体的发展理论亦有重要价值。

此外，在整个学界的共同努力下，以往的经济法研究已有较大进展，在此基础上，基于“经济法是分配法”“经济法是风险防控之法”“经济法是促进发展之法”等学界共识或重要命题，还需要深入挖掘经济法学的分配理论、风险理论、发展理论等，这些贯穿经济法各类制度的理论，尤其有助于从不同维度打通和指导经济法的理论研究和制度建设。

相对说来，经济法学界对分配理论、风险理论等已有一定研究[①]，但对发展理论的研究仍较为分散，理论的系统性很不够，这会影响其对发展实践的指导

---

① 对此已有许多学者作过讨论，其中，有关发展成果分享问题的研究，可参见李昌麒. 中国改革发展成果分享法律机制研究. 北京：人民出版社，2011；对于分配理论与风险理论相结合的探讨，可参见张守文. 分配危机与经济法规制. 北京：北京大学出版社，2015；等等。

力。在各国高度重视发展的今天，在我国推进全面发展的形势下，对发展理论的深入研究不仅有理论价值，而且具有现实意义，甚至事关国家的兴衰成败。

著名学者诺思（Douglass North）认为，“国家既是经济增长的关键，又是经济衰退的根源”[①]。上述的“诺思悖论”表明，经济和社会的发展，会在很大程度上受到国家制度的影响。因此，发展理论应关注如何形成或构建好的制度，如何推进良法善治。考虑到国家制度对发展的不同影响，阿西莫格鲁（Daron Acemoglu）和罗宾逊（James Robinson）将制度分为两类，一类是“包容性制度”，一类是“汲取性制度”，前者有助于促进国家的发展，而后者会导致国家的失败。[②] 对于上述的“诺思悖论”以及制度是否具有“包容性”，经济法学的发展理论应着重研究，以更好地发现现实制度存在的问题及其完善路径。

基于与发展的关联性，整体的法律制度不仅可以分为“包容性制度”和“汲取性制度”，还可分为“解纷型制度”和“发展型制度”。其中，解纷型制度以定分止争、解决争端或纠纷为导向，更强调形成具体的法律秩序，解决相关主体之间的纠纷；而发展型制度更侧重于以促进经济和社会等诸多领域的发展为导向，其规制性、指导性、诱导性更突出，并非着重于解决相关主体之间的纷争。

当然，上述的制度分类只是大略的划分，相关制度的功能并非截然割裂，因为凡是能够形成秩序、解决纠纷的制度，同样有助于促进发展；同时，在促进发展的过程中，也需要不断协调和解决相关的矛盾和纠纷。作出上述大略的划分，意在明晰相关的规则侧重或制度功能，以期有助于展开类型化的研究。

例如，在经济法制度中，就既有解纷型制度，也有发展型制度，并且，与传统部门法相比，经济法领域的发展型制度更多，因为“促进经济和社会的良性运行和协调发展”，是经济法调整所追求的高端目标。事实上，经济法的各类具体

---

① 依据诺思（或译为诺斯）的理论，国家既要通过降低交易费用来促进经济发展，又要实现税收的最大化，前者可能推进经济的繁荣，后者则可能带来经济的衰退，因此，好的制度应在两者之间实现平衡协调。诺思，托马斯．经济史中的结构与变迁．陈郁，等译．上海：上海三联书店，1994：25.

② 阿西莫格鲁，罗宾逊．国家为什么会失败．李增刚，译．长沙：湖南科学技术出版社，2015：51－58．此外，我国也更加重视“包容性发展”，并在《“十三五”规划纲要》中强调发展的“包容性”。

制度或具体立法，无不体现着发展理念、发展目标，无不侧重于通过促进发展的各类手段，来确保各类主体的发展权利和发展利益的实现。

各类制度的形成、实施和完善，都需要有相应的发展理论作出指导；以上述发展型制度为研究对象的发展理论，作为整体经济法理论的重要组成部分，对发展型经济法制度的制定和实施，应当具有重要的解释力和指导力。① 因此，研究发展理论，不仅是经济法理论自身完善的需要，更是指导制度建设的需要。

要形成能够有效指导制度建设的发展理论，至少应关注发展理论的价值论、方法论和范畴论。② 其中，价值论有助于提供研究视角和指导思想，方法论有助于提供具体的制度完善路径和理论研究路径，而范畴论则有助于进行类型化研究，并进而发现各类范畴以及各类理论之间的内在关联，从而更有助于指导制度建设。基于范畴提炼对于理论整合的重要性，下面先着重从范畴论的角度，提出在经济法学的发展理论中应强调的一些重要范畴，继而再从方法论的视角，探讨系统思想和结构—功能分析方法对解决发展问题的重要作用。而上述有关范畴论和方法论的研讨不仅相互关联，而且都离不开相应的价值判断，因而都会融入有关价值论的分析，这更有助于使经济法学的发展理论融为一体。

三、研究发展理论应关注的基本范畴

任何理论都由一系列基本范畴构成，发展理论亦不例外。其中，发展理念、发展目标、发展主体、发展权利、发展能力、发展促进等基本范畴尤其重要。这

---

① 有的学者认为，“一个完整的发展理论必须能指导法律的形成和实施”，因此，发展理论对于制度运行的指导作用非常重要。塞德曼，等. 发展进程中的国家与法律——第三世界问题的解决和制度变革. 冯玉军，等译. 北京：法律出版社，2006：3.

② 发展理论要发挥指导作用，必须包括三个要素，第一是方法论，为确定发展型政策提供研究路径，第二是研究视角或作为指导思想的宏观理论，第三是引导进行分类研究的解释性范畴。塞德曼，等. 发展进程中的国家与法律——第三世界问题的解决和制度变革. 冯玉军，等译. 北京：法律出版社，2006：67.

些范畴相互关联，共同构成了发展理论的范畴体系；而就每类范畴的理论分析所形成的有关发展的具体理论，则是构成整体发展理论的基本单元。因此，下面有必要选取一些重要的、密切相关的基本范畴展开具体分析，这有助于更全面地理解经济法学发展理论的基本框架。

（一）发展理念与发展目标

经济法所要解决的基本矛盾和基本问题，莫不事关发展。而发展的不平衡、不协调和不可持续，或者发展的失衡、失调、失序，则被公认为是最需关注的发展问题。发展问题作为发展理论的重要范畴，与发展理念和发展目标直接相关。要不断解决发展问题，就需要在经济法等重要法律制度中融入正确的发展理念，并促进相关发展目标的不断实现。

对经济法的理念，已有不少学者从价值论的角度展开研究。而有关经济法促进发展的理念，则是经济法理念的重要内容。① 事实上，经济法要促进经济和社会发展，就必须体现一定的发展理念。尽管各国所强调的具体发展理念不尽相同，但贯穿经济法各类制度的发展理念则主要有三个，即协调发展、永续发展和共享发展。

协调发展的理念，与经济法领域普遍存在的协调思想直接相关。由于现实存在的诸多差异性所带来的不平衡、不协调问题，是导致经济失衡和社会失衡的直接原因，因此，旨在解决上述问题的协调思想在经济法研究中长期占有重要地位②，该思想强调经济法的各类制度应贯穿协调发展的理念，以促进区域、行业和制度等多方面的协调。

与上述协调发展的理念相关，经济法还强调永续发展的理念。经济法调整的最高目标是经济与社会的良性运行和协调发展，这其实是永续发展理念的重要体现。如果经济和社会运行失调，就会难以持续，不断爆发的经济危机和社会危机

---

① 相关探讨可参见单飞跃，等．经济法发展理念论．湘潭大学学报（社会科学版），2000（5）；程信和，等．可持续发展——经济法的理念更新和秩序创新．学术研究，2001（2）；刘大洪，等．论经济法的发展理念——基于系统论的研究范式．法学论坛，2005（1）；等等。

② 张守文．论经济法上的协调思想——“国家协调论”的启示．社会科学，2011（1）．

会给经济和社会发展造成巨大的负面影响。因此，永续发展是经济法必须持续坚守的重要发展理念。

无论是上述的协调发展还是永续发展，最终是为了实现共享发展，即经由发展型经济法制度的促进和保障所带来的一切发展成果，都应由人民共享；增进人民的福祉，保障基本人权，是共享发展的基本要求。[①] 因此，在这个意义上，上述的协调发展、永续发展，与共享发展也是内在一致的。

上述三大发展理念，不仅要贯穿于经济法的各类制度，还要融入经济法促进发展的目标。在经济法的调整目标中，无论是经济目标抑或社会目标，都会涉及发展的内容，并由此形成经济法上的发展目标。

如果说发展理念相对较为抽象的话，那么，发展目标作为对发展理念的进一步落实，相对更为具体，并体现在经济法各类具体立法的宗旨条款中，成为经济法的某部具体法律的重要调整目标。为此，下面选取经济法的若干重要立法规定略作说明：

附表　经济法的若干重要立法及其规定的发展目标

法律名称	立法宗旨中规定的发展目标	发展领域
预算法	保障经济社会的健康发展	经济与社会
税收征收管理法	促进经济和社会发展	经济与社会
价格法	促进社会主义市场经济健康发展	市场经济
反垄断法	促进社会主义市场经济健康发展	市场经济
反不正当竞争法	促进社会主义市场经济健康发展	市场经济
消费者权益保护法	促进社会主义市场经济健康发展	市场经济
证券法	促进社会主义市场经济的发展	市场经济

① 在罗斯福所倡导的“四大自由”中，“免于匮乏的自由”非常重要，尤其有助于说明解决贫困问题、促进共享发展的必要性。《中华人民共和国国民经济和社会发展第十三个五年规划纲要》（简称《“十三五”规划纲要》）特别强调，要使全体人民在共建共享发展中有更多获得感，增强发展动力，增进人民团结。

续表

法律名称	立法宗旨中规定的发展目标	发展领域
商业银行法	促进社会主义市场经济的发展	市场经济
银行业监督管理法	促进银行业健康发展	行业
保险法	促进保险事业的健康发展	行业
城市房地产管理法	促进房地产业的健康发展	行业
广告法	促进广告业的健康发展	行业

上述经济法领域的各类具体立法，虽然立法时间先后有别，但其重要共性在于，它们都在第 1 条立法宗旨条款中对发展目标作出明确规定，即都要促进或保障发展。从细微的差别看，各类立法对发展目标的界定，涉及的发展领域不尽相同，其中，领域最宽的包括经济与社会；领域居中的涉及整个市场经济；领域最窄的则涉及特定行业领域，如银行业、保险业、房地产业、广告业等，相关立法的行业或产业特点也最为突出。

具体说来，宏观调控法中的财税立法所涉及的发展领域最宽，涉及对“经济与社会”发展的保障与促进，这也与财政税收在国家治理中的基础地位有关，它涉及经济和社会的方方面面；此外，市场规制法领域的反垄断法、反不正当竞争法、消费者权益保护法，以及包含大量市场规制法规范的价格法、证券法、商业银行法等，都将促进发展的领域定位于“市场经济”；而其他的行业性立法，如银行业监管法、保险法、城市房地产管理法、广告法等，虽然也包含不少市场规制法规范，但却将促进发展的领域限定于特定的“行业”。

上述各类法律都强调要“促进”或“保障”一定领域的“发展”或“健康发展”，并且，在市场规制法领域里，强调“健康发展”的立法更多。何谓“健康发展”？是要“多快好省”，还是要“又好又快”，抑或“全面协调可持续”？这还需要通过发展理论的研究作出回答。但不管怎样，“健康发展”应当是非病态的发展，体现上述协调、均衡、可持续发展等理念的发展，应当是“健康发展”的应有之义。

值得注意的是，各类法定的发展目标，都体现着重要的法律价值，如公平与效率、自由与秩序、安全等。各类价值如何体现、如何平衡，才能带来健康、稳定的发展？学者对此仍然见仁见智、莫衷一是。例如，阿马蒂亚·森（Amartya Sen）将自由作为发展的首要目标①，而对自由如何界定，学界又会有不同的认识。因此，在发展目标的研究中，有关价值论的探讨是无法回避的。

实践中已经或正在落实的发展目标，许多是人们耳熟能详的。例如，联合国的千年发展目标（Millennium Development Goals）②、我国历次五年计划（或规划）纲要所确立的发展目标，都需要通过发展型经济法的有效调整来实现。由于贫困问题是影响经济和社会发展、阻滞全面现代化进程的重要问题，因此，上述的千年发展目标和我国《"十三五"规划纲要》，都特别强调脱贫目标③，只有经济法与其他相关法律综合施治，该发展目标才可能实现。

（二）发展主体与发展权利

在发展型经济法制度中，与发展有关的主体不胜枚举，如国家和国民、政府和市场主体等，都是发展主体的重要类型。上述各类主体都有自我发展的权利，同时，国家或政府还负有推进国民和市场主体发展的职权或义务。因此，在经济法领域，我们既要关注国家和各级政府的发展，因为这对国民和市场主体的发展具有重要影响，更要关注国民和市场主体的发展，因为这是国家发展的终极基础。

随着发展理论的深化，人们更强调对发展主体的"赋权"④，由此使各类主

---

① 阿马蒂亚·森认为，自由是发展的首要目标，并从工具性的视角考察五种形式的自由，包括政治自由、经济条件、社会机会、透明性保证、防护性保障。阿马蒂亚·森．以自由看待发展．任赜，等译．北京：中国人民大学出版社，2002：3，13，31-33.

② 2000年9月，在联合国千年首脑会议上，各国领导人就消除贫穷、饥饿、疾病、文盲、环境恶化和对妇女的歧视等方面，共同达成了有时限的发展目标，尤其强调在2015年前全球贫困水平要降低一半。对于贫困、相对贫困以及贫困感的分析，可参见阿马蒂亚·森．贫困与饥荒——论权利与剥夺．王宇，王文玉，译．北京：商务印书馆，2001：17-25。

③ 《中华人民共和国国民经济和社会发展第十三个五年规划纲要》（简称《"十三五"规划纲要》）第十三篇"全力实施脱贫攻坚"，分为三章，强调"推进精准扶贫精准脱贫"、"支持贫困地区加快发展"以及"完善脱贫攻坚支撑体系"。

④ 在发展理论发展到一定阶段后，人们开始重视"赋权"问题，因为没有"赋权"，发展能力和发展利益等就会受到限制。

体的发展权利或称发展权日益受到重视。通常，发展权包括经济发展权、社会发展权、政治发展权等诸多类型，但经济发展权被公认为是发展权的核心，是其他发展权有效实现的基础。基于上述发展主体的分类，经济法研究更应关注一些重要主体的经济发展权。

例如，国家和国民都是重要的发展主体，国家发展权与国民发展权各不相同。其中，国家发展权直接涉及国家利益和社会公益，而国民发展权则直接涉及私人利益。国民发展权可以包括企业发展权、个人发展权、第三部门发展权等。在国内法层面，企业以及其他个体的经济发展权尤其需要经济法加以保障。

又如，政府和市场主体也都是重要的发展主体，两者所享有的发展权亦存在差别。其中，政府的促进发展权，是政府通过促进其他主体的发展来实现国家整体发展的职权，表现为政府可以通过宏观调控权和市场规制权的行使，来促进市场主体的发展，从而推动经济的整体发展。而市场主体的自我发展权，则是市场主体通过自己的行为，来实现个体的自我完善和自我发展的权利。

从具体制度来看，以《中小企业促进法》为例，通过该法的实施，来促进中小企业的发展，是政府的促进发展权的体现；而中小企业通过行使该法规定的相关权利，来实现自我发展，则是其自我发展权的体现。① 对上述两类发展权的规定和保障，是经济法诸多制度的重要内容。

各类主体的经济发展权，与经济法制度中既有的权义结构存在内在关联。其中，国家的经济调制权与促进发展权，市场主体的市场对策权与自我发展权，都具有内在一致性。因此，经济发展权可以成为统一适用于各类经济法主体的、包含了权力和权利内容的重要范畴。

（三）发展能力与发展促进

发展主体的发展能力，是发展理论需要研究的重要问题。与传统法对权利能力、行为能力等能力问题的关注不同，发展型经济法更要关注主体的发展能力。

① 对相关分类的具体探讨可参见张守文．经济发展权的经济法思考．现代法学，2012（2）。

事实上，所有发展问题的存在，都与相关主体的发展能力较弱、发展动力不足有关。[①] 经济法领域的弱势主体，如中小企业或小微企业，就是发展能力相对较弱的主体，无论从经济与社会发展的角度，还是从小微企业自身发展的角度，都需要通过提升其发展能力来促进其发展。即使是强势主体，也需要良好的外部竞争环境，特别是公平竞争的环境，而良好的环境的形成，也离不开国家的发展促进。

要提升主体的发展能力，就需要有促进发展的手段。经济法领域的宏观调控和市场规制，不仅有助于解决相关主体的权益纷争，也有助于促进相关主体的发展。因此，财政手段、税收手段、金融手段、计划手段等，都可以成为促进发展的重要手段。由于学界对财税、金融等发展手段的探讨相对较多，而对计划手段的关注相对较少，因此，有必要对发展计划略加讨论。

发展计划作为实现发展目标的重要手段，它通常会融合各类促进发展的措施，并以相关目标和指标的形式加以呈现。在许多国家，政府的发展计划始终是推进发展的重要手段。[②] 但与此同时，对于政府主导型的现代化模式可能存在的问题，特别是在发展计划中对经济政策或经济法制度有效发挥作用的各种限制，我们必须有充分认识。[③]

我国的全国人大不仅每年都审批国民经济和社会发展计划，还连续通过了多个“五年计划”或“五年规划”，并以此来引导和促进中长期发展，这些都是在

① 对于能力与贫困、自由、发展之间的关系，阿马蒂亚·森曾作过深入研究，他认为，可行能力是一种自由，贫困不仅是收入能力的低下，还应被视为基本可行能力的被剥夺。因此，贫困的本质是能力贫困，尤其体现为现代社会中知识和技能的不足。阿马蒂亚·森. 以自由看待发展. 任赜，等译. 北京：中国人民大学出版社，2002：85.

② 瑟尔沃（A. P. Thirlwall）认为，几乎所有发展中国家都公布发展计划，因为发展计划是政府制定发展目标和宣示国家处理发展问题的积极行动的理想方法，它可以用来激励全国人民的努力，也可以作为吸引外资的催化剂。瑟尔沃. 发展经济学. 9版. 郭熙保，等译. 北京：中国人民大学出版社，2015：274.

③ 有学者认为，对政府主导型现代化模式的缺陷必须有充分认识，以免引发“法律与发展”的危机。帕力瓦拉（Abdul Paliwala），等. 第三世界国家的法律与危机. 邓宏光，等译. 北京：法律出版社，2006：14-16.

总体上促进发展的重要手段。各类发展计划，无论周期多长，都会涉及一些重要的、基本的指标，从而为整体的经济和社会发展提供指导，也对各类主体的活动作出引导。明晰国家的期望以及鼓励发展的重点领域，更有助于国家和国民在发展目标上达成一致。

应当强调，发展计划与计划体制并非一一对应，恰恰相反，在市场经济条件下，为了明晰国民经济和社会发展的方向、目标、措施，更需要增强计划性。当然，国家促进发展的计划，并非对市场主体的行为强制作出安排，而是以充分尊重市场主体的自主选择权为前提的；同时，发展计划作为融入多种发展促进手段的事先筹划，具有更为突出的综合性和高级性，如果它能够与市场主体的利益和发展目标相统一，就能够同时发挥政府和市场在资源配置方面的功效。

上述的发展能力和发展手段，都与前述的发展目标有关。各类主体发展能力的增强，以及法律规定的各类发展手段的有效运用，都有助于促进主体的全面发展。发展主体只有具备充分的发展能力，才能有更多的实质自由；同时，各类发展促进手段的有效实施，也是为了使发展主体能够有更多的经济自由。为此，阿马蒂亚·森的发展理论强调，自由不仅是发展的首要目的，也是发展的主要手段①，发展目的与发展手段具有内在一致性。

总之，发展理论所涉及的基本范畴是多种多样的，值得关注的还有发展问题、发展义务、发展责任、发展利益、发展秩序等。需要重申的是，上述各类基本范畴是相互关联的，例如，为了落实一定的发展理念，实现特定的发展目标，就需要在经济法中赋予相关发展主体以相应的发展权，并在其发展能力不足或发展权保障不力的情况下，运用相应的法律化的发展手段，实现发展促进。与此同时，有关各类范畴的理论，如发展理念与发展目标的理论、发展主体与发展权利的理论、发展能力与发展促进的理论等，都是整体发展理论的重要组成部分。

此外，上述理论的探讨过程，已经融入了价值论的分析。其实，包括公平、自由、效率、正义等价值，在各类具体的发展理论中都是应当被考量的。因此，如

① 阿马蒂亚·森. 以自由看待发展. 任赜，等译. 北京：中国人民大学出版社，2002：13，31.

何发展更公平、更有效率，如何发展更能提升主体的实质自由，更符合正义的要求，等等，都是发展理论研究中不能回避的问题，这些价值论问题无论在发展理念、发展目标方面，还是在其他各类具体发展理论的研讨中，都应予以关注。

四、发展理论中的重要方法

如前所述，发展理论要实现对实践的有效指导，就必须有自己的方法论。由于发展理论所涉及的方法论问题非常丰富，因而应当选取重点展开研究。发展理论的发展历程表明，真正的发展，应当是综合的、全面的发展[①]，既不能是单纯强调效率的经济增长，也不能是片面强调公平的“一大二公”，而应当是综合了经济、社会、政治、文化等诸多因素，并基于法治框架下的发展，因此，经济法学的发展理论必然要综合兼顾诸多要素，在其方法论上尤其要融入系统思想，并应重点关注相应的结构—功能分析方法。

（一）系统思想与结构—功能分析方法

前述各类基本范畴及其相应的具体理论，构成了发展理论的体系。作为一个理论系统，发展理论强调，为了在一定的发展理念指导下实现一定的发展目标，需要通过各种促进发展的手段，提升相关主体的发展能力，从而保障发展主体的发展权利，实现其发展利益。[②] 而在上述理论体系指导制度实践的过程中，必须综合考量各类影响因素，兼顾各类主体的发展利益，这样才能解决现实存在的不均衡、不协调和不可持续的发展问题。上述各个方面，都体现了发展理论中的系统思想。

---

① 托达罗（Michael Todaro）认为，发展是一个多维的过程，涉及社会结构、公众观念和国家制度等方面的主要变化，以及加速经济增长、降低不平等和消除贫困，因此，发展必须再现全方位的变迁。托达罗，史密斯（Stephen Smith）．发展经济学：第11版．聂巧平，等译．北京：机械工业出版社，2014：11；沃斯．国际发展理论的演变及其对发展的认识．经济社会体制比较，2004（2）．

② 1986年联合国大会《发展权利宣言》（41/128号决议）强调，“每个人和所有各国人民均有权参与、促进并享受经济、社会、文化和政治发展”，这与经济法学发展理论的基本观点是内在一致的。

基于上述系统思想，要实现经济、社会、政治等各个领域的系统发展，就必须通过不断调整影响发展的结构，使该系统的功能得以优化，并由此解决相关的发展问题。而上述结构的调整，则涉及发展目标结构、发展主体及其发展权利结构、发展手段结构等。只有这些结构得以优化，才能有效发挥发展型经济法作为一个系统的功能。

从历史上看，无论是熊彼特的发展理论，还是帕森斯的发展理论，以及其后的理论发展，对系统思想都是高度重视的。这些系统思想用于指导制度实践，就是要求优化制度结构，并通过法律的调整来推进相关的经济结构、社会结构等各类结构的优化，从而使相关的经济系统、社会系统等能够发挥更好的功能。据此，研究发展理论的方法论时，应特别关注结构—功能分析方法。

传统的发展理论曾关注过多种方法，如塞德曼的"目的—手段"方法①、阿马蒂亚·森的"能力分析"方法等，这些方法对于研究和解决经济法领域的发展问题无疑也是适用的。但从宏观调控和市场规制的角度看，结构—功能分析的方法无疑是更为直接、具体且常用的方法，对经济法学发展理论的有效适用更为重要。由于"特定的结构会产生特定的功能"，通过发展型经济法的有效调整，实现对相关的经济结构和社会结构的优化，就能够产生促进发展的功能，因此，在经济法的制度实践中，历来特别关注结构问题，如对城乡二元结构、区域经济结构的调整，以及对相关产业结构、供需结构的优化，等等，这些都涉及结构—功能分析方法的具体运用。

有鉴于此，在发展理论中，结构分析和功能分析是常用的方法，并且，由于结构调整是功能优化的前提，因此，通过结构分析明晰结构问题是更为基础、更为重要的。长期以来，在经济法研究中对诸多类型的二元结构的关注，都涉及结构分析方法的运用。发展理论作为整体经济法学理论的重要组成部分，同样需要

① 以往对于发展理论的方法论的研究，有学者总结了"目的-手段"方法、渐进主义或改良主义方法等，参见前引塞德曼，等. 发展进程中的国家与法律——第三世界问题的解决和制度变革. 冯玉军，等译. 北京：法律出版社，2006：69。

充分考虑差异性原理，以及相关的结构原理和均衡原理[①]，而这些原理都强调对经济法问题进行结构分析。事实上，发展问题都需要通过结构调整来解决，无论是现实的各类体制改革，还是国家当前力推的“结构性减税”，以及供给侧的结构性改革等，都需要解决相应的“结构问题”[②]，经济法只有有效解决上述结构问题，才能真正发挥其促进发展的功能。

从功能分析的角度看，经济法体系的特殊结构，决定了它具有特殊的规制性。经济法能够把积极的鼓励促进和消极的限制禁止相结合，把各类规制手段相统一，这正是经济法能够发挥其促进发展功能的重要前提。与此同时，经济法学的发展理论，还要关注经济法促进发展的实效，分析经济法调整可能具有的正功能和负功能，并及时作出有效调整。为此，有必要借鉴发展社会学的相关成果，推进制度功能问题研究，这也有助于进一步丰富发展理论的方法论。

（二）结构—功能分析方法的具体运用

基于差异性原理，针对现实中存在的各类突出差异及其造成的负面影响，经济法的调整需要着力解决导致发展不均衡、不协调的各类问题，以促进可持续发展。因此，面对城乡和区域发展不平衡、产业结构不合理、主体强弱悬殊等问题，经济法需要作出有利于发展的制度性安排，以促进发展问题的有效解决。

在传统的发展理论中，一些学者曾提出过二元经济结构理论、中心一边缘理论、增长极理论等，这些理论经过一定的调整和拓展，也可融入经济法学的发展理论，成为运用结构—功能分析方法解决相关问题的重要依据。例如，二元经济结构理论作为发展经济学的重要理论，在诺贝尔经济学奖得主刘易斯（William Arthur Lewis）提出后，经由拉尼斯（Gustav Ranis）和费景汉（John C. H. Fei）等人的发展，影响日隆。基于这一理论，我国作为世界最大的发展中国家，面对突出的城乡二元结构问题，必须从经济法的角度作出有利于发

---

① 具体探讨可参见张守文. 经济法原理. 北京：北京大学出版社，2013：7-10。

② “结构性减税”与相关的财税体制改革、供给侧结构性改革等都有关联，其中涉及税制结构、课税要素结构等诸多结构问题，在结构分析方面很有典型性。张守文. “结构性减税”中的减税权问题. 中国法学，2013（5）.

展的制度安排，才能更好地解决“三农”问题，推进新型城镇化和农业现代化，这对于解决贫困问题和发展不平等问题，全面实现现代化，都是非常重要的。

此外，中心-边缘理论也非常重要。我国在经济快速发展的过程中，形成了发达地区和欠发达地区、特大城市与中小城市等不同的区域差别，区域发展不平衡加剧，形成了更为突出的中心-边缘或中心-外围格局。由于发达地区和特大城市的吸附效应突出，发展的马太效应难以避免，因此，针对这种特殊的结构问题，如何发挥中心区域的功能，如何处理好外围或边缘地区被进一步边缘化的问题，如何确保基本公共物品提供的均等化，不仅事关经济发展，还直接影响社会、政治、文化等诸多方面的发展。

与上述理论相关联，在发展理论中还有增长极理论。我国在经济发展规划中，特别是在区域经济发展过程中，正在推进各种一体化、经济带、城市群的建设，例如，京津冀协调发展、长三角一体化发展、粤港澳大湾区建设等，都是在试图打造一些经济增长极。这些经济增长极的推进，离不开相关的经济政策和经济法制度的安排，其中尤其涉及财政、税收、金融、价格、产业、规划、竞争等诸多经济法具体制度的协调。

无论是上述的城乡二元结构问题，还是中心—边缘格局，以及不同经济增长极的发展，都涉及特定的结构问题，都可以从结构分析的角度展开研究；同时，从传统发展理论中的现代化理论来看，上述结构问题也是国家在推进现代化过程中必须解决的问题。

上述涉及空间结构的各类问题，都会影响区域经济和社会的协调、平衡发展，因此，在经济法学的发展理论中，需要加强对“经济地理法律理论”，或者“空间经济法律理论”的研究①，在此基础上，有必要形成“地理经济法学”或

① 在这方面，经济地理学中的制度主义的研究方法值得借鉴，由此我们可以思考“制度结构以何种方式形成和调节了经济发展在地理空间上的不平衡过程”，并分析“制度厚度”对区域经济发展的影响等问题。谢泼德（Eric Sheppard），等. 经济地理学指南. 汤茂林，等译. 北京：商务印书馆，2009：96-99，105-107.

“空间经济法学”的研究领域[①]，这也应当是经济法理论的一个重要分支。

除上述的空间结构外，在经济法学发展理论中，还需要关注影响发展的主体结构等重要结构。例如，基于经济法的差异性原理，经济法主体历来有强势和弱势之分，并由此带来了市场失灵、经济失衡、社会失衡等诸多问题，因而需要通过相应的结构调整来实现结构优化，使强势主体的“权”和“势”不被滥用。又如，市场的主体结构，对公平竞争的影响非常巨大，同样是影响发展的重要问题。例如，同一市场上的国有企业和民营企业、大企业和小微企业、国内企业和跨国企业等，其法律地位、待遇等如果差异较大，就会影响经济和社会发展。为此，针对上述主体结构差异问题，就需要在经济法制度中作出相应调整，这对于保障公平竞争非常重要。

另外，供给与需求的失衡，也是重要的结构问题，从保障有效供给和拉动有效需求的角度，需要经济法辨证施治、综合调制。无论是“营改增”等“结构性减税”，还是众多领域的减负降费，都是在解决结构性问题。其实，在经济法领域，从体制到机制，从区域到行业，从整体到个体，都面临着各种各样的结构问题，发展型经济法唯有从调整和优化结构入手，才能更好地发挥其促进发展的功能。

五、小结

随着经济法理论的发展，基于功能主义的视角，以及经济法是“发展促进法”的基本共识，特别是经济和社会发展对经济法提出的迫切要求，有必要研究经济法学的发展理论，并且，发展理论与分配理论、风险理论或信息理论等一起，都是贯穿经济法各类制度的重要理论。从理论的贯通性看，上述各类理论的

① “空间经济法学”是经济法学与空间经济学或区域经济学的重要交叉学科。随着经济法学的发展，我们越来越需要吸纳区域经济学的重要成果，展开以区域为对象的经济法研究，这对于拓展经济法理论非常重要。因此，有必要提倡推进“空间经济法学”或区域经济法学的研究。

研究都是对经济法理论的重要拓展，它们与既往的经济法理论相互交织，非常有助于经济法理论的丰富和发展。

经济法学的发展理论与传统的发展理论既有内在关联，又有其特殊性，因而既要吸纳传统的发展理论的合理成分，又要结合自身特性作出进一步提炼。为此，经济法学的发展理论在吸纳发展经济学、发展政治学和发展社会学相关理论的同时，还要融入发展法学的成果，并结合经济法调整领域、调整手段、规范结构等诸多方面的特殊性，来进行理论提炼，这不仅对于丰富和完善经济法理论是重要的，而且对于推进发展法学以及“法律与发展”问题的研究，对于整体的发展理论的完善，都具有积极意义和重要价值。

此外，研究经济法学的发展理论，不仅有助于丰富和完善相关领域的理论，更为重要的是，有助于为相关发展政策、发展制度的制定和实施提供理论指导。尤其是经济法领域，存在着大量发展型制度，在其生成和适用的过程中，若能有正确的发展理论加以指导，则其促进发展的功能就会发挥得更好。正因如此，在提炼经济法学发展理论的过程中，不仅要研究范畴论，以通过明晰相关基本范畴来确定发展理论的基本框架，还要研究方法论，以为发展实践提供有效的理论指导，并推进发展型制度的完善。而无论是上述的范畴论研究还是方法论探讨，都离不开价值论的相关思考，都要融入重要的法律价值。

前面着重从范畴论、方法论和价值论的角度，对经济法学发展理论进行了非常初步的探讨，尽管上述“三论”对于构建经济法学发展理论的基本框架非常重要，但这些方面仅仅是发展理论的“局部”。同时，尽管前述研讨试图从选取较为重要的基本范畴、重要方法来展开，但事实上，每一类基本范畴都需要深入挖掘，每一种方法（包括结构—功能分析方法）究竟应如何运用，以更有效地解决发展问题，还需要一些实证研究。因此，经济法学发展理论的全面构建和深入探讨，仍然任重而道远，尚需学界从多个维度，展开深度拓掘，这对于经济法理论的深化，对于在新时期解决好改革、法治与发展的关系，尤其具有重要意义。

上述经济法学的发展理论，是整体发展法学的重要缩影，其涉及的本体论、价值论、规范论、运行论、范畴论等诸多理论，构成了发展法学的理论体系，其中涉及的各类重要范畴，包括发展理念、发展目标、发展主体、发展权利、发展能力、发展促进、发展规划等，以及与其相关的发展矛盾、发展问题、发展模式、发展道路、发展制度等，都是发展法学的基本范畴。正是这些基本范畴，通过与上述各类发展理论的特定连接，共同构成了发展法学的基本框架。

依循上述发展法学的基本框架，可以从法学的视角，分别对各类发展问题展开研究，而这些研究都构成了发展法学的重要内容。

第三节　促进发展的法律功能

发展促进与发展保障，是与发展相关的各类法律所共有的突出功能。基于功能主义的视角，发展法学对“发展类”法律制度的上述两类功能尤为关注。由于传统法和现代法都具有保障发展的功能，因此，需要对促进发展的功能展开专门研究。考虑到促进发展是经济法的重要功能，也是其内在的客观功用价值的体现，因此，在发展法学研究中，需要特别关注经济法促进发展的功能或内在价值，这是发展法学的基本理论应关注的重要问题。

在前述发展理论中已经谈到，正是基于促进发展的功能，经济法被称为“发展促进法”，并在经济法领域形成了大量促进型经济法或发展型经济法。事实上，无论经济法学抑或发展法学领域，都要特别关注如何通过法律的制度安排，特别是权义分配、负担调整等，在法治的框架下促进经济、社会等各个领域的发展。为此，下面拟从法律功能的视角，探讨经济法的发展促进功能，以揭示促进型经济法或发展型经济法作为重要的法律类型在发展法学理论中的重要价值。

一、促进型经济法的提出

中国的改革开放不仅带来了经济社会的惊世巨变，也使中国的经济法应运而生。[①] 经济法通过对改革开放的推进和保障，有力地促进了经济和社会的快速发展。正是在这一重要的历史进程中，促进发展，作为经济法重要的调整目标日渐显现，并逐渐与经济法所内含的促进发展的规范结构和法律功能相得益彰。

从调整目的、调整手段、调整功能的角度，可以把经济法规范分为两类：一类以鼓励和促进发展为目的，可以称之为促进型或发展型经济法，另一类以限制和禁止为目的，可以称之为限禁型经济法。由于许多传统法都更强调限禁，且相关研究较多，而对促进型经济法，研究相对较少，因此，促进型经济法更值得重视和深究。

之所以提出促进型经济法问题，是因为改革开放以来，促进型经济法对于促进中国经济社会发展起到了重要的作用，但却并未引起广泛重视。提出和研究促进型经济法，不仅有助于发现经济法与其他传统法的诸多不同，也有助于揭示经济法在推动经济社会发展方面的重要功用，阐明经济法调整目标和调整手段的重要价值，从而有助于推进经济法的理论发展和制度完善。

此外，提出和研究促进型经济法，对于明晰经济法研究的方向非常重要。事实上，经济法在过去，曾经有力地推动了中国的经济和社会发展，并成为值得深掘的重要法律领域；在未来，学界尚须进一步研究如何通过经济法制度的完善，来更好地促进经济和社会的发展，这也正是发展法学研究需要关注的重要问题。

有鉴于此，有必要提出经济法的一种重要类型——促进型经济法，或称发展型经济法，以期对经济法进行深入的类型化研究。从总体上说，促进型经济法在经济法中所占的比重大，而研究却不够深入，为此，有必要在对促进型经济法作出界定的基础上，具体分析其主要类型，以及其在我国的立法实践，并进一步分析其对我国经济社会发展的现实推进作用。

---

① 对于经济法的产生时间，虽然学界间或有歧见，但大都认为中国经济法的产生是与改革开放同步进行的，且改革开放推动了经济法的产生。

二、促进型经济法的关联性分析

所谓促进型经济法，是旨在通过法定的鼓励性手段来促进经济社会发展的经济法规范的总称。促进型经济法的存在，与经济法的特征、经济法的结构功能及制度设计原理等，都存在直接关联。

首先，从经济法的特征来看，经济法与所有部门法相比，具有突出的经济性、规制性特征，经济法在制度构成上源于大量经济政策及其经济手段的法律化（从而具有突出的经济性），因而能够把积极的鼓励促进与消极的限制禁止相结合（从而具有突出的规制性），并且，鼓励促进已成为经济法调整的一类重要手段，这对于实现经济社会发展目标非常重要。此外，同传统部门法相比，经济法具有现代性特征，它是促进发展的现代法，具有突出的政策性，是国家用以促进经济与社会的发展的重要工具。可见，从经济法区别于其他部门法的特征来看，经济法具有内在的促进发展的功能，因而在经济法中必然会存在大量的促进型经济法。

其次，从功能结构来看，当代社会的主题是发展，包括经济发展、社会发展、政治发展、法律发展等方方面面。围绕这些发展问题，形成了发展经济学、发展社会学、发展政治学和发展法学的研究。[①] 为了促进发展，需要法律具备促进发展的功能，经济法要担当此任，就必须具备促进的功能。

要具备上述功能，就需要经济法具有特定的规范结构。因为特定的结构产生特定的功能，只有在经济法的体系构成中有一类旨在促进发展的规范，并形成一类促进型经济法，才能更好地实现促进经济社会发展的功能。事实上，促进型经济法主要体现为大量的积极的鼓励性规范，以期通过这些鼓励性规范的实施，促进经济与社会的发展。因此，鼓励措施是手段，促进发展是目的。这些规范在经济法的各个部门法中，在现实的经济法的立法中，都大量存在，构成了经济法的

① 张守文.“发展法学”与法学的发展. 法学杂志，2005（3）.

重要内容。

再次，从制度设计原理来看，要体现上述的促进功能，在制度设计上，必须把“促进”的理念和精神体现在相关经济法制度的调整目标、基本原则、主体架构、权义安排、行为规则之中，从而使促进型经济法规范与经济法的宗旨、原则、调整手段等直接相关。因此，在经济法的宗旨中，要强调对经济社会发展的促进；在经济法的原则中，无论是总体上的适度原则或绩效原则，抑或在一些部门法领域具体体现的公平原则或效率原则，都与促进直接相关；在调整手段或行为规制方面，无论是总体上的调控或规制，还是具体的财税、金融等调控，以及反垄断、反不正当竞争等规制，都要侧重于促进发展，并具体体现在主体制度、权义结构、责任制度等方面，这样才能形成一套内在联系、促进发展的制度。

上述的关联性分析表明，促进型经济法的存在，是与经济法的规制性等特征一致的，因而是经济法区别于其他部门法的重要体现；同时，促进型经济法的存在，是因为经济法规范的特定结构（包括促进型规范与限禁型规范的构成，以及特定的主体结构、权义结构、责任结构、调制手段结构等）决定了经济法具有特定的促进发展的功能；而从制度设计原理上来看，促进的理念和精神，会存在于制度的各个重要组成部分。

基于上述的关联性，经济法会具有突出的促进发展的功能，这对于发展中国家的经济和社会发展更为重要。因此，从跨越多个学科的发展理论，到需要着力构建的发展法学，都应关注促进型经济法，并将其与发展目标有机统一起来，从而形成发展型经济法。

三、促进型经济法的具体类别

促进型经济法的核心目标，是促进经济社会的发展。但就促进本身而言，其又有积极促进和消极促进之分。通过鼓励性措施所进行的促进，是积极的促进；通过限制性措施所进行的反向推动，是一种消极的促进，它是一种广义上的促进。通常，从发展法学的角度看，研究促进型经济法，更应关注狭义上的积极促进。

促进还可以分为直接促进和间接促进、个别促进与整体促进。对于某类个体、行业、区域的促进，一般可以视为直接的个别促进；而对于宏观经济和社会发展的促进，则往往是在直接的个别促进的基础上实现的，因而对经济社会发展的促进可以视为间接的、整体的促进，这是一种更高层次的促进。

另外，促进还可分为一般促进和专门促进。相应地，在立法上有一般促进立法和专门促进立法之分。经济法领域的一般促进立法往往规定得较为原则或较为分散。例如，在财政法、税法、金融法、竞争法、产业法等立法中，都会有一些鼓励、支持、促进某个领域发展的规定，这些促进型的规范散见于经济法的各个部门法中，这属于一般促进立法。还有针对某个特定领域进行的专门促进立法，这些往往是针对某个行业、地域、产业、群体等作集中的、综合的、专门的规定。研究促进型经济法，既要关注专门促进立法中的集中规定，又要注意从分散的一般促进立法中提炼相关的问题。

一般说来，专门促进的立法，主要是针对一些重要产业、地区、企业的促进的立法，以解决产业、地区、企业发展的不平衡问题，所体现的仍然是经济法中的差异性原理，以更好地保障实质公平和整体效率。其中，产业发展促进，包括对农业、汽车产业、第三产业的促进，以及对流通业的促进、对畜牧业的促进等；地区发展促进，包括对西部地区、东北地区、中部地区等大的区域发展促进，以及对沿海地区、经济技术开发区、老少边穷地区等特殊区域发展的促进；特殊企业发展促进，包括对中小企业的促进，对乡镇企业的促进，对国有企业的促进，对民营企业的促进，等等。值得注意的是，对产业、地区、企业等方面的促进，是紧密联系的，如产业发展促进直接会影响产业所在地区及该地区的企业，对地区的促进直接影响该地区的相关产业和企业，等等。其实，这些促进型经济法，是在从不同角度促进城乡二元结构、东西二元结构、大小二元结构之类的二元结构问题的解决，并力图解决由此产生的不平衡及相应的效率与公平等问题。

在促进型经济法中，促进手段非常重要，它通常是各类法律化的经济政策工具，因而具体包括财税促进手段、金融促进手段、竞争促进手段、产业促进手段、外贸促进手段等。多种法律化的促进手段，构成了促进型经济法的核心内容。审视这些促进手段的规定，不仅可以从一个侧面来研究经济法的特质，而且能够把经济法的各个部门法串联起来，提炼促进法方面的共性内容。

上述各类促进手段，主要体现为各类鼓励性的优惠制度。在各类优惠制度中，较为重要的有财政优惠（如财政补贴、专项转移支付）、税收优惠（如税收减免）、金融优惠（如低息贷款）、竞争优惠（如适用除外）、产业优惠（如投资鼓励）等。其实，各种优惠作为促进手段，都是一般制度的例外安排。这些促进手段，可以在经济法上被集中研究。事实上，改革开放是与大量的促进手段的实施紧密相关的，没有大量促进手段的有效运用，就不会有经济与社会的快速发展。从最初的特殊例外到后来的放水养鱼、藏富于民，相关制度及其发展理念都很值得研究。

四、促进型经济法的立法实践

1. 分散立法与综合立法

中国的促进型立法，主要体现在经济法和社会法两个领域。从整体上看，促进型经济法的发展非常迅速，其从开始的重视分散立法，转向同时重视集中、综合、专门的立法，从而不仅在财税法、金融法、计划法、竞争法等领域有大量的促进型经济法规范存在，而且在一些冠以“促进”字样的法律或法规中，也蕴含大量的促进型经济法规范。

目前，我国以“促进法”命名的法律，主要有《中小企业促进法》《电影产业促进法》《农业机械化促进法》《就业促进法》《民办教育促进法》《清洁生产促进法》《循环经济促进法》等。这些法律虽然促进的领域不同，但都不同程度地包含许多促进型经济法规范。例如，《农业机械化促进法》在总则部分规定，“县级以上人民政府应当把推进农业机械化纳入国民经济和社会发展计划，采取财政支持和实施国家规定的税收优惠政策以及金融扶持等措施，逐步提高对农业机械化的资金投入……促进农业机械化的发展”。这一规定涉及计划法、财政法、税法、金融法等多个经济法部门法的规定。同时，该法还专门设第六章“扶持措施”，规定了财政补贴、税收优惠、贴息贷款等多种扶持鼓励措施，以促进农业的现代化。上述法律，一般除在总则部分对促进措施作出原则规定外，还都设专章规定“扶持措施”“鼓励措施”“扶持与奖励”等，对旨在促进发展的各类鼓励措施作出具体规定，而这些规范又都可以归属于经济法中的财税法、金融法、计划法等相关部门法。这是促进型立法的普遍做法，这与前述有关关联性的分析也是一致的。

除上述的法律以外，包含促进型经济法规范的行政法规级次的规范性文件非常多。自改革开放以来，国务院发布的大量财税、金融、产业、竞争等方面的法规中所包含的促进型经济法规范自不待言，仅是国务院直接发布或转发的规范性文件中包含“促进”字样的就超过 40 个，其中大部分都与经济社会发展直接相关，涉及对多个行业、地区、市场等领域的“促进”。此外，与“促进”接近的，在形式或实质上旨在“推进”或“鼓励”的规范性文件也有不少。这些规范性文件大都是促进型经济法的重要渊源。

上述国务院发布或转发的各类规范性文件，主要涉及产业、企业、地区、市场，以及外贸、价格等领域。其中，在促进产业发展方面的规范性文件最多，主要涉及汽车业、钢铁业、饲料业、农产品加工业、煤炭工业、流通业、畜牧业等[①]，这些产业关系国计民生，具有基础地位、支柱地位，但又大多比较薄弱，因此，需要通过法律化的经济手段予以有效促进。与此相关，国务院还专门制定了《促进产业结构调整暂行规定》。

此外，有关地区发展的规范性文件，主要涉及西部大开发、东北振兴和中部

---

① 例如，2005 年的《国务院关于促进煤炭工业健康发展的若干意见》《国务院关于促进流通业发展的若干意见》《促进产业结构调整暂行规定》，以及 2007 年的《国务院关于促进畜牧业持续健康发展的意见》《国务院关于促进奶业持续健康发展的意见》等。

崛起。[①] 而一些关系国计民生的重要市场，如房地产市场、资本市场等，也是需要促进其稳定、健康发展的[②]；同时，中小企业、乡镇企业等，也是国家鼓励促进其发展的企业形态[③]，为此，国务院在不同时期作出了相应的旨在促进上述领域发展的综合性规定。

2. 立法的阶段特点

中国的经济法发展，自 1978 年起至今，以 1992 年确立实行市场经济体制为界，可以分成两个阶段。在第一阶段，受改革的阶段、经济体制的变迁，以及法制不健全等诸多因素的影响，经济法还很不完善，其功能定位、调整目标等都还不是很明确，这无疑会影响经济法的立法数量和质量，同时，也影响了促进型经济法的立法。从总体上看，促进型经济法的立法在这一阶段主要以分散立法为主，集中立法微乎其微。

从上述"促进法"和国务院的规范性文件的制定和发布时间来看，所有的以"促进法"命名的法律，都是在实行市场经济体制以后，甚至都是进入 21 世纪后才出台的新法律。此外，国务院发布的促进型经济法的规范性文件的发布也大都是在实行市场经济体制以后。这表明，在实行市场经济体制之前，国家在促进型经济法的集中立法或综合立法是很不够的，同时也说明，越是推进市场经济，特别是在市场经济发展初期，越需要有政府综合运用各种手段实施的促进。这些促进，主要是以政府利益的让渡为前提的。事实上，"放权让利"不仅是改革开放初期的基调，对不同时期的促进型经济法的立法同样非常重要。无论是作为鼓励措施的财政补贴，还是税收优惠、贴息贷款等，都与政府的利益让渡直接相关。

---

① 如《国务院关于进一步推进西部大开发的若干意见》（2004）、《国务院办公厅关于促进东北老工业基地进一步扩大对外开放的实施意见》（2005）、《国务院办公厅关于落实中共中央国务院关于促进中部地区崛起若干意见有关政策措施的通知》（2006）。

② 如《国务院关于促进房地产市场持续健康发展的通知》（2003）、《国务院关于推进资本市场改革开放和稳定发展的若干意见》（2004）、《国务院关于促进生猪生产发展稳定市场供应的意见》（2007）等。

③ 在《中小企业促进法》和《乡镇企业法》作出相关的鼓励促进规定以前，相关的规范性文件有《国务院批转农业部关于促进乡镇企业持续健康发展报告的通知》（1992）以及《国务院办公厅转发国家经贸委关于鼓励和促进中小企业发展若干政策意见的通知》（2000）。

政府通过让利的手段来促进经济社会的发展，促进某个重要领域的稳定健康发展，实际上是以形式上的不公平来换取实质上的公平，以政府的利益损失来保障总体的社会公共利益，并由此促进经济与社会的良性运行和协调发展。

尽管在我国确立实行市场经济体制以前，专门的促进型经济法的立法屈指可数，但对实质上的促进型经济法应在更广的层面上来理解。事实上，在经济法发展初期，也就是我国的改革开放初期，虽然立法相对较少①，但存在着许多政策性较强的实质意义上的经济法规范。因此，对经济法不能仅看形式上的立法规定，还要看在实质上真正起作用的、体现经济法宗旨和精神的那些制度，它们构成了实质意义的经济法。这些也是未来在研究中应予重视的。

例如，初级阶段的、萌芽阶段的经济法，是体现经济法精神的那些制度安排，其中就体现了“促进”的理念。较为典型的是联产承包责任制，它就强调鼓励措施，即“交足国家的，留够集体的，剩下的都是自己的”。这种鼓励措施，作为一种广义上的财税制度安排，就是经济法上的促进型安排，它极大地调动了农民的积极性，使我国的农村改革取得了最初的成功。同样，在以企业为中心的城市改革过程中，“利改税”的制度安排，也是对企业和个人在分配制度上的重要激励，它使市场经济所需要的主体（包括经济法主体），逐渐获得独立地位。这不是民法或行政法上的安排，而是朦胧阶段的经济法上的安排，它使整个国家的经济运行更经济，使社会成本降低，使社会福利提高，同时，也降低了交易成本。这些都是促进型经济法的重要功用之所在。

五、小结

促进型经济法是整体经济法的一个重要组成部分（或类型），它与经济法的

---

① 我国在改革开放初期的经济法立法，主要体现在税法领域，这与当时国家力图在法律上有效解决国家与企业、个人之间的分配关系直接相关，同时，这也是改革开放的重要制度基础。张守文. 改革开放与中国经济法的制度变迁. 法学，2018（8）.

特征、功能结构、设计原理等直接相关。促进型经济法具有突出的促进发展的功能，在促进发展方面，无论是直接促进还是间接促进，无论是整体促进还是个别促进，无论是一般促进还是专门促进，都是发展法学研究应予关注的。因此，在后面各章的有关研讨中，会多次提及促进发展的重要功能，这些探讨构成了发展法学非常有特色的内容。

在经济法的发展历程中，促进型经济法经历了从分散立法到重视综合立法的转变，同样，在发展法学的研究中，也要重视立法模式变化对相关规范功能的影响，并且，在立法不断完善的背景下，应强调将分散立法与综合立法有机结合，充分落实发展理念，共同促进相关领域的发展，以全面解决发展问题，实现各类发展目标。

第二章　发展权利的法律分配

发展权利是发展法学的基本范畴，发展权利的有效分配，是解决各类发展问题的核心。因此，在整个发展法学中，发展权的分配至为重要。而在各类发展权中，经济发展权又具有更为基础的重要地位。

在推进经济发展的过程中，要有效促进经济发展，必须切实解决各类主体的经济发展权的分配和法律保障问题。在此基础上，对不同主体具体发展权的分配还应予以特别关注，尤其对经济发展影响巨大的市场主体的定价权以及政府（特别是地方政府）的举债权，不仅应在法律上作出有效分配，还应予以专门规制或保障，这样，才能使两类主体在发展过程中各自发挥其积极作用，并实现相应的发展利益。

为此，下面先从总体上探讨发展权，特别是经济发展权的分配与保障的一般问题，然后，再分别解析市场主体的定价权和地方政府的举债权，从而说明不同的发展权对于解决不同主体的发展问题的特殊价值。

第一节　发展权与经济发展权的分配

发展权是发展法学的重要基本范畴，经济发展权在发展权中居于重要地位，它不仅是国际法上的重要概念，也是经济法主体权利谱系中的重要范畴。对于各类经济法主体都享有的经济发展权，必须加强法律保障，特别应强化经济法保护。为此，应着重解决阻碍公平竞争和公平分配等影响经济发展权实现的突出问题，这既有助于解决现实存在的发展问题，推动相关的制度完善，也有助于促进发展法学和国际法学的发展。

一、发展权与经济发展权

发展是当代各国的主题。如何发展，或者采取何种方式发展，对发展中国家尤其重要。对此，发展经济学、发展社会学以及发展政治学等领域已有许多研究，但新兴的发展法学对此研究尚显不足。[①] 由于经济法是“促进发展之法”，因此，研究与发展相关的法律问题尤其需要加强经济法研究。

纵观历史和现实，在各国实现工业化、城市化、信息化等多重发展目标的过程中，普遍面临着极为复杂的发展问题，需要在法律上明晰国家和国民在发展方面的权力或权利，由此形成了复杂的发展权体系。

发展权通常被理解为个体（如个人）或集体（如国家或民族）享有的参与和促进经济、社会、文化和政治全面发展并享受发展成果的权利。[②] 对发展权的研究和探讨，以往主要集中于国际法领域，特别是人权领域。在《联合国宪章》等早期重要文件中，发展权的理念即已有所体现。[③] 自从姆巴耶（Keba M' Baye）

---

① 随着各国对发展过程中存在的法律问题的高度重视，以及法学研究观念的转变，发展法学将会成为新兴的重要领域，相应地，发展权也会成为发展法学的一个重要范畴。事实上，在法理学领域，发展权、法律与经济发展之类的问题，已经成为“法律与发展研究”的基本主题。姚建宗. 法律与发展研究导论. 长春：吉林大学出版社，1998：138-144.

② 这一界定有助于理解从主体、行为、结果等角度对发展权所进行的分类，尤其有助于理解为什么在经济法研究中要区分国家与国民的发展权、个体与集体的发展权，以及促进发展权与自我发展权等。

③ 无论是1945年的《联合国宪章》，还是1948年联合国大会通过的《世界人权宣言》等，都体现了发展权的理念；1969年联合国大会通过的《社会进步与发展宣言》还提出了发展的原则、目标、方法和手段等，从而为发展权的提炼奠定了重要基础。

提出发展权的概念以来，在《发展权利宣言》等文件中，发展权更是被反复强调[①]，并成为国际法学的重要研究对象。尽管如此，许多学者已经认识到：各类主体发展权的实现，离不开各国国内法的保障，其中，经济法的保障尤为重要。

依据既有的发展权理论，各国（传统上主要指发展中国家）都可以根据世情、国情选择经济发展的道路，这是其发展权中非常重要的经济发展权。经济发展权的行使，对于保障相关国家和民族的经济发展利益，构建国际经济新秩序至关重要。为了实现经济发展权，各国有权采取促进和保障经济发展的各类手段，包括诸多法律手段，其中，经济法手段备受倚重。

在以往的经济法研究中，曾有学者在价值论等领域将“发展”融入经济法的理念、价值、原则的讨论，取得了不少成果[②]，但从学界的整体情况看，对发展权（特别是经济发展权）的研究还相当欠缺。自 2008 年经济危机发生以来，“究竟应当如何发展”，已成为各国思考的重大课题。我国基于复杂的国际环境和国内情势，作出了转变经济发展方式的重大战略抉择。而这一重要转变，实与国际法和国内法都有关联。例如，在国际法层面，基于发展权，我国完全有权决定如何发展，以及如何转变发展的方式，其他国家不能干预；同时，在国内法层面，为了实现转变发展方式的各类目标，需要进一步明晰和界定各类主体的发展权，并通过经济法等国内法来提供有力支撑。考虑到转变发展方式是国家的长期战略，各类主体的经济发展权均需经济法加以保障，因此，很有必要从经济法的角度来研究经济发展权问题。

下面的讨论试图说明，一国的经济发展方式与经济发展权直接相关，经济发

① 20 世纪 70 年代初，曾任塞内加尔最高法院院长的姆巴耶在《作为一项人权的发展权》的演讲中，首次提出了“发展权”的概念。1986 年，联合国大会通过了《发展权利宣言》等重要文件，多次重申发展权是一项重要的人权。

② 如程信和，等．可持续发展——中国经济法的理念更新和制度创新．学术研究，2001（2）；刘大洪，等．论经济法的发展理念——基于系统论的研究范式．法学论坛，2005（1）；李昌麒．经济法理念研究．北京：法律出版社，2009；等等。

展权的实现尤其需要经济法的保障；经济法作为“促进发展之法”，具有突出的规制性[①]，在转变经济发展方式、提高经济发展质量的过程中具有重要作用，其调整会直接影响相关主体的经济发展权和发展利益。从经济法的视角思考经济发展权问题，也许更有助于解决国际法领域久已提出但未能有效解决的“加强发展权的国内法保护”问题，真正把发展权问题进一步转化为国内法问题；更有助于在人类新的历史时期，构建国际经济新秩序和国内经济新格局，并推进经济法学乃至整个发展法学的理论发展和完善。

有鉴于此，下面将着重从经济法的维度，对经济发展权进行经济法定位，从而揭示经济法主体的权利谱系及其复杂的层级性，探索经济法主体的基础性权力与权利同各类经济发展权之间的关联；在此基础上，探讨经济发展权的经济法保护问题，并提出应着重解决的影响经济发展权的突出问题，以期推动经济法理论的发展和制度的完善，进而推动发展法学的构建。

二、经济发展权的经济法定位

一般认为，发展权包括经济发展权、社会发展权、政治发展权等诸多类型，其中，经济发展权被公认为是发展权的核心，是其他发展权有效实现的基础。对此，有学者认为，经济发展权是法律与社会发展动力系统中最活跃的因素，是国家、民族要求建立公正合理的经济秩序，决定并调整经济结构和发展政策的权利。[②] 由于经济发展权直接关涉一国国内的经济结构调整和经济发展，因而对其类型和具体位阶，尚需在经济法等国内法上加以界定。

从经济法的角度看，经济发展权是经济法主体享有的一类重要的综合性权利，其实现要以经济法主体各类基本权力和权利为基础，因而其位阶更高。这一

① 经济法对于发展的促进集中体现为一系列重要的规范，并形成了促进型经济法，对于这个方面的论述，可参见张守文．论促进型经济法．重庆大学学报（社会科学版），2008（5）；焦海涛．论“促进型”经济法的功能与结构．政治与法律，2009（8）；等等。

② 汪习根．发展权全球法治机制研究．北京：中国社会科学出版社，2008：123.

定位表明，经济发展权既与经济法主体的各类具体权力或权利存在密切关联，又存在明显的差别。

对经济发展权的上述定位，有必要通过考察经济发展权的内容和类型来进一步加以明晰。事实上，经济发展权的内容非常丰富，寓于多种多样的类型之中，在经济法研究中，至少应当关注如下重要类型。

第一，基于国家与国民的二元结构，经济发展权可以分为国家发展权和国民发展权。其中，国民发展权可以包括企业发展权、个人发展权、第三部门发展权等。在国际层面，如果对发展权作广义理解，则无论是发达国家抑或发展中国家，都可以享有至为重要的经济发展权[①]；而在国内层面，企业以及其他个体的经济发展权更引人注目，尤其需要经济法加以保障。

上述的国家发展权涉及国家利益和社会公益，而国民发展权则涉及私人利益。这两类经济发展权与经济发展方式直接相关。其中，国家的经济发展权的行使状况如何，直接影响着经济发展方式的优劣；而不同的经济发展方式，又会对国民的经济发展权产生较大影响。从总体上说，有效保障各类主体的经济发展权，应当是经济法调整的重要目标。

第二，基于整体与个体的二元结构，经济发展权也可以分为整体（或集体）发展权与个体发展权。[②] 其中，整体发展权关乎整体利益、集体利益，个体发展权则涉及个体利益。要实现经济的良性发展，必须有效协调和保护各类主体的经济发展权和发展利益。基于我国改革开放以来的发展经验和教训，在保障个体发展权的同时，还必须关注整体发展权，不断解决个体营利性和社会公益性的矛盾，兼顾效率与公平，从而实现均衡、可持续的发展，并在整

① 以往人们往往更多地关注“发展中国家的经济发展权”，2008 年经济危机发生后，欧洲、美国的经济低迷和债务危机提醒人们：经济发展权其实对发达国家也很重要。在新的历史时期，经济发展权是否需要扩展同样很值得研究。

② 类似的分类在以往发展权的研究中已经存在，主要是从人权的角度，分为个人发展权和集体发展权。有的学者认为，经济发展权的主体如果是集体主体，主要是指国家和民族；如果是个人主体，则主要指每一个社会成员。汪习根．法治社会的基本人权——发展权法律制度研究．北京：中国人民公安大学出版社，2002：88-89.

体上推进经济与社会的良性运行和协调发展，而这也正是经济法调整的最高目标。

第三，基于政府与市场的二元结构，经济发展权还可以分为促进发展权和自我发展权。其中，促进发展权，是政府通过促进其他主体的发展来实现国家整体发展的权利，如国家通过宏观调控、市场规制等手段，来促进市场主体的经济发展，从而推动宏观经济的整体发展的权利。而自我发展权，则是市场主体通过自己的行为，来实现个体的自我完善和自我发展的权利。国家通过大量的财税制度、金融制度等来促进企业的发展，以及企业通过这些制度来实现自我发展，都是上述两类经济发展权的体现。不难发现，这种分类更具有突出的经济法特色。

在经济法领域，上述各类经济发展权都是经济法主体享有的高位阶的综合性权力或权利，其有效保障直接关系到经济法调整目标的实现。明晰经济发展权在经济法领域的定位，对不同的经济发展权展开类型化研究，尤其有助于推进经济法理论的发展和制度的完善。

例如，基于经济法主体的二元结构，以往更强调调制主体的经济调制权与市场主体的市场对策权之间的差异，并由此构建了经济法主体的职权与权利的二元结构。从经济发展权的角度看，上述的调制权体现了国家的促进发展权，而对策权则体现了国民的自我发展权，它们都从属于更高位阶的经济发展权。这样，就可以为调制权和对策权找到共同的上位概念，形成可以统一适用于各类经济法主体的、包含了权力和权利内容的重要范畴——经济发展权。这至少可以从一个侧面解决经济法权义结构理论中不同主体的权力和权利缺少共同的上位概念的难题，从而有助于进一步推进经济法规范论的研究，增强经济法理论的自足性。当然，不同主体的经济发展权的具体内涵是有区别的，这在前述经济发展权的不同类型中已有体现。

又如，在 2008 年金融危机发生后，世界各主要国家都认识到调整经济结构的重要性。著名经济学家斯蒂格利茨认为：2008 年以来的危机“不仅仅是一次金融危机”，各国对经济结构进行调整是很有必要的，经济结构不会自发调整，政府必须在转变经济结构中发挥核心作用。[①] 我国政府积极推进发展方式的转变，并将经济结构的调整作为重中之重，同时，也开始注意为经济结构调整提供法律支撑。经济结构的调整涉及产业结构、分配结构、消费结构等多种结构的优化，为有效实现结构优化的目标，必须在法律上确立产业结构调整权、分配结构调整权、消费结构调整权等。[②] 尽管上述各类结构调整权的综合性较强，但仍属于具有更高位阶的经济发展权的组成部分，且与经济法主体的各类基础权力或权利直接相关。

与上述的经济发展权、结构调整权密切相关的各类基础权力或权利，主要是指经济法主体的经济调制权和市场对策权，它们分别包含若干不同层级的权力或权利，从而形成了经济法主体权利结构的非常复杂的“层级性”。各类经济法主体所享有的基础性的调制权和对策权，是其实现综合的经济发展权的重要保障。

其实，经济法主体的基础权力或权利，无论是调制主体的调制权，抑或调制受体的对策权，其行使都是为了保障体现发展理念的经济发展权。在经济法的实施过程中，各类调制主体都力图通过宏观调控权和市场规制权的行使，来促进市场经济的整体发展，保障符合国家发展导向的市场主体的发展，这与国家的促进发展权是一致的。同时，市场主体也力图通过对策权的行使，来实现自我完善和自我发展，并实现自身利益的最大化，这与市场主体的自身发展权也是一致的。可见，经济发展权与其主体的目标和根本利益更直接相关，从一定的意义上说，与更上位、更综合的经济发展权相比，经济调制权与市场对策权更具有工具性的意义，其中所蕴含的权利或权力的目的性与工具性的关联问题，非常值得深入研究。

三、经济发展权的经济法保护

依据国家的经济发展权，一国有权决定采取何种发展方式、是否转变发展方

---

① 斯蒂格利茨．自由市场的坠落．李俊青，等译．北京：机械工业出版社，2011：164-166．

② 对于此类结构调整权的具体探讨，可参见张守文．“双重调整”的经济法思考．法学杂志，2011（1）。

式，以及如何进行各类结构的调整；同时，也有权为推进经济发展而进行宏观调控和市场规制。一国经济法规定的宏观调控权和市场规制权，作为调制主体的基础性权力，尤其需要依法限定、依法行使，这样才能更好地保障国家经济发展权的实现。此外，依据国民的经济发展权，一国的企业、居民以及其他主体，也有权依法参与发展和得到发展，分享国家和社会的发展成果，并且，有权依法排除影响其发展的各类阻碍。

从理论上说，无论是哪类主体的经济发展权，都应当依法加以保护。即使是国家的经济发展权，也需要经济法的保护，因为仅有国际公法或国际经济法的保护是不够的，对国家的经济发展权的侵害有些就是来自国内的市场主体。当然，从现实情况看，人们一般会认为，相对于国家，国民处于更弱势的地位，其经济发展权更易受到侵害，因而国民的经济发展权也更受关注，是经济法应当重点保护的对象。

基于经济发展权的多样性和多层级性，其相关的法律保护也体现在多个层面。例如，在宏观调控领域，与金融调控和税收调控相关联的货币发行权和税款征收权，对国家和国民的经济发展权都有直接的影响。从国家的角度看，一国能否独立发行货币，能否独立行使完整的税款征收权，关乎国家的核心利益和长远发展，直接影响国家的经济发展权，因而其需要在宪法或重要法律中加以规定。从历史上看，如果一国的法律保护不力，货币发行权或税款征收权的行使受到其他国家或私人的干扰或侵害，则国家的经济发展必然会受到不利影响。

与此同时，上述货币发行权的行使，在国际层面，有时可能会对其他国家的经济发展产生重要影响（如由于美元的特殊地位，美国货币发行权的行使就会影响相关国家）；在国内层面，则会直接影响国民的经济发展权，因为货币发行权行使如何，直接关系到货币供应量的大小或通货膨胀的有无，影响币值或物价的稳定，牵涉整体的经济稳定，从而影响企业和个人的收益。[①] 由于企业和个人的

① 国际货币基金组织强调维持经济稳定的最重要的要素就是控制通货膨胀，此外，削减政府的赤字也很重要，而这两个方面都与经济发展权直接相关。斯蒂格利茨. 发展与发展政策. 纪沫，等译. 北京：中国金融出版社，2009：111-112.

经济发展，需要稳定的货币环境，以及由此形成的相对稳定的财产状态，而货币发行权的滥用，是导致通货膨胀、恶化国民财富状况的重要诱因，因此，要有效保护企业和个人的经济发展权，国家就必须坚持依法行使货币发行权，并对滥用货币发行权的行为进行严格的法律规制。

此外，为了保障国民的经济发展权，对征税权也需要加以限制。目前，尽管对我国的税负高低问题有很多争论①，但较为理性的共识是：我国并非税负较低的国家，因而国家必须减税降负。为了使税负更加公平合理，国家也在考虑如何减少各种类型的重复征税，其中，过去长期被忽视的商品税领域亦成为改革的重点——为了扩大增值税的征税范围，解决营业税领域的重复征税问题，国家在2012年专门启动了“营改增”的试点方案，从而为增值税的立法改进奠定了重要基础。② 此外，征税权的限制还与分配结构的调整直接相关。我国的《中华人民共和国国民经济和社会发展第十二个五年规划纲要》（简称《“十二五”规划纲要》）专章规定要“合理调整收入分配关系”，强调加快形成合理有序的收入分配格局，努力提高居民收入在国民收入分配中的比重，提高劳动报酬在初次分配中的比重，尽快扭转收入差距扩大趋势。③《中华人民共和国国民经济和社会发展第十四个五年规划纲要》第四十八章强调要“优化收入分配结构”，“更加积极有为地促进共同富裕”。为此，必须真正进行“结构性减税”，努力降低相关主体的税负，从而更好地完善再分配调节机制，推进收入分配结构的调整。其实，税收作为非常重要的约束条件，对企业和个人的经济发展权影响重大。如何依法有效运用税收杠杆，不断完善税法规制，是各个国家都必须认真对待的问题。

上述的货币发行权和税款征收权，关系到国家的金融利益和税收利益；同

① 我国对税负高低的认识一直存在分歧和争论。例如，2011 年 9 月 19 日的《人民日报》曾专门发文，指出福布斯新闻评价“我国税负痛苦指数全球第二”之不当，但当时社会公众则普遍认为税负过重。对此，伴随着经济下行压力的不断增大，国家开始推行减税降费政策。

② 财政部、国家税务总局《营业税改征增值税试点方案》（财税〔2011〕110 号）。

③ 参见《“十二五”规划纲要》第 32 章，以及张守文．分配结构的财税法调整．中国法学，2011（5）。

时，它们作为国家对内的“垄断权”，会直接影响企业的竞争环境和个人的生存状态。要促进企业的经济发展，就必须保障企业的经营自由权和公平竞争权，为企业营造公平竞争的外部环境。毕竟，与货币发行权和税款征收权相对应的货币供应状况和税负状况，会影响企业公平、有效的竞争，这是单靠竞争法规制所不能有效解决的。因此，需要整体的经济法调整形成保障经济发展权的合力。

四、应着重解决影响经济发展权的突出问题

1986 年 12 月联合国大会通过的《发展权利宣言》规定，“国家有权利和义务制定适当的国家发展政策，其目的是在全体人民和所有个人积极、自由和有意义地参与发展及其带来的利益的公平分配的基础上，不断改善全体人民和所有个人的福利”[①]。据此，一国之内的各类主体都应有权参与发展并公平分配发展利益，以不断改善整体和个体福利，这也是经济发展权的应有之义。与此相关联，在经济法领域应当特别关注市场主体公平参与发展的权利，以及公平参与分配的权利。从现实情况看，恰恰在公平参与发展和公平参与分配方面，还存在着许多突出的问题，直接影响了整体的经济发展权的实现，因此，需要通过经济法的调整来着重加以解决。

其实，早在 1979 年，联合国人权委员会就以决议的形式重申发展权是一项人权，并强调“发展机会均等，既是国家的权利，也是国家内个人的权利”。而要保障包括个人在内的各类市场主体获得均等的发展机会，就必须使其能够公平地参与竞争，因此，对一国之内的个体的竞争参与权加以保障尤其重要。如果市场主体不能公平地参与竞争，则其经济发展权的实现是很难想象的。

从公平参与竞争的角度看，在现代市场经济条件下，所有的市场主体都应当有权依法参与公平、正当的竞争，而不能从事违法的垄断和不正当竞争行为，否则就会受到反垄断法和反不正当竞争法的惩罚。从这个意义上说，依据竞争法所

① 联合国大会 1986 年 12 月 4 日第 41/128 号决议通过的《发展权利宣言》第 2 条第 3 款。

进行的市场规制，是对公平参与竞争的重要保障。

但是，我国的现实情况却不尽如人意，竞争法的规制尚不完善，还存在着多方面的局限。仅从市场准入角度看，不同类型企业参与公平竞争的权利有时尚不能得到平等保障。例如，民营企业与国有企业在市场准入方面曾长期存在着事实上的不平等待遇，为了促进民营经济的发展，国家继 2005 年出台《国务院关于鼓励支持和引导个体私营等非公有制经济发展的若干意见》（国发［2005］3 号，简称老“36 条”）之后，又于 2010 年出台了《国务院关于鼓励和引导民间投资健康发展的若干意见》（国发［2010］13 号，简称新“36 条”），尽管这些规定的总体精神和具体内容俱佳，国家试图通过其有效实施来保障民营企业公平参与某些领域的市场竞争，以实现“竞争中立”，但由于多种因素，民企同国企真正全面进行公平竞争并非易事，上述规定距离真正落实到位还存在很大距离，这在经济结构调整过程中体现得更为突出。① 事实上，我国存在并日益凸显的民间高利贷、企业融资难等问题，都说明加强保障民营企业的公平参与竞争权之必要，唯此才能更好地实现其经济发展权。

从法律调整的综合性和可操作性来衡量，国务院出台的有关民营企业的新老两个“36 条”的局限性是比较明显的。在某些现行的、具体的财政制度、税收制度、金融制度、产业制度、投资制度、外贸制度中，针对不同所有制、不同区域、不同规模、不同类型的企业，往往会有大量不同的规定，各类市场主体的实质待遇可能会有很大差别。② 这是两个“36 条”难以扭转的。其实，上述主体之间的差别，既是经济法上的差异性原理的体现，又为经济法充分发挥其调整功能提供了巨大的空间。就市场主体公平参与竞争而言，仅有竞争政策或竞争制度是不够的，尤其需要加强竞争法与其他各类法律制度的配合，需要加强经济法与经济政策的协调，因为财税制度、金融制度等都是影响市场主体公平参与竞争和实

① 相关探讨可参见张守文．发展“非公经济”的经济法解读．法学家，2005（3）。

② 对于各类主体的现实差异及制度安排的讨论已有大量的成果，例如，对于中小企业融资难的讨论，可参见林毅夫，李永军．中小金融机构发展与中小企业融资．金融研究，2001（1）。

现自身有效发展的重要约束。

从全面实现经济发展权的角度来看，公平地参与竞争、参与发展，仍只是手段，市场主体能够公平地参与分配，并提高整体与个体的福利，才是重要目的。在这个方面，《发展权利宣言》曾强调，“各国应在国家一级采取一切必要措施实现发展权利，并确保除其他事项外所有人在获得基本资源、教育、保健服务、粮食、住房、就业、收入公平分配等方面机会均等”[①]。由此可见，国家在保障基本资源、公平分配等领域的机会均等方面，负有重要义务；同时，公平分配与经济发展权之间也存在密切关联。为此，不仅应当研究公平参与竞争的问题，还应当特别关注公平参与分配的问题。

目前，我国恰恰在公平参与分配方面问题非常突出。尽管我国自改革开放以来，始终关注着“两类分配”——国民个体利益的分配以及国家的财政分配，并且，“两类分配”一直是推动改革开放的重要动因[②]，但是，由于诸多原因，我国的分配问题却日益凸显，尤其表现为分配结构失衡、分配差距过大、分配不公等，已经影响到了经济增长、社会发展和政治安定等方方面面。针对上述情况，经济法作为典型的“分配法”，就必须有效发挥其独特功用，对相关主体的收益分配权进行有效配置，推进各类分配问题的解决。[③]

例如，从分配结构失衡的角度看，政府、企业、居民收入分配的比例失衡问题较为突出，居民收入在国民收入中的占比，以及劳动报酬在初次分配中的占比都相对偏低，而这“两个比重”过低的问题，会严重影响居民个体的经济发展权，尤其需要通过经济法等法律对收益分配权的调整来加以解决。自改革开放以来，我国财政收入占 GDP（国内生产总值）的比重呈现出明显的“U 形曲线”，近些年来财政收入的增长幅度更是大大超过 GDP 的增速，而居民收入占 GDP 的比重则明显地相对下降，这对市场主体的经济发展权会产生较大的负面影响。因

① 《发展权利宣言》第 8 条第 1 款。

② 张守文．贯通中国经济法学发展的经脉——以分配为视角．政法论坛，2009（6）．

③ 张守文．分配结构的财税法调整．中国法学，2011（5）．

此，必须运用经济法中的财政法、税法、金融法等进行综合调整，全面解决居民收入相对下降的问题。

此外，从分配差距和分配不公的角度看，我国的基尼系数一般认为已高达0.5左右，无论是收入分配上的城乡差距或地区差距，还是不同收入群体之间的分配差距，都可谓过大。在分配差距过大与分配不公相伴生的情况下，分配公平与分配正义的问题已经引起了社会各界的广泛关注，因为这已经不仅影响到相关主体的经济发展权，甚至还会影响其社会发展权和政治发展权，不仅需要运用经济法的各类制度加以调整，也需要运用经济法以外的各类法律制度、政策等进行综合的调整。

总之，无论是与民营企业等市场主体的经济发展相关联的公平竞争，还是与地区差别、分配差距等相关联的公平分配，都是影响经济失衡或发展失衡的重要因素，都是影响经济发展权实现的突出问题。为此，必须加大经济法的调整力度，全面有效地解决上述各类已经引起普遍关注的突出问题。

五、小结

学界对经济发展权的研究还较为薄弱，但这一领域值得思考的问题非常多。从总体上说，发展权或经济发展权不仅是国际法或国际人权法的研究对象，也应当是经济法研究的重要领域，更应当是发展法学的重要范畴和研究对象。

经济发展权作为一个重要的上位概念，是经济法理论研究中需要关注的重要范畴，它既包含诸如结构调整权等综合性的权力和权利，又依赖于经济法主体的调制权和对策权等基础性的权力和权利；它为考察经济法主体的权利谱系提供了一个新的路径。循此新径展开研究，有助于丰富经济法权义结构理论并推进相应的制度建设。

尽管学者对发展权的概念可能有不同理解，但其基本含义已经得到越来越多的认可；如果仅在国际法领域研究，而不将其引入国内法领域，则发展权的研究与保障，将会受到相当大的限制。发展权不仅应成为发展中国家争取合法权益的工具，而且应该真正成为在国内法上真正可实现的权利。如何保障发展权或经济发展权，是发展法学或经济法学研究的重要任务。

在经济发展权的多种类型中，国家的经济发展权是我国转变经济发展方式的重要依据；而在转变发展方式的过程中，尤其需要加强对各类国民的经济发展权的保障，兼顾整体发展权与个体发展权的保护，使促进发展权与自我发展权能够有机统一起来。为此，需要对结构调整权以及更为基础的宏观调控权和市场规制权作出法律限定，尤其对于直接影响各类主体经济发展权的货币发行权和税款征收权，必须确保其在法治轨道上行使，这样才能真正依法保护各类主体的经济发展权和发展利益。

对于影响经济发展权的突出问题，如公平参与发展（或公平参与竞争）、公平参与分配受阻问题，需要特别关注并着力解决。上述两类问题的凸显，会在很大程度上影响经济效率和经济公平，同时，也影响社会效益和社会正义，影响国家和民族的未来发展。由于公平竞争和公平分配都是经济法学或发展法学的重大问题，因此，必须强调注重经济法的各类制度与其他领域法律制度的综合调整，这样才能更好地保障相关主体的经济发展权。

在转变经济发展方式、努力实现高质量发展的背景下，加强对经济发展权问题的探讨尤其具有现实意义，它不仅能够为经济法研究开辟新的广阔领域，也有助于强化经济发展权的制度保障，从而促进发展目标的有效实现，推动发展法学的构建。

第二节　市场主体定价权的分配与行使

在市场经济条件下，各类主体的发展都与其定价权密切相关，因此，定价权的分配与行使始终是至为重要的问题。从权利分配的角度看，法律通常会将定价权作为经济自由权分配给市场主体，但当市场主体的定价权行使影响公共利益时，则需受到多重法律规制，甚至在极少数情况下要由政府直接行使。为了保障和促进经济和社会的发展，无论市场主体与政府之间的定价权分配抑或行使，都应具有合理性和合法性，且不得滥用，唯有如此，才能有效发挥市场和政府的作用，才能在促进公平交易和经济发展的同时，切实保障公共利益，从而全面实现推进经济和社会发展的目标。

一、定价权问题的提出

市场对资源的有效配置，离不开自由、公平的交易。而无论何种交易，均涉及定价权的分配与行使问题。市场主体的定价权作为其至为重要的权利，是宪法上的经济自由权的具体体现[①]，需要经济法、民商法、行政法等诸多部门法加以保障。

我国在全面推进价格改革的过程中，强调要尊重经营者的自主定价权[②]，但对于哪些定价权应归属于市场主体，以及定价权的行使应受到哪些限制等问题，学界既往的研究还较为分散。由于定价的主体和对象千差万别，价格形成机制各不相同，因而无论从经济抑或法律的角度看，定价权问题都十分复杂，在理解上也存在诸多歧见。例如，经济学界不仅对商品和要素、私人物品和公共物品的定价机制有不同认识，而且有时还将定价权等同于议价权或议价能力[③]，因为在现实的经济活动中，交易地位和竞争优势确实影响价格的最终决定；又如，在法学研究方面，人们往往更关注定价权对公平交易和社会公益的影响。

随着我国市场经济的发展，市场机制的重要功用日益显现，由此使市场主体

---

① 哈耶克认为，政府直接管制物价是与自由制度不相容的，据此，定价权应当是市场主体的重要权利。哈耶克．法制国家中的经济政策//何梦笔．德国秩序政策理论与实践文集．上海：上海人民出版社，2000：311-312.

② 我国推进的价格改革，对于市场经济和法治建设的发展具有多重意义，但尚未引起学界的高度重视。2015 年 10 月 12 日发布的《中共中央、国务院关于推进价格机制改革的若干意见》，对经营者的自主定价权已有特别强调，其中有关推进价格机制改革的安排尤其值得关注。

③ 相关探讨如林吉双，等．我国缺失国际贸易定价权的经济学分析．国际经贸探索，2011（7）；郑锦荣，等．铁矿砂谈判中谈判定价权争夺的博弈研究．管理世界，2010（3）；等等。

的定价权备受重视，鲜有约束。但当市场主体的定价权影响市场秩序、经济稳定等公共利益时，在法律上是否要作出相应限制或特别规制？是否应将某些领域的定价权分配给政府？则需加明晰。唯有揭示定价权分配和行使的基本逻辑或基本规则，才能更好地回答上述问题，才能处理好价格领域的政府与市场的关系。①

有鉴于此，后面的讨论试图说明：定价权通常应归属于市场主体，并成为其至为重要的经济自由权；但当其行使直接影响公共利益时，就要受到更严格的法律约束——政府不仅应依法实施价格监管或价格规制，甚至在极少数情况下还要直接行使定价权。由于定价权的分配和行使非常重要，国家在充分保护市场主体定价权的同时，尚需设定多重法律约束，因此，应在充分尊重市场主体定价权的同时，关注相关的价格规制；同时，对市场在资源配置方面的决定性作用亦不应绝对化，这样才能更全面地理解政府与市场的关系。②

基于上述理解，下面将进一步说明，在国家与国民的二元结构中，定价权的分配应遵循特定的规则：对一般私人物品，其定价权应属于市场主体，只是在其涉及公共利益时，政府才进行特别的法律规制；对极少数直接影响公共利益的重要商品和服务，或者对重要的公共物品，则应将其定价权赋予政府。这是定价权分配的基本原理或基本逻辑。

此外，探讨定价权的分配与行使问题，还会涉及自由主义与干预主义的对立，以及具体的定价自由与定价约束之间的平衡。其中，市场主体通常享有定价自由，但在涉及公共利益的领域，则要受到定价约束，并由此会形成相应的公益考量、价格规制或政府定价方面的制度，具体体现为各类价格调控制度和价格监管制度。只有在定价自由与定价约束之间形成有效的动态均衡，才能更好地保障经济与社会的良性运行和协调发展。

---

① 政府和市场是资源配置的不同系统，在定价权的分配方面同样需要这两个系统“双手并用”。相关分析可参见张守文．政府与市场关系的法律调整．中国法学，2014（5）。

② 按照波兰尼（Karl Polanyi）的“双向运动”理论，针对市场化所带来的诸多问题，应通过政府的制度安排，来抵消市场化所带来的负面影响。波兰尼．大转型：我们时代的政治与经济起源．冯刚，刘阳，译．杭州：浙江人民出版社，2007：136，114，164.

二、定价权的法律分配

自改革开放以来，我国一直不断推进商品化、市场化，因而高度关注价格机制的作用。随着“价格双轨制”的推展，政府定价与市场定价此消彼长，各类主体的定价权亦逐渐各就各位。定价权由于直接关乎市场配置资源的功能，因而在大量的相关立法中都有规定。

从现实的制度安排看，定价权作为决定或参与确定价格的权利，除极少数情况外，通常应分配给市场主体，并成为其经营自主权的重要内容。由于市场主体定价权在相关法律上的确立，与整体的经济改革和具体的价格改革同步并行，因此，透视价格改革的历程以及相关的价格立法进程，可以更准确地把握定价权分配的动态调整，以及整体价格制度的形成脉络。

首先，从价格改革的历程看，我国市场主体的定价权，是在市场化、法治化的框架下，在经济发展和法律变革的过程中，逐步确立并日渐明晰的。就重要历史节点而言，国家在 1984 年作出的“改革决定”具有奠基性意义①，它提出要“使企业真正成为相对独立的经济实体，成为具有一定权利和义务的法人”，就必须“扩大企业自主权”，使其“有权在国家允许的范围内确定本企业产品的价格”，从而明确了企业的定价权。另外，此次“改革决定”还提出要“建立合理的价格体系，充分重视经济杠杆的作用”，强调“价格体系的改革是整个经济体制改革成败的关键”，“必须改革过分集中的价格管理体制，逐步缩小国家统一定价的范围”②。这不仅为企业定价权的行使提供了政治保障，也为后续的价格立法奠定了重要基础。

由于定价权不仅事关市场主体的利益分配，而且与国家经济职能的履行、价

---

① 此次“改革决定”的全称是《中共中央关于经济体制改革的决定》（1984 年 10 月 20 日通过），它与历史上的多个重要“改革决定”一起，对推动中国的经济改革和法治建设发挥了重要作用。相关探讨参见张守文.“改革决定”与经济法共识. 法学评论，2014（2）。

② 可参见 1984 年《中共中央关于经济体制改革的决定》。此次“改革决定”的相关内容，对于今天研究价格法以及相关的经济和法律问题，尤其具有重要意义。

格杠杆的运用、政府的价格管制均直接相关，因此，在20世纪80年代中后期，围绕产权改革和价格改革的路径选择，学界曾展开过热烈讨论。[①] 事实上，上述两类改革对于推进企业的“两权分离”，协调相关利益分配，生产关系的改进以及整体市场取向改革的成功，都具有极其重要的影响。尽管当时我国对改革路径曾存在认识分歧，但相关的企业立法和价格立法仍双向并进，且在企业立法中亦涉及定价权问题。

在改革开放后的第一个十年，经历了“价格双轨制”“价税财联动”“价格闯关”等诸多价格改革路径的探讨[②]，人们对价格改革的方向日渐明晰。随着我国市场经济体制的确立，特别是全面深化改革的推进，国家强调要赋予市场主体更多的定价权。因此，无论是价格体系优化，还是价格体制改革，总体上都日渐向市场主体倾斜，以期充分发挥价格机制或市场机制的重要功用，更有效地配置资源。与此相关联，政府定价范围亦日益缩小：2001年，政府定价的类别已减为13种(类)[③]；2013年的《中共中央关于全面深化改革若干重大问题的决定》（以下简称2013年的“改革决定”）进一步将政府定价限定于重要公用事业、公益性服务、网络型自然垄断环节；2016年实施的《中央定价目录》则将政府定价种类压缩为7种（类），具体项目由过去的100项骤减为20项，减少了80%。[④] 为了明确政府定价与市场定价的边界，国家强调凡是政府定价项目，一律纳入政府定

---

① 厉以宁. 价格改革为主还是所有制改革为主. 金融科学，1988 (2)；张卓元. 中国价格改革三十年：成效、历程与展望. 经济纵横，2008 (12)；高烽. 关于价格改革中几个配套问题的思考. 经济体制改革，1988 (6)；等等。

② 华生，等. 中国改革十年：回顾、反思和前景. 经济研究，1988 (9)；楼继伟，等. 论我国价格体系改革方向及其有关的模型方法. 经济研究，1984 (10)；郭树清，等. 价格改革和体制转轨的成功保证. 改革，1988 (6).

③ 2001年7月公布的《国家计委和国务院有关部门定价目录》，规定属于政府定价的产品包括重要的中央储备物资，国家专营的烟叶、食盐和民用爆破器材，部分化肥，部分重要药品，教材，天然气，中央直属及跨省水利工程供水，电力，军品，重要交通运输，邮政基本业务，电信基本业务等。

④ 《中央定价目录》中的定价项目包括天然气、水利工程供水、电力、特殊药品及血液、重要交通运输服务、重要邮政业务、重要专业服务，原来属于中央定价的其他一些项目，会随相关体制改革的推进进一步放开。

价目录管理。无论是中央定价目录还是地方定价目录，其定价项目要逐项明确定价内容和定价部门，确保“目录之外无政府定价权”。此外，对政府已放开的商品和服务的价格，要确保经营者依法享有自主定价权。

其次，从价格立法的进程看①，1987 年出台的《价格管理条例》，明确当时的经济体制基础是“有计划商品经济”②，强调从国家价格管理的角度，保护国家利益以及生产者、经营者、消费者等各类主体的利益，不仅提出实行国家定价、国家指导价和市场调节价三种价格形式，还规定了企业的多项定价权，如对实行国家指导价的商品和收费项目可以制定商品价格和收费标准的权利，以及制定实行市场调节价的商品价格和收费标准的权利，等等。③ 上述规定为后来在实行市场经济时期制定《价格法》作出了重要铺垫。

如前所述，国家在推进价格立法的同时，也在推进企业立法，并在企业立法中融入定价权的内容。例如，1988 年通过的《全民所有制工业企业法》（2009 年修改）第 26 条规定，“除国务院规定由物价部门和有关主管部门控制价格的以外，企业有权自行确定产品价格、劳务价格”。又如，国务院 1992 年发布的《全民所有制工业企业转换经营机制条例》第 9 条规定“企业享有产品、劳务定价权”，并将其定位为重要的经营权。由于当时全民所有制工业企业地位极其重要，定价权又直接关乎其生产经营，并进而会影响微观经济效益、国家财政收入，甚至关乎整体改革成败④，因此，在企业立法中，定价权始终被作为一项重要权利加以规定。而企业立

① 由于在改革过程中，立法普遍滞后，因而相关文件作为法律的替代，也发挥过重要作用。例如，1985 年 1 月 24 日，国家物价局和国家物资局正式出台文件，规定工业生产资料属于企业自销和完成国家计划后超产的部分，企业可按稍低于当地市场价格的价格出售，参与市场调节，这从而使“价格双轨制”得到了肯定。

② 在“有计划商品经济”体制下，“有计划”更强调政府定价，“商品经济”更强调市场调节价，这是形成“价格双轨制”的体制基础。有的学者认为，“双轨制”是中国转型过程中产生的创造性制度，有利于实现帕累托改进。罗兰．转型与经济学．张帆，译．北京：北京大学出版社，2002：148.

③ 《价格管理条例》第 1、2、3 条，以及第 17 条。

④ 诺贝尔经济学奖获得者斯蒂格勒曾强调，“价格是指示器”，“价格是激励因素”，“价格是抱怨的对象”，而这几个方面，对微观经济效益、国家财政收入，以及对整体经济改革，都会产生比较大的影响。斯蒂格勒．价格理论．施仁，译．北京：北京经济学院出版社，1990：14-19.

法的不断推进，特别是整体经济改革的深化，又会对价格立法产生重要影响。

经济立法总是随着经济体制改革的深化而变化。在实行市场经济体制后①，基于对市场机制与宏观调控、价格机制与资源配置的认识的深化，我国在 1993 年、1994 年、1995 年分别集中进行市场规制立法、财税立法、金融立法，并在此基础上，于 1997 年推出了《价格法》。该法第 3 条规定："价格的制定应当符合价值规律，大多数商品和服务价格实行市场调节价，极少数商品和服务价格实行政府指导价或者政府定价。"这一规定不仅强调了定价权行使与价值规律的关联，也明确了定价权的行权主体和定价类型，即适用市场调节价的商品和服务是最大量的，其定价权归市场主体；而适用政府定价或政府指导价的商品和服务是"极少数"的，其定价权主要归政府。上述规定为明确定价权的分配提供了直接的法律依据。

市场主体广泛行使的定价权，主要包括经营者自主制定市场调节价的权利，以及在政府指导价规定的幅度内制定价格的权利等，我国《价格法》第 11 条对此有具体规定。上述定价权所涉领域十分广阔，尤其有助于市场主体在市场交易和市场竞争中自主实施定价行为，从而有助于资源的有效配置，实现《价格法》的调整目标。②

回顾上述价格改革和价格立法的历程，不难发现，定价权的法律分配，与经济改革的实践直接关联。在从计划经济体制到市场经济体制，从不重视法制到更强调法治的发展进程中，市场主体的定价权亦从无到有、从少到多。事实上，经济体制改革的重要目标，就是要赋予市场主体更多、更广泛的定价权，并在价格立法、企业立法以及其他相关重要立法中加以体现，从而使定价权的法律归属更

---

① 随着市场经济体制的确立，到 1993 年年底，我国绝大部分工业生产资料和消费品已完全放开，基本上完成了从"价格双轨制"向单一市场价格体制的过渡；1994 年，我国的汇率双轨制也已完成并轨。上述领域的价格改革，是进一步推进统一价格立法的重要基础。

② 依据我国《价格法》规定，该法的调整目标是规范价格行为，发挥价格合理配置资源的作用，稳定市场价格总水平，保护消费者和经营者的合法权益。其中，稳定市场价格总水平的目标，与稳定物价的宏观经济目标以及保障公共利益的目标，都是内在一致的。

为明晰。

随着市场化程度的不断提高，我国绝大多数商品和服务的定价权都已归属于市场主体[①]，并成为相关经营者的经济自由权或经营自由权的重要内容。定价权对市场主体至为重要，是市场经济有效发展的重要根基，当然要依法严格保护；但与此同时，还须强调定价权的依法正当行使，加强对价格行为的法律规制。

三、定价权的依法正当行使

对市场主体的定价权，许多法律都有相关规定；而对政府的定价权，法律的规定则相对较少。各类主体的定价权能否依法正当行使，如何确保其定价行为的合理性和合法性，如何防止定价权的滥用，是实践中最受关注的问题。

从理论上说，定价权的行使因公共物品和私人物品而有所不同。其中，公共物品涉及公共利益，其定价权行使应严格依循法定原则。就抽象意义的公共物品而言，税收或税率就是其价格体现，这是经济学界的普遍观点。[②] 据此，无论是整体的税收负担抑或具体的税率确定，都应当坚持税收法定原则，并通过议会立法过程的博弈，按照法定的程序来定价。这也是诸如税率、税目、税基等课税要素都应严格法定的重要原因。[③] 为此，必须充分尊重议员的议价权和议会的定价权。此外，具体意义上的公共物品，如重要的公用企业或公共事业提供的公共产

---

① 我国在2013年的“改革决定”中强调，要“完善主要由市场决定价格的机制。凡是能由市场形成价格的都交给市场，政府不进行不当干预”。据此，国家发改委对2001年发布的《国家计委和国务院有关部门定价目录》（国家计委令第11号）进行了全面梳理和修订，并于2015年10月发布了《中央定价目录》。

② 有的学者认为，狭义价格、收费和税收是人们为取得私人物品、准公共物品和纯公共物品而分别支付的代价形式，它们共同构成了广义的价格体系。广义价格不仅包括商品价格和要素价格，还包括以价值形态支付的一切代价，如税费、基金和罚款等。伍世安．中国价格改革30年：实践与理论创新．//温桂芳，张群群．中国价格理论前沿（1）．北京：社会科学文献出版社，2011：37、50．

③ 有关税收法定原则的探讨，可参见张守文．论税收法定主义．法学研究，1996（6），以及张守文．税收法治当以“法定”为先．环球法律评论，2014（1）。

品或公共服务，特别是水、电、气等领域的公共服务，通常被视为具有自然垄断性的准公共物品，因其关乎国计民生，对社会公共利益有重大影响，政府需对其定价行为依法规制，甚至直接行使定价权。当然，各类公共物品定价权的行使，不仅要有严格的法律依据，以确保其合法性，还要依循严格的法定程序，广泛听取意见，以确保定价的科学性和合理性。可见，无论在抽象意义上还是具体意义上，公共物品的定价权的行使都有其特殊性①，这是基于公共利益所作出的一种重要限定。

与上述公共物品的定价原理不同，那些不关乎国计民生，不具有公共性、战略性或重要性的私人物品②，其定价权作为市场主体的经济自由权或经营自主权，不应受到严格的价格管控，也就更无须政府定价。此类对一般私人物品的定价权，是市场主体日常大量行使的权利，可称为狭义的定价权，它与狭义的价格大体对应。

市场主体要依法正当行使其定价权，就必须遵守相关法律规定的定价原则和定价依据，以使定价权的行使具有合理性和合法性。在定价原则方面，我国《价格法》第 7 条规定，“经营者定价，应当遵循公平、合法和诚实信用的原则”。这一规定确立了市场主体行使定价权的重要原则，违反上述公平原则、合法原则和诚信原则的价格行为，不仅需要价格法规制，也需要反垄断法、反不正当竞争法、消费者保护法、税法等诸多法律规制。因此，市场主体定价权的依法正当行使，离不开各类法律的综合调整。

此外，市场主体定价权的行使不仅要遵循上述法律规定的定价原则，还要符合经济上的定价依据。对此，《价格法》第 8 条规定，“ 经营者定价的基本依据

---

① 有的学者认为，由于公共物品具有消费的非排他性，社会公众可以等量地享有，因此，基于法律上的平等原则，其定价权应归属于政府，并体现为课税价格。相关分析可参见布坎南．制度契约与自由——政治经济学家的视角．王金良，译．北京：中国社会科学出版社，2013：191-192。

② 某些事关国计民生的商品和服务的价格，通常会保留政府定价，对此，《铁路法》《民航法》《邮政法》等法律都有相关规定。与此相对应，在国家发改委发布的《中央定价目录》规定的定价项目中，同样包括铁路运输服务、民航运输服务以及重要邮政业务。

是生产经营成本和市场供求状况”。只有依据真实的成本和市场情况诚信地定价，该定价权的行使才具有经济上的合理性，依此展开的交易才可能是公平的和正当的，进而也才具有合法性。可见，对定价依据的经济要求，与上述法律原则的要求是内在一致的。

如果市场主体为了某种目的，违反上述有关定价依据的规定，罔顾生产经营成本和市场供需情况，滥用定价权，使定价低于成本，则不仅有悖于经济原理或市场原理，也会影响公平交易和市场秩序，并可能因违反公共利益，而在许多法律领域里受到否定评价。

例如，在税法领域，如果纳税人对涉税对象的定价明显偏低又无正当理由，则征税机关有权进行调整，即征税机关可以否定其定价，并按照公允的市场价格或可比照的市场价格等来核定其计税依据。① 此外，对基于特定目的形成的转让定价，与基于独立竞争原则（或称公平交易原则）形成的市场定价，税法同样要严格区分，并对转让定价行为进行特别纳税调整，以维护税法秩序，更好地保障国家利益和社会公益。②

又如，为排挤竞争对手而以低于成本的价格销售商品的低价倾销行为，通常要受反不正当竞争法等法律的规制③；而价格卡特尔、限制转售价格等影响市场

① 例如，我国《增值税暂行条例》第 7 条规定，纳税人发生应税销售行为的价格明显偏低并无正当理由的，由主管税务机关核定其销售额。《营业税暂行条例》（已失效）第 7 条规定，纳税人提供应税劳务、转让无形资产或者销售不动产的价格明显偏低并无正当理由的，由主管税务机关核定其营业额。与此类似，我国的《企业破产法》第 31 条规定，对于受理破产申请前一年内“以明显不合理的价格进行交易的”，人民法院可依申请予以撤销。

② 在 20 国集团峰会（简称 G20 峰会）和经济合作与发展组织（简称 OECD）的共同推动下，“税基侵蚀和利润转移”（BEPS）问题已引起世界各国广泛关注，其中，通过滥用定价权来进行利润转移的问题，始终是各国应着力解决的重要问题。为此，我国一直在不断推进“特别纳税调整”方面的制度建设。

③ 我国 1993 年的《反不正当竞争法》第 11 条曾规定，经营者不得以排挤竞争对手为目的，以低于成本的价格销售商品。此外，我国《反垄断法》第 17 条规定，禁止具有市场支配地位的经营者从事下列滥用市场支配地位的行为：（1）以不公平的高价销售商品或者以不公平的低价购买商品；（2）没有正当理由，以低于成本的价格销售商品。

竞争的行为，则要受反垄断法的规制。① 此外，对操纵市场价格、销售质次价高商品、不当的价格回扣等价格违法行为②，证券法等相关法律都要予以规制。对上述不当行使定价权的行为，只有加强法律规制，才能更好地维护市场秩序，促进公平的、正当的竞争。

从价格规制的角度看，上述税法、竞争法、证券法等对定价行为的规制，都体现了《价格法》有关定价原则和定价依据的规定，以及保护公共利益和维护市场秩序的要求。如果由此进一步拓展，则对各类定价行为，无论是市场定价抑或人为定价，都要视其是否符合前述的定价原则和定价依据，作出是否具有合理性和合法性的判断，并对市场主体滥用定价权的行为加以禁止。此外，由于价格行为毕竟是最基本的市场行为，只有对其有效规范，才能在此基础上，通过宏观调控和市场规制，实现更高层次的调制目标，因此，《价格法》对市场原理、市场竞争、市场定价的内在要求的体现，以及对价格调控和价格监管的规定，有助于把诸多立法贯通融会，体现诸法共同的价值目标。

总之，在定价权的行使方面，尽管马歇尔、施蒂格勒、弗里德曼等著名经济学家更强调供需、信息、效用等影响因素，但从法律的角度，则更应关注定价权的行使是否正当、合法，是否存在滥用，是否会影响交易的公平性；同时，尤其要关注定价权的行使是否会侵害公共利益，这是各类相关法律都特别重视的关键问题。

四、定价权行使的公益约束

如前所述，定价权的依法正当行使，应当符合法定的定价原则和定价依据，

① 我国《反垄断法》第 13 条规定，禁止具有竞争关系的经营者达成固定或者变更商品价格的垄断协议；第 14 条规定，禁止经营者与交易相对人达成下列垄断协议：（1）固定向第三人转售商品的价格；（2）限定向第三人转售商品的最低价格；等等。

② 如《证券法》第 55 条专门对禁止操纵市场作出规定，禁止以该法规定的各类违法手段操纵或影响证券交易价格。

具有合理性和合法性，且不得侵害公共利益。而大量法律对定价问题纷纷作出特别规定，都直接或间接地基于保障公共利益的考虑，否则，对市场主体的定价权无须作出专门限定。

公共利益的考量在法律制度的设计中历来是重要的，在定价权的分配和行使方面同样无法逾越。对此，有的学者认为，无论将公共利益理解为“目标、程序”还是“迷思”，它都是“压倒一切的考量”[①]。尽管如此，对公共利益的理解却历来见仁见智，对此，费恩塔克（Mike Feintuck）认为，公共利益的概念处于经济学、政治学和法学的交叉地带，从任何单一的视角，都可以对公共利益提出各自不同的看法，因而有必要从“三边”视角来考察。无论在英国还是美国，公共利益的概念都在针对特定行业的规制中被使用，在公用设施领域（供水、供电、电信和交通），尤其会涉及公共利益问题的讨论。[②] 而上述对公用设施领域的规制，与我国进行政府定价的领域相当接近，体现了各国对该领域公共利益保护的共同关注。

基于保障公共利益的视角，奥格斯（Anthony Ogus）认为，一国为防止定价权滥用而进行的价格控制，主要目标是增进公平分配、控制通货膨胀和防止垄断定价等，其论证的重要立法依据是英国 1977 年《租赁法》对租赁价格公平的关注、1973 年的《反通货膨胀法》对不当的价格上涨的规定等。[③] 尽管基于多种原因，各国对上述目标的侧重各异，但其对于保障公共利益的强调是一致的，而且上述目标在我国的立法实践中也已得到认同。

例如，基于上述增进公平分配和控制通货膨胀的目标，考虑到市场主体定价权的行使会在整体上影响价格总水平，引发通胀或通缩等，我国《价格法》第四章专门对“价格总水平调控”作出了特别规定。与此相呼应，我国也强调对微观层面的价格行为进行特别规制。例如，我国的《价格法》《反不正当竞争法》《政

① 费恩塔克．规制中的公共利益．戴昕，译．北京：中国人民大学出版社，2014：3.

② 费恩塔克．规制中的公共利益．戴昕，译．北京：中国人民大学出版社，2014：5.

③ 奥格斯．规制：法律形式与经济学理论．骆梅英，译．北京：中国人民大学出版社，2008：300-309.

府采购法》等法律都对不正当的价格行为加以禁止；同时，我国的《反垄断法》等相关法律则对垄断定价等价格行为加以规制，以确保公平和正当的市场竞争秩序。此外，在公用设施领域里依循“重要性原则”实行政府定价，也有助于防止垄断企业自定垄断价格。

上述法律对定价权作出的特别规定，都是基于对公共利益的保护，与奥格斯所提出的价格控制的类型大体相当。只是在现实的立法中，为实现保障社会公益目标而对定价权作出的法律约束，要比奥格斯所探讨的类型更为丰富，且不仅体现在前述涉及定价的基本法律中，还体现在关系国计民生的重要行业、公用企业等重要领域的立法中，这些立法对公共性、公益性、重要性的强调，确立了加强价格规制的共同法理基础。[①]

事实上，从美国 1887 年的《州际贸易法》到中国 1990 年的《铁路法》，从美国 1890 年的《谢尔曼法》到中国 2008 年的《反垄断法》，从德国 1967 年的《经济稳定与增长促进法》到中国 1997 年的《价格法》，都强调从公共利益的维度进行价格规制。由于有关价格的规定极其复杂，牵涉甚广，既包括通常广受关注的商品和服务的价格，也包括特殊的公共企业的服务定价或重要商品、要素的定价等，因此，对定价权的行使进行法律规制的规范也非常多。[②] 这些规范都是基于公共利益，强调对定价权的行使进行法律限制，以防止市场主体滥用定价权可能给公共利益造成的损害。

例如，我国《反垄断法》第 7 条规定，国有经济占控制地位的关系国民经济命脉和国家安全的行业以及依法实行专营专卖的行业，国家对其经营者的经营行为及其商品和服务的价格依法实施监管和调控。与此相关联，针对自来水、电

① 尽管各类相关立法在强调政府定价或政府的价格规制时，都强调相关领域的公共性、公益性和重要性，但对于如何单独认识这些标准，也有不同的看法。史际春，等．论价格法．北京大学学报（哲学社会科学版），2008（6）．

② 从经济学的角度看，有关规制价格行为的规范之所以非常繁多，是因为“定价过程是一个社会过程，它是由社会所有分子的相互行为达成的”，因此，需要多种不同类型的相关法律共同调整。米塞斯．人的行为．夏道平，译．上海：上海社会科学院出版社，2015：320．

力、天然气、电信、铁路等各类公用企业的定价，都要加强特别规制，这对于保障社会公益非常重要。

此外，由于粮食等重要农产品事关社会公益，单纯由市场定价存在一定的不足，因此国家曾长期实行最低收购价格、财政补贴制度，以及目标价格制度等。为此，《价格法》第 29 条规定，政府在粮食等重要农产品的市场购买价格过低时，可以在收购中实行保护价格，并采取相应的经济措施保证其实现。另外，《农业法》第 33 条也规定，在粮食的市场价格过低时，国务院可以决定对部分粮食品种实行保护价制度。保护价应当根据有利于保护农民利益、稳定粮食生产的原则确定。[①]

上述对各类定价制度的专门规定，既体现了对公共利益的保障，也体现了对市场主体定价权的限制。随着现代社会对公共利益的强调，法律对合同自由或定价自由的限制越来越多。这些限制不仅是市场规制领域的重要问题，也是规制经济学研究的核心问题。其实，对定价权的限制，不仅体现为上述价格调控或价格规制的专门规定，还体现为直接的规定限价、冻结价格等价格干预制度。[②] 另外，对于我国实施的大量的价格管制或价格限制，如房地产领域的限价、限购、限贷等，尽管褒贬不一，但其出发点通常仍被认为是对公共利益的保护。上述各类制度虽然在形式上是对契约自由或定价自由的限制，但其着重考虑的是市场秩序、经济稳定等公共利益，且与消费者等弱势群体保护或基本人权保障等重要目标直接相关。

总之，在非对称的、非均衡的定价权二元主体的架构中，市场主体和政府的定价权如何分配，以及两类主体的定价权冲突如何协调等问题，都要涉及公共利益维度的考量。而如何界定公共利益，如何看待定价权行使的公益约束，会直接

① 粮食价格调控具有特殊的意义，相关研究可参见李光泗．粮食价格调控、制度成本与社会福利变化——基于两种价格政策的分析．农业经济问题，2014（8）；董智勇，等．粮食价格波动态势及调控对策．宏观经济管理，2013（7）。

② 我国《价格法》第 30 条、31 条专门对规定限价、提价申报、调价备案、冻结价格等限制定价权的措施作出了规定。

影响具体的法律规制，影响市场主体与政府定价权行使领域的动态调整。

基于前述探讨和法律实践，考虑到公共利益的重要约束，可以认为，定价权行使的基本规则是：在不违反公共利益的情况下，市场主体的定价是自由的，市场定价是受法律保护的，而且国家鼓励公平的市场定价；但在涉及公共利益的情况下，市场主体的定价权就要受到限制，如果其定价行为有悖于公共利益，国家就有权作出调整或予以否定，或者转由政府行使定价权。上述规则渊源于大量法律规定，体现了法律所承认和保护的定价权行使的基本规则，是对市场主体基本权利的重要界定。

五、小结

定价权是市场主体重要的经济自由权，也是其经济发展权，但在涉及公共利益时，其行使要受到多重法律约束，接受多种法律的严格规制，甚至在极少数情况下，政府要直接行使定价权，从而更好地保护国家利益和社会公共利益，同时也是在保护公众的发展利益。这是定价权分配和行使的基本逻辑。

从历史上看，定价权有时与国家利益、社会公益等直接相关。例如，我国汉朝实行的盐铁专营制度等，就是通过国家掌握盐铁定价权，来实现富国强兵，保障公共利益的目标。与此相关联，桑弘羊以及更早的管仲在定价权方面的制度实践，被认为开创了重商主义的先河。① 当然，随着经济社会的发展，在更长的时期或更大的领域，定价权主要应归属于市民或市场主体，这在一定程度上又体现了自由定价与国家干预之间的平衡。

此外，定价权的归属，还直接影响政府与市场的关系。政府与市场主体在定

① 当然，对于盐铁专营的利弊，历史上著名的“盐铁大会”曾展开激烈的辩论。桑弘羊认为“盐铁之利……有益于国，无害于人”，而反对者则认为“今有之而百姓困乏，未见利之所利也”。上述观点在一定程度上体现了干预主义和自由主义思想的冲突，对今天仍有重要的现实意义。桓宽．盐铁论．陈桐生，译注．北京：中华书局，2015：68-69；以及桓宽．盐铁论．赵善轩，等译注．北京：中信出版社，2014：87-91。

价权分配方面的动态调整，体现了一国市场化的程度和国家干预的强度，以及对政府与市场功用的不同认识，既涉及政治学、经济学、法学的基本理论问题，也涉及作为上述学科的交叉结晶的政治经济学和经济法学的基本理论问题。

在定价权归属明晰的基础上，定价权的依法正当行使非常重要。无论市场主体抑或政府，都不能滥用定价权。因此，强调市场主体定价权行使的合理性与合法性，要求其遵循定价原则和定价依据，是对市场主体行使定价权的最基本的限定，对于促进公平交易和保障公共利益更为重要。

在对定价权行使的诸多限定中，公共利益是最重要的约束因素。当定价权的行使可能影响公共利益时，必须强调定价权的行使不能违反公共利益，并且，为了保障相关的公共利益，政府应进行相应的法律规制，甚至直接定价或实施政府限价。与此相关联，价格调控或价格监管之所以被认为具有正当性，是因为它们直接影响公共利益的保护，影响经济社会的稳定发展，因而才会被规定于相关法律之中。

依循各类法律制度中有关于价格或定价权的大量规定，如果以具有基础地位的价格、定价权为线索，进一步展开横贯研究，不难发现，基于私人物品与公共物品、私人经济与公共经济、私人利益与公共利益等诸多二元结构，在定价权的配置方面会有不同的制度安排：凡涉及私人的“一元”，定价权通常会配置给市场主体，其行使更为自由；凡涉及公共的“一元”，其定价权的行使会受到更多的法律规制，甚至有时法律还会将定价权配置给政府。可见，有关定价权分配的法律规则的形成，不能单纯基于自由主义或干预主义立场，而是必须根据不同的定价对象，作出不同的制度考量，这样才能体现法律“规制”的特别意义。

现代经济法建立于市场经济基础之上，而市场经济则要以交易为基础，因此，没有相关的交易，没有与交易相关的调控和规制，就没有经济法。但只要有交易，就会涉及定价权问题。价格或定价权问题横亘于经济法的各类制度，贯穿于经济法的各类理论①，从定价权的视角，可以更清晰地看到经济法领域的诸多

① 张守文．经济法理论的重构．北京：人民出版社，2004：278-282.

二元结构，以及经济法所保护的公共利益，同时，也可以对市场主体的经济自由权有更进一步的认识。

从发展法学的角度看，定价权作为重要的经济发展权，与各类主体的发展均密切相关，尤其对市场主体的发展影响更大。定价权如何分配，如何行使，关系到各类主体的发展利益。只有实现私人物品和公共物品定价权的有效分配，防止定价权的滥用，才能促进和保障经济与社会的稳定、良性发展。

第三节　地方政府举债权的法律规制

国家整体上的经济和社会发展，离不开各个区域或各个地方的发展。而地方的经济和社会发展，则受制于诸多影响因素，其中，地方政府的财政状况如何，特别是其能否行使举债权，会直接影响地方政府的投融资能力。事实上，随着经济和社会的发展以及政府职能的扩张，许多国家都面临巨大的财政压力和债务风险，这对地方的经济和社会发展影响尤为巨大。为了有效防控现实存在的债务风险，各国都要加强对举债权的法律约束，确保其依法正当行使。

为此，国家应基于举债权的性质，对其严格加以法定，并在相关主体之间进行有效配置；在此基础上，国家还应从中央与地方分税制的完善，以及政府职能转变等维度，结合地方举债存在的突出问题，有针对性地完善相关制度，从而更有效地防控债务风险，保障地方经济和社会的良性发展。

一、地方政府的债务风险与举债权

对于许多国家曾发生的债务风险和债务危机，人们大都记忆犹新。无论是美国的“债务触顶”“财政悬崖”，还是欧洲多国的主权债务危机，以及更早爆发的发展中国家债务危机，其带来的震荡和危害至今仍令人心有余悸。[①] 防控债务风险，尽量避免发生债务危机，既是各类“债务国家”的重要任务[②]，更是经济和法律研究必须关注的重大问题。[③]

自2008年全球金融危机爆发以来，我国已连续多年实施“积极的财政政策”，公共债务的举借规模不断扩大。随着经济进入下行周期，财政收入增幅下降，赤字持续增加[④]，政府债务负担愈加沉重，债务风险不断累积。尤其是巨额的地方政府债务，早已超过全国的岁入，大大加剧了整体债务风险。[⑤] 在此情势下，无论认为债务风险可控还是不可控，都必须重视地方政府债务过高所带来的债务风险，并应结合债务的成因，做好债务风险的防控。

对于地方政府债务过高的原因，不同学科的研究可谓见仁见智。从法律的角度看，地方政府事权不清，财政体制分权不明，举债权的行使缺少法律约束，是导致地方债务风险积聚的重要原因。而上述三个密切相关的问题，直接涉及政府职能转变、中央与地方关系，以及现代财政制度的构建，都需要通过深化改革和推进法治建设来着力解决。从解决问题的“差序”或“顺位”看，依法界定各类主体的举债权，并确保其行使能够受到应有的法律约束，是防控债务风险的更为

① 有的学者认为，爆发债务危机的根源，是过于廉价的资金和过度负债，因此，对于政府的过度负债及其引发的风险必须关注和警惕。丹尼尔·施特尔特（Daniel Stelter）. 21世纪债务论. 胡琨，译. 北京：北京时代华文书局，2015：95-96.

② 与著名学者熊彼特等对“税收国家”“财政国家”的研究，以及王绍光等对“预算国家”的探讨相关，从债务依存度（当年举债总额与当年财政支出总额之比）的角度看，许多国家的财政已经高度依赖举债，这样的国家都可称为“债务国家”。在公共债务规模方面，发展中国家公共债务占GDP的30%左右，而发达国家则占GDP的90%以上。皮凯蒂（Thomas Piketty）. 21世纪资本论. 巴曙松，等译. 北京：中信出版社，2014：557.

③ 早在1919年，阿尔弗雷德·曼纳斯就强调应从经济与法律的角度研究债务问题，并在其所著的《国家破产：经济与法律的反思》中认为，从长期看，国家债务的历史完全可以称为一部国家破产的历史。贝克，佩里兹. 为什么国家也会破产. 原龙，译. 北京：中国电力出版社，2015：1.

④ 我国财政赤字呈逐年增加态势，例如，2016年的财政赤字为2.18万亿元，已占GDP的3%；2018年财政赤字已达2.38万亿元，与此同时，政府债务总额进一步加大。

⑤ 例如，我国全国人大批准的2016年地方政府一般债务余额限额107 072.4亿元，专项债务余额限额64 801.9亿元，合计超过17万亿元（比2015年多1万多亿元），如果加上地方政府或有债务（2014年已达8.6万亿元），则地方政府显然存在较大的债务风险。

直接的法律保障，而另外两个问题则是与政府举债行为和举债权行使密切相关的更深层次的问题。

对于是否应赋予地方政府举债权，学界已有较多探讨。随着修改后的《预算法》对地方政府举债权的明晰，相关研究亦需超越预算法层面，至少应扩展至财政法、金融法乃至经济法、宪法层面。事实上，要解决举债权不当行使所导致的债务风险问题，不仅涉及预算法层面，还涉及相关的“宪法制衡”框架；同时，政府债务因事关财政和金融而可能引发区域性或系统性的双重风险，如果防控得当，则会有助于推进经济结构优化和区域经济协调发展，促进经济和社会的良性和稳定运行。因此，唯有拓展到多个法律领域，才能更好地解释债务风险与举债权的法律约束之间的重要关联，并有效解决相关的法律问题。

基于上述考虑，可以认为：债务风险的防控，需要加强对举债权的法律约束，确保其依法正当行使。为此，在后面的探讨中，基于举债权的性质，应强调对其必须严格法定，任何主体都不能超越或滥用举债权，同时，对法定的举债权还应进行有效配置，以体现宪法上的分权制衡精神；在明晰上述影响债务风险的直接因素的基础上，国家还需针对中央与地方分税制，以及政府职能等影响债务风险的深层次因素，结合地方举债存在的突出问题，进一步完善相关制度，从而更有效地防控债务风险。

二、举债权的性质及其法定

政府和市场都是资源配置的重要系统，政府的举债行为作为重要的公共经济行为，对经济和社会都会产生重要影响。因此，要更好地发挥政府的作用，就像对政府征税、政府采购等公共经济行为一样，对政府的举债行为亦须加以规范。而要规范举债行为，就必须强调政府的举债权法定，并确保其正当行使。

举债权为什么必须法定？这与举债权的性质和重要性直接相关。对举债权的性质，可从多种角度和不同层面加以解析。仅从国内层面看，举债权事关国家的财政权和国民的财产权，与国计民生联系密切，为此，美国等国家都把举债权直接写入宪法，使其成为宪法上的权力。由于举债的原初功能是弥补财政赤字，最终仍需靠税收收入偿还，因而举债权与征税权密切相关。对此，不仅有经济家的诸多分析①，还有国家在宪法上将征税权与举债权同时作出规定。② 因此，对具有宪法意义的举债权，应当与征税权一样严格法定。

举债权作为宪法上的权力，必然涉及在国家立法机关与行政机关之间的分配，并且，举债权的分配与预算权或征税权的分配一起，共同构成了一国“经济宪法”的重要内容。由于举债权与预算权、征税权都是宪法上的重要权力，因而其分配原理有诸多共性。此外，举债行为作为公共经济行为，与预算行为、税收行为具有共同的性质；同时，举债收入作为附条件的收入，它最终要以税收偿还，因而它与税收、预算均密切相关。之所以会存在上述诸多紧密关联，是因为作为举债行为和获取举债收入基础的举债权，与预算权、征税权一样，都是国家财政权的重要组成部分。③

举债权作为一种专属的财政权，其行使既涉及相关国民的财产权，又涉及纳税人权利。为了切实保护国民或纳税人的权益，有效解决举债行为所涉及的实体问题和程序问题，防止举债权的不当行使，举债权必须法定。为此，对于中央与地方、立法机关与行政机关等不同主体、不同类型的举债权，以及各类举债权的横向与纵向分配，必须在法律上作出明确规定。

可见，从性质看，无论是作为宪法上的权力，还是作为财政权的重要类型，

---

① 对于税收与国债的紧密关联，许多经济学家都有相当的研究。例如，李嘉图（David Ricardo）曾提出税收与国债的“等价定理”；布坎南（James M. Buchanan）则认为，税收与国债（强制性借贷）在许多方面具有同一性，两者都可以被归类为“国家”的内部筹资手段。布坎南．宪政的经济学阐释．黄文华，等译．北京：中国社会科学出版社，2012：290.

② 例如，美国宪法第 8 款规定：国会有权规定并征收税金、捐税、关税和其他赋税，用以偿付国债并为合众国的共同防御和全民福利提供经费；有权以合众国的信用举债。这一规定体现了税收与国债之间的紧密联系，同时，也明确规定了国会享有国家层面的举债权。

③ 从国际经验看，“举债权是规范的分税制体制下各级政府应有的财权，这是几乎所有实行分税制财政体制国家经过长期时间得出的经验”。李萍．地方政府债务管理：国际比较与借鉴．北京：中国财政经济出版社，2009：63.

政府的举债权都是重要的公权力，会直接影响国计民生，因而应当法定[①]，这也是财政法定原则的基本要求。据此，只有享有举债权的主体，其举债行为才具有合法性；在不存在法定资格和权限的情况下，任何主体都不能随意举债，否则势必加大债务风险，并对财政秩序和金融秩序造成巨大冲击。为此，我国早在1994年颁布《预算法》时，就对举债权主体作出了明确限定，以体现举债权法定的精神。

当然，在2014年修改《预算法》之前，我国法律上规定的仅是中央的举债权，并特别强调"除法律和国务院另有规定外，地方政府不得发行地方政府债券"[②]，由此可见，当时只有中央才享有更为宽泛的举借债务的权力，在法律上并未直接赋予地方政府举债权，即地方政府不能成为举债权的主体。

当时之所以将举债权上收中央，主要还是为了防控债务风险，这非常类似于将税权上收中央的考量，其实都是为了保障财政秩序，维护经济的稳定运行。由于地方政府的经济行为容易产生影响整体经济稳定的倾向，从而加大财政、金融等诸多领域的风险，因此，必须对其举债权作出法律限制。但在实践中，随着地方政府事权的增加和财力缺口的加大，其举债欲望日益强烈，为了使其能够获取债务收入，我国曾作出变通处理，即如果地方确需发债，可由财政部代发。在这种情况下，中央实质上对地方债务承担着担保责任。这无疑增加了中央财政的压力和风险。

面对上述问题，对于是否应赋予地方政府举债权，一直存在不同认识。基于对地方举债行为和债务风险的担忧，在《预算法》修改过程中，否定赋予地方举债权的意见一度占上风，并体现在修改草案中。但最终通过的修正案还是作出了折中处理，即基于现实的需要，既要赋予地方政府举债权，又要在举债的主体、

① 例如，《丹麦王国宪法》第43条规定，除法律另有规定外，任何公共债务不得被提出。据此，举借公债必须依循法律规定，举债权必须法定。

② 2014年修改前的《预算法》第27条规定，"中央预算中必需的建设投资的部分资金，可以通过举借国内和国外债务等方式筹措，但是借债应当有合理的规模和结构"。据此，对国债的规模控制和结构控制是债务法治的重要内容。

规模、程序等方面加以限定，从而形成与美国、巴西、英国、德国等类似的“制度约束型”的地方政府债务管理体制。[①]

依据举债权法定的要求，我国现行《预算法》第 34 条规定了中央的举债权，即“中央一般公共预算中必需的部分资金，可以通过举借国内和国外债务等方式筹措”，而该法第 35 条则规定了地方的举债权，即“经国务院批准的省、自治区、直辖市的预算中必需的建设投资的部分资金，可以在国务院确定的限额内，通过发行地方政府债券举借债务的方式筹措”。不难发现，两类举债权所涉及的举债主体、预算类型、限额要求、举债方式等存在诸多不同，对地方举债权的限定明显更为严格。从目的解释的角度看，《预算法》力图通过对举债权的限定，来实现既能促进地方经济和社会发展，又能有效防控债务风险的目标。

随着举债权法定的落实，我国覆盖中央和地方（省级）的举债权体系得以建立。但地方政府仅有严格受限的、“不完整”的举债权，因为享有举债权的主体在形式上仅限于省级政府，而债务规模非常大的市县，在法律中并未被赋予举债权。为了化解基层政府的债务风险，国务院单方面规定，若市县确需举债，可以通过省级政府代为举借[②]，这基本是仿照过去财政部的“代发模式”。从经济的角度说，市县的债务问题突出，迫切需要解决，因而“代发”确有其合理性；但从法律的角度看，预算法并未授权国务院可以规定市县的委托举债权，因而“代发”实质上已突破了预算法上的形式规定。这已涉及形式与实质意义上的举债权，或者显性与隐性的举债权的区分，也是完善债务法治值得关注的一个重要问题。

举债权作为典型的公权力，必须严格受限并依法正当行使。“举债权”三个

① 所谓“制度约束型”体制，即通过明确的法律条款管理地方政府债务的体制，包括规定地方政府债务总额、限制债务用途、规定最大偿付比率等。实行此种体制的国家，也可能同时辅之其他类型的体制，如市场约束型、共同协商型、行政控制型等。李萍．地方政府债务管理：国际比较与借鉴．北京：中国财政经济出版社，2009：23-29.

② 《国务院关于加强地方政府性债务管理的意见》（国发〔2014〕43 号）规定，经国务院批准，省级政府可以适度举借债务，市县级政府确需举借债务的由省级政府代为举借。

字，包含了举债的主体、客体以及举债的决策权和执行权等诸多内容，体现着举债法律关系的基本要素。从我国现实情况看，举债权事关全国人大及其常委会、国务院及财政部、地方人大和政府等多重权力配置，由于举债权在一定程度上类似于美国马歇尔大法官所说的征税权，也是“事关毁灭的权力”，其行使稍有不慎，就会带来巨大风险甚至危机，因而必须在法律上被严格限定。事实上，举债权的归属、集中或分散，以及权力行使的程序限制，都是影响债务风险的重要因素。

依循法治的一般原则，无论是中央还是地方，都必须依法正当行使其法定的举债权，既不能滥用，也不能越权。由于举债规模的大小、举债类型的不同，都会影响政府的财政承受能力，影响债权人的利益，因此，必须对举债规模、举债类型、举债审批、举债监督等方面作出明确规定，严格举债审批，并进行切实有效的监督。这对于防范债务风险，保护债权人权益，保障经济和社会的稳定发展，都非常重要。

三、举债权的配置与“宪法制衡”

基于举债权的特殊性，举债权必须法定；同时，法定的举债权必须进行有效配置，这既是宪法上的分权制衡或称“宪法制衡”的基本要求，也是举债权与征税权等财政权的相通性与差异性的重要体现。

从《预算法》的规定看，基于防控债务风险的考虑，以及一定的举债公平的考虑[①]，在中央举债权的行使过程中，要“控制适当的规模，保持合理的结构”。为此，一方面，对中央“举借的债务实行余额管理，余额的规模不得超过全国人民代表大会批准的限额”，从而使全国人大可通过国债限额的批准权来约束政府的举债行为；另一方面，“国务院财政部门具体负责对中央政府债务的统一管

① 有的学者认为发行公债会影响代际公平，甚至其本身就是不公平的，因为所有纳税人要为主要由富人所持有的国债支付利息。施特尔特．21 世纪债务论．胡琨，译．北京：北京时代华文书局，2015：109.

理”，从而使财政部享有对中央债（国债）的具体的管理权。这样的举债权配置，体现了立法机关与行政机关在举债权方面的横向配置，符合基本的宪法原理和财政原理。[①]

例如，历史上特种国债的多次发行，特别是2007年的1.55万亿特别国债8期的发行，都由全国人大常委会专门作出决议[②]，这至少在法定程序方面严格遵守了举债权横向配置的要求。其实，举债行为与预算行为、税收行为一样，都有突出的政治性、经济性、法律性[③]，而法律性的突出体现则是程序的法定性。通常，举债会涉及预算调整，需要严格遵循调整程序，而为应对金融危机，我国增发了大量国债，仅2009年和2010年实际发行的内债就分别达1.62万亿和1.77万亿，如此大规模的国债发行，却并未看到全国人大常委会作出相关决议，这是有悖于法定调整程序的。中央举债权的依法正当行使不应有任何瑕疵。

此外，对地方举债权的行使，《预算法》同样要求有规模限制和程序要求：一方面，地方政府“举借债务的规模，由国务院报全国人民代表大会或者全国人民代表大会常务委员会批准”，从而使地方举债权的行使与国家立法机关的规模批准权直接关联；另一方面，“省、自治区、直辖市依照国务院下达的限额举借的债务，列入本级预算调整方案，报本级人民代表大会常务委员会批准”[④]。在

---

① 这些原理在宪法规定上也要有所体现，例如，《日本国宪法》第85条规定，国家费用的支出，或国家负担债务，必须根据国会的决议。又如，《芬兰共和国宪法》第82条规定，国家借贷须经议会同意，议会应指明新借贷或国债的最高额度。

② 例如，在这些方面全国人大常委会作出的较为重要的决议有：《关于批准国务院提出的由财政部发行特别国债补充国有独资商业银行资本金的决议》（1998年2月28日通过）、《关于批准国务院增发长期建设国债和今年中央财政预算调整方案的决议》（2000年8月25日通过）、《关于批准财政部发行特别国债购买外汇及调整2007年末国债余额限额的决议》（2007年6月29日通过）。

③ 艾伦·希克（Allen Schick）认为，预算变化是政治、政策和程序（过程）的混合，这是有道理的。艾伦·希克. 联邦预算：政治、政策、过程. 3版. 苟燕楠，译. 北京：中国财政经济出版社，2011：1. 与此相关联，由于上述的政策主要是经济政策，程序主要是法定程序，因而可以认为，在财政领域，举债权的行使与征税权、预算权一样，都具有政治性、经济性和法律性。

④ 《财政部关于对地方政府债务实行限额管理的实施意见》规定，市县级政府确需举借债务的，依照经批准的限额提出本地区当年政府债务举借和使用计划，列入预算调整方案，报本级人大常委会批准，报省级政府备案并由省级政府代为举借。由此可见，对市县人大常委会的权力行使问题亦需关注。

上述规定中，蕴含着国务院的限额分配权、省级人大常委会的批准权和省级政府的举债权。由此可见，地方举债权的行使，涉及中央、地方各自的横向分权，以及中央与地方之间的纵向分权，这既体现了财政体制或债务管理体制的特殊性，又体现了宪法上的分权制衡。因此，对上述举债权的法律配置，可以从“宪法制衡”的分析框架加以解析。

虽然由于诸多原因，我国在宪法层面，对地方债乃至各类公债的举借都没有规定，但并不妨碍在具体立法中体现宪法上的分权制衡的精神。依据财政法定原则，不仅举债权要法定，与举债相关的重要事项，如举债的规模、结构或类型等，都要经过立法机关的批准，因此，各级人大在举债权的行使过程中都要发挥重要作用，从全国人大对债务限额的总量控制，到省级人大对本地具体举债数额的批准，都体现了立法机关对政府的公共经济行为的重要影响。

与此同时，各级人大毕竟不能具体实施举债行为，政府才是执行主体，因此，在规定人大行使批准权的同时，还需要授权政府及其职能部门从事具体举债行为，即国务院在全国人大确定的限额内，行使各省举债额度的分配权，而政府职能部门则行使举债方案的确定权，等等。只有把权力配置与相关的授权相结合，才能使横向分权与纵向分权纵横交错，构成可实施的举债权体系。

上述体现“宪法制衡”的举债权体系的确立，有助于在制衡过程中控制债务风险，防止债务违约，增加举债的信用①，有助于保护债权人利益，使举债行为可以有效持续，从而实现中央与地方层面的举债目标，更好地提供中央级次和地方级次的公共物品。

在上述举债权配置的架构下，地方人大的权力行使问题尤其值得关注。随着地方政府举债的合法化，地方人大又获得了审批地方债的权力，这与地方人大权力扩大的趋势（如在《立法法》中规定设区的市的某些立法权）是一致的。由于

---

① 有的学者认为，宪法上的分权制衡能够提高政府在公债领域承诺的可信性，但即使有“宪法制衡”，其在债务的不履行方面也可能不发挥作用。大卫·斯塔萨维奇. 公债与民主国家的诞生. 毕竞悦，译. 北京：北京大学出版社，2007：2.

我国幅员辽阔，地区差异性较大，为了在实质上更好地促进各区域的有效发展，解决不应有的差异过大的问题，扩展地方立法机关的权力确有其必要性，由此也会凸显地方立法的独立性和差异性（这与经济法上的差异性原理相关）。而基于地方立法的独立性，需要国家确立一个重要原则，即中央和地方的“经济独立原则”，或者中央对地方债务“不救助原则”①。通过明确各级政府的经济独立责任，中央可以在地方政府债务方面，不再承担无限连带责任。因此，举债权的有效配置，有助于使法定的举债权更加明晰，从而更好地规范举债行为和追究相关举债责任，有利于各类主体在法治框架下，独立自主地从事相关经济行为。

此外，虽然省级人大享有举债的批准权，但它能否独立审查，能否有效作出合理性和合法性的判断，能否依法否决政府提出的举债方案，这对省级人大是一个很大的考验。对此，充实相关专门委员会的力量，并严格把关，也许是一种可行的路径。

事实上，各级人大切实真正行使审批权，包括全部或部分的否决权，是防范风险的重要保障；政府在行使举债权的过程中，真正自我约束，把举债和用债紧密结合，科学合理地使用资金，是防范风险的必要条件。只有不滥用举债权，不随意举债，注重“举用结合”，才能真正体现政府公共经济行为的公益性、公共性，才能与公共物品提供等政府职责相对应②，进而体现政治性、经济性与法律性的统一。

四、举债权依法行使的制度保障

上述举债权的法定及其配置，始终把防控债务风险作为重要考量。正因如

① 在国际层面，“不救助原则”的确立更早。例如，美国在19世纪40年代一些州发生债务危机时，就确立了该原则，以加强预算约束。刘俐俐．地方政府债务融资及其风险管理：国际经验．北京：经济科学出版社，2011：20.

② 赤字和债务不仅带来了多方面的经济影响，还产生了多方面的政治影响。彼得斯．税收政治学：一种比较的视角．郭为桂，等译．南京：江苏人民出版社，2008：128-133.

此，无论是中央还是地方，其举债权的行使均应受到法律约束，不应恣意行事，随意举债。但就现实情况而言，仅在法律上作出一般规定还不够，要保障举债权的依法正当行使，还需要进一步通过外部制度和内部制度的建设，加强对举债权的法律约束，这样才可能更有效地防范和化解债务风险。

（一）外部制度保障

如前所述，从法律上说，影响我国巨额地方债务形成的直接因素，是举债权的法律约束不够。对此，国家在《预算法》等规范性文件中，已对举债权的具体配置作出了新的安排，但仅此还不足以防控债务风险。毕竟，影响举债权行使和债务风险防控的深层次问题，是财政体制和政府职能方面的制度缺失，因此，必须弥补上述两个方面的制度缺失，为举债权的依法行使提供外部制度保障。

首先，在财政体制方面，我国 1994 年确立的中央与地方的分税制经过不断演化，现已成为收益分配更多向中央倾斜的“共享型分税制”①。尽管在 2013 年的“改革决定”中，特别强调深化财税体制改革，并将中央与地方的事权划分同相应的支出责任承担提到了相当的高度，但至今仍无实质进展。许多国家的宪法，对于中央与地方的事权以及相应的财政支撑，都有非常明晰的划分②，但到目前为止，我国的宪法或具体的财政法律，尚未对此作出明晰规定。地方政府承担的多种职能，与其称之为“事权”，还不如称之为“事责”。从现实的权责分配看，中央与地方的财政收入大体相当，但在承担的事责方面，地方政府却远多于中央政府，尽管中央政府对地方政府有大量转移支付，但地方财政的缺口仍然较大。地方政府在《预算法》修改前不能直接举债，因而只能靠土地出让收入等非税收入作为其履行职能的财力补充；随着经济下行和土地财政受限，地方政府通过各类融资平台大量变相举债，以致债台高筑，这是形成地方债务风险的重要

① 张守文．论“共享型分税制”及其法律改进．税务研究，2014（1）．

② 如《巴西联邦共和国宪法》的第 21 条至第 30 条，对联邦、各州、市的事权有明确规定，此外，该法还在第 153 条至第 159 条对上述各级政府可征税收的类型及相关的税收分配等有非常具体的规定，从而使各级政府的事权行使能够有对应的财力支撑。

原因。[①]

可见，对分税制的财政体制必须作出调整，切实明晰中央与地方各级政府的事权或事责，以及相应的财力保障。为此，国家已多次重申要使事权与支出责任相匹配，但目前还远未落实，长此以往，债务风险还会持续增加。此外，目前实施的发新债还旧债的"置换"做法，只是暂缓型的权宜之计，并不能从根本上解决问题。

其次，与上述事权和财权的划分相关联，还必须真正转变政府职能。地方政府的职能究竟是什么？在简政放权的过程中，如何真正形成有限的、有效的、有为的政府？对这些问题，我们还需要认真思考。如果各级政府仅重视 GDP，仅强调通过城镇化或大量投资来拉动经济增长，而不回归政府职能的本质，就永远不能解决入不敷出的问题，财政赤字和巨额债务就会持续存在。[②] 因此，必须强调地方政府不能进入竞争性领域，不能成为经营主体，而应着重于提供地方性公共物品，并通过其公共经济活动，确保公共利益。

举债是地方政府经济职能的重要体现，由此形成的政府债务，是为提供地方性公共物品而负有的债务。此类债务作为公债，从"公"的角度，要体现公共性和公益性；从"债"的角度，要体现偿还性和私益性。因此，地方政府举债过程必然涉及政府权力与债权人权利、财政与金融、经济与社会等诸多方面的关系，需要对其中涉及的矛盾或冲突加以化解。但无论从政府职能还是从举债权行使的角度看，都应当更关注公共性和公益性。

地方政府债务，相对于企业债务或其他私人债务，具有政府性或公共性；相对于税收债权，具有偿还性；相对于中央政府债务，具有地方性。这种地方性与地方政府的职能行使和地方性公共物品的提供，以及地方的经济发展水平、需要、财力等直接相关，它决定了举债的必要性、规模、可行性等问题。只有转变政府职能，真正明晰地方性公共物品的范围，才能更好地确定地方举债的规模，

---

① 孙秀林，周飞舟．土地财政与分税制：一个实证解释．中国社会科学，2013（4）．

② 张平，刘霞辉．城市化、财政扩张与经济增长．经济研究，2011（11）．

才能够更好地防止由于不当扩大地方性公共物品的范围而带来的债务风险。

（二）自身制度建设

要确保举债权的依法正当行使，还要加强政府债务方面的制度建设，尤其应注意提升立法层级和质量，厘清债务类型，将各类债务的依法举借、使用和偿还综合考虑，对举债权的行使实施系统控制。

1．提升立法的层级和质量

化解债务风险，必须加强制度建设，并严格遵循相关制度。从国外情况看，有些国家通过财税法、金融法的相关规定来约束举债权，如美国的《证券交易法》《税收改革法案》以及各州法律，对地方政府债务管理都有较为详细的规定。此外，也有不少国家针对地方政府债务专门立法，如新西兰的《地方政府债务法》、日本的《地方公债法》等。

从总体上看，许多国家都侧重于从财政法的角度规范地方的举债行为。例如，波兰不仅在宪法中规定公共债务限额①，还制定了专门的《公共财政法》对债务管理权限、债券发行、公债限额等作出规定。又如，巴西制定了专门的《财政责任法》及其配套法案，建立了政府债务预算和报告制度，并通过量化指标对地方政府债务进行约束。

就我国情况而言，尽管已通过《预算法》的修改，构建了中央和省级的举债权体系，但从债务法治的系统性看，除《预算法》关于地方政府债务的原则性规定外，其他涉及地方债务的规定主要都是以文件的形式体现②，整体的立法层次偏低，相关的制度体系很不健全。为此，我国有必要结合《预算法》的规定，将国务院及其职能部门的相关债务政策予以法律化，并构建专门的地方政府债务制度，对政府债务的限额审批、限额分配、规模控制、结构管理等作出规定，这是

① 《波兰共和国宪法》第 216 条第 5 项规定，“如果借贷、提供担保和财政担保导致国家公共债务超出国内生产总值（GDP）的 3/5，则是不被允许的”。

② 例如，《国务院关于加强地方政府性债务管理的意见》（国发［2014］43 号）、财政部《地方政府一般债券发行管理暂行办法》（财库［2015］64 号）、《财政部关于对地方政府债务实行限额管理的实施意见》（财预［2015］225 号）等。

确保举债权依法正当行使的重要制度基础。

2. 厘清债务类型

举债权的依法行使，涉及不同的债务类型，对中央债和地方债以及它们的各种具体类型，应分门别类地适用相关的制度，这对于避免发生区域性和系统性风险，防范和化解财政金融风险都非常重要。

地方政府债务问题的解决，尤其应当强调疏堵结合，分清责任，规范管理，为此，需要对地方政府债务作出相关分类。例如，从举债合法性的角度，应区分依法行使举债权而形成的合法债务，以及因举债行为不合法而形成的非法债务，并坚决遏制非法举债行为。又如，从债务主体的角度，还应注意区分政府债务和企业债务，切实做到谁借谁还、风险自担。此外，从发行与偿还渠道的角度，还应注意区分一般债务和专项债务，前者由地方政府发行一般债券融资，以一般公共预算收入偿还，而后者则由地方政府通过发行专项债券融资，以对应的政府性基金或专项收入偿还。可见，要保障举债权的正当行使，就必须厘清债务类型，并根据相应的制度安排，既保障发债目标的实现，又保障举债风险可控。

3. 举债权行使的系统控制

国家对举债权的行使实行规模控制、用途控制和预算控制，并在各类控制中贯穿程序控制，而覆盖举债、用债和还债全过程的系统控制，本身也是对举债权行使的重要约束。为此，国家提出对地方政府债务要实行规模控制，严格限定政府举债程序和资金用途，把地方政府债务分门别类纳入全口径预算管理，实现“借、用、还”相统一。

举债资金的使用方面，我国《预算法》要求地方政府举借的债务只能用于公益性资本支出，不得用于经常性支出，从各地的支出情况看，交通运输、市政等基础设施和能源建设等方面的投入占比相对较大，这有助于提升举债资金的使用效益。此外，在债务偿还方面，《预算法》要求地方政府举借的债务应当有偿还计划和稳定的偿还资金来源，国务院也相应规定了许多具体措施，以保障债务的偿还。为此，还需关注财政的承受能力问题。[①] 地方政府举债权的行使只有与其财政承受能力相匹配，才能更好地防控风险，这与公私合作制（PPP）的情况也有类似之处。

举债权的行使是以政府的信用为前提的，因此，必须考虑偿还的风险。在对地方政府债务实现"借、用、还"的系统控制的基础上，建立地方政府债务风险评估和预警机制、应急处置机制以及责任追究制度，无疑有助于防范和化解债务风险，因此，上述各类制度的建设也都亟待加强。

五、小结

从发展法学的视角看，地方政府的举债权也是一种经济发展权，对于促进地方经济社会发展至为重要，但举债权必须受到法律的约束和保障。如果环顾全球，就会发现，债务危机的阴霾至今仍笼罩着欧洲诸国，对此，斯密早已作出了预言。[②] 历史的经验一再表明，如果不对举债权进行切实有效的法律约束，则债务危机就可能近在眼前。

为了有效防控债务风险和债务危机，必须基于举债权作为宪法上的权力以及重要的财政权的性质，对其严格加以法定，同时，对于在法律上明确作出规定的举债权，还应依据宪法上的分权制衡框架，对各类举债权依法配置；各类法定主体均应依法正当行使其举债权，既不能滥用，也不能越权。上述各类主体举债权的行使，都需要有相关的制度保障，为此，国家既要从外部完善中央与地方的分税制，并切实转变政府职能，又要从内部加强举债制度的自身建设。

由于债务风险会影响政治安定、经济稳定和法律秩序，因此，在举债权的确

---

① 在经济法领域，市场主体在纳税方面的承受能力，社会公众在价格方面的承受能力，政府主体在财政方面的承受能力等各类承受能力，都是非常重要的，需要特别关注。

② "巨额债务的增积过程，在欧洲各大国，差不多是一样的；目前各大国国民，都受此压迫，久而久之，说不定要因而破产。"斯密．国民财富的性质和原因的研究：下卷．郭大力，王亚南，译．北京：商务印书馆，1974：474.

立和行使过程中，始终贯穿着债务风险防控的考虑，并在制度设计上体现着政治性、经济性和法律性的统一。其中，从法律的角度看，面对突出的地方债务问题，必须进一步强调对举债权的法律约束，强调其依法正当行使。

此外，在举债权的行使过程中，“宪法制衡”的框架非常重要。各类主体日益复杂的举债权的配置和运行，都应当遵循宪法上的分权制衡的精神，以及具体的债务体制框架。针对实践中存在的突破现行法律规定的问题，必须通过完善相关制度予以解决，否则就可能引发或加大债务风险。为此，各级人大应切实发挥其在全国的债务总额确定或本级政府债务额度审批方面的重要作用，真正发挥监督的功能，使政府举债权的行使切实受到应有的约束。这样，随着政府债务法治水平的不断提升，以及相关制度的系统性和协调性的增强，债务风险的防控才可能更为有效。

目前，我国存在着政府负债和企业负债“双高”的问题，地方债务问题尤其突出，过高的债务负担对经济、社会、政治、法律等各个方面都会产生重要影响。面对“债务国家”时代存在的诸多问题，不仅要加强公债、预算、税收等财政法治的建设，还需要促进整体经济法层面的金融、产业、规划等方面的法治完善，以及基于政府职能转变所带来的相关体制的改革和宪法分权制衡的落实，这些都是我国未来相当长的时期需要着力解决的影响发展的重大问题。

第三章　发展负担的法律调整

无论是市场主体还是政府，无论是国民还是国家，在其发展过程中都要承担相应的义务，这些发展义务会体现为其承受的发展负担。由于各类主体的存续和发展，以及整体的发展的维护，都需要有成本和付出，因而必要的发展负担有其合理性。但各类主体的发展负担必须适度，应依其轻重适当加以调适，并在法律上予以确认和保障。发展负担作为各类主体发展义务的体现，对其合理性和合法性应作出评估和评判。只有各类主体的发展负担合理、合法，才能更好地促进发展。因此，发展负担的法律调整非常重要。

由于在现实中发展负担过重的情形较为普遍，因此，减负是发展负担调整的基本路径，而在减负的同时，各类主体也要基于发展的需要实现自身的转型。减负与转型作为推进发展的一般路径，对市场主体和政府主体都非常重要。

为此，本章首先探讨各类主体均涉及的减负与转型问题，以揭示发展负担调整的基本路径。其次，在此基础上，考虑到在各类主体的发展负担中，市场主体的发展负担最为引人注目，因而将专门讨论市场主体发展负担的法律调整问题，提出对整个发展法学亦有重要价值的“轻重理论”，并揭示加强发展负担的法律调整之必要。最后，考虑到在政府负担较为沉重的情况下，加强公私合作是减轻政府负担，使政府能够有效履行其促进发展责任的重要路径，因而对公私合作方面如何保障公共利益、体现公共性等问题亦应予以专门探讨，这对于构建发展法学的发展负担理论亦甚为重要。

第一节　减负与转型的发展路径

减负与转型既是贯穿我国经济改革与法治发展的一条重要逻辑主线，也是我国推进发展的重要路径，更是当前亟待解决的重大现实问题。基于“系统-分配-发展”的理论框架，考察减负与转型的制度实践，可以发现：依法推进减负与转型，有助于整体经济系统的优化，实现“减负增效”和转型升级，有助于通过各类主体的职权与职责、权利和义务的合理配置，促进主体负担的公平分配，实现市场主体与政府的“双向减负”和各自转型，从而促进经济和社会的有效发展。在推进减负与转型的实践中，应改变既往对政策的过度倚重，处理好政策与法律的关系，只有推进“制度转型”，构建“包容性制度”，才能实现法治框架下持久的“制度性减负”，这不仅有助于减负与转型问题的长远解决，也有助于构建发展法学的发展负担理论，全面推进国家的改革、法治与发展。

一、作为发展路径的减负与转型

我国正在全面推进改革、法治与发展，由此带来了社会经济领域的急剧变革和法律制度的大幅调整。在如此巨变中，诸多线索错杂其间，明晦交织，能否辨识贯穿其中的逻辑主线，会直接影响改革、法治与发展的方向把握和目标达成，因而不可不察。

从改革的维度看，基于对政府与市场关系认识的日渐明晰[①]，国家试图通过

① 基于对政府与市场关系的重要认识，国家在多个领域变革法律制度，以发挥两者各自的重要功用。张守文．政府与市场关系的法律调整．中国法学，2014（5）．

相应的经济和法制变革，实现如下双重目标：一方面，减轻市场主体的压力和负担，使其能够享有更多的经济自由，从而提升经济效率；另一方面，推进政府的职能转变，切实保障市场经济应有的秩序和安全，促进经济公平和社会正义。而由此形成的体现上述价值目标的波澜壮阔的“双向运动”①，则贯穿着一条重要的逻辑主线——减负与转型，即通过给市场主体减负和推进政府转型，来更好地促进经济发展和保障民生，并不断提升国家治理水平，它同时也是国家推进发展的重要路径。

从法治的维度看，上述的减负与转型，与各类主体在法律上的权利和权力的再分配直接相关。其中，市场主体的减负，源于其权利的增加和义务的减少；而政府的转型，则意味着其某些权力的削减和职能的转变。上述权利与权力的调整和变易，直接影响两类主体承受负担的有无与多少。因此，通过法律上的权利与权力的有效配置，确保主体负担的适度，是减负与转型都要面对的核心问题，只有解决这个问题，才能使各类主体各尽所能，各得其所。

从发展的维度看，国家推进减负与转型，是为了更好地实现市场与政府的功能，使其在资源配置方面各自有效地发挥作用，从而提升经济社会发展的动力，并在整体上推进各领域的全面发展。由于减负与转型会涉及相关主体的发展能力、发展权利、发展责任等问题，因此，它不仅与改革、法治直接相关，也是促进发展的具体路径和手段，对此应高度关注。

可见，在国家全方位推进改革、法治与发展的大背景下，减负与转型作为贯穿经济和法律变革的一条重要主线，作为重要的发展路径，不仅关乎市场主体的经济自由、经济收益和竞争能力，也影响政府的职能定位和作用发挥，因而凝聚了政府与市场关系的核心问题。对于这一重大现实问题，可以从多个不同角度展

---

① 减负与转型所构成的“双向运动”，虽然不同于波兰尼提出的“双向运动”，但两者有内在关联。波兰尼. 大转型：我们时代的政治与经济起源. 冯刚，刘阳，译. 杭州：浙江人民出版社，2007：114，136，164.

开研究，考虑到在法治框架下，减负与转型是复杂的系统工程，需要多种法律的综合施治和有效调整，并且，经济法的作用尤为重要，因此，下面将着重对经济法推进减负与转型的理论和实践问题展开研讨。

从现实情况看，我国已持续通过各类经济法制度的完善来推动和促进减负与转型，但学界对此尚缺少足够关注和系统研究。为此，需要从社会科学的相关理论与经济法理论结合的视角，解释减负与转型的必要性和可行性，从而夯实相关制度建设的理论基础；在此基础上，还应结合制度实践中存在的问题，探讨经济法制度在提升发展效率的同时，如何促进协调、可持续的公平发展或“包容性发展”[①]，这对于经济法的理论发展和制度完善，对于深化改革和推进经济法治，都有积极意义。

有鉴于此，下面拟围绕国家持续推动的减负与转型这一重大现实问题，从相关社会科学理论与经济法理论相结合的维度，构建“系统-分配-发展”的理论分析框架，对推进减负与转型的现实必要性和可行性进行解析，从而为经济法的相关制度实践奠定理论基础；在此基础上，再从经济法实践的维度，探讨如何通过经济法的制度调整，来推动市场主体与政府的“双向减负”和“主体转型”，并在此过程中提升经济法治的水平。

通过上述研讨试图说明，减负与转型有助于实现经济系统的优化，促进公平分配和有效发展；我国当前市场主体负担普遍过重，并非仅是经济问题，而是有其深刻的制度原因。为此，必须通过经济法的“制度转型”，摒弃不合理的制度，推进法治框架下持久的“制度性减负”，以确保政府职能的正当履行，促进政府和市场主体的真正转型；同时，应改变过多依赖政策和行政手段的传统做法，不断优化经济法及相关法律的结构和功能，对主体负担作出适度调整，以解决广泛存在的主体负担失衡问题，从而促进改革的深化和法治的发展。

---

① 高传胜．论包容性发展的理论内核．南京大学学报（哲学·人文科学·社会科学），2012（1）．

二、推进减负与转型的理论解析

（一）理论分析框架的构建

在全球经济持续低迷、国内经济进入新常态的背景下，市场主体负担过重的弊端已世人皆知，为其减负的呼声日益高涨；同时，回应市场经济发展需要，推动政府职能转变，真正实现政府转型，亦为各界所期盼。[①] 尽管减负与转型已成为重要的社会共识，但对于两者之间的内在关联，以及为什么要从两者联动的角度加以推进，却缺少系统的理论探讨。此外，减负与转型都是对现有利益格局的改变，都要有政治、经济、法律等方面的动力支撑和制度保障，其中当然也包括经济法的支撑和保障。而对于减负与转型为什么需要经济法推进，以及经济法为什么能够推进，则需要从经济法理论乃至相关社会科学理论的角度加以解析，这对于有针对性地完善相关经济法制度尤其具有重要价值。

在经济法理论中有三个重要命题，即经济法是"治国之法"、"分配之法"和"促进发展之法"，由此展开，有助于分析和理解减负与转型的一系列基本问题。首先，经济法作为"治国之法"，需要在国家经济治理方面解决经济系统的诸多问题[②]，由于减负与转型直接影响市场系统和政府系统的有效运行，因而可以运用系统理论分析其对"系统优化"的重要价值。其次，经济法作为"分配之法"，需要解决经济社会领域的重大分配问题，而减负与转型事关负担、权义的分配，因而可以从分配理论的角度探讨减负与转型的必要性和法律基础。最后，经济法作为"促进发展之法"，蕴含着大量促进型规范，这些规范对减负与转型同样具有重要的促进功能，直接影响相关主体的发展，因而可以从发展理论的角度，研究经济法促进减负与转型的可行性及相关目标实现等问题。

---

① 朱光磊，孙涛. "规制-服务型"地方政府：定位、内涵与建设. 中国人民大学学报，2005 (1).

② 经济法是法律系统的一个重要组成部分，而法律系统与经济系统一样，都是社会系统的分系统，"其所有的运作始终是在社会中的运作"。卢曼. 社会的法律. 郑伊倩，译. 北京：人民出版社，2009: 14-15.

上述的系统理论、分配理论和发展理论，可以整合为分析减负与转型问题的一个理论框架，即在社会系统中，需要各类主体分别承担不同的义务、成本或职能、责任，并由此形成了各类主体的“负担”，包括市场主体的负担和政府的事权或事责，只有对各类主体负担进行公平合理的分配，才能形成有效的激励机制①，推动整个社会系统及其各子系统的良性运行和协调发展。

上述分析框架可以进一步概括为“社会系统中的分配与发展”，或“系统-分配-发展”。本书在这一理论架构下试图说明：减负或转型作为既有格局基础上的再调整、再分配，有助于实现整体的“系统优化”，促进各类主体自身乃至整个系统的“发展”；同时，由于减负与转型都涉及相关的权义分配和结构调整，需要相应的法律支撑，而经济法在这方面的适用最为普遍且作用最为直接，因此，通过经济法来推进减负与转型，对于促进整体系统的优化和发展既是必要的，也是可行的，这是经济法的相关制度实践得以展开的基础。

此外，在研讨过程中将减负与转型并提，不仅因为市场主体的减负与政府的转型密切相关，还因为政府也需要减负，市场主体也需要转型，且两类主体的减负与转型还能相互促进。具体说来，一方面，从全能的、“管制型”政府向有限的、服务型政府转型，既有助于给市场主体减负，也有助于政府自身的减负；另一方面，两类主体的减负，能够推动其各尽本职，实现各自的有效转型。为此，后面将进一步强调，减负与转型是两类主体都需要的，只要切实全面推进，就既有助于在整体上提高经济效率和行政效率，增进社会总福利，又有助于促进公平和保障民生，从而在兼顾效率与公平的基础上，推动经济与社会的良性运行和协调发展。

有鉴于此，下面将基于减负与转型的内在关联，以及系统理论、分配理论和发展理论所构成的分析框架，从“系统-分配-发展”的维度展开解析，以揭示

① 主体负担的分配与财富分配直接相关，而“财富分配不仅直接影响效率，也通过它对制度的影响间接影响经济效率”，因此，主体负担的分配其实与公平和效率也都直接相关。斯蒂格利茨．发展与发展政策．纪沫，等译．北京：中国金融出版社，2009：43.

运用经济法推进减负与转型的必要性、可行性，以及相关的法律基础和目标实现等问题。

（二）系统理论的维度

经济法是“治国之法”，它要站在全社会的立场上，规范政府和市场主体等各类经济法主体的行为，保障包括公共经济和私人经济在内的整个经济系统的良性运行。由于经济法的调整关注整体性、系统性、全局性的问题，因此，系统论所提供的系统分析方法，是经济法研究中的一种重要方法。事实上，社会科学领域的许多重要学者，都非常重视系统分析，如约瑟夫·熊彼特等开创的财政社会学研究，塔尔科特·帕森斯的结构功能主义理论，都特别强调经济、政治、法律、文化、社会等诸多系统之间的关联，而尼克拉斯·卢曼（Niklas Luhmann）的系统理论，更是对经济、法律等诸多领域进行了全面的系统分析。尽管上述学者的观点各异，但对于经济法领域的系统理论的构建，对于减负与转型问题的分析，都有其借鉴意义。

基于系统论的一般思想，对整体社会系统可从多个角度作出分类，其中，政府系统和市场系统、经济系统和法律系统等①，既是各自独立的系统，又都是整体社会系统的子系统。这些系统紧密关联，其协调性及各自功能的实现，直接影响着整个社会系统的功效；同时，经济法作为法律系统的子系统，对于与减负、转型密切相关的政府系统和市场系统，亦具有重要影响。

首先，从市场系统和政府系统的关联看，依据经济法的一般理论，经济法的重要功能和任务，是解决市场失灵和政府失灵，确保市场和政府两大资源配置系统的有效性，并协调好市场系统与政府系统的关系。由此形成的经济法上的“双手并用”原理，尤其重视政府之手和市场之手的协调并用。② 如果市场主体负担沉重且政府职能定位不清，就会影响两个系统的资源配置效率，因此，减轻市场

① “经济系统与法律系统平行发展，但必须使用完全不同的解决问题的办法”，毕竟，两个系统的功能和目标是不同的。卢曼. 社会的经济. 于瑞先，郑伊倩，译. 北京：人民出版社，2008：144.

② 也有学者认为，除国家干预与市场调节之外，社会结构转型是影响资源配置与经济发展的另一只看不见的手。李培林. 另一只看不见的手：社会结构转型. 中国社会科学，1992（5）.

主体的过重负担，转变政府不适当的职能，既是经济法制度建设的重要任务，也是经济法调整的重要目标。可见，推进减负与转型，有助于提升两个系统的资源配置“效率”，解决“两个失灵”问题，因而是非常必要的。

其次，上述的市场系统和政府系统，仅从资源配置的角度看，都属于广义的“经济系统”[①]，且减负与转型都同该系统中的资源直接相关。在社会资源一定的情况下，两个系统在资源配置方面存在相当程度上的此消彼长关系[②]，为此，需要经济法作为“法律系统”的重要组成部分，对上述经济系统中的资源配置作出法律调整，以通过制度化的分配，既使各类主体的负担较为适度，又能推进不符合市场经济发展要求的主体适时转型。[③] 在此过程中，经济法调整既要使市场系统和政府系统各司其职，分别提供私人物品和公共物品，又要兼顾两个系统的资源配置效率和资源分配公平（其中包括主体负担分配的公平），这对于实现减负与转型的目标亦非常重要。

最后，在上述两个系统的资源配置方面，经济法能否实现提升效率和保障公平的目标，取决于经济法系统的结构和功能。经济法在规范结构上包括宏观调控和市场规制两大规范群，两类规范与政府职能以及相关主体的负担均密切相关。一方面，宏观调控和市场规制，是现代政府至为重要的两大经济职能，经济法对此有大量规定。各级政府如果对两大职能怠于履行，或者偏重于其他职能，就既会影响其作用的有效发挥，难以充分促进经济和社会的发展，又违反其在经济法上的法定义务，并要承担相应的法律责任。另一方面，构成经济法系统的财税、金融、产业、价格、竞争等具体制度，对政府和市场主体的职权和职责、权利和义务等有诸多规定，直接影响着相关政府部门的法定职能，以及相关主体的具体

① 经济系统可以依据不同的划分标准加以确定。“正如一般社会系统一样，正在被管理的社会或从社会中被分立出来的经济系统也应被理解为系统，它们根据交往行为来确定和划分。”卢曼. 社会的经济. 于瑞先，郑伊倩，译. 北京：人民出版社，2008：7.

② 对此，有学者认为，政府支配社会可用资源越多，或者对经济活动限制越多，则制度成本就会越高。侯家驹. 中国经济史. 北京：新星出版社，2008：25.

③ 这体现了帕森斯系统理论所强调的系统“整合功能”，该功能主要由法律体系完成。柯林斯，马科夫斯基. 发现社会：西方社会学思想述评. 8版. 李霞，译. 北京：商务印书馆，2014：334-336.

负担。因此，经济法的规范结构，具有推进减负与转型的内在功能，这是系统理论的“结构决定功能”原理的重要体现。

可见，从系统理论的角度看，运用经济法推进减负与转型，既有助于两大资源配置系统的优化，提升资源配置的效率，又有助于兼顾资源配置的效率和公平。此外，由于经济法的各类具体制度，对减负与转型均有重要影响，这种规范结构所形成的特有功能，使经济法在解决减负与转型问题方面具有举足轻重的地位。因此，运用经济法推进减负与转型既有必要性，也有可行性。

（三）分配理论与发展理论的视角

分配理论与发展理论紧密相关，以往经济学、社会学、政治学、法学等社会科学诸多领域对其都有相关研究，基于两类理论在经济法领域的拓展，可以进一步明晰减负与转型的法律基础和发展目标。

1. 分配理论与主体负担调整

分配是许多学科都非常关注的重要问题。[①] 自摩莱里（Morelly）等提出“经济法是分配法”的命题以来[②]，经济法如何有效促进公平分配，就一直备受关注，并日渐形成了经济法上的分配理论。事实上，减负与转型都与分配直接相关。其中，市场主体的减负，涉及负担的分配和再分配[③]，而政府的转型，则涉及其职能或事权的再分配。以往的分配理论主要关注收益（收入、财富等）的分配，这固然非常重要，但与此同时，也应关注影响收益分配的重要因素，如市场主体的负担，以及政府职权的不当行使等，这有助于拓展分配理论的研究。

从分配理论的角度看，减负与转型所需解决的一个共同问题，就是主体负担

① 对于分配问题的重要性，许多学者都有过重要阐述，例如，李嘉图在其《政治经济学原理》中认为，“确定调节分配的法则是政治经济学的基本问题”，克拉克在《财富的分配》中认为，分配具有“超乎一切的重要性”，等等。布朗芬布伦纳. 收入分配理论. 方敏，等译. 北京：华夏出版社，2010：1-2.

② 摩莱里将“调整自然产品或人工产品分配”的法律称为“分配法”或“经济法”。摩莱里. 自然法典. 黄建华，姜亚洲，译. 北京：商务印书馆，1996：107-110. 基于摩莱里提出的“经济法是分配法”的命题，经济法学界进行了诸多拓展研究。

③ 对于负担的分配及其影响，韦伯曾有过专门探讨，他特别关注了垄断特权与负担分配的关联。韦伯. 经济与社会：上卷. 林荣远，译. 北京：商务印书馆，1997：388-393.

问题。主体负担的“轻与重”，直接影响国家的治与乱。古今中外的“盛世”，都是主体负担较为适度的历史时期。因此，当整体社会系统运行一段时间，出现主体负担过重问题时，就要通过法律制度的调整来“减压”，以使相关负担的分配更为合理和公平。由此不难看出，在主体负担的分配或调整方面，法律制度是非常重要的，这也是帕森斯在其著名的 AGIL 分析框架中，特别强调法律的“整合功能”的重要原因。①

近些年来，国家力推减负与转型的一个重要目的，就是希望通过减轻主体负担，激发各类主体的活力，为经济和社会发展提供新动力；同时，通过更合理、更公平的分配，使各类主体各得其所，从而增进社会的团结和凝聚力，促进各类主体的全面发展。由于主体负担的调整不仅涉及国家与国民的分配关系，也涉及中央与地方的分配关系，因而需要在经济法甚至宪法上明确相关主体的权力和权利。

为此，在经济法领域，应当通过财政法、税法、金融法等诸多制度安排，为相关主体设定较为合理的负担，并减轻其过重的负担，以力求相关分配更公平合理。只有促进公平分配和有效发展的制度，才是具有包容性的“好制度”，才能成为减负与转型的制度基础。经济法制度要增强其包容性，既可以直接对相关主体过重的负担予以调整，也可以通过推动政府转型来降低市场主体的负担。例如，通过缩小政府的规模，降低财政供养人口的数量，减少政府不必要的职能或事责，解决“十羊九牧”的问题，等等。

总之，基于分配理论的视角，减负与转型都涉及相关主体负担的调整，经济法必须对相关主体的权义作出明确规定，以保障主体负担分配的公平性和合理性。而基于公平合理的分配所形成的主体的适度负担，是一个动态的概念，它要考虑主体的经济承受能力、经济和社会发展的阶段以及政府提供公共物品的需

① 帕森斯认为，任何行动系统都必须满足四个最基本的功能要求，即适应（adaption）、目标达成（goal attainment）、整合（integration）以及潜在模式维持（latency pattern maintenance），其中，整合的功能主要是通过法律系统来完成的。帕森斯，斯梅尔瑟．经济与社会．刘进，等译．北京：华夏出版社，1989：16－19.

要，兼顾纵向公平和横向公平。

2. 发展理论与经济法推进

从发展理论的角度看，推进减负与转型，无论是意在实现"系统优化"，还是实现主体负担分配的公平合理，在根本上都是为了促进相关主体乃至整体经济和社会的"发展"，因此，促进发展是其重要目标。而发展目标的实现，则需要提升相关主体的发展能力，保障其发展权利，这是发展理论或发展法学应关注的重要问题。①

作为"促进发展之法"或"发展促进法"的经济法，在规范结构上拥有大量促进型规范，因而不仅具有传统法律定分止争的功能，还具有"现代法"的促进发展的功能，这是其能够有效推进减负与转型的内在原因。在经济法的促进型规范中，有些侧重于为市场主体提供优惠，从而有助于减轻其负担；有些则侧重于通过放松管制来减轻政府的规制负担，从而使市场主体能够享有更多的经营自由、竞争自由等。上述制度安排，都有助于相关主体提升发展能力，实现发展目标。与此相关联，阿马蒂亚·森在其发展理论中，特别关注发展能力的问题。②

在诸多发展理论中，以冈纳·缪尔达尔（Gunnar Myrdal）为代表的制度主义发展理论认为，在复杂的社会系统中，经济系统并非一个自我调节的体系，而需要把握经济、社会、政治和文化等方面的平衡；同时，某个领域一旦发生某种变化，社会系统就会按照其惯性，使这一趋势强化并继续发展，甚至形成"循环累积因果影响"，因此，需要通过国家有计划的整合活动，推动分散的个体经济的进步。③ 如果结合前述帕森斯的理论，则可以认为，上述经济法中有关促进发展的规范，作为国家有计划的安排，有助于通过推进减负与转型，实现经济、政

---

① 张守文. 经济法学的发展理论初探. 财经法学，2016（4）.

② 诺贝尔经济学奖获得者阿马蒂亚·森认为，各类权利和机会有助于促进一个人的一般性可行能力。阿马蒂亚·森. 以自由看待发展. 任赜，等译. 北京：中国人民大学出版社，2002：3，13，31-33.

③ 对于瑞典学派的代表人物、诺贝尔经济学奖获得者缪尔达尔的发展理论，英国学者普雷斯顿（Peter Wallace Preston）予以高度评价，认为其"分析更为细腻而敏锐，在发展研究领域赢得了普遍的赞同，甚至成为发展研究的共识之一"。普雷斯顿. 发展理论导论. 李小云，等译. 北京：社会科学文献出版社，2011：187-192，202.

治、社会等诸多系统的平衡，防止因主体负担失衡或政府职能定位不清而带来问题，从而促进各类主体乃至整个社会系统的发展。

上述的制度主义发展理论，对于拓展经济法领域的发展理论亦具有启发意义。在经济法领域，应当结合主体负担这个影响发展的重要问题，针对如何推进减负与转型，提供相关的分析视角，确定"发展导向型"的制度建设路径，这样才能发挥发展理论的指导作用。①

总之，从发展理论的角度看，推进减负与转型有助于提升相关主体的发展能力，针对复杂社会系统的惯性以及各类因素形成的"循环累积因果影响"，需要通过法律制度，特别是经济法制度，来推进减负与转型，这有助于经济系统、政治系统等子系统之间的平衡，并实现个体和整体的发展目标。

上述的系统理论、分配理论和发展理论的解析表明，运用经济法推进减负与转型不仅具有必要性和合理性，而且有现实的可行性。因此，应当大力推进减负与转型的制度实践，并在实践中发现相关问题，以不断完善经济法制度，提升经济法治的水平。

三、推进减负与转型的经济法实践

回望历史，我国自改革开放以来，始终贯穿着减负与转型的主线；而与中国的改革开放相伴生的经济法，则一直为减负与转型提供着重要法律保障，从而形成了经济系统与法律系统的紧密关联。例如，在 20 世纪 80 年代初期，无论是以"联产承包责任制"为标志的农村改革，还是以国营企业"利改税"为标志的城市改革，都是通过经济法领域的财税制度变革，来为农民和农户、企业和职工减负，同时，也推动了农业生产组织和国营企业的转型，并进而推进了计划经济向

① 有学者认为，发展理论要发挥指导作用，必须为确定发展型政策提供研究路径、研究视角以及相关的解释性范畴。安·塞德曼，罗伯特·塞德曼．发展进程中的国家与法律——第三世界问题的解决和制度变革．冯玉军，等译．北京：法律出版社，2006：67.

商品经济、市场经济的转型。而新确立的市场经济体制，则对减负与转型提出了更高要求，需要经济法制度作出回应和调整。

事实上，我国在确立实行市场经济体制之初，就展开了1993—1995年的市场经济集中立法①，其中的大量经济法规范，都涉及减负与转型。例如，在国家与企业的分配方面，通过1994年推出的财税法制度大变革，国营企业的所得税税率从55%降为33%，其他各类内资企业的所得税税率也都大幅调低为33%，尽管这在今天看来仍偏高，但在当时已是减负的重大举措。此外，增值税制度的大调整，以及多种税收立法中的优惠制度安排，都有助于给企业减负，并推动其向市场主体转型。上述措施都在客观上激发了企业的活力，促进了市场经济的发展。但随着时间推移和实践发展，制度烦苛不断加剧，相关主体负担过重和职能定位不清的问题又进一步积聚和凸显。为此，在时隔二十年后，我国又推出了2013—2015年的改革蓝图和法治框架②，其中涉及多个领域的减负与转型，以及经济法诸多制度的相应变革，从而为推进减负与转型奠定了重要基础。

考虑到上述不同时期的减负与转型，都离不开经济法的有效调整，且在全面深化改革和推进法治的新时期，市场主体要有更多的经济自由和法治保障，而政府则要明晰其权力边界和职分，因此，有必要基于经济法推进减负与转型的制度实践，结合前面的系统理论、分配理论和发展理论，探讨并揭示其中存在的法律问题，以在完善经济法治的前提下推进“系统优化”、公平分配和有效发展。

（一）推动“双向减负”的经济法实践

由于诸多原因，我国的企业、个人乃至各级政府，负担都普遍偏重，尤其在诸多领域的高成本、高税费、高杠杆、高负债之下，国计与民生的“双重压力”

---

① 通过1993年的宪法修改和《反不正当竞争法》《消费者权益保护法》《产品质量法》等市场规制法的立法，以及1994年大规模的财税立法、1995年大规模的金融立法，我国与市场经济相适应的经济法基本体系得以确立。

② 从2013年到2015年，为了配合全面深化改革和全面依法治国，基于“改革决定”和《中共中央关于全面推进依法治国若干重大问题的决定》（简称“法治决定”），国家修改了多个方面的法律制度，以期推进减负与转型。但在此过程中，协调好改革与法治的关系尤为重要。陈甦. 构建法治引领和规范改革的新常态. 法学研究，2014（6）.

更为凸显[①]，这是整个"经济系统"亟待解决的现实问题。因此，切实简政，真正放权，减轻市场主体负担，已成为社会共识和政府施政的重要目标。在实践层面，国家为减轻市场主体和政府的负担，曾进行过多种制度变革，并力求通过对两类主体不同方向、不同内容的"双向减负"，使其各就各位，良性互动，并全面提升经济系统的效率。

首先，在市场主体的减负方面，基于其负担沉重的现实及其具体成因，我国着重通过经济法领域的减税、降费、放松管制等调控和规制手段，来降低企业等各类市场主体的成本和负担，并不断完善相关治理的体制和机制，力求通过公平合理的分配，来促进市场经济的有效发展。[②]

例如，在减税方面，国家通过废止、停征或合并税种，以及调整课税要素等方式，力推"结构性减税"[③]，由此使税制性重复征税大幅减少，纳税人总体税负得以下降。特别是"营改增"试点的全面展开、消费税征税范围的调整、所得税的定向减免，以及某些进口商品关税的调低，等等，都使相关市场主体过重的负担大为减轻。

又如，在降费方面，国家着力清理和规范各类涉企收费。其中，在财政领域，涉企行政事业性收费和政府性基金的清理，主要涉及行政审批前置、市场监管和准入等具有强制垄断性的经营服务性收费等[④]；在金融领域，国家曾多次降息降准，并通过金融领域的制度变革，促进资本市场健康发展，以解决融资成本过高、负担过重的问题。

---

① 对于市场主体和政府的"双重压力"及其相关经济法问题的具体讨论，可参见张守文．缓释"双重压力"的经济法路径．北京大学学报（哲学社会科学版），2012（5）。

② 在这方面，《国务院办公厅关于进一步加强涉企收费管理减轻企业负担的通知》（国办发［2014］30号）很有代表性。此外，为了更好地减轻企业负担，国家还专门建立了"减轻企业负担部际联席会议制度"，从而进一步完善了减负的体制和机制。

③ 国家推行的"结构性减税"和"普遍性降费"，无疑有助于减轻市场主体负担，但确保符合合法治要求也非常重要，参见张守文．"结构性减税"中的减税权问题．中国法学，2013（5）。

④ 《国务院办公厅关于进一步加强涉企收费管理减轻企业负担的通知》强调，要建立和实施涉企收费目录清单制度，从严审批涉企行政事业性收费和政府性基金项目，切实规范行政审批前置服务项目及收费，坚决查处各种侵害企业合法权益的违规行为。这对于切实减轻企业负担，无疑具有积极的意义。

与上述减税降费同向并行，国务院还大幅度简政放权，减少行政审批，放宽市场准入限制，放松经济管制，这些都有助于降低市场主体的各类交易成本，减轻其负担。①

其次，在政府的减负方面，在过去全能政府、无限政府的理念下，政府负担无疑最重。只有真正转变观念，理顺政府与市场的关系，厘清并切实转变政府职能，真正减少不必要的行政干预，使政府回归其本位，“有所为有所不为”，才能更好地发挥政府的作用，同时，也会使其负担大为减轻。

政府负担的轻重，与其财政事权（同时也是事责）及相应的支出义务密切相关。② 如果政府事责繁重，对经济活动介入深广，就需要更多的财力支持，但财政收入只能“取之于民”，因而政府的事权或事责越多，需要的财政支持就越多，市场主体的负担就会愈加沉重；而只要减少政府的事责，就能在减轻政府负担的同时，为市场主体减负。由此看来，对政府与市场主体的“双向减负”是内在一致的。

可见，两类主体的“双向减负”虽方向各异，内容有别，但都有助于提高效率，增进社会总福利，从而实现整个经济系统的优化和“减负增效”的目标。值得注意的是，我国在改革开放初期也曾强调“放权让利”“减负松绑”，在今天全面深化改革的阶段，为什么又要推动减负，为什么每隔一个时期便要力倡或重提减负？这种周期性的负担调整，是否体现了所谓的“黄宗羲定律”③？此外，为什么政府权力更易膨胀，甚至在减税降费、压缩行政审批方面，亦经常出现反

---

① 近几年国务院出台多个规范性文件，大量取消、清理、调整、规范行政审批事项，数量已达总数的 1/3；此外，《国务院关于实行市场准入负面清单制度的意见》（国发［2015］55 号）、《国务院关于在市场体系建设中建立公平竞争审查制度的意见》（国发［2016］34 号）等文件的发布，都有助于减轻市场主体的负担。

② 依据《国务院关于推进中央与地方财政事权和支出责任划分改革的指导意见》（国发［2016］49 号），财政事权是一级政府应承担的运用财政资金提供基本公共服务的任务和职责，因此，事权与支出责任其实就是事责与支出义务，对政府负担会有直接影响。

③ 对于“黄宗羲定律”的探讨，参见秦晖.“黄宗羲定律”与税费改革的体制化基础：历史的经验与现实的选择. 税务研究，2003（7）。

复？是否存在前述的“循环累积因果影响”，是否有政府系统的“系统冗余”问题？对于上述涉及市场主体基本权利的减负问题，国务院曾出台大量政策进行周期性的制度调整，但一直未能根治。因此，若要真正治本，就必须力行法治，唯此方能确保基本制度的稳定和市场主体的预期，真正筑牢市场经济的根基。否则，就会如清代思想家魏源所担心的那样，“不善赋民者，譬则剪韭乎，日剪一畦，不罄不止”[①]，如果在制度安排上不能避免“剪韭不止”，则主体负担就会十分繁重，并由此带来诸多问题甚至酿成危机。

要解决上述“剪韭不止”的问题，就应在法治框架下作出减负的制度性安排，并且，唯有推行“制度性减负”，才能避免“随机性减负”或“临时性减负”所带来的缺少预期、负担不确定等问题，这与前述缪尔达尔的制度主义发展理论是内在一致的。由于各类主体的负担过重既可能源于立法的不合理、不合法，也可能源于执法的不合法、不适当，只有合理设定相关主体的义务，解决立法或执法的合理性和合法性问题，才能实现负担的有效调整，避免畸轻畸重，因此，必须推进“制度性减负”，强调负担法定、负担适度的原则，尤其对市场主体影响较大的税率或费率的调整、征税或收费基数的变动、减免退缓的优惠安排等，更应坚持上述原则。[②] 这尤其有助于防止在多头征税、收费的体制下，市场主体的负担出现周期性的“前减后增”，甚至是“边减边增”。

目前，我国在“制度性减负”方面，仍然存在着法治化程度不高的问题。国务院出台的大量旨在减负的“通知”“意见”等，尽管有些也是源于相关立法特别是经济法的规定，但因其体现法定原则不够，强制性不足，因而难以有效解决主体负担的“周期性反弹”问题。只有真正落实法定原则，并确保执法机构严格执行相关规范，才可能在有效解决减负问题的同时，推进政府的转型。

（二）“两类转型”的经济法助推

上述各类主体的减负，与“主体转型”和“制度转型”这“两类转型”密切

---

① 魏源．默觚下·治篇十四．

② 从落实法定原则的角度，已有学者主张制定统一的“行政收费法”，可参见章剑生．行政收费的理由、依据和监督．行政法学研究，2014（2）。

相关。其中，“主体转型”涉及政府和市场主体，二者的转型各有侧重，且与减负的关联各不相同，因而需分别加以讨论。此外，“主体转型”还需要“制度转型”的配合，而构建具有包容性的制度，则是经济法等相关制度转型的重要方向。

1. “主体转型”

首先，在政府转型方面，从无限政府转为有限政府，从“管制型”政府转为服务型政府，使政府真正履行其基本职能，有效提供公共物品，是政府转型的应然目标。反之，如果政府的职能无所不包，对市场活动频繁干预，就会造成政府角色错位，导致政企不分，难以形成政府与市场主体的良性互动，政府自身的负担也会大为加重。

例如，长期以来，我国地方政府大量从事土地经营、招商引资、融资发债，甚至直接参与竞争，已成为重要的“经济主体”，地方政府的“公司化”使其债务负担往往非常沉重。[①] 为了推进经济发展，各地曾出台大量优惠措施，有些“土政策”因违反法律的强制性规定而归于无效，不仅加重了相关市场主体的负担，也严重影响了政府的公信力。[②] 此外，政府部门以往大量繁杂的事前审批，既未能实现有效监管，又给市场主体造成了沉重的“额外负担”。因此，必须通过转型，使政府切实履行其宏观调控和市场规制的经济职能。

对于政府的宏观调控和市场规制职能，我国《宪法》第 15 条已有所规定，这是政府转型的重要宪法依据。据此，各级政府转型，就是要从计划经济时期的直接参与各类经济活动，转变为市场经济条件下的调控和规制。由于宏观调控和

① 全国人大批准的地方政府债务余额限额，2016 年约为 17.18 万亿元，2017 年则达 18.82 万亿元，如果加上“或有债务”，则地方政府的债务负担更加沉重，加强法律规制非常必要。相关探讨可参见黄韬．央地关系视角下我国地方债务的法治化变革．法学，2015（4）；张守文．债务风险与举债权的法律约束．苏州大学学报（哲学社会科学版），2016（3）。

② 例如，某些地方自定的税收优惠政策，既存在违法性，又可能影响政府的公信力。为此，国务院曾于 2014 年印发《关于清理规范税收等优惠政策的通知》（国发［2014］62 号），强调全面清理税收等优惠政策，严禁各地区自行制定税收优惠政策，但其后不久又发布的《国务院关于税收等优惠政策相关事项的通知》（国发［2015］25 号），则强调暂缓执行前一文件规定的专项清理工作，足见清理工作之难。

市场规制是现代政府应提供的重要公共物品或广义的“公共服务”，因而着重实施调控和规制的服务型政府，也可被称为“调制型”政府；而对上述调控和规制职能集中作出规定的经济法，则必然要在政府从“管制型”向“调制型”转型的过程中发挥重要作用。例如，针对上述地方政府的“公司化”所导致的土地财政、债务风险、财政失衡等问题，就必须通过经济法领域的预算法、国债法、转移支付法等制度安排，来约束地方政府的财政征收、举借债务等行为，同时，还要确保其提供基本公共物品的财政支出能力。[①]

正是基于地方政府的上述财政压力，以及提供公共产品和公共服务的现实需要，我国大力推行 PPP 制度，力图通过“政府与社会资本合作”，既能减轻政府负担，真正彰显其公共性、公益性，又能通过引入市场主体的投资，在基础设施建设等领域，帮助政府提供公共产品和公共服务，从而实现多赢的目标。作为推进政府转型的一种重要制度，PPP 涉及财政、税收、金融、价格、产业、竞争等多种经济法制度的融合，能够充分体现政府的调控和规制职能。[②] 目前，我国 PPP 实践存在的诸多问题，大都与政府转型不够有关。因此，不断完善相关经济法制度，切实推进政府转型是非常必要的。此外，与 PPP 的发展相关联，通过经济法领域的产业、发展规划等制度调整，来推进区域经济的发展，也有助于提升地方的发展能力，减轻政府的负担，并推动政府的转型。

其次，在市场主体转型方面，至少需要关注两个层面的转型：第一，应在整体意义上，将市场主体从以往大量的行政管制中解放出来，使其向更加市场化的方向转型，成为真正有较大市场自由度、交易自主权的主体；第二，应在个体意义上，使市场主体向符合经济社会发展规律、政府鼓励的方向转型。因此，那些

① 坦茨（Vito Tanzi）认为，“财政白蚁现象将迫使各国转变政府职能——降低政府支出和税收”，在此过程中，保障基本公共物品的提供更为重要。坦茨．政府与市场：变革中的政府职能．王宇，等译．北京：商务印书馆，2014：33.

② 直接影响政府转型的发展战略，应处理好政府与私人部门之间的“伙伴关系”，而作为经济法领域诸多制度综合的 PPP 制度，尤其应处理好这种“伙伴关系”。相关讨论可参见斯蒂格利茨．发展与发展政策．纪沫，等译．北京：中国金融出版社，2009：164；张守文．PPP 的公共性及其经济法解析．法学，2015（11）。

高污染、高能耗、产能过剩的行业、企业，无论从结构调整、生态保护，抑或降低成本，减轻自身负担的角度，都需要尽快转型。而在企业、产业乃至整个经济的转型升级过程中，都离不开财税法、金融法、产业法、竞争法等经济法制度的有效调整。

第一个层面的转型，自我国改革开放以来就一直有经济法推动，但至今仍未完成。其实，减少不当的行政干预，使企业成为真正的市场主体，始终是各类经济改革和经济法调整的重要目标，因此，应明确强调：经济法是规范和保障国家实施宏观调控和市场规制的法，而不是政府实施行政干预的工具。无论是调控还是规制，都必须遵循经济规律，充分发挥市场机制的作用，必须依法运用法律手段，推动企业成为真正的市场主体。例如，我国改革开放初期在经济法领域实施的"利改税"和"拨改贷"，就有力推动了政企分开，并由此建立了日益完善的财税法制度和金融法制度。此外，我国还循序渐进地推动价格改革，建立了横亘经济法多个领域的价格法制度，政府定价范围大幅度缩小，市场主体的自主定价权在绝大多数领域得到保障，从而对推进市场主体转型发挥了重要作用 。

上述第二个层面的转型，在当前尤其有重要的现实意义。随着我国经济发展进入新常态，以及科技发展和环保要求的提升，许多传统产业或企业如果不转型，就会负担沉重，举步维艰，在竞争中落伍；如果不升级，就难以适应未来发展，原有的竞争优势也会荡然无存。尤其在科技革命迅猛发展的数字经济时代，传统企业、产业的转型升级更是大势所趋。而在此过程中，是否要给予其财政补贴、税收优惠和融资便利，是否要放松管制等，涉及经济法领域的财税法、金融法、产业法、价格法、竞争法等多种法律的调整。① 其中，对符合经济规律和市场需求的转型升级，经济法都要予以鼓励和促进，反之则应予限制或禁止，由此可见经济法对推动市场主体转型升级的重要作用。

在上述两类主体转型的过程中，政府通过转型，减少不必要的审批和干预，专注于行使其调控和规制职能，就能够切实减负，提高调制效率 ；而企业因政

---

① 张守文. 人工智能产业发展的经济法规制. 政治与法律，2019（1）.

府转型而减少约束和减轻负担，就能获得更多经济自由，有助于其自主从事生产经营活动，并提升经济效率。可见，主体转型能够促进“减负增效”，从而有助于在整体上实现“系统优化”的目标。

2. “制度转型”

尽管上述两类主体的转型都很重要，但基于我国的传统和现实，政府转型更具有特殊意义，对各类主体的减负影响也更大。目前，我国迫切需要解决阻滞发展的各类体制、机制问题，减少制度运行的摩擦，降低各类主体的交易成本，使企业能够轻装上阵，积极投入生产经营，全面融入市场竞争，从而更好地发挥市场在资源配置方面的重要作用。为此，必须加强经济法的立法，通过完善财税、金融、产业、价格、投资、竞争、规划等各类体制方面的规定，明确各级政府在宏观调控和市场规制方面的职能定位，从而推动其简政放权，转变职能，回归本位，实现从“全能的管制型政府”向“有限的调制型政府”的转型，以“更好地发挥政府的作用”①。而上述的政府转型，则离不开从宪法到经济法等制度的相应转型。

其实，我国在实行市场经济体制后作出的重要宪法修正，就是前述的《宪法》第 15 条。该条将宏观调控和市场规制确定为政府的主要经济职能，既为从传统的“管制型”政府向现代的“调制型”政府转变提供了重要的宪法支撑，也是我国经济宪法转型的重要体现。与此相对应，规范和保障宏观调控和市场规制的经济法，也为向“调制型”政府转型提供了更为具体的法律基础，其对于推动政府转型所发挥的作用更为直接。上述经济宪法和经济法对政府职能的明晰定位和系统规范，也在相当大的程度上推动了我国法律制度在市场经济条件下的整体转型。

基于“制度转型”的要求，国家应在制度建设中力推简政放权，放管结合。其中，“放”更强调减少行政干预，“管”更强调依法监管。例如，我国大量取消

① 有关从“管制型”政府向“调制型”政府转变的讨论，可参见张守文．体制改革与经济法的关联性考察．北京大学学报（哲学社会科学版），2018（5）。

和下放行政审批，编制政府权力清单和责任清单，推进市场主体登记制度从“三证合一”到“五证合一”再到“多证合一”，等等，都有助于通过制度的转型和整合，进一步推动两类主体的转型，并减轻两类主体的负担。与此同时，相应的市场监管或市场规制也不可或缺。基于加强规制的需要，从反垄断、反不正当竞争等一般市场规制的立法，到金融监管等特别市场规制的立法，都被视为经济法领域的立法重点。正是通过上述放管结合的“制度转型”，各级政府才能更好地行使其调控和规制的职能，并作为“调制型”政府，成为受经济法约束的重要主体。

上述各类“制度转型”的关键，是提升相关制度的合理性和合法性，从而更好地促进包容性发展。对此，阿西莫格鲁和詹姆斯·罗宾逊认为，合理的制度具有包容性，有助于降低交易成本，提升社会的整体福利，保障民生；而不合理的制度则具有汲取性或攫取性，会加重主体负担，影响经济和社会的发展，甚至会导致国家的失败。[①] 从制度实践看，凡是通过加重市场主体负担来换取短期经济增长的制度，都是负面效应突出、难以持续的“汲取性制度”，因此，“制度转型”的重要目标，应当是构建“包容性制度”，并以此促进“包容性发展”。

与此相关联，诺思也曾强调，国家既是经济增长的原因，又是经济衰退的根源。一个国家的制度如何，能否有效保护产权，能否使市场主体得到自由的发展，直接影响国家的兴衰和成败。各国的历史表明，能够保障民生，使国民负担适度的制度，才是具有包容性的好制度，而基于好制度所形成的良法善治，也正是法治的基本要求。从主体负担的角度看，一国好的法律制度应具有突出的包容性，而不是单纯的汲取性。国家的过度汲取，只会导致国民负担过重，民不聊生，甚至民怨沸腾，在国民福祉难以保障的情况下，国家必然会走向衰落。为此，基于前述的分配理论和发展理论，经济法制度也必须向更有助于促进公平合理分配和推进经济社会有效发展的方向转型，这样才能保障整个经济系统的稳定

① 阿西莫格鲁，罗宾逊. 国家为什么会失败. 李增刚，译. 长沙：湖南科学技术出版社，2015：52.

发展。

可见，经济法制度要更好地推动两类主体的减负与转型，其自身也需要从“汲取性制度”向“包容性制度”转型。针对各类主体负担过重和职能定位不清的现实，应在经济法领域进行相应的规范调整，以使相关制度更具有合理性。如果经济法的财税、金融、产业等各类制度，从强调各级政府向市场主体汲取，转为以“包容性发展”为目标或手段，就会更有助于推动两类主体的转型。因此，要真正解决“主体转型”问题，就不能单纯倚重一般的政策或行政手段，而恰恰应基于法治理念和法治思维，着力推动“制度转型”，以实现真正的良法善治。

（三）推进减负与转型的经济法实践总结

从问题定位的角度看，减负与转型作为贯穿我国经济改革和法治发展的重要逻辑主线，是当前亟待解决的重大现实问题。面对中国经济的新常态，国家着力推进供给侧结构性改革，而减负与转型则是其重要内容。其中，在减负方面，通过降低各类成本来减轻企业负担，是增进经济发展动力的重要手段；在转型方面，通过企业个体或行业整体的转型升级，以及以职能回归为目标的政府转型，来实现整体上的“提质增效”，其实也是供给侧结构性改革的应有之义和重要路径。

由于减负与转型都涉及主体负担问题，并由此影响相关主体的存续和有效发展，因此，解决主体负担过重问题的现实需求，便成了推动减负与转型的重要动因。这与熊彼特、希克斯、诺思等著名学者曾论证过的“财政压力是改革的重要动因”的命题[①]，有异曲同工之处。如前所述，全能的“管制型”政府，既会因事责过多而自身负担过重，也会因财政供养人员过多而加重市场主体的负担；而转型为有限的“调制型”政府，则有助于减轻各类主体的负担，既有助于“整体的市场主体”脱离过多的、不必要的政府管制和干预，转型为享有更多经济自由权的真正市场主体，也有助于“个体的市场主体”根据自身发展需要而不断转型升级。可见，通过经济法的具体调整，对主体负担进行公平合理的分配，对于推

① 何帆．为市场经济立宪——当代中国的财政问题．北京：今日中国出版社，1998：39-45.

进减负与转型非常重要。[①]

从经济改革和经济法的实践看，主体负担历来是一个关键问题。国家当前推进供给侧结构性改革的重要思路和实现路径，是“降成本、去杠杆、减负担”，要做好这些“减法”，真正实现“减负”，都离不开经济法的推动。我国近些年在财政、税收、金融、产业、价格、竞争等诸多领域展开的经济法制度变革，往往都会指向市场主体的负担问题。可以说，不断降低各类成本，减轻市场主体的负担，使整个经济运行更经济，已成为中国经济法制度不断改革和完善的重要方向。

政府和市场主体都是经济法的重要主体。在推动减负与转型的过程中，适时对各类主体的负担进行有效调整，努力使其适度均衡，既是经济法调整的重要机制，也是长期以来我国推进改革和法治建设的核心问题。因此，研讨减负与转型的经济法推进问题，对于进一步丰富经济法理论和完善经济法制度，尤其具有重要意义。

四、小结

减负与转型是贯穿中国经济改革和法治发展的重要主线，对于这一重大的现实问题，基于“系统-分配-发展”的理论框架，并结合经济法的制度实践加以解析，可以发现：运用经济法推进减负与转型，有助于整体经济系统的优化，实现“减负增效”和转型升级，有助于通过经济法上的职权与职责、权利和义务的分配，促进主体负担的公平分配，实现市场主体与政府的“双向减负”和各自转型，从而促进经济和社会的有效发展。因此，运用经济法推进减负与转型，既有必要性，又有可行性。

---

① 有的学者认为，每一部法律都会对分配造成影响，市场就是由法律、规章和制度共同塑造的。斯蒂格利茨. 不平等的代价. 张子源，译. 北京：机械工业出版社，2013：49. 因此，在促进主体负担的公平分配方面，经济法也需要与其他法律紧密配合。

一个良好的社会，应当是各类主体负担适度的社会。为此，国家需要通过法律调整，经由法治框架下的“制度性减负”，不断减轻各类主体过重的负担；同时，还要通过制度转型，切实推动和保障相关的主体转型，使各类主体真正回归其本位。在当前全面深化改革和推进法治的新时期，持续推动减负与转型，对政治、经济、法律和社会等各个系统的发展均有重要影响，因而包括法学在内的整个社会科学研究都应予以关注。

经济法对于减负与转型有重要的推动作用，其制度设计需要特别重视合理性和合法性，否则，各类主体都会负担沉重。唯有不断完善经济法制度，并在法治框架下构建“包容性制度”，才能依法减轻各类主体负担，并使其通过转型而各归其位，各得其所，从而既能使市场主体轻装上阵，有更大的经济自由，又能使政府更好地发挥其作用。从总体上说，具有包容性的经济法制度，有助于促进政治、经济、社会等各个系统的持续、协调发展，当然也有助于推动减负与转型的有效展开，从而协调和完善市场与政府两大资源配置系统，解决“两个失灵”问题，并有效兼顾效率与公平。

由于主体负担的状况，会直接影响主体的“支付能力”和经济自由，且当市场主体负担沉重时，经济自由就会受到限制①，因此，研究减负与转型问题，尚需关注市场主体的经济自由。与此相关联，在经济法领域，尤其应重视保障市场主体的经济自由权以及与此密切相关的经济发展权，并应从主体负担能力的角度，进行相应的法律调整。

此外，主体负担是衡量国家与国民分配关系的重要维度。从国民负担看，“民予则喜，夺则怒，民情皆然”②，因此，必须有效处理国家与国民之间的“予夺关系”。此类经济宪法问题，具有重要的政治和法律意义，也应在研究经济法

① 例如，如果市场进入成本过高，市场主体的负担就会较为沉重，其竞争自由就会受到影响。对此，应通过反垄断等来确保市场主体的经济自由。费肯杰. 经济法：第2卷. 张世明，译. 北京：中国民主法制出版社，2010：56.

② “民予则喜，夺则怒，民情皆然。先王知其然，故见予之形，不见夺之理”，“故天下乐从也”（《管子·国蓄》），这些思想非常有助于解决国家与国民之间的分配问题。

主体负担时予以特别关注，同时，还要看到它对国家兴衰的重要影响。

当前，中国的发展已在历史的拐点上，只有构建体现协调、永续、共享等发展理念的“包容性制度”，才能通过不断推进法治，实现更全面的发展目标。[①]而这些目标无论如何高远，最终都要回归到具体国民身上，因为保障国民的福祉，才是政府施政的至上目标，也是实行法治的真正价值之所在。

第二节 市场主体发展负担的法律调整

市场主体负担过重是我国当前的重大现实问题，已直接影响经济和社会发展，其有效解决不能仅靠政策，尚需各类法律的综合调整，其中，经济法的功用更为直接而重要。从制度实践看，运用经济法调整市场主体负担尤为必要且可行，只有不断推进经济政策与经济法的协调，遵循法定、适度和绩效的原则，才能不断提升经济法治的水平，防止市场主体负担的轻重失衡，实现国家的长治久安。从理论层面看，针对市场主体的负担问题，通过对传统的“轻重理论”的借用、借鉴和拓展，可以提炼经济法上的“轻重理论”，运用负担能力、轻重权衡、轻重调整、轻重适度和轻重均衡等范畴，这既有助于揭示负担调整的法律机制，丰富经济法的分配理论和发展理论，也有助于推动营商环境优化，实现经济与社会的良性运行和协调发展。

一、市场主体负担问题的提出

伴随着全球经济的持续低迷，中国的经济也进入了新常态。通过改革的深化和法治建设的全面推进，解决当前突出的经济和社会问题，是各界的共同期盼。

① 托达罗（Michael Todaro）认为，发展是一个多维的过程，涉及社会结构、公众观念和国家制度等方面的主要变化，以及加速经济增长、降低不平等和消除贫困，因此，发展必须再现全方位的变迁。托达罗，史密斯．发展经济学．11版．聂巧平，等译．北京：机械工业出版社，2014：11.

而在诸多亟待解决的现实问题中，市场主体负担过重的问题备受关注，不仅需要经济学的探讨[①]，更需要法学的思考。

自古及今，为了实现长治久安，各国莫不重视国民负担问题，因为国民负担过重，就会导致民不聊生、民怨沸腾，从而引发社会动荡，影响社会稳定。事实上，历史上的“治与乱”，都与国民负担的“轻与重”直接相关。因此，每次的“治乱循环”都大体对应着国民负担的“轻重变易”[②]。

在现代市场经济条件下，市场主体负担的“轻重”，会影响市场经济的发展和整体的国家治理。因此，国家必须审时度势，根据市场主体负担的轻重状况进行适度调整，这对于保持市场主体活力，发挥市场在资源配置方面的重要作用，形成良好的市场秩序以及国家与国民之间的分配秩序，均有重要意义。

正是基于上述历史经验以及现代市场经济国家的一般做法，我国对市场主体的负担问题也特别关注。在改革开放之初，我国就强调要处理好“国家、企业和个人”三者的利益关系，并力图通过保障企业和个人的收益和减轻其负担，来实现多赢的目标；而在实行市场经济体制后，基于对市场机制的重视，国家更是通过诸多制度安排，力图减轻企业和个人的负担，使其作为市场主体，可以更自主、自由地展开市场竞争，从而更好地促进经济和社会的发展。

尽管国家已作出诸多减负努力，但市场主体的现实负担依然较重，高成本、高杠杆、高税费等所带来的巨大压力，已影响其生产经营和存续发展。由于导致上述问题的原因主要涉及市场和政府两个方面，因而单靠市场机制或政府政策都难以解决，唯有针对两个方面的成因在法律上综合施策，才可能有效应对市场失灵和政府失灵，切实解决市场主体负担过重的问题。[③]

---

① 相关研讨可参见刘尚希. 关于实体经济企业降成本的看法. 财政研究，2016（11）；赵治纲. “降成本”现状、成因与对策建议. 财政科学，2016（6）；等等。

② 与此相关，有学者认为，政治制度与经济制度是否具有一致性，会影响治乱离合，而国民负担则是制度成本的重要体现。侯家驹. 中国经济史. 北京：新星出版社，2010：21-26.

③ 张守文. 减负与转型的经济法推进. 中国法学，2017（6）.

为此，我国近年持续推进供给侧结构性改革，强调要“降成本、去杠杆”[①]，并大力推进减税降费，优化营商环境，这些措施都力图从市场和政府的维度来减轻市场主体负担，并增进经济发展动力，推动市场经济的发展。尽管国家为此出台了大量政策，但市场主体负担过重的问题仍未根治，甚至在一定时期还会出现“周期性反弹”。因此，在调整市场主体负担的过程中，政策与法律应如何配合，政府职能应如何转变，都是非常值得研究的重大现实问题。

下面的探讨试图说明，市场主体的负担就是其发展的负担，该负担的调整不能仅靠政策，还必须强调法治因素的影响；在调整市场主体负担方面，各类相关部门法都应发挥积极作用，其中，经济法能够分别从市场和政府两个维度影响市场主体的负担调整，具有更为直接而重要的作用，因此，应强调经济政策与经济法的有效配合，并不断转变政府职能，减少政府的汲取意愿，同时，应在经济法制度中形成“衡量主体负担轻重并进行相应调整”的机制。此外，为市场主体减负的前提是其负担过重，其目标是负担要轻重适度，而并非负担为零，这样才能使政府和市场主体各尽所能、各得其所，在维护整个社会系统的良性运行中实现共赢。[②]

考虑到经济法对市场主体负担的“轻重”调整最为直接和重要，下面将首先从市场主体负担调整的制度实践出发，说明调整市场主体负担的必要性与经济法相应的重要功能，强调加强经济法与经济政策的配合以及推进经济法治的重要性[③]；同时，考虑到市场主体负担调整的核心是使其负担轻重适度，且在经济法上具有形成相应调整机制的可行性，后面还将基于对既有理论的借用、借鉴和拓展，提出经济法的“轻重理论”，进一步在理论上揭示

---

① 马勇，等. 金融杠杆、杠杆波动与经济增长. 经济研究，2017 (6).

② 这里的社会系统是广义的，经济系统和法律系统都是社会系统的分系统，“其所有的运作始终是在社会中的运作”。卢曼. 社会的法律. 郑伊倩，译. 北京：人民出版社，2009：14-15.

③ 邓峰. 经济政策、经济制度和经济法的协同变迁与经济改革演进. 中国人民大学学报，1998 (2)；张守文. 经济法的政策分析初探. 法商研究，2003 (5).

调整主体负担的法律机制、法律制度的重要功用以及“轻重理论”的应用价值。

二、负担调整的制度实践及其法治问题

对市场主体的负担为什么要有法律调整？为什么尤其要加强经济法调整？目前的制度实践存在哪些法治问题？这是首先需加以说明的问题。

（一）负担调整的现实必要性与可行性

市场主体的负担调整首先是一个经济问题。市场主体负担较重，就会影响其生产经营；如果大量市场主体负担普遍较重，就会影响相关行业、区域乃至整个经济的发展。因此，减轻市场主体的负担不仅对个体和局部重要，对整体和全局亦甚为必要。这也是我国不断强调降低企业各类成本的重要原因。此外，市场主体的负担调整也是一个法律问题。市场主体的负担与其义务直接关联，若其义务较多，就会在结果上体现为负担较重，不利于其从事相关市场行为，影响其积极性发挥，无助于整个经济和社会的发展。

传统的法学研究大都更重视权利和义务，对其背后的收益和负担关注相对较少。而包括经济法学在内的现代法学研究，则要在重视权利与义务的同时，审视其背后的收益多少与负担轻重，并据此评判相应的法律调整问题，这对于促进公平分配和有效发展更为重要。

从经济法的角度看，市场主体所享有的经济发展权，直接关乎其存续和发展[①]，并影响其竞争能力、创新能力或发展能力。如果市场主体负担较重，就会损害其上述能力，并相应影响企业竞争、地区竞争甚至国家竞争。因此，充分保障市场主体的经济发展权，减轻其过重的负担，使其负担轻重适度，既是经济法调整的重要目标，也是国家推进经济法治的重要方向。

---

① 相关探讨可参见程信和．经济法基本权利范畴论纲．甘肃社会科学，2006（1）；张守文．经济发展权的经济法思考．现代法学，2012（2）。

市场主体的负担调整之所以特别需要经济法，是因为其具有独特的规范结构，并由此生成能更直接有力地推动负担调整的特定功能。例如，在经济法的规范结构中，宏观调控法和市场规制法都涉及市场主体的权利和义务，直接影响其负担的大小或轻重。尤其在财税法领域，如果立法不科学或执法不当，就会导致市场主体税费负担过重；在金融法领域，如果制度不合理，就会出现市场主体“融资难、融资贵”的问题，同样会加重其负担。① 上述问题的解决都需要通过经济法的制度调整，改变相关的权义配置，不断推进减税降费。可见，无论在理论还是实践层面，通过经济法制度来调整市场主体的相关负担，都是必要的和可行的。

（二）制度实践中的法治问题

正是基于上述考虑和市场主体负担较重的事实，在经济进入新常态以及复杂的国际经济环境下，我国采取各种措施，不断推进调整市场主体负担的制度实践。例如，在财政领域大幅度减少各种涉企收费②；在税收领域推出了以“营改增”为代表的“结构性减税”以及“普惠性减税”，强调对小微企业以及国家鼓励的相关产业实施所得税优惠等；在金融领域通过调息以及其他金融手段，降低企业融资成本，推进普惠金融③，扶持中小微企业的发展等。这些旨在降低市场主体负担的重要措施，客观上也取得了一定的积极效果。

上述的许多措施是通过财税政策、金融政策、产业政策等经济政策的形式来推行的。这些政策确有其及时、灵活的一面，但在效力上还存在一定的不足。因此，协调好经济政策和经济法的关系，把相关政策及时转化为法律制度，确有其必要。毕竟，法律制度在稳定性、执行力方面更有优势，只要立法科学，执行坚

① 有学者将企业的负担主要分为税收、社保、收费和融资四类负担。庞凤喜，等．减税与减负：企业负担的类型与成因．税务研究，2016（12）．

② 参见《国务院办公厅关于进一步加强涉企收费管理减轻企业负担的通知》（国办发［2014］30号）。此外，2018年10月29日发布实施的《国务院办公厅关于聚焦企业关切进一步推动优化营商环境政策落实的通知》（国办发［2018］104号）中也有大量有关减税降费的要求。

③ 参见《国务院关于印发推进普惠金融发展规划（2016—2020年）的通知》（国发［2015］74号）。

决，就会更有助于降低市场主体负担，并防止已减轻的负担出现“周期性反弹”。

因此，在正视经济政策和经济法各自功用的同时，应加强两者的配合，并在经济法治的框架下更好地发挥经济法的作用。依据经济法的基本原则，国家实施的宏观调控和市场规制既要法定，也要适度，并在此基础上实现应有的绩效。具体到市场主体负担方面，因宏观调控和市场规制而给市场主体带来的负担也都要法定、适度，市场主体负担过重或过轻时都应进行调整，从而使其轻重适度并获得更好的绩效，以增进社会总体福利。可见，坚持经济法的基本原则，提升经济法治的水平，有助于弥补单纯依靠经济政策存在的诸多不足。

此外，尽管加强经济政策与经济法的配合，推动相关经济政策转化为经济法都非常必要，但仅从政府角度看，要减轻市场主体的负担，尚需基于现代市场经济发展和国家治理现代化的需要，切实转变政府的职能，使政府专注于行使其基本职能（如经济方面的宏观调控和市场规制），而不是事无巨细地实施行政干预，这可以减少政府部门不必要的事权和事务，降低其开支和汲取意愿，从而有助于政府部门更超然地推动市场主体负担的合理调整，切实降低市场主体的负担。

从历史上看，任何经济和社会发展较好的阶段，都是各类主体负担较为适度的时期。追求主体负担的适度，并在主体负担轻重失衡时进行相应的调整，是国家实现长治久安的通行做法。现代国家需综合运用各类相关法律，尤其应通过经济法调整相关主体的权利和义务的配置，实现其收益与负担的“适度”，这也是公平原则的要求和公平价值的体现；同时，也只有确保负担适度或公平，才能更好地实现增进效率的目标，促进经济和社会的良性发展。

因此，基于经济法调整主体负担的制度实践，以及历史上调整各类主体负担的经验或规律，当前也要以轻重适度为市场主体负担调整的目标。当然，轻重适度的标准有时难以具体明晰，更非一成不变，恰恰应适时、据实作出动态调整，这就需要依循相关的理论和规则，在经济法上确立一套有效的调整机制。为此，有必要进一步提炼经济法上的主体负担理论，以有效回应和指导相关实践。

三、负担调整的理论问题探析

从主体负担的维度看，经济法制度的重要目标和功能，是基于市场主体负担的轻重状况，进行相应的适度调整，从而实现其负担的轻重均衡，以避免因负担失衡所带来的诸多问题。其中，市场主体负担的“轻重”是一个非常重要的概念，以“轻重”为基本范畴，有助于提炼市场主体负担的“轻重理论”。

考虑到市场主体负担与法律上的权义配置直接相关，因而有必要从权义结构和配置结果两个角度，分析主体负担的“轻重”，并相应实施轻重权衡和轻重调整，从而实现轻重适度或轻重均衡的目标。基于上述涉及负担“轻重”的诸多要素，可以借用历史上的“轻重理论”的概念，借鉴其调控思想，拓展并提炼当代经济法有关主体负担的“轻重理论”。

（一）“轻重理论”的扩展及其与负担调整的关联

历史上的“轻重理论”，或称“轻重论”，其思想可上溯至管仲。[①] 对于其丰富的内涵，学界曾从政治、经济、法律、历史等多个维度展开解析，可谓成果颇丰。[②] 在经济领域，从管仲到桑弘羊，从重商主义到重农学派，从国家干预到自由放任，各国不同时期的经济人物、理论流派或经济政策，对“轻重理论”均有其独特理解，只是对“轻重”的内涵、对象、力度、时空等可能有不同的认识而已。[③]

---

① 轻重理论主要体现在《管子》一书中，而对于其作者则一直存在不同看法，如朱熹认为《管子》主要是管仲学派的成果，而并非管仲一人一时之作，也有学者认为《管子》虽经刘向整理编纂，但主要作者是管仲及其弟子，甚至就是管仲本人，等等。罗以迪．试论《管子》作者．管子学刊，1994（2）；彭书雄．百年《管子》研究综述．文史知识，2007（5）．考虑到管仲是轻重理论的重要倡导者和实践者，因而一般都把管仲作为轻重理论的主要奠基人。

② 多位著名学者都对此有深入研究，如黄汉的《管子经济思想》、俞寰澄的《管子之统治经济》、罗根泽的《管子探源》、梁启超的《管子传》、马非百的《管子轻重篇新诠》、胡寄窗的《管子经济学说》等，都影响较大。

③ 有学者认为，由于“天下之数尽于轻重矣”（《管子·揆度》），轻重原理具有普适性，轻重理论作为经世济民的世界观和方法论，是整体观、平衡观和权变法三者的统一，因而是一种整体主义的经济哲学。陈宣明．作为经济哲学的管子轻重论．厦门大学学报（哲学社会科学版），2010（4）．

自古及今，治国理政务须“明轻重，善权衡”[①]，唯有善于评估形势，权衡利弊，明晰调控和规制方法，才可能有效解决国家治理问题。而“以轻重御天下”[②]，不仅是“轻重理论”倡导者的理想和方法，也体现了轻重调整的重要价值。在不同的时空，重什么（如历史上的重农抑商、重商主义），轻什么（如历史上的轻徭薄赋），轻重的程度如何，都会对相关主体的行为产生重要影响。

基于对传统“轻重理论”的拓展，可从多个角度理解“轻重”范畴。例如，从动态的角度看，“轻重”是依托于事物之间的关联来实现治理目标的重要手段，在相关领域实施的轻重调整，其实就是调控或规制，因而它可以成为经济法上的重要手段；从静态角度看，“轻重”是一种结果，体现为相关主体负担的状态，由此使“轻重理论”与市场主体负担的调整亦紧密相关。基于上述认识，“轻重理论”可适用于财税、金融、价格、产业、竞争等多个领域，其中涉及的轻重调整手段或相应的法律规制，已成为现代经济法的重要内容；同时，“轻重理论”对于主体负担的重视以及对轻重均衡的追求[③]，与现代经济法所强调的均衡亦有内在关联。

基于上述对“轻重理论”的拓展或广义理解，考虑到财税、金融、价格、产业、竞争等各类经济法制度都涉及轻重手段的运用，并由此影响主体负担，经济法研究应关注两个方面：一个是轻重手段，主要涉及轻重权衡和轻重调整；另一个是轻重结果，主要体现为主体负担的轻重或义务的多寡，由此可以判断主体负担是否轻重适度。上述的手段与结果直接相关，从结果的角度观察，更有助于明晰负担轻重的状态，从而可进行逆向操作，即通过轻重手段的反向调整，来实现轻重均衡的目标，这也是对经济法的调控理论和规制理论的进一步发展。

---

① 司马迁认为，管仲任齐相后，“贵轻重，慎权衡”（《史记·管晏列传》）。其实，现代国家面对复杂的国内国际经济形势，要有效实施宏观调控和市场规制，尤其需要“明轻重，善权衡”。

② 管仲认为，“以重藏轻，国常有十国之策也。故诸侯服而无正，臣横从而以忠，此以轻重御天下之道也，谓之数应”（《管子·山至数》）。

③ 也有学者认为轻重体现的就是对均衡的追求。陈国权．管子轻重理论的均衡思想．财经研究，2009（11）．

因此，拓展传统的“轻重理论”，并用以分析市场主体的负担问题，有助于丰富和完善经济法理论和制度，更好地解决现实的主体负担失衡问题。从制度实践看，减轻市场主体的过重负担，使其负担轻重适度，一直是经济法的重要目标，并贯穿中国改革开放的全过程。无论是农村改革中的联产承包责任制的推行，还是城市改革中的“三者利益关系”的调整，无论是财税制度变革，抑或金融体制改革，都是通过经济法的动态调整，来不断实现市场主体负担轻重适度的目标的。

其实，经济法无论作为“分配法”还是“发展促进法”，都需要通过对主体收益或负担的分配，实现持续的轻重适度，这正是经济法影响经济和社会发展的重要方式和路径。[①] 因此，通过减轻市场主体的负担，不断提高经济效率和社会效益，始终是经济法调整所需解决的重要问题。

（二）经济法主体负担的“轻重理论”的提炼

基于市场主体负担与“轻重理论”的紧密关联，可以提炼经济法主体负担的“轻重理论”，它至少包括负担能力、轻重权衡、轻重调整、轻重适度、轻重均衡等基本范畴。上述范畴的内在关联是：对于现实的主体负担的状况，需要基于其负担能力，依法作出轻重权衡，并通过权义结构变动或权义再分配来进行轻重调整，以使各类主体的负担更为适度，从而在兼顾公平与效率的基础上实现轻重均衡。[②] 上述范畴关联既是“轻重理论”的核心内容，也是经济法调整的重要机制。围绕上述范畴所形成的具体理论，则构成了“轻重理论”的基本框架，现分别简要探讨如下。

1. 负担能力理论

主体的负担能力是“轻重理论”的重要范畴，围绕该范畴可扩展研究经济法

---

① 张守文. 分配结构的财税法调整. 中国法学，2011（5）；张守文. 经济法学的发展理论初探. 财经法学，2016（4）.

② 轻重均衡不是轻重等同，而是与主体负担能力相适应的轻重安排，这种安排要同时考虑效率与公平，因而是在兼顾效率与公平基础上的轻重均衡。而这种均衡正是经济法所追求的，它是经济法上的均衡原理的体现。张守文. 经济法原理. 北京：北京大学出版社，2013：12.

的诸多理论问题。在经济法主体的诸多能力中，市场主体的竞争能力、纳税能力等已受到较多关注，而承受能力作为其负担能力的一种体现，重要性正日益凸显。无论是纳税人还是消费者，无论是小微企业抑或其他市场主体，其承受能力都特别值得研究。① 正是基于对承受能力或负担能力的考量，我国为减轻农民负担、中小企业负担、纳税人负担等②，曾在经济法领域作过大量制度调整，其中也涉及国家与国民的分配等经济宪法问题。③

例如，宏观税负是衡量市场主体负担的一个重要指标，它体现了国民的负担状况，如过重则会带来诸多问题。④ 尽管统计口径或方法可能不尽一致，但在我国整体分配体系中，政府占比相对较高已是各界的基本共识。因此，提高居民收入的占比，是国家调整收入分配、减轻市场主体负担的重要目标⑤，这对于提升经济效率和保障社会公平甚为重要。

在考察市场主体的负担能力时，应兼顾其直接负担和间接负担。例如，税费之类的经济负担，即属于市场主体的直接负担；而由制度缺失导致的市场主体遵从成本过高、交易成本过大等问题，则属于其间接负担。通常，直接负担更易受关注，但间接负担亦不应被忽视。通过提升相关制度的合理性和合法性来减轻主体的间接负担，是推进法治的内在要求。此外，尽管国家力倡法治，但法律并非越多越好⑥，质量不高的立法数量越多，主体的负担可能会越重。因此，切实提

---

① 我国在《价格法》《药品管理法》等法律、法规中，均有关于承受能力的规定，由此使承受能力亦成为重要的法律概念和法律问题。

② 对于这几类主体负担问题，财税、金融、产业、竞争等诸多制度都有相应的调整。例如，国家废止农业税、推进“营改增”、扩大中小企业所得税优惠范围等，都是为市场主体减负的重要努力。

③ 对于管子提出的“民重则君轻，民轻则君重”的思想（《管子·揆度》），如果从主体负担的角度作扩展理解，则其对于国家与国民的分配关系等经济宪法问题的研究亦有重要价值。

④ 许多学者对此都有相关研究。可参见郭庆旺，吕冰洋．中国税收负担的综合分析．财经问题研究，2010（12），等等。

⑤ 参见国务院 2013 年 2 月 3 日批转的发展和改革委、财政部、人力资源和社会保障部《关于深化收入分配制度改革的若干意见》；张守文．分配危机与经济法规制．北京：北京大学出版社，2015：64-69。

⑥ 桑斯坦（Cass Sunstein）认为，在接受政府当前职能的前提下，要实现政府的“化繁为简”，就应当谨慎立法，减少规定的颁布。桑斯坦．简化：政府的未来．陈丽芳，译．北京：中信出版社，2015：12，前言．

升立法质量，实现法治体系的完善，是应特别注意的问题。

2. 轻重权衡理论

轻重权衡也是“轻重理论”的重要范畴，对其理解涉及两个角度：如果从静态的结果角度理解“轻重”，则轻重权衡既是对主体负担轻重的衡量，也是决定应否进行轻重调整的基础；如果从动态的手段角度理解“轻重”，强调对不同的对象要轻重有别，则“轻重”本身就是一种调控或规制，如高息、高价、重税、严监管等，都是“重”手段，这些调制是否适当，既需要经济维度的“揆度”，也需要经济法上的“权衡”，尤其需要对各类“权”的行使是否合法加以衡量。而上述轻重手段的实施结果，又会最终影响主体负担。因此，轻重权衡需要全面考虑轻重的“动”“静”两种状态。

轻重权衡在古代即为重要的治国之术，在现代国家更是不可或缺。经济法作为“治国之法”，其调整亦需注重轻重权衡。所谓权衡，就是要按照一定的标准，用“权”来衡量主体的得失与负担轻重，而主体权力的大小或权利的多少，以及具体的权重，都是衡量主体负担轻重的重要尺度；同时，赋予哪类主体以更多的权利或权力，如何保障各类主体的“权”，又是轻重权衡后的重要抉择。[①]

“权”的原意是秤砣，它本来就是用来衡量轻重的。在物理意义上，“权”的大小、重量以及在“衡”上的动态位置，都影响对轻重的衡量。正确认识轻、重、权、衡相互之间的关系[②]，以及“轻重”“权衡”之间的关系，同样有助于分析法律领域的诸多问题。例如，在经济法领域，要衡量市场主体负担的轻重，就应考察经济法主体的各种权力与权利的大小及其配置，因为它们会影响宏观税负、融资成本、市场自由度等重要指标，进而分别影响公共物品、资金和市场机制的使用成本等，如果上述成本过高，市场主体负担过重，营商环境定会令人担忧，就需要财税法、金融法、竞争法等进行相应的轻重权衡和动态调整。

① 这些方面涉及主体的经济发展权问题。张守文．经济发展权的经济法思考．现代法学，2012（2）．

② “权也，衡也，规也，矩也，准也，此谓‘正名五’”，“事名二、正名五而天下治”（《管子·揆度》）。据此，权、衡等都被认为是轻重理论的重要范畴。

3. 轻重调整理论

在经济法领域，轻重调整是基于主体负担和轻重权衡所作出的重要应对，它体现为权利义务的重新分配，并通过宏观调控和市场规制加以实现；它贯穿于经济法的各个领域，是“轻重理论”所关注的核心内容。由于轻重调整直接涉及“权”的动态变化，因而权力与权利的再分配或“倾斜配置”至为重要，且始终是主体负担调整过程中的核心问题。

例如，在财税法领域，在改革开放之初，国家基于轻重权衡，曾通过将分配权向农民倾斜，开启了农村改革；通过将分配权向企业和职工倾斜，带动了城市改革。尤其自 1984 年以来，我国每隔 10 年就进行一次实质意义上的税制变革，力图通过对国家与国民、中央与地方之间的收入分配的调整①，使各类主体的负担更趋合理。在当前推进全面深化改革和政府简政放权的背景下，国家更是多次试图通过财税法制度的调整，来大幅减轻市场主体的负担。②

又如，在金融法领域，金融机构的定价权或收费权，不仅事关市场主体的融资成本或金融负担，也会影响金融消费者的权益。要服务实体经济，扶持小微企业，就需要从金融角度权衡其负担轻重，并依法综合运用利率、汇率等各类金融工具，适度调息调准。③

此外，在竞争法领域，各类垄断、不正当竞争行为，都会加大市场主体的竞争成本，而此类成本的高低，则在很大程度上有赖于其竞争权能否得到充分保障。因此，完善公平竞争审查制度，在更大范围推进竞争法的有效实施，切实减

① 对于税制的变迁周期以及相应的收入分配调整问题的探讨，可参见张守文．税制变迁与税收法治现代化．中国社会科学，2015（2）。

② 这些改革虽然减少了国家的收入，但客观上有助于促进经济发展和实现国家富强，因而与轻重理论的实践者所追求的“民不益赋而天下用饶”（《史记·平准书》）的最终目标是一致的，其中涉及财政法、税法等多方面的问题。

③ 管子认为，“币重而万物轻，币轻而万物重”（《管子·山至数》），因此，币值的稳定和调整、利率或汇率的变化，都涉及轻重权衡与轻重调整问题。例如，2015 年 8 月 11 日我国央行主动对人民币大幅贬值，就是通过“币轻”手段实施的调控。

轻各类主体的竞争成本和相关负担，同样非常重要。[①]

4. 轻重适度与轻重均衡理论

调制适度原则是经济法的基本原则，与此相一致，“轻重理论”强调：不仅经济法主体的实际负担要轻重适度，对于其负担的轻重权衡和相应的轻重调整也要适度。尤其是轻重调整，会直接涉及相关主体权义结构的变化以及利益的具体分配，唯有轻重适度，才可能实现轻重均衡。可见，轻重适度与轻重均衡密切相关。要使市场主体负担的轻重变得适当，就应在轻重权衡的基础上，进行适度的轻重调整，以实现轻重均衡。[②]

轻重适度与轻重均衡是经济法调整所追求的重要目标，但轻重失衡在现实中却屡见不鲜，且主要体现为市场主体的负担过重问题。其实，如果只是片面强调GDP和财政收入，就一定会导致经济与环境、效率与公平的轻重失衡，并最终加重市场主体的负担。此外，轻重均衡是一个动态的过程，与市场主体的承受能力、主体的行为效率或整体经济运行效率等直接相关，需要不断通过经济法的有效调整，来促进经济的稳定发展，并在此过程中保障社会公益和基本人权。

（三）对“轻重理论”的进一步扩展应用

上述“轻重理论”与经济法的理念和价值是内在一致的，它为经济法调整市场主体负担提供了理论框架，作为对历史上的“轻重理论”的拓补和扩展，该理论可用于对市场主体的负担调整以及其他相关问题的解释，因而对于丰富经济法理论，解释和解决经济法领域的诸多问题，具有广泛的应用价值。

首先，“轻重理论”不仅适用于对轻重手段的分析，也适用于对轻重结果的评估。我国春秋时期由管仲实施的多种轻重调整，被公认为属于早期的经济调控。随着后世轻重调整所涉范围日益广阔，“轻重理论”的应用亦随之不断扩展。但从总体上说，早期的“轻重理论”仍然更关注手段。而在经济法学的轻重理论

① 在竞争法领域，各类法律的执行是否依法适度，能否保障竞争权的充分行使，直接关乎竞争成本或市场机制的使用成本，从而直接影响市场主体的负担。因此，通过有效的市场规制，降低市场壁垒，从而减少竞争成本，亦非常重要。

② 陈国权．管子轻重理论的均衡思想．财经研究，2009（11）．

中，则不仅要关注轻重调整的手段，还要重视轻重调整的结果，即主体负担的轻重。由于经济法领域的法律义务，最终都会落实或体现在主体负担上，因而不仅应从单项负担、微观负担和个体负担的角度，还应从综合负担、宏观负担和整体负担的角度，对不同类型的主体负担展开深入研究。

其次，轻重理论不仅适用于研究主体的直接负担，也适用于研究其间接负担。对于市场主体直接的经济负担（如税费成本、融资成本等）和间接的行政负担（如过度的行政管制、政府干预等），尤其应分析其成因，以便更有针对性地解决主体负担过重问题。其实，一国要增进社会的总福利，就必须努力减轻各类主体的负担，从古代的“轻徭薄赋”① “与民休息”到当代的“为企业减负”，从司马迁的“善因论”到今天对政府与市场功能的再认识②，都是这一思想的体现。

再次，“轻重理论”不仅适用于对经济调制权的分析，也适用于对经济自由权的研究。自管子以来发展出的“轻重理论”，涉及今天的经济调制权问题③，而司马迁的“善因论”，则涉及经济自由权问题，把两类理论结合起来，有助于进一步拓展“轻重理论”。从“善因论”的现实意义看，强调“善者因之”，就是要给市场主体更多的经济自由，减少政府的各类行政干预，减轻市场主体的各种负担，它既需要行政法有效发挥作用，真正限制政府的权力，也需要经济法在更高的层次上，对政府的宏观调控和市场规制作出有效约束，切实保障市场主体的经济自由权和经济发展权。④ 因此，经济法应站在全社会的立场上，既要重经济调制权，更应重经济自由权，从而在整体上实现有效的轻重权衡。

最后，“轻重理论”不仅适用于一般意义上的政府和市场主体，也适用于特

---

① 例如，齐桓公在位时，“二岁而税一，上年什取三，中年什取二，下年什取一，岁饥不税”（《管子・大匡》），这样的税负在今天看来确实较低。

② “司马迁定理”对政府与市场的关系有明确的界定，至今仍然有重要的现实意义。张守文. 政府与市场关系的法律调整. 中国法学，2014（5）.

③ 聂志红. 中国古代的经济干预主义思想——《管子》“轻重论”. 海南大学学报（人文社会科学版），2008（6）.

④ 减轻市场主体的负担，需要关注其经济发展权的法律保障。张守文. 分配危机与经济法规制. 北京：北京大学出版社，2015：243-248.

殊意义上的“中观主体”。以往的经济法研究对政府和市场主体关注较多，但今后也要更加关注“承载”各级政府和各类市场主体的区域、行业、产业等，这些“载体”具有一定的层次和综合意义，在理论上可称为“中观主体”，以与宏观主体和微观主体相区别。例如，我国历史上曾存在的“重投资轻消费”“重重轻轻”“重城市轻乡村”等轻重失衡问题，都与上述的“中观主体”有关。此外，面对其他方面的轻重失衡，如“重经济增长轻社会发展”“重效率轻公平”等，也需要强化经济法的调整。

上述各个方面的扩展应用，与“轻重理论”所涉及的主体的负担能力、轻重权衡、轻重调整和轻重均衡等问题直接相关。同时，由于学界对“轻重理论”的理解日益深广，甚至将其视为一种“哲学”[①]，加之轻重的价值、理念、手段等与经济法的相关理论内在一致，因此，“轻重理论”及其分析方法可适用于经济法的各个领域，而并非限于主体负担方面；经济法作为“治国之法”和“促进发展之法”，其调整跨越广阔的时空维度，相应地，“轻重理论”的应用空间也更大。

从上述扩展应用看，对“轻重理论”还可作广义和狭义之分，其中，狭义的“轻重理论”，主要用于解释市场主体负担问题；而广义的“轻重理论”，则可扩展用于解释经济与社会、效率与公平等方面的轻重权衡和轻重调整等问题。当然，“轻重理论”的广义和狭义是密切相关的。如果社会不平等、不公平的问题突出，则大量经济法主体必然负担过重，因而也需要通过相应调整来确保轻重均衡，这样才能在兼顾效率与公平的基础上，促进经济和社会的协调发展。

四、结论

市场主体负担过重，是我国当前的重大现实问题。而市场主体的负担调整，

① 陈宣明. 作为经济哲学的管子轻重论. 厦门大学学报（哲学社会科学版），2010（4）.

则与经济发展、法律制度优化等密切相关，尤其需要通过经济法的适当安排，实现市场主体的负担适度。

为此，前面的探讨着重从实践和理论两个维度展开分析：一方面，从负担调整的制度实践出发，探讨加强经济法调整的必要性和可行性，强调应加强经济政策和经济法的协调，遵循法定、适度和绩效的原则，不断提升相关的法治化水平，防止市场主体负担的轻重失衡，这是实现国家长治久安的必由之路。另一方面，上述的制度实践，可以通过对传统的“轻重理论”的借用、借鉴和拓展，提炼适用于市场主体乃至各类经济法主体的“轻重理论”，这不仅有助于解释负担调整的相关问题，也有助于丰富和发展经济法理论。

“负担”是经济法学乃至整个法学领域都应关注的重要问题和重要范畴。与此相关联，负担能力、轻重权衡、轻重调整、轻重适度和轻重均衡，既是“轻重理论”中相互联系的范畴，也是构成“轻重理论”的各类具体理论，上述范畴和理论构成的范畴体系和分析框架，既可用于分析经济法学或发展法学的一般问题，也可用于分析经济法学或发展法学各具体领域的特殊问题，由此亦有助于增进或拓展对“轻重理论”的理解。

市场主体的负担以及其他各类主体的负担，是在经济法理论研究和制度建设方面需要特别关注的重要问题，各类主体的负担轻重，不仅关乎经济和社会的稳定发展，也影响整体的国家治理和国家安定，因而在未来的经济法治建设方面应更受重视。我国当前正在全力优化营商环境，并在建设现代化经济体系的过程中，将现代市场体系、收入分配体系、现代经济体制等作为其重要组成部分，而上述各方面，均与市场主体的负担调整直接相关。在新的历史时期，深入研讨市场主体负担的法律调整问题，既有助于推动经济法的分配理论和发展理论的完善，促进“法治与发展”领域的研究，构建发展法学，也有助于持续推进营商环境优化，从而实现经济与社会的良性运行和协调发展。

第三节　公私合作与政府的减负转型

减负与转型作为重要的发展路径，体现在各个方面。通过公私合作，不仅有助于降低政府的负担，也有助于政府转型，并在此过程中使市场主体享有更多的发展机会，充分行使发展权利。因此，在前面探讨市场主体减负问题的基础上，下面着重分析公私合作给政府带来的减负与转型的效果，以及政府在此过程中对社会公益的有效保护，强调政府应在公私合作的过程中履行其促进发展的职责。

为此，下面以 PPP 为例，探讨公共部门与私人部门合作提供公共物品的制度安排，以及其中涉及的公共权力的行使和公共利益的保护问题，从中可以进一步看到政府在促进发展方面的重要责任。PPP 具有突出的公共性，这不仅与其制度目标和理论基础内在一致，也决定了其应遵循公开、公平、公益等重要法律原则，政府据此在公私合作过程中应承担保障和监管职责。对公共性的强调，是 PPP 乃至整体经济法制度的出发点和落脚点，也与政府的发展职责直接相关。在 PPP 领域，特许经营制度和特许经营协议具有特殊性，也是政府促进发展的重要路径，需要从经济法学和发展法学的视角重新审视。

一、公私合作问题的提出

在全面深化改革的背景下，公私合作模式或称“政府和社会资本合作模式”(PPP)[①]，被视为公共服务供给机制的重大创新，因其内含政治、经济、法律、

① 政府与社会资本合作，是 PPP（Public-Private Partnership）的官方表达，但从理论和原意上说，称 PPP 为公共部门与私营部门的“公私合作”可能更有延展意义。

社会等多维因素，涉及政府与市场关系的法律调整、政府职能的转变以及公共服务的质量和效率，因而广受关注，其相关法律问题已引发广泛研讨。①

PPP受到政府部门的高度关注，与国家经济下行和财政减收的“双重压力”、地方债务负担沉重、公共物品供给不足等无疑直接相关。政府力图通过与社会资本合作，缓解财政资金紧张，减轻财政压力，化解地方债务风险，并经由社会资本的投资替代，转型为专注于提供公共物品的有限政府，切实提高公共服务的质量和效率，保障广大社会公众的需求和权益。但在PPP的推进过程中，因涉及政府公信力和企业信赖利益保护，特别是风险分担和利益分享的诸多细节，社会资本心存疑虑，投入不够踊跃，使得PPP的整体进展落后于政府期待。②

上述影响PPP进展的诸多问题，与相关法律制度的不完善或落实不到位有关。毕竟，PPP体现了多种法律制度的综合和融合，尽管公私合作模式由来已久，国内外的实践亦已积累大量经验，但相关的理论提炼和制度建设尚有待加强，尤其需要从经济法的视角展开深入研讨。

众所周知，PPP的前两个P，分别代表公共部门与私营部门，或者“公”与“私”两个方面，其中，在“公”的方面会强调社会公益性，在“私”的方面会重视个体营利性，而个体营利性和社会公益性的冲突，正是经济法所要解决的基本矛盾，需要其在更高层次上加以协调和解决，由此就需要有第三个P，即在法律框架下的“公私合作”，这也是经济法的“高级法”特征的重要体现。

尽管PPP中的三个P都很重要，并由此可归纳出PPP的多个重要特征，但第一个P（Public）所集中体现出的公共性，是极为重要的，它是PPP制度得以存在和展开的重要前提和基础③，也是政府促进发展职责的重要体现。正因公共

① 孙学工，等. 我国PPP模式发展的现状、问题与对策. 宏观经济管理，2015（2）.

② 财政部等主管部门一直力推PPP，进行了大量的宣传、推介和培训，但由于社会资本对风险和收益等问题高度关注，以及对政府公信力存疑，因而PPP的现实推进仍相对缓慢。

③ 有的学者认为，公共性是政府的第一属性，行政的其他特性都来源于政府的公共性，因而公共性在政府活动中具有基础地位。杨海坤. 现代行政公共性理论初探. 法学论坛，2001（2）；黄显中. 政府公共性理论的谱系. 湘潭大学学报（哲学社会科学版），2004（3）.

性在 PPP 的诸多特征中具有基础性地位，直接影响 PPP 的相关理论研究和制度构建，故有必要单独研讨。

事实上，在 PPP 的制度设计方面历来强调：公共部门应当在公共领域依法正当行使公共权力，以有效提供公共物品，保障公共秩序和公共利益。上述诸多“公共”因素，使 PPP 必然会呈现突出的公共性。PPP 的公共性，应以尊重私人权利为基础，以公共权力的依法正当行使为保障①，同时，还要体现公意和公益，这样才能使 PPP 制度符合正义价值并具有合法性，且在协调个体营利性和社会公益性的过程中②，有效保障各类主体的利益，特别是公共利益。其实，PPP 的出发点和落脚点，就是公共性及在此基础上对公共利益的追求。

PPP 的公共性，与其制度目标和理论基础直接相关，并直接影响其应遵循的法律原则的形成；研究 PPP 的公共性，有助于认识政府在解决发展问题方面的职责，以及通过特许经营方式提供公共物品的特殊性和复杂性。为此，下面拟结合上述问题，从经济法的维度，对 PPP 的公共性加以解析，并进而讨论与此相关的经济法学或发展法学的一般问题。

二、制度目标、理论基础与公共性

PPP 的制度目标，是保障政府有效提供公共物品，满足公共需求。因此，支撑 PPP 制度建设的一个重要理论基础，就是公共物品理论。该理论作为贯通社会科学领域的重要理论，为经济法研究提供了重要的分析框架，它不仅有助于解释 PPP 制度存在的必要性，也有助于揭示其蕴含的公共性，并且，上述的必要

① 公共性是哲学、政治学、经济学、法学等诸多学科都要研究的重要问题。基于公共性，PPP 应尊重个人权利，包括社会公众以及社会资本的个体权利；同时，公共性是公意和合法性的基础，PPP 领域的各类公权力，如财政权、税权等，其行使都要符合公益性所要求的合法性，这样才能更好地提供公共服务。杨仁忠. 论康德的“公共性”及其理论价值. 学海，2009 (1).

② 有的学者认为，公私合作制是一种涉及基础设施的制度安排，而基础设施自产生之日起就陷入公共性和企业性（类似于社会公益性和个体营利性）的两难之中。格里姆赛，等. 公私合作伙伴关系：基础设施供给和项目融资的全球革命. 济邦咨询公司，译. 北京：中国人民大学出版社，2008：1-3.

性与公共性直接相关。

研讨 PPP 的公共性，首先需要理解其存在的必要性。PPP 制度之所以会存在，其实与政府的职能密不可分。通常，现代国家的政府职能被界定为宏观调控、市场规制、社会管理和公共服务①，政府只有通过履行上述职能，才能更好地促进多个领域的发展；而 PPP 制度往往被认为与公共服务的职能直接相关。依据传统的公共物品理论，公共物品可分为纯公共物品和准公共物品，这种分类与政府的上述职能大体存在如下对应：一方面，政府的宏观调控和市场规制职能，要求政府亲力亲为，主动作为，以更好地为市场经济提供良好的外部竞争环境，它们属于需由政府提供的纯公共物品；另一方面，在强调多元治理和和谐共赢的背景下，政府的社会管理和公共服务职能，并非必须或只能由政府单方面履行，而是可以辅之以必要的市场途径，因而这两项职能可归入准公共物品。公共服务的提供可以经由市场主体的“参与”实现，这既是公共性的重要体现②，也是公私合作的重要基础，它使政府与社会资本合作成为可能，否则，PPP 的后两个 P 都不会存在。

尽管如此，公共服务毕竟属于公共物品，只有政府作为其主要提供主体，才能更好地体现和保障公平、公益性以及公共利益，才能使社会公众获得发展利益。但如果公共服务只是单一地由政府提供，则又可能影响效率，以及相关主体的受益性。而公私合作的模式，恰恰有助于合作各方各尽所能、各取所需、各得其所，从而可以兼顾公平与效率，实现共赢。③ 这也是 PPP 自英国兴起后便被推广至许多国家的重要原因。

---

① 我国多年前明确政府职能时，主要强调的是宏观调节、市场监管、社会管理和公共服务，其中，前两项职能就是经济法所关注的宏观调控和市场规制，因而是与经济法最直接相关的经济职能。此外，经济法的有效调整，同样有助于促进公共服务职能的实现。

② 公共性是与公众参与内在相连的，在 PPP 项目中引入社会资本，就是这种“参与”的重要体现。关于公共性与参与之间的关联，参见李友梅，等．当代中国社会建设的公共性困境及其超越．中国社会科学，2012（4）。

③ “公司合作制是公共部门与私营经济企业之间的一种长期互利共赢、服务公众的合作方式。它是国家现代化建设的重要基石。”李以所．德国公私合作制促进法研究．北京：中国民主法制出版社，2013：225.

依据上述理解，可以认为，PPP是针对公共服务这种准公共物品的提供，在政府财政投入不足、效率不高的情况下，通过引入社会资本，以实现合作共赢的机制和过程。它实现了一定时段市场主体对政府的投资替代，有助于政府的减负与转型，有助于社会公众及时有效地获得相应的公共服务，具有突出的公共性。从公共性的维度切入，研究PPP所涉及的准公共物品提供问题，有助于丰富和发展传统的公共物品理论。

此外，公共物品理论，还有助于厘清或增进一些认识。例如，我国有规范性文件提出，政府是通过PPP提供公共产品和公共服务的①，而如果把公共物品等同于公共产品，则公共产品是不应与公共服务相并列的②；另外，也有规定将基础设施与公用事业相并列③，应该说，两者确有明显区别，但从政府职能的角度看，它们又都可归于公共服务，因此，用广义的公共服务亦可将其涵盖。

总之，基于社会公众对公共物品的需求，以及政府减负与转型的需要，PPP的存在具有其必要性；同时，PPP虽要引入私人资本，但这仅是手段，其核心目标仍是向社会公众提供公共服务，因而具有突出的公共性。将公共物品理论作为PPP的重要理论基础，有助于更好地理解PPP的公共性，以及与此相关的公共利益保障和公共权力行使等问题。

三、基于公共性形成的法律原则

PPP的制度目标是在政府减负与转型的背景下，确保向社会公众提供充分的

---

① 参见国务院办公厅于2015年5月19日转发的财政部、国家发展和改革委员会、中国人民银行联合发布的《关于在公共服务领域推广政府和社会资本合作模式的指导意见》，简称《指导意见》。

② 公共物品（public goods）有时被译为公共产品，这种广义上的公共产品包括了公共服务。因此，如果将广义上的公共产品与公共服务相并列，就可能存在歧义。只有具有公共性的狭义的“产品”，才能作为与公共服务并列的公共产品。

③ 参见国家发展和改革委员会、财政部等六部委于2015年4月25日联合发布的《基础设施和公用事业特许经营管理办法》，简称《特许经营办法》。此外，在有的学者对基础设施作广义理解的情况下，基础设施也包含公用事业。

公共服务，而公共服务的具体领域则包括能源、交通运输、水利、环境保护、农业、林业、科技、保障性安居工程、医疗、卫生、养老、教育、文化等。可见，公共服务不仅范围广，而且与民生直接相关 。

上述向社会公众提供的公共服务，直接涉及公众的共同利益，具有突出的公共性。而基于这种公共性，PPP 制度应符合公开性、公平性和公益性的要求，由此亦可提炼其需遵循的法律原则。下面就以三大调控主体联合发布的《指导意见》为例略加说明。[①]

首先，从公开性的要求看，PPP 的制度和项目等都必须向社会公众公布和开示，符合相关要求的主体都有权利参与，以便公共部门优中选优，确定最佳的合作主体，为社会公众提供优质的公共服务。为此，《指导意见》专门规定了“公开透明”的原则，强调“实行阳光化运作，依法充分披露政府和社会资本合作项目重要信息，保障公众知情权，对参与各方形成有效监督和约束”。

其次，从公平性的要求看，PPP 的制度和项目只有向社会公众公开，才能使相关符合条件的主体通过公平竞争，成为与政府合作的主体，使广大社会公众能够公平地享受到相应的公共服务。这里的公平性与竞争性直接相关，只有相关市场主体能够充分、公平地参与竞争，合作主体的确定才更公平。据此，《指导意见》规定，“政府采取竞争性方式择优选择具有投资、运营管理能力的社会资本”，“由社会资本提供公共服务，政府依据公共服务绩效评价结果向社会资本支付相应对价，保证社会资本获得合理收益”。上述规定强调不仅对社会资本的准入控制要公平，对社会资本的收益获取也要公平，这些都是公平性要求的重要体现。

此外，公平性的要求还体现在其他诸多方面。例如，在 PPP 实施过程中，相关公共服务的定价不能畸高畸低，以体现公平负担的精神；同时，PPP 往往涉及大量政府采购问题，因而保障政府采购的公平也非常重要；另外，由于 PPP

① 该《指导意见》由财政部、国家发展和改革委员会、中央银行三大调控主体联合发布，涉及上述主体所主管的财税、投资、价格、金融等领域，因而其中包含大量经济法的内容。

的实施具有长期性，可能跨越两代人，因而在制度安排上又需顾及“代际公平”；等等。据此，《指导意见》强调，上述公共服务的价格要“按照补偿成本、合理收益、节约资源、优质优价、公平负担的原则，加快理顺公共服务价格”；上述的政府采购，要“保证采购过程公平、公正、公开”；上述公共服务的对价支付，要“能够在当代人和后代人之间公平地分担公共资金投入，符合代际公平原则”。

最后，从公益性的要求看，只要是政府提供的公共服务，就必须考虑社会公益，因而公益性是PPP的应有之义，对社会公众而言，服务的公益性不可或缺。当然，在保证公益性的前提下，应适度体现合作方的收益性，但公益性的前提要特别强调。因此《指导意见》规定要“提升公共服务的供给质量和效率，实现公共利益最大化”。

总之，在PPP领域，需要遵循的法律原则可能是多方面的，但基于公共性，PPP制度应体现公开性、公平性和公益性的要求，并由此可以确立PPP制度应遵循的公开原则、公平原则和公益原则。上述“三公”原则，对于PPP制度目标的实现至为重要。

值得注意的是，基于PPP的公共性所形成的上述“三公”原则虽然非常重要，但它们并非PPP应遵循的全部原则，因为公共性体现的只是PPP的一个侧面。例如，公共部门之所以要与私人部门合作，引入社会资本，是因为单纯由公共部门提供公共服务不够及时、便捷，在数量和质量等方面都不能充分满足社会公众的需要，只有在第一个P的基础上增加后两个P，才能提高效率，因此，效率原则是公共服务提供或整体PPP制度都应遵循的重要原则。[①] 又如，PPP制度综合了诸多领域的法律制度，涉及财政补贴、税收优惠、金融支持等，这些领域都对法律依据有严格要求[②]，因此，法定原则也是PPP应遵循的原则。事实上，法定原则、

---

① 效率原则有时也被称为经济性原则。德国2005年的《公私合作制促进法》在相关预算法规范中就重申和强调了经济性原则，以确保公私合作的效率。李以所. 德国公私合作制促进法研究. 北京：中国民主法制出版社，2013：176-182.

② 基于法定原则，德国《公私合作制促进法》的核心内容，就是通过修改反限制竞争法、公共采购条例、预算法、税法等重要的经济法规范，来确保公私合作制发展的合法性。

效率原则都与公共利益直接相关，因而与 PPP 的公共性也是内在一致的。

四、从公共性看政府的职责

政府的基本职责是提供公共物品，促进经济和社会等各领域的全面发展。基于对公共性特别是公益性的考虑，以往的公共服务往往主要由政府直接提供，对社会资本则存在准入限制；但基于公共服务的效率和质量的某些欠缺，以及政府资金的经常性短缺，并基于政府职能转变，以及政府购买服务的可能性，许多国家都曾经或正在探索通过政府与社会资本合作的方式来提供公共服务，以实现各取所需、各尽所能、各得其所，这样既实现共赢，又能使社会公众真正享受到高效率、高质量的公共服务。①

有鉴于此，在 PPP 的实施过程中，公共部门和私人部门要分别担负不同的职责和义务。在我国，作为私人部门一方的企业、社会组织和中介机构，需要承担与公共服务相关的设计、建设、投资、融资、运营和维护等义务；而作为公共部门一方的政府，则要承担建立制度、培育市场、加强监管等职责，具体包括建立有效促进 PPP 发展的制度体系，培育统一规范、公开透明、竞争有序的 PPP 市场，加强市场监管和绩效考核，等等，同时，还要在财税、价格、土地、金融等方面加大支持力度，保证社会资本和社会公众共同受益。

可见，基于 PPP 的公共性，政府需要承担的上述各类职责，可以概括为保障和监管两个方面，即通过财税、价格、金融、竞争、规划等方面的保障和监管，来促进 PPP 的发展②，并由此进一步促进整体经济和社会的发展，而这些方

① 以英国 20 世纪 70 年代的公共行政改革和民营化为发端，西方国家开始了所谓“新公共管理运动”，核心是政府的“职能市场化、行为法制化、决策民主化、权力多中心化”，这对 PPP 领域的政府职责亦有直接影响。奥斯特罗姆．公共事务的治理之道．余逊达，等译．上海：上海三联书店，2000：1.

② 这突出体现了促进型经济法的重要功能。张守文．论促进型经济法．重庆大学学报（社会科学版），2008（5）．此外，为了促进 PPP 的发展，一些国家和地区还制定了专门的 PPP“促进法”，如德国的《公私合作制促进法》、韩国的《基础设施吸引民间资本促进法》等。

面都需要经济法制度作出安排。我国近期为促进 PPP 的发展，已制定大量具体的经济法制度，明确规定了政府的保障和监督职责，例如：

在财税保障方面，中央财政已设立 PPP 融资支持基金，并落实和完善国家支持公共服务事业的税收优惠政策；同时，可通过以奖代补等措施，引导和鼓励地方融资平台存量项目转型为 PPP 项目。

在金融保障方面，国家鼓励开发性金融机构发挥中长期贷款优势，参与改造 PPP 项目，鼓励社保资金和保险资金按照市场化原则参与项目；金融监管部门应按照风险可控、商业可持续原则支持 PPP 项目融资。

在价格监管方面，主管部门应制定不同领域的行业技术标准、公共服务技术规范，加强对公共服务质量和价格的监管。同时，应健全公共服务价格调整机制，完善政府价格决策听证制度，广泛听取各方面意见，确保定价调价的科学性，保持公共服务的持续性和稳定性。

政府的各类保障和监管职责的落实，都要以经济法的具体规定为依据，并应注意各类经济法立法的内在关联。例如，PPP 涉及大量财政资金的使用，因此，《预算法》、《政府采购法》及其配套法律法规（如《招标投标法》以及各类法律的实施条例等）、《国务院办公厅关于政府向社会力量购买服务的指导意见》（国办发〔2013〕96 号）等包含的财政法规范，都是促进 PPP 发展的重要依据，同时，也需注意这些法律依据之间的效力位阶和适用范围。

上述经济法制度对政府履行保障和监督职责、促进 PPP 发展的作用固然突出，但 PPP 发展对完善各类经济法制度的要求也值得关注。[①] 例如，在财政法领域，由于在 PPP 的实施过程中，社会资本要得到合理的收益，政府则需要为此支付相应的对价，因此，财政的“支付能力”或承受能力，就是非常重要的问题。[②]

---

① 国外的制度变迁也印证了这一点。例如，前述德国的《公私合作制促进法》就直接带动了预算法、税法、公共采购法、反垄断法等多个经济法领域的制度变革。

② 主体能力是经济法主体理论的重要内容，PPP 的实施过程要考虑财政承受能力、市场主体的承受能力等诸多主体能力问题，这些问题与定价、风险等问题密切相关。这些问题的研讨，有助于进一步丰富经济法的主体理论。

为此，应开展财政承受能力论证，统筹评估和控制项目的财政支出责任，促进中长期财政可持续发展，这对于有效控制财政风险也非常重要。上述财政支出责任通常主要包括股权投资、运营补贴、风险承担、配套投入等①，要依据必要、合理、可持续的财政投入原则，化解地方政府性债务风险，针对政府付费、使用者付费等不同支付机制，将项目涉及的运营补贴、经营收费权和其他支付对价等，纳入年度预算、中期财政规划，在政府财务报告中进行反映和管理，并向本级人大或其常委会报告，接受相关监督。

另外，对使用财政性资金作为社会资本提供公共服务对价的项目，应当根据《预算法》《政府采购法》等法律法规规定，加强政府采购环节的监管，保证采购过程公平、公正、公开。同时，要引入价格和补贴动态调整机制，建立投资、补贴与价格的协同机制，为社会资本获得合理回报创造条件。

从上述各类制度安排可以看到，正是基于 PPP 的公共性，政府需要承担更多的保障和监管职责②，这些职责蕴含于财税、金融、价格、竞争、规划等诸多经济法制度中，只有实现各类经济法制度的有效调整，切实落实上述政府职责，才能保障公共服务的有效提供，才能既有效保护社会公众的利益，又真正保护社会资本的利益。

五、特许经营制度的经济法分析

基于公共性，PPP 领域形成了各类重要制度，其中，特许经营制度就非常有代表性，它是政府促进发展的重要路径，对其所涉及的理论和实践问题，需要从不同的视角加以解析。为此，下面以特许经营这种 PPP 的典型形式为例，对与其相关的重要理论问题从经济法的视角略作分析。

---

① 参见 2016 年 9 月 24 日财政部印发的《政府和社会资本合作项目财政管理暂行办法》第 23 条。

② 上述内容散见于各部委的多个规范性文件。由于各类规定发布主体不同，因而在制度安排上也各有侧重。由此也不难发现，对于 PPP 的管理体制确应加以协调，这又涉及经济法的体制法问题。

（一）特许经营的典型性与特殊性

在提供公共服务的过程中，涉及能源、交通运输、水利、环保、市政工程等特定领域需要实施特许经营的，应按《特许经营办法》执行。[①] 特许经营是国家力推的 PPP 的典型形式，而上述领域之所以需要特许经营，与 PPP 的公共性，特别是项目的公益性等密切相关。

对特许经营，以往行政法、民商法、国际经济法等领域的研究相对较多，但由于该领域涉及大量经济法问题，因而从多学科综合研究的角度，需要增加经济法视角的研究，这对于进一步研讨特许经营的特殊性非常必要。

例如，特许经营涉及的问题，与行政法或民商法领域所关注的一般问题有诸多不同，对其特殊性可分别从“特许”和“经营”两个角度展开分析。首先，特许经营的“特别许可”与许可是什么关系？若属于行政许可的一种，则与一般的行政许可又有何区别？为什么要在某些领域实施“特许”？这些领域为什么不能直接开放给市场主体？政府的准入限制是否构成垄断？这与公共利益保护、公共物品的提供、公共性是何种关联？其次，既然是特许的“经营”，在经营过程中同样会涉及风险、收益等诸多问题，因此，对于风险如何分担，收益如何分享，都必须明确。而从经济法的角度看，风险的防范和收益的分配，正是贯穿经济法各类制度的基本问题，在特许经营方面更需认真研究。

此外，对于特许经营的特殊性，以往行政法学、国际经济法学等主要基于政府与企业、公与私的二元结构来展开讨论。与此相关联，经济法的主体理论，同样有助于分析特许经营的主体结构，并可由此发现其结构的特殊性。例如，从经济法的视角看，特许经营主体首先是一个层级二元结构，即政府与市场主体，或者调制主体与调制受体；其次，在市场主体层面，则存在经营者与消费者的平面二元结构。上述的政府与经营者、消费者三类主体，在特许经营关系中，又可具体化为政府及其职能部门、特许经营的实施机构，与特许经营者、公共服务的消

① 即国家发展和改革委员会、财政部等六部委于 2015 年 4 月 25 日联合发布的《基础设施和公用事业特许经营管理办法》。

费者之间的关系，并且，政府、特许经营的实施机构、特许经营者之间的关系对特许经营的持续和成败会有特别影响。

（二）特许经营协议性质的经济法解析

对于特许经营协议的性质，一直存在诸多争议。有的学者将特许经营协议视为行政合同，认为它以行政管理为主要内容或者与行政目的相关联[①]；也有学者强调其民事性质，反对将其定性为行政合同，甚至完全否定行政合同的概念。[②]上述两类典型观点，分别着重从“特许”或“经营”的某一个角度展开论证。其实，特许经营协议的性质较为复杂，因而也有人认为不能进行非此即彼的认定，强调将其视为“混合契约”，或认为应“分段”认定其性质。这说明仅从一个角度或一个侧面来认识复杂的特许经营协议是不够的，尚需从多个维度加以解析。其实，如果再进一步，跳出传统的行政—民事的“二分”，从更广义的“协议”的角度，把“特许”和“经营”两个方面整合起来，从更高层次的公私合作的“整体”来分析，则可能会有新的认识。

从现实情况看，基于 PPP 的公共性，“整体”的特许经营协议在履行时，离不开经济法上的财政补贴、税收优惠、金融保障、产业扶持、竞争规制等诸多制度安排，甚至上述经济法制度会直接影响 PPP 项目的启动、持续和完成，而这些补贴、优惠、保障和扶持等，则体现了公共部门的职责以及公私两个部门能够合作的前提，并且，与上述制度安排相对应的是经济法上的经济调制权，而不是行政法上的行政管理权，因此，应超越传统行政法，从经济法的维度，进一步认识特许经营协议的性质和定位。

值得注意的是，在强调合作和共治的时代背景下，经济法的各部门法，存在着多种以“合作”为基础的各类“合作协议”[③]。例如，税法上的预约定价协议、

① 相关讨论可参见邢鸿飞．政府特许经营协议的行政性．中国法学，2004（6）。

② 阎磊．行政契约批判．北京：知识产权出版社，2011：166-168.

③ 在经济法以外的部门法中，也存在着以合作为基础的“合作协议”。例如，在行政法领域，基于“合作国家”“合作行政”的思想，形成了“合作契约”的理论。詹镇荣．民营化法域管制革新．台北：元照出版有限公司，2005：33.

财政法上的对口支援协议、反垄断法上的和解协议等，这些都是以“合作”为基础、以经济法为依据的协议，可称为经济法上的“合作协议”。不能因为上述协议涉及政府一方，就一概称之为行政合同或行政协议。

事实上，特许经营协议的核心问题并非行政管理，而是在经济法的调制保障和监管下提供公共服务，此类协议的履行与公共部门的财政支出以及多种经济法手段的运用密切相关。从这个侧面看，它是体现公共性的经济法上的公私“合作协议”，即在公共部门进行市场准入规制以及相关经济法制度的保障和监管下，由公私两个部门合作提供公共服务的协议。因此，不能僵化、割裂地看待特许经营协议，应基于其特殊性和复杂性，从多种角度思考其性质，同时，还应重视经济法领域的各类“合作协议”的研究，这对经济法理论的深入和细化亦甚为重要。

分析特许经营协议的性质，需要具体考量协议的目的、手段及其准据等要素。基于 PPP 的公共性，公共部门与私人部门订立特许经营协议的最终目的，是为了更好地提供公共服务，解决市场失灵和政府失灵问题；而为了实现上述目的，公共部门会综合运用各类具有经济法性质的保障和监管手段，同时，这些手段的准据也主要是经济法。因此，如果基于上述几个要素，动态、整体地考察特许经营协议，同样会发现其经济法性质。

具体说来，特许经营协议与市场准入、财税贴补、金融扶持、政府融资、产业规划等都密切相关。其中，社会资本或各类企业能否进入相关领域，政府如何确定准入门槛，涉及经济法上的市场规制问题；而社会资本一旦进入，就涉及在财政、税收、金融方面给予支持、优惠、扶持等保障，以及在价格、质量等方面加强竞争监管等，这些都可归入协议实施的手段，并且，其实施都要以经济法的各类具体制度为准据；而采行上述手段的目的，则是实现特许经营协议的目标，即通过引入社会资本，解决政府财政资金短缺和“两个失灵”问题，从而更好地提供公共服务，有效保障公共利益和相关主体的利益。

总之，如果基于 PPP 的公共性，从经济法的维度对特许经营协议进行动态、整体的解析，将“特许”与“经营”的目的和手段结合起来，而不是仅仅局限于协议文本的某些侧面或片段，就可以发现其具有经济法性质，并可归入经济法上的“合作协议”。事实上，现代国家的经济调制或经济法调整，并非单一向度或固化不移，而是可以通过不同领域的公私合作，来实现经济调制或法律调整的目标。对特许经营协议这一 PPP 的典型形式的重点“解剖”，尤其有助于超越传统法学认识，推进经济法研究。

六、小结

公私合作是政府促进发展的重要路径和方式，通过公私合作，政府可以切实减负和转型，并有效提供公共物品，促进相关领域发展，市场主体也能从中受益，因而是各类主体共赢的制度安排。在公私合作过程中，非常重要的是应坚持其公共性，确保公共利益，这是政府促进发展职责之所在，也是 PPP 制度得以存在和发展的基础。

经济法理论中的公共物品分析框架，有助于揭示 PPP 的公共性，厘清 PPP 领域的一些模糊认识；同时，基于公共性，PPP 制度必须符合公开性、公平性和公益性的要求，由此可以确立其应遵循的重要原则；而基于公共性和上述原则，政府在财税、金融、规划、竞争、价格等领域必须履行保障和监管的职责，并严格依据经济法的规定行使其经济调制权，以更好地保障各类主体的权益，特别是公共利益；基于特许经营在 PPP 领域的典型性、特殊性和复杂性，需要从经济法的视角展开研讨，从而可以从一个侧面，理解特许经营协议作为经济法上的“合作协议”的性质，而这一性质亦与公共性直接相关。

在关注 PPP 的公共性的同时，也应思考整体经济法制度的公共性。[①] 其实，经济法的公共性，与经济法自身的法律属性直接相关。在政府与市场的关系方

① 经济法是从经济的角度，在经济领域提供公共物品，以体现政府的经济职能，这同从行政管理的角度履行行政职能并提供相关公共物品是不同的。因此，经济法与行政法具有不同的公共性。

面，凡涉及公共利益保护的，就会涉及经济法的调整。[①] 因此，经济法天然地具有公共性，对公共利益的保护，既是其自身合法性的重要基础，也是实现其正义价值的重要前提。作为公共性自然延伸的公开性、公平性、公益性，应贯穿经济法的各类制度，毕竟，经济法本身就是一类重要的公共物品。因此，PPP 的研究不仅应体现在制度或技术层面，也要体现在理论层面，这对于推进整体的经济法研究非常有意义。

需要强调的是，在经济法领域，虽然可以存在公私“合作协议”，但这并不意味着经济法是公法与私法的混合物。从公共性的角度看，经济法的出发点和落脚点，仍是通过宏观调控和市场规制，不断解决个体营利性和社会公益性的矛盾，从全社会的高度解决“两个失灵”的问题，以促进经济和社会的稳定发展，有效保障社会公共利益。因此，经济法的公共性与经济法的价值追求和调整目标是内在一致的。

总之，PPP 的公共性乃至整体经济法制度的公共性，在相关制度建设和理论研究方面不应被忽视。上述公共性不仅有助于保障制度的发展方向和实施效果，也有助于更全面地分析复杂的理论问题，理解政府在依法促进和保障发展方面的职责。因此，应重视公共性的维度，在经济法学或发展法学的多个领域里进行拓展研究，这更有助于推进经济法理论的完善和发展法学的构建。

① 从两大资源配置系统的角度看，政府的配置要着重解决公共利益的保护问题，经济法的调整则非常重要。张守文. 政府与市场关系的法律调整. 中国法学，2014 (5).

第四章　法治建设的发展导向

法治建设的方向，历来是非常重大的问题。从我国长期坚持以经济建设为中心，以发展为导向的现实来看，我国的法治建设亦应坚持发展导向，使整体法治有助于促进和保障各个领域的发展。

经济法治与经济、社会发展密切相关，它在法治体系建设方面处于非常重要的地位，因此，需要及时发现和揭示经济法治建设方面存在的问题，并进一步明确其促进和保障经济发展的方向，这对经济领域的立法、执法、司法和守法等都非常重要。为此，后面将讨论我国法治发展的问题与方向问题。

基于经济法治的发展导向，无论在公共经济还是私人经济领域，各类经济活动都应在法治框架下展开，并应当通过良法善治，切实保障各类主体的产权，这些都是法治经济建设应解决的重要问题，对此后面也将展开讨论。

基于经济法治和法治经济建设的需要，法治建设应有助于推动发展。为此，后面将讨论“发展导向型”的税收立法问题，并进一步扩展到其他立法、执法层面，结合增值税立法、资本市场监管、优化营商环境等具体制度实践，讨论“发展导向型”的经济法治的相关问题，这对于夯实发展法学的实践基础非常重要。

第一节　法治与发展：问题与方向

法治与发展究竟是什么关系？什么样的法治能够促进和保障发展？这是各国普遍关注的重大问题。为此，需要明晰法治与发展的关联，揭示法治实践中存在的影响或阻碍发展的诸多问题，通过不断完善法治，来推进经济、社会、政治等诸多领域的发展。

中国的经济法治对于促进和保障经济发展发挥了重要作用，这使得经济法治在整个法治体系中日益重要。尽管如此，在中国的经济法治实践中，仍然存在突出的刚性不足的问题，并由此形成了柔性法治的特色。对柔性法治的认识需一分为二，应正视其在经济和法治等领域的积极作用和消极影响，从而扬长避短，适度增强法治的刚性，这是中国经济法治的改进方向。基于对法治实践问题的认知，中国未来的经济法治应当宽严结合，刚柔并济，以充分保障各类市场主体的经济自由，并使其通过公平竞争而各得其所；同时，还应统分结合，激励相容，以切实保障各类公共物品的供给，实现整个经济和社会的良性运行和协调发展。

一、“法治与发展”问题的提出

从提出“依法治国”方略的1997年至今，中国年度GDP总量从近8万亿元增长了10倍以上，可谓成就斐然；但在取得经济奇迹的同时，社会财富分配不公问题堪忧，基尼系数多年在0.46以上徘徊。[①] 对于上述涉及效率和公平的两大方面，法治究竟发挥了何种作用？其对于推动经济和社会发展有何种影响？这些

① 根据国家统计局的官方数字，2012年到2016年，中国居民收入的基尼系数分别是0.474、0.473、0.469、0.462、0.465，有些学者甚至认为该数字已达0.5左右甚至更高。针对财富分配不均、不公的问题，加强经济法的规制非常必要。张守文．分配危机与经济法规制．北京：北京大学出版社，2015：43-47.

疑问构成的“法治与发展之谜”，尚需通过探寻和揭示中国经济法治的问题和改进方向来加以破解。

研究经济与法治的关系乃至整体经济法治问题，历来有诸多维度，其中，对重大经济事件的法律应对，就是一个重要的观察视角。例如，1997 年的亚洲金融危机和 2008 年的全球性金融危机，是最近发生的两次重大经济事件，而每次危机的应对，都会涉及一国法治的诸多层面。对于可能引发危机的风险如何防控，对于既发的危机如何化解，尤其能体现不同国家经济法治的特色和水平，其中隐含的问题和经验会影响重大的制度调整。①

值得注意的是，上述两次危机的应对，恰好对应于我国实行市场经济体制以来的经济和法治建设的全过程，因而对于研究中国的经济法治有更为特殊的意义。我国在实行市场经济体制之初，曾在 1993 年至 1997 年着力构建与市场经济相配套的基本法律制度，从而为应对 1997 年的亚洲金融危机奠定了重要基础；在加入 WTO（世界贸易组织）之后，为适应经济全球化和市场经济的迅速发展，我国持续加强相关法制建设，客观上又为应对 2008 年全球性金融危机做好了重要准备。② 伴随着上述各类法律制度的有效实施，我国的经济法治亦不断发展，这为揭示其与经济发展的关联以及开展本论题的研究提供了重要素材。

尽管中国的经济法制取得了突出的成就，但对与此相关的经济法治究竟应如何评价，其对经济发展是否构成有效促进？与此同时，什么样的经济法治能够兼顾效率与公平，真正推动全面的发展？如何看待法治的现实与理想之间的差距，并明晰中国经济法治的未来走向？这些都是在国家全力推进法治建设的进程中，需要学界深入探讨的重要问题。

下面的研讨试图说明，持续的经济法制建设，为经济法治水平的提升奠定了重要基础；立足于中国本土形成的经济法治，更适合中国经济和社会的发展阶段，但存在着刚性不足的问题，并呈现相对柔性的特色；对柔性法治的长处和不

① 厉以宁. 世界经济危机和资本主义制度调整. 社会科学研究，2009（2）：48-53.

② 张文显. 全球化时代的中国法治. 吉林大学社会科学学报，2005（2）：5-11.

足，应一分为二，扬长避短，使其向宽严相济、刚柔并济、统分结合、激励相容的方向改进；随着中国经济和法治的整体发展，应进一步提升法律的统一性、确定性、可预见性，增强法治的刚性，同时，基于发展中的大国所面对的诸多复杂问题，还应适度保留法治的柔性。

以往曾有学者从比较研究的视角，将法治模式分为刚性法治与柔性法治，并认为前者以西方为代表，后者以东亚的一些国家和地区为代表。[①] 尽管人们对刚柔的理解会有不同，但上述“理想类型”的抽象仍有其积极意义。在中国经济法治的形成和发展过程中，柔性和刚性如同太极之两仪，都不可或缺，否则经济法治系统功能的发挥就会受到影响。基于经济法治理想与现实的差距，需要在肯定和发扬柔性法治长处的同时，通过增强法治的刚性来弥补其不足，而由此展开的动态调整则有助于推动整体经济法治从相对柔性向适度刚性转变。

有鉴于此，下面将通过分析中国经济法治的形成，研讨其存在的刚性不足问题以及由此形成的柔性特色，进而探究柔性法治对经济发展以及法治体系自身建设存在的正反两方面的影响，并总结其中蕴含的法治经验，以明晰经济法治的改进方向。

二、中国经济法治的形成、问题与特色

中国的经济法治，是伴随着中国市场经济体制的确定和发展，在不断解决各类经济问题、促进和保障经济发展的实践中形成的。正是在经济的兴衰沉浮过程中，经济法治才得以发展，并由此使相关问题和特色得以显现。

（一）中国经济法治的形成

要确立经济法治的基本架构，必须经济立法先行。为此，我国在 1993 年通过专门修宪，确立实行市场经济体制，继而在 1993 年至 1995 年的三个年度，分别进行市场规制法、财税法、金融法的大规模集中立法，初步建立了与市场经济

---

① 侯健．法治的刚性、柔性与东西方法治模式的比较．华东政法学院学报，2004（4）：76-81.

体制相适应的基本经济法律制度，从而为 1997 年提出“依法治国”方略，推进市场经济条件下的经济法治奠定了基础。

在上述基本法律框架建立不久，就爆发了 1997 年的亚洲金融危机。一般认为，许多国家当时遭受重创的重要原因，是其金融监管制度不够完善；而我国能成功应对，则得益于及时的金融调控和财政调控，以及金融监管的强化。因此，重要经济法律制度的制定、实施得当，对于化解危机至为重要。[①] 同样，2008 年全球性金融危机发生后，相关国家金融监管制度的缺失仍被视为重要诱因，而财政、金融、产业、竞争等经济法律制度的有效实施，则有力促进了危机的化解。可见，两次金融危机的成因，都与经济法律制度的缺失有关，而两次危机的应对，也都离不开有效的经济法治框架。

上述两次金融危机的应对，是我国实行市场经济体制后所经历的两次“大考”，也是对我国法治水平、法治能力的重要检验。能否在法治框架下，综合运用各类政策和法律，解决国家治理方面的重大问题，对各方面都影响甚巨。金融危机虽然首发于金融领域，却是整体经济问题以及相关经济法律制度缺失的集中体现。因此，必须综合运用财政、金融、产业、外贸、投资、竞争等经济政策和法律，防范和控制上述领域的风险，应对和化解因这些风险集聚而产生的危机[②]，而上述政策和法律的运用，都要符合经济法治的整体要求。当然，经济领域中每个重大问题的产生，或者每次大危机的到来，也都会推动经济法治的完善和进步。由此可见，经济法治与经济发展的交互影响始终存在。

中国经济法治形成的重要背景，是特定时空维度下的“三化”，即市场化、全球化和国家治理的现代化。由于现代国家的治理离不开法治，且现代市场经济国家尤其离不开经济法治，因此，中国法治的现代化更需要推进经济法治的现代化。事实上，中国经济法治的形成，与国家对市场经济规律认识的深化，对经济政策和其他公共政策的把握，以及对相关政策法律化的推进密不可分。在整个经

① 余永定，陆磊. 中国应从亚洲金融危机中汲取的教训. 金融研究，2000 (12)：1-13.

② 张守文. 金融危机的经济法解析. 法学论坛，2009，24 (3)：69-76.

济法治体系中，经济立法与经济执法、司法、守法等重要子系统一起，共同构成了经济法治的基本体系。上述子系统的协调运转状况，直接影响着我国经济法治的系统功能和运行质量。

经济法治是国家整体法治体系的组成部分，以往学界在研究政治、社会等领域的法治问题时，对于人治与法治、政治与法治、德治与法治的关系等基础问题曾有较多讨论，而研究经济法治，则不仅要看到特定个人、政治生态、社会道德的影响，更应关注和强调整体经济法律运行对经济和社会发展的影响，以及中国经济法治自身的特殊问题。

例如，基于中国市场经济发育较晚，从计划经济向市场经济转轨的现实以及中国历史文化的独特性，在经济法治的形成方面，会呈现出一系列的特殊性，这与经济生活的极端复杂性，以及政府与市场这两大资源配置系统不断转型所带来的复杂性等直接相关。在经济、法律、文化等多种因素交融共生的复杂系统中，各种因素相互激荡，交叠影响，形成了千丝万缕的复杂博弈，这是经济法治系统形成和存续的现实基础。而能否在中国这样的转型大国，在政府和市场的职能巨变，以及复杂的宏观调控和市场规制过程中，为各类复杂问题的解决提供有效的法治保障，则是对经济法治的重要考验。

又如，既往的一般法治理论对法律的确定性①、稳定性、可预见性、普适性等关注较多，但在经济法治理论中，还要关注法律的政策性、变易性和特殊性，尤其对法律的不确定性，从霍姆斯、卢埃林到哈特、德沃金、昂格尔等许多著名学者都曾有深入研讨，这些思考对于研究经济法治的特殊性亦很有启发。此外，既往的一般法治理论更强调法律的统一性、刚性、强制性等，而在经济法治理论中，则还要关注法律的分散性、柔性和任意性，从而带来了经济法治的诸多特殊性。其中涉及法治的确定性和灵活性、公平和效率之间的张力

① 有的学者认为，“尽管增加确定性（certainty）是法律的目的，但是法律能够根除的只是不确定性的某些根源”。哈耶克．法律、立法与自由：二，三卷．邓正来，等译．北京：中国大百科全书出版社，2002：213.

和协调问题，这与市场经济条件下对经济自由、公平竞争等方面的考量直接相关。

总之，中国经济法治的形成，有其特殊的时空背景和社会背景，因而具有不同于其他国家和传统法治领域的特殊性。因此，下面有必要结合其特殊性，分别探讨其存在的突出问题和主要特色。

（二）刚性不足：中国经济法治存在的突出问题

中国经济法治的特殊性，既与一定的发展阶段相对应，又会带来阶段性的突出问题，因此，既要看到经济法治对中国经济和社会发展的促进作用或积极推动，也要关注其存在的突出问题或消极影响。

中国的经济法治，不仅要处理好其与人治、政治、德治的关系，以及法治系统内部各子系统的关系等传统问题，还要基于经济领域的特殊性，协调好一系列重大的基础关系，包括政府与市场的关系、中央与地方的关系、改革与法治的关系，等等。在调整和处理上述“三大基础关系”及其蕴含问题的过程中，我国经济法治刚性不足的问题体现得非常突出。

首先，在处理政府与市场关系方面，由于此类关系对应于政府和市场两大资源配置系统、两种资源配置手段，以及公权力与私权利的分配和有效行使，蕴含着经济法治领域需要关注的基本问题，并且，基于政府资源配置所形成的公共经济，以及基于市场资源配置所形成的私人经济，都需要相关经济法律的综合调整，因此，经济法治要覆盖政府和市场主体的各类经济行为。

通常，公共经济领域的公权力行使，或公共利益保障，必须贯彻更严格的法定原则和公平原则，并同时兼顾效率原则，因此，对政府权力应有更多的约束和限制，以体现经济法治的刚性；与之相对应，为了使市场机制在资源配置方面能更好地发挥作用，对私人经济应给予更多的空间和自由，充分考虑经营自由、消费自由、商品和要素的流动自由，以及相关的公平竞争和对效率的更高追求，并因而在法治方面体现更多的柔性。可见，在政府与市场、公共经济与私人经济的二元结构中，经济法治应各有侧重，刚柔并济。但一直以来，基于计划经济的转型惯性，政府对市场的不当干预仍然较多，对政府的约束始终刚性不足。

其次，我国作为世界上最大的发展中国家，区域发展很不平衡，处理好中央与地方的关系尤为重要。由于我国单一制与差异性并存，因而法律领域的统一与分散的力量和趋势同在，国家不得不在集权与分权方面反复平衡[①]，即一方面要强调中央的统一集权，如财权的上收、税权的集中、货币发行权的统一，等等，但另一方面，又要允许地方自定大量有地方特色的制度，以调动地方的积极性，由此便会"冲淡"中央制度的统一性、集中性，致使许多统一的制度未能得到严格执行，从而在整体上削弱经济法治的刚性。例如，我国设置了大量特殊的经济区域，包括经济特区、各类开发区、海关监管区（如自贸区）、国家级新区等，这些区域承载着"经济改革试验区"和"立法试点区域"的双重任务，其制度差异和制度竞争，以及相应的立法试点等，对中国经济法治的形成有重要影响。由此演化出的"经济改革—经济区域—立法试点—制度推广"模式，颇具中国特色，带来了地方立法的分散性，影响了整体经济法治的统一和刚性。因此，如何实现有效的"统分结合，激励相容"，是未来经济法治改进的重要方向。

最后，上述问题的存在，与我国一直在进行改革有关。"永远在路上"的改革，导致各类体制、制度持续变革，因此，必须处理好改革与法治的关系。[②] 我国的许多改革探索，都是对现行法律制度的突破，在这些"突破"后完善法治，正是中国经济法治形成和发展的重要路径。但随着改革的深化和法治的推进，改革必须"于法有据"，且要符合法治的精神。无论是经济立法，还是经济执法、经济司法，都应在法治框架下展开，这是经济法治的应有之义。例如，经济司法作为经济法治的重要一环，曾长期被弱化。在推动经济和社会发展方面，现代司法应有的功能尚未充分显现，因而加强经济司法改革确实势在必行。但从最高人民法院进入新世纪的机构改革历程来看，经济审判庭等机构的设置与调整，与《人民法院组织法》的规定长期背离，此类改革因"于法无

---

① 郭小聪．集权与分权：依据、边界与制约．学术研究，2008（2）：48-55.

② 陈甦．构建法治引领和规范改革的新常态．法学研究，2014，36（6）：35-41；陈金钊．法治与改革的关系及改革顶层设计．法学，2014（8）：3-16.

据”而备受诟病。[①] 尽管在改革过程中可能会存在法律边界不清的“灰色地带”，但最高人民法院的经济审判改革不应长期违反法律规定。这同样是经济法治刚性不足的一种体现。

上述普遍存在的刚性不足，与非常基本的法定原则未能落实直接相关。例如，国家征税直接影响市场主体的财产权等基本权利，而我国以大量行政法规作为征税依据，因其不符合严格的法治要求，国家才专门提出要“落实税收法定原则”，并曾希望能够在2020年前解决税收立法问题。[②] 但对于在税收领域（特别是税收调控方面）是否都要严格遵行法定原则，各方存在不同看法。[③] 此外，在预算、国债、转移支付、政府采购等诸多财税领域，由于法定原则贯彻不够，或者相关法律执行不够严格[④]，因而预算软约束、地方债务风险过大以及转移支付法律依据不足等问题非常突出。

上述问题如果进一步延伸，就涉及对政策与法律关系的认识。在既往忽视法治的时期，我国对政策过于倚重，而在提出“依法治国”之后，虽然实务部门也开始宣传法治，但仍有不少人习惯性地依赖政策，并认为政策工具更直接、好用，更有效率，便于其实现相关目标。[⑤] 因此，在推进法治乃至国家治理现代化的过程中，必须考虑政策与法律的各自功能、定位和相互协调，这对于加强经济法治更为重要。

---

① 颜运秋．经济审判庭变易的理性分析．法商研究，2001（2）：59－64；邢会强．重提经济审判庭的设立．法商研究，2009，26（2）：45－50.

② 2015年3月由全国人大法工委牵头起草的由中共中央审议通过的《贯彻落实税收法定原则的实施意见》。

③ 我国在2015年修改《立法法》的过程中，各方意见反复博弈，因执法部门希望留下更多的调控空间，导致最终确立的税收法定原则是不完整的。张守文．论税收法定主义．法学研究，1996（6）：57－65；张守文．税收法治当以“法定”为先．环球法律评论，2014，36（1）：55－57.

④ 例如，在政府债务规模和转移支付规模巨大的背景下，我国至今仍没有国债或政府债务、转移支付方面的专门法律，甚至没有综合性的或基础性的行政法规。而预算和政府采购方面尽管有专门法律，但在执行方面的弹性仍然较大。

⑤ 鉴于法律的空洞化和“政策之治”产生的诸多弊端，我国当前应加快向“法律主治”的转型。邢会强．政策增长与法律空洞化——以经济法为例的观察．法制与社会发展，2012，18（3）：117－132.

总之，在处理上述“三大基础关系”的过程中，无论是政府的权力约束，还是地方过于分散的制度安排，以及改革的于法无据或制度缺位等方面，始终存在着经济法治刚性不足的问题。而上述问题的存在，则与法定原则的落实不够、法律实施过程中的不严格依法办事，以及政策与法律关系的处理失当等直接相关。因此，必须正视我国经济法治刚性不足所带来的诸多问题，并在未来的法治建设中不断改进。

（三）我国经济法治的柔性特色

与上述经济法治的刚性不足相对应，柔性法治是我国经济法治的一个特色，主要体现为两个方面：一方面是某些法律或规则没有得到严格执行，从而影响法律实施和法律遵从；另一方面是某些法律制度相对较为宽松，不够严苛，这与立法取向直接相关。上述两个方面的杂糅所形成的具有柔性特色的经济法治，有助于我国在从计划经济向市场体制转轨时期，以及在不断深化改革的时期，为相关利益调整留出“闪转腾挪”的较大空间，但同时也存在诸多不足。

在经济领域，柔性法治在经济领域有其存在的土壤，是因其对促进经济增长有诸多“长处”。例如，柔性法治所体现的宽松和包容，就有助于提升经济效率。中国自实行市场经济体制以来，为什么能够连续多年取得高速的经济增长？有人认为主要靠地方政府之间的竞争，也有人认为主要靠人口红利或环境红利，还有人认为主要靠国际市场或引进外资[①]，等等。但无论上述哪种原因，都离不开相关法律制度的宽容和支撑，其成效的取得都离不开较为宽松的法治环境或“包容性制度”[②]。

上述宽松、包容的经济法治，为市场机制对资源的配置提供了更大的自由空

① 周黎安．中国地方官员的晋升锦标赛模式研究．经济研究，2007（7）：36－50；江小涓．中国的外资经济对增长、结构升级和竞争力的贡献．中国社会科学，2002（6）：4－14；韦森．中国经济高速增长原因再反思．探索与争鸣，2015（1）：58－63；等等。

② 有学者提出了“包容性制度”和“汲取性制度”的区分，并认为前者更有助于促进一国的发展。阿西莫格鲁，罗宾逊．国家为什么会失败．李增刚，译．长沙：湖南科学技术出版社，2015：51－58.

间，体现了重要的发展导向。无论是改革开放之初的“放权让利”，还是近几年的简政放权、减税降费，都力图赋予市场主体或规制受体更多的经济自由。毕竟，企业的经营自由、消费者的选择自由，以及商品和要素的流动自由，对市场经济的发展至为重要。经济法治唯有体现和尊重经济规律，特别是价值规律、竞争规律等，才能取得好的效果。因此，在法治框架下，需要的是真正体现成本收益分析、能够促进经济长期良性增长的规则，而不是人为的、不顾客观实际的训诫或命令。

要促进和保障上述的市场自由，就需要解决好市场主体的负担适度、公平竞争以及创新保障这“三大问题”，而柔性法治恰恰有助于解决这些问题，并由此形成了中国经济法治重点着力的三个侧面：一是不断减轻各类主体的负担，使其能够轻装上阵；二是建立统一开放、竞争有序的市场体系，使市场主体能够展开公平竞争；三是在不断变革的时代，鼓励和保障技术、产业、制度等方面的创新。上述三个侧面，贯穿着对国家与国民、政府与市场、中央与地方、改革与法治等重大关系的协调，贯穿着法定原则与公平、效率、秩序、安全等重要价值的平衡，以及协调、开放、创新等重要发展理念。

在国家推进改革、法治与发展的大背景下，体现宽松、包容的柔性法治，只是在一定条件下有助于解决上述“三大问题”，其因刚性不足，有时会导致难以贯彻相关立法精神或相关具体规则，并由此会产生诸多消极影响。

例如，在市场主体的负担方面，企业和个人的负担日益沉重，既有立法的原因，也可能源于法律实施过程中的层层加码，因而对于企业税费以及政府规制带来的负担问题，必须通过专门的法律机制加以解决。[①] 其实，我国自改革开放之初，就强调处理好三者利益关系，以实现国家、企业和个人的负担与收益的适度

① 我国存在着民生与财政方面的双重压力，需要通过完善相关法治不断解决。张守文. 缓释“双重压力”的经济法路径. 北京大学学报（哲学社会科学版），2012，49（5）：107-114；张守文. 减负与转型的经济法推进. 中国法学，2017（6）：187-202.

均衡；在实行市场经济体制之后，更是通过大规模的税制改革和相关制度的频繁调整，力求实现减税降费的目标。[①] 但由于诸多原因，市场主体负担在一定时期会减而复增，边减边增，这种“拉锯战”或“持久战”的态势也体现了柔性法治的明显不足。

又如，在市场主体的公平竞争方面，我国已建立了保障公平竞争的较为完善的立法体系，但整体的公平竞争环境仍不尽如人意，统一开放、竞争有序的现代市场体系尚未形成，政府对竞争的干预仍大量存在，为此，国家专门建立了公平竞争审查制度，试图以此来解决相关问题。但由于强制性不够，法治刚性不足，我国在竞争执法和司法方面仍存在诸多问题。

此外，在市场主体的创新保障方面，随着“创新型国家”建设的不断推进，国家对新业态和各类创新给予了较大的空间，提出了大量激励措施，促进和保障创新的制度比比皆是。刚性不足的经济法治在给创新留出空间的同时，也会方便某些市场主体假借创新之名，侵害其他市场主体的利益。例如，互联网金融领域的P2P网贷平台，曾因准入门槛低和缺乏监管，导致非法集资和诈骗等违法犯罪活动频发，其消极后果已受到广泛关注。

可见，对于市场主体的负担调整、公平竞争和创新保障，柔性法治同时存在其积极效应和负面影响。因此，必须厘清长处和不足，确保市场之手和政府之手各司其职，并在此基础上不断完善经济法治，做到宽严结合、刚柔并济，以期既给市场主体留出更大的空间，推动有效创新，又能促进公平竞争和维护市场秩序，解决市场失灵问题，从而防控风险、化解危机，推动中国经济的持续稳定增长。

除上述对市场主体的重要影响外，柔性法治对各级政府的影响也不可忽视。例如，随着中国经济的发展，财政收支规模不断扩大，尤其需要提升中央和地方在财政分配方面的法治化水平，并在法治框架下形成制度化安排，否则，就会带

---

① 仅在税收领域，我国就通过取消税种（如农业税）、合并税种（如个人所得税的三税合一、企业所得税的两税合一，并相应降低税率）、停征税种等方式，来实现减税的目标。

来土地财政、地方债务风险、公共物品供给不足、区域发展不平衡等多方面的问题。与此相关联，从宪法到经济法、从行政法到社会法等诸多领域，都需要解决制度刚性不足的问题。

与政府财政分配方面的预算软约束类似，柔性法治所导致的“法治软约束”，虽然有助于给博弈各方留下较大空间，使政府可以审时度势，更灵活地应对实践中的问题，并因而可能有助于提升效率，但这与法定原则和公平原则的要求相去甚远。因此，整体经济法治的侧重点是公平和合法性，还是效率和合理性？如何实现两个方面的兼顾与交融？这是研究中国经济法治不容回避的基本问题。

总之，中国经济法治在形成和发展过程中，存在着刚性不足的问题，并相应地形成了柔性法治的特色。从有利于各类主体的包容性发展，以及为市场主体减负、推动创新和公平竞争的角度看，柔性法治有其积极意义，但也会导致相关法律制度执行不力，从而难以保障相关的公平和效率。因此，对待经济法治的柔性特色应一分为二、扬长避短，这对于明晰中国法治的未来走向非常重要。

三、中国经济法治的重要经验和改进方向

自1997年提出“依法治国”方略以来，经由1999年的法治入宪，以及2014年“法治决定”的推出，法治建设在实践中日益强化，倡行法治日渐成为社会共识。在从“法制”向“法治”转变，或从“刀制”变为“水治”的过程中，法治作为极为重要的“治法”，在现代国家治理中发挥着重要作用。对于法治一词，人们历来有不同的解析，但既然“法”“治”二字皆“从水”，则国家在力推法治的过程中，就应像治水一样疏堵结合、刚柔并济，而不能像“刀制”一样只强调刚性，或不顾规律地“抽刀断水”；同时，在法治中之所以要体现“水治”的柔性，是因为上善若水，水能包容万物，且“水利万物而不争”。因此，从立法到执法、司法、守法等各个环节，都不能仅强调刚柔之一端，唯有刚柔并施，才能

实现太极理论中的动静转换和阴阳均衡[①]，从而构建具有包容性的“好的经济法治”，更好地实现整个法治系统的功效。因此，保持柔性法治的长处，适当增加经济法治的刚性成分，既是中国经济法治发展的重要经验，也是未来经济法治建设改进的方向。

对于经济法治的柔性特色，可以从多种角度挖掘。前面主要是依其对经济主体的经济行为的柔性影响来分析其利弊，后面有必要再从法治体系自身建设的角度，结合法律的制定、实施和遵从，探讨柔性法治之得失。这有助于明晰如何保留柔性法治的积极因素，摒弃其消极因素，从而在整个经济法治领域，尤其在需要更好地发挥政府作用的领域，增强法治的刚性。

第一，在法律制定方面，前面讨论经济法治的柔性特色时，基于保障市场在资源配置方面的决定性作用的角度，肯定了对市场主体进行宽松立法的必要性；但基于政府履行调控和监管职能的立场，还应加大对破坏市场秩序、侵害市场主体权益行为的惩处力度，强调立法的严紧。这样，通过增强经济法治的刚性，提升法律的确定性、安定性和可预见性，增进各类主体的预期，来解决“市场”与“制度”这两个方面的“不确定性”问题。

良法是善治之前提，良好的经济法治不仅需要一般意义上的立法，更需要立良法。[②] 通过不断提升立法质量，确保相关立法的合理性和合法性，切实体现法治精神，是完善立法的重要方向。目前，影响我国立法质量的重要因素，是立法的协调性不足，只有有效处理好整体与部分、中央与地方等诸多关系，不断提高立法的协调性、统一性、完整性，增强其确定性和可预见性，才能不断提升经济法治水平。为此，不仅需要提升立法能力，也需要弥合由地方利益和部门利益的博弈所造成的统一立法的“撕裂”。

---

① 例如，宋代著名哲学家周敦颐和朱熹分别在其《太极图说》和《太极图说解》中，对阴阳、动静、刚柔等作出了重要阐释，分析了“立天之道，曰阴与阳；立地之道，曰柔与刚；立人之道，曰仁与义”的内涵，这些思想有助于理解法治的刚柔问题。

② 对于何为良法，学者已有诸多研究，如有的学者认为，良法应具有真善美的品格。李步云，赵迅．什么是良法．法学研究，2005（6）：125-135.

上述地方利益和部门利益的存在，是导致国家治理长期面临“条块分割”问题的重要根源，且都具有两面性。例如，地方利益的存在，既有助于提高地方政府竞争的效率，推动整体经济的发展，也会带来区域发展的不平衡，引发整体经济失序的诸多乱象。同样，部门利益的存在，既有助于解决相关领域的纵向治理问题，也会因职能权限的分工而影响各部门之间的协调和协同。毕竟，多个纵贯上下各有独立利益的部门，就如同“万条垂下绿丝绦”，难免“蒙络摇缀，参差披拂”，稍有风吹草动，就会产生纠缠和利益之争。只有通过各类组织法或体制法来明晰其职能，并有效梳理相关权力配置，才能更好地解决各类“九龙治水”问题，处理好社会诟病的“九个大盖帽”与“一顶破草帽”的关系，真正提高监管效率和治理能力。这不仅有助于弥补立法协调性的不足，本身也是经济法治建设的重要内容和任务。

第二，在法律实施方面，柔性法治的突出问题，恰恰在于其有时不能保障法律的有效实施。任何立法无论内容多么丰富，若不能有效执行，便是一纸具文。随着立法体系的完善和立法质量的提高，在执法和司法领域确保法律的有效实施，对于提升法治的质量和保障法治系统的功能实现至为重要。

事实上，整个经济法治体系是一个复杂系统，各子系统可能互相促进，也可能彼此掣肘，其内在机制非常复杂。从系统论和法律经济学的角度，需要考虑其正功能的实现，并进行相关的成本收益分析。据此，不仅立法要考虑成本，并进行立法前后的评估，执法和司法也要考虑投入和产出。只有执法和司法两个子系统不断完善，才能避免“好的立法”在实施环节被打折扣或被消解，从而尽量减少制度效力的减损或衰减，这对于实现理想的法治目标非常重要。当然，从整个法治体系建设的角度看，各个环节如能相互补台则最好。例如，经济领域创新迅速，相关立法难免滞后，对该领域易于出现的制度缺失，有效的执法或司法（包括司法解释）即可有所弥补。在理想的法治理论看来，上述弥补存在超越立法权力的问题①，并不可取；而法律实施部门则认为单靠立法是不够的，执法过程中

① 袁明圣．司法解释“立法化”现象探微．法商研究，2003（2）：3-12．

的裁量和司法过程中的解释，都有其重要价值。可见，不同的立场会形成不同的观点，唯有正视整个法治系统运转的复杂性，尽量保持系统的协调性和法治精神的一致性，才可能更好地实现法治的整体目标。

基于经济活动的复杂性和变易性，在法律实施过程中，确需保留一定的裁量空间，以切实解决相关经济问题和法律问题。为此，经济立法往往会有意“留白”，既使执法部门可以有相机抉择的裁量余地，也使司法部门能够在解决纷争的过程中形成裁判规则。在更高的层面上，上述安排可视为法律实施部门与立法部门的默契、协调与配合，且对整体经济法治运行确实必要，它有助于相关公共政策在立法许可的空间内发挥作用，从而适时地解决经济社会发展过程中变幻莫测的诸多问题。在此过程中，宽松的立法可能在实施中被“收紧”，而严紧的立法也可能在执行中被“放松”，因而应强调在法定幅度内的适度变动，而并非机械的、单向的制度传导。这虽然有时与理想、严格的法治要求存在差距，但在中国经济法治发展过程中，被许多实践部门认可。可见，中国经济法治的宽与严、柔与刚，只是一种描述，并没有不变的、清晰的界限，甚至由此体现的“模糊性”，有时还被津津乐道。人们相信在各类因素交融的复杂法治系统中发生的化学反应虽然“测不准”，道不明，但却有其现实的合理性。①

第三，在法律遵从方面，亚里士多德早已强调，“已制定的法律应当被普遍遵从”与良法同等重要，都是法治的应有之义。法律能否被遵从，会直接影响法律的实效。对于不严格守法的行为，柔性法治有时缺少严格的追究，这无疑会降低法律的遵从度，不利于理想的法治目标的实现。

在经济法治领域，市场主体的法律遵从问题历来备受瞩目，诸如税收逃避、非法集资、不公平竞争或不正当竞争、侵害消费者权益等，都是法律未能得到有效遵从的体现。因此，加强宏观调控和市场规制领域的法治刚性，维护整体的经

① 例如，有的学者认为，在以金融压抑为特征的经济中，加强法治可能反而会妨碍金融领域某些方面的发展。只有在其他配套制度安排完善的情况下，法治才能发挥良性作用。卢峰，姚洋．金融压抑下的法治、金融发展和经济增长．中国社会科学，2004（1）：42－55．

济秩序，保障经济和社会的良性运行和协调发展，已成为社会的重要共识。

上述市场主体的法律遵从固然非常重要，但基于中国从计划经济向市场经济转变的背景，政府部门惯于用行政手段而非法律手段干预经济生活，因而其法律遵从问题更应受到关注。[①] 例如，为解决 2008 年金融危机所带来的问题，我国政府曾制定并实施了 4 万亿元的投资计划，其出发点是及时解决经济危机[②]，但由此涉及的重大预算调整，却没有履行相应的法定程序，其不利的经济后果已构成我国经济进入新常态的重要诱因，并导致亟待解决的产能过剩，以及相应的产业结构调整等诸多问题。对于上述不严格守法的教训，后人应认真吸取。

中国经济法治的发展，既需借鉴域外资源，更应关注本土资源。在法律遵从方面，规则意识的形成并非一朝一夕之功，其中涉及的传统文化因素亦需深度挖掘。[③] 与此同时，在市场经济条件下，人们更看重自己的权利。在"走向权利的时代"，市场主体的维权意识在不断增强，对政府的法律遵从提出了更高的要求。同时，如何使各类主体认识到法治框架下权利的多元性，并彼此尊重各自的法定权利，也是在法律遵从方面应关注的重要问题。

上述三个方面的讨论，着重从法治建设的角度，强调了柔性法治的长处，揭示了其中可能蕴含的法治经验，也相应阐释了柔性法治的不足，提出了在相关领域提高法治刚性的必要性，由此不难发现经济法治的现实与理想之间的差距。据此，对柔性的经济法治应加以"扬弃"，进一步在涉及社会公共利益的宏观调控和市场规制的领域、在限制政府公权力等方面增强其刚性，以切实通过法律制定、法律实施和法律遵从来确保相关主体的合法权益，从而克服柔性法治的"软约束"，强化刚性法治的"硬规制"，使"相对柔性的法治"向"适度刚性的法

---

① 实施经济法治战略的本质要求是要用法治约束政府的权力，规范政府的经济管理行为，保证市场充分发挥配置资源的作用。顾功耘. 论重启改革背景下的经济法治战略. 法学，2014（3）：3-15.

② 有学者认为，4 万亿投资计划是一个寄望于世界经济快速复苏的权宜之举，短期内有助于稳定经济和社会，但却牺牲了中国经济增长方式的优化，可能导致市场化改革理念的退步。王曦，陆荣. 危机下四万亿投资计划的短期作用与长期影响. 中山大学学报（社会科学版），2009，49（4）：180-188.

③ 邢朝国，郭星华. 从摒弃到尊重：现代法治建设与传统文化. 中国人民大学学报，2012，26（4）：91-99.

治”转变，这是中国经济法治改进的重要方向。

此外，中国互联网经济的迅速发展，特别是分享经济、大数据、人工智能等领域的日新月异，对经济法治提出了新的要求。对于上述新兴领域，国家特别提出要实施包容审慎监管，强调法律制度的包容性[①]，而能否智慧地应对新时代的创新，能否与工业社会时代形成的法治理念和精神相区别，也会影响经济法治的未来发展。与此相关联，经济法治领域所要面对的都是“复杂性问题”，因而必须充分运用法治思维、辩证思维和系统思维，这更有助于揭示中国经济法治的问题和特色，并明确其未来的改进方向。

四、小结

经济法治的理想与现实总会存在一定差距，只有揭示其现存问题，才能确定改进的方向，从而有针对性地推动法治的完善。为此，前面基于经济法治在整个法治体系中日益重要的现实，探讨其形成和发展过程中存在的刚性不足问题，以及由此形成的柔性法治特色，强调对柔性要一分为二地看待：对于有正面影响的符合法治精神的柔性，应予以保留，并总结其中蕴含的法治经验；而针对那些有负面作用的柔性，则应代之以刚性。这样才更符合法治的基本精神，才是中国经济法治改进的方向。

研究经济法治领域存在的各种问题，探讨由此形成的法治特色及其中蕴含的经验，有助于丰富和完善中国的法治理论，推动整体的法治建设。只有明晰经济法治的现存问题及其改进方向，并坚定地走适合自己国情的道路，才能在国家治理、经济治理方面取得更多的实效，从而增进人民的福祉，促进社会的进步。

在经济领域所需要的“好的法治”，是包容性的、“发展导向型”的法治。所谓发展导向，并非仅谋求经济增长，而恰恰要促进经济与社会的良性运行和协调

---

① 有学者对包容性的法治进行了研究。袁达松．走向包容性的法治国家建设．中国法学，2013（2）：5-17.

发展。为此，未来的经济法治应当宽严结合、刚柔并济，使各类主体能充分感受并享有自由，并通过公平竞争而各得其所；同时，还应统分结合、激励相容，以保障公平分配等各类公共物品的供给，从而实现整个经济和社会的良性循环和稳定发展。回到前面最初提出的问题，不难发现，中国的经济法治在促进经济增长方面，要比保障公平分配做得更好，或者说，对效率促进有余而对公平保障欠佳，这也正体现了柔性法治的长处和不足。因此，在政府公共物品的提供方面，增强经济法治的刚性更为重要。

中国要实现现代化的发展目标，就必须实现包括经济法治在内的整体法治的现代化，至少在立法上要严格遵循法定原则，在法律实施上要严格依法办事，确保法律被各类主体严格遵守，使法治的刚性不断增强。从国家治理的角度看，经济法治的宽与严、松与紧，本身就是一种“调控”或“规制”，因而它应与经济、社会的特定发展阶段相适应，并在体现国际共通性的同时，呈现其独特性。而对于上述独特性的研究，尤其有助于形成中国特有的法治理论，并由此为世界法治理论的发展作出贡献。

第二节　法治经济发展的重要问题

在前面明晰法治建设的问题与方向的基础上，应着力完善经济法治，促进和保障经济的发展。事实上，现代国家普遍实行市场经济，而市场经济就是法治经济，只有大力推进经济法治，使各类主体的经济活动都在法治框架下展开，才能形成法治经济，从而更好地推动经济和社会发展。在推进法治经济发展的过程中，有三个重要关系需要特别强调和关注：一是公共经济与法治经济的关系，二是法治经济与良法善治的关系，三是法治经济与市场主体权利保护的关系。

明晰上述三个重要关系，有助于提升公共经济的法治化水平，确保在立法上体现各类重要的法律价值，并在法律实施过程中实现善治，同时，也有助于保护市场主体的产权和公平竞争权，解决我国经济发展过程中的诸多现实问题。

其实，对于“市场经济就是法治经济”的命题，人们早已耳熟能详，并日渐殆无疑义。[①] 在此基础上，“加快建设法治经济和法治社会，把经济社会发展纳入法治轨道”，已成为国家目标。[②] 而要建设法治经济，就需要加强经济法治，在经济生活的方方面面，不断提升法治化水平。[③]

尽管国家不断强调法治经济建设的重要性，但上述三个重要关系尚有待于厘清或具体化，为此，下面拟提出并讨论法治经济建设方面的三个重要问题：第一，公共经济是法治经济的重要组成部分；第二，法治经济离不开良法善治；第三，法治经济更需要充分保护市场主体的权利。上述三个问题密切相关，其深入研讨尤其有助于推动我国法治经济建设的实践，促进经济和社会的发展，因而具有重要的现实意义。

一、公共经济是法治经济的重要组成部分

尽管许多人认为“市场经济就是法治经济”，但能否将法治经济的范围等同于市场经济？或者说，法治经济是否仅限于私人经济或狭义的市场经济？对于法治经济范围的不同认识，会对法治经济建设的未来发展产生重要影响，因而应当首先加以明晰。

基于对经济的不同分类和理解，人们对法治经济范围的认识也会有所不同。如果将整体经济分为私人经济和公共经济，则公共经济同样应当是法治经济的重要组成部分。值得注意的是，美国著名经济学家马斯格雷夫（Richard A. Musgrave）曾于1959年出版了《财政学原理：公共经济研究》（The Theory of Public Finance：A

---

① 许多学者曾在我国实行市场经济体制之初进行过相关论证。文正邦. 论现代市场经济是法治经济. 法学研究，1994（1），等等。

② 《“十三五”规划纲要》；顾功耘. 法治经济建设与经济体制改革. 法制与社会发展，2013，19（5）.

③ 有学者研究认为，在法治经济的成熟度方面，中国是金砖国家中最好的，但与发达国家仍然有距离。赵彦云，等. 法治经济成熟度评价体系及其国际比较. 统计研究，2016，33（6）.

Study on Public Economics）一书，并首次正式引入“公共经济”的概念。此后，著名学者费尔德斯坦（M·S. Feldstein）、斯蒂格利茨（J·E. Stiglitz）、阿特金森（A·B. Atkinson）、杰克逊（P·M. Jackson）等都对公共经济学或公共部门经济学进行了深入研究。依据上述经济学家的相关理论，私人经济和公共经济承担着不同的职能，两类经济分别提供私人物品和公共物品，因而都是影响资源配置的重要领域。在上述分类框架下，基于法治的普适性，无论私人经济领域还是公共经济领域，都需要也都应当加强法治，因此，法治经济的范围，不仅应包括私人经济，也应涵盖公共经济。

将公共经济作为法治经济建设的重要领域，强调公共经济也应当提升法治化水平，尤其有助于解决现实存在的诸多发展问题。事实上，以国家或政府为一方主体的公共经济，必须也应当在法治框架下运行，这本来就是法治、法治经济的应有之义。由于公共经济涉及公共物品的提供，涉及国民的基本权利，因而对国家或政府的经济职权或经济行为必须依法约束。据此，在公共经济领域里，为了保障公共利益，切实保护国民的基本权利，必须强调法定原则，从而使该原则成为公共经济领域里必须遵循的基本原则。

例如，财政法定原则和税收法定原则，都是公共经济领域里重要的法定原则，作为其具体化的预算法定、公债法定、转移支付法定、政府采购法定等原则，已分别体现在相关的法律规定和法治实践中，成为公共经济领域应予遵循的不可或缺的重要准则。其落实对于防止国民权益免遭不法侵害，有效保障公共利益，全面实现法治目标，均具有重要价值。

从现实情况看，过去在公共经济领域里，相关法定原则的落实不够，带来了诸多负面影响。例如，学界在20世纪90年代就倡导税收法定原则，以解决由于该原则没有落实所带来的诸多问题。① 如今，经过学界和实务界的共同努力，税收法定原则已成为基本共识。由于该原则非常重要，体现的是法治的基本要求，

① 刘佐．关于税收法定若干问题的进一步探讨．税务研究，2015（6）；张守文．论税收法定主义．法学研究，1996（6）．

因此，我国在2013年的“改革决定”中，特别强调要“落实税收法定原则”，并通过《立法法》的修改进一步予以强化。① 此外，税收立法领域大量的“立法试点”，虽然在一定意义上有其积极意义，但从法治经济的长远发展看，仍然存在一些有悖于法定原则和法治精神的问题，需要特别关注。②

公共经济领域的法治问题，不仅体现在税收领域，也体现在公债等领域。我国对公债发行或举债权的规定，虽然几经变易，但总体要求是必须将其纳入法治轨道。否则，公共经济领域的失范或失序，会严重影响整体经济的发展，其蕴含的“蝴蝶效应”甚至会积聚巨大风险，引发税收危机、债务危机等诸多公共经济危机，并进而导致整体的经济危机。③ 这是必须着力防止和避免的。

可见，在推进法治经济建设的过程中，无论是私人经济，还是公共经济，都应当符合法治的要求，相关经济活动都应在法治框架下展开；同时，从限权的角度，公共经济是更需要法治的。只有不断提升公共经济的法治化水平，私人经济领域的法治才更有保障。而对整体的公共经济和私人经济的“综合施治”，尤其要有“好的法律”的“有效调整”，即需要有良法善治。

二、法治经济离不开良法善治

在推进法治经济建设的过程中，强调良法善治非常重要。由于“良法是善治之前提”，因此，建设法治经济首先要有良法，并在此基础上推进善治。此外，良法善治作为经济法治的核心内容，因其涉及“良”“善”的判断，因而与法律的重要价值和调整目标都直接相关。

---

① 我国的《立法法》虽然专门对税收事项作出规定，但仍不够全面，对课税要素的规定仍然有欠缺，因此，还不能认为该法完整地体现了税收法定原则。而与此相关联，如何看待地方的税收立法权，也非常值得研究。苗连营. 税收法定视域中的地方税收立法权. 中国法学，2016（4）.

② 张守文. 我国税收立法的“试点模式”——以增值税立法“试点”为例. 法学，2013（4）.

③ 杨灿明，等. 地方政府债务风险的现状、成因与防范对策研究. 财政研究，2013（11）；张守文. 债务风险与举债权的法律约束. 苏州大学学报（哲学社会科学版），2016，37（3）.

尽管对于何为良法，人们的认识未必尽同，但一般说来，人们会将那些体现公平、效率、自由、秩序、安全、正义等法律价值，并能够使这些价值有效协调的法律[①]，归入良法之列。据此，构建经济法治体系的过程中，应努力对上述的效率与公平、自由与秩序等价值加以兼顾和协调，这是推进法治经济建设的重要前提。

基于上述的良法，在法治经济建设过程中，还需要推进善治。对于何为善治，学界亦存在不同理解。[②] 其实，真正的善治，应当是在良法之下，各类主体（包括公共经济主体和私人经济主体）的共治、共享与共赢[③]，这样，才能形成“良好的治理”，才能带来“治”而非“乱”的状态，经济才可以持续，法治的秩序才能形成，整体效益才能够最大化。

所谓共治，是强调经济治理不能是单纯的政府管制，不能是消极的限制。为此，从政府的角度，必须把积极的鼓励促进和消极的限制禁止相结合；从市场主体的角度，必须使市场主体享有较为充分的权利，包括参与治理的权利，特别是参与规则形成或修正的权利[④]，等等，以确保规则能够得到较好的遵从。共治不仅涉及不同主体的共同治理，也涉及不同主体的多种手段的并用，仅从法律手段的角度看，就涉及公法手段和私法手段的并用。

所谓共享，就是要保障各类主体的利益，而不只是单纯的国家利益或政府利益、私人利益。此外，必须切实保障易被忽视或易受损害的公共利益，只有有效保障公共利益，才能实现真正的共享。

---

① 有的学者认为，良法的基本价值是秩序、公正、人权、效率、和谐。张文显．法治与国家治理现代化．中国法学，2014（4）．尽管学界对于良法所应体现的基本价值的认识未必尽同，各类具体法律制度所体现的价值可能会各有侧重，各类价值的位阶不尽相同，甚至有时存在一定的冲突，但法律制度的整体、法治经济，则应充分协调和体现上述各类基本价值。

② 周安平．善治与法治关系的辨析——对当下认识误区的厘清．法商研究，2015，32（4）．

③ 善治所包含的因素，通常被认为包括法治、参与、公正、透明、有效、责任、廉洁等。但不管怎样，善治一定与法治相关；同时，善治也一定与公民的参与、社会主体的共治有关联。有的学者认为，善治的本质特征，是政府与公民对公共事务的合作管理。据此，共治是其中的应有之义。俞可平．论国家治理现代化．北京：社会科学文献出版社，2014：59．

④ 共治与善治、法治存在紧密关联。吴汉东．国家治理现代化的三个维度：共治、善治与法治．法制与社会发展，2014，20（5）．

所谓共赢，就是在共治和共享的基础上，实现个体和整体上的增益最大化。通过手段上的共治和成果上的共享，来实现持续的良性互动或正和博弈，这对于确保经济和社会的良性运行和协调发展具有重要价值。

在推进法治经济发展的过程中，之所以要通过落实上述“三共”，来实现善治，是因为在法治的框架下，各类主体只要参与共治，就一定会要求公开、透明、公正、廉洁，这样才能使治理更有效，也才能使各类相关主体各司其职、各尽其责、各得其所，从而实现共享和共赢。

此外，要通过“三共”实现善治，就需要加强公私合作，推进公法与私法调整的协调。在这方面，前面讨论的公私合作的制度实践是一个非常好的例证。从名称上看，公私合作（Public-Private Partnership，简称 PPP），就是需要公共部门与私人部门共治，需要公共主体与私人主体共享，需要公法与私法的共同调整，并最终实现公私双方的共赢。PPP 的制度实践同时涉及公共经济和私人经济、个体利益和公共利益，政府要在财政资金不足的情况下，通过引入社会资本，更好地提供公共服务，并在保障公共利益的同时，保障社会资本的个体收益，就必须重视公法与私法的协调和综合调整。

事实上，在现实经济生活中，公共经济和私人经济关联密切，我国正在力推的 PPP 制度，正是基于两者的紧密关联；此外，在 PPP 制度中既包含多种公法制度，如经济法领域的财政法制度、税法制度、金融法制度、产业法制度、价格法制度、竞争法制度等，也包括合同法制度、物权法制度等诸多私法制度，这是 PPP 制度能够基于公共经济与私人经济的紧密关联，同时运用公法和私法手段进行综合调整，从而实现公私合作的制度基础。

正因 PPP 包含多种制度，是公法与私法交融并共同发挥作用的领域，因而单靠传统的公法或私法的单一调整都是不够的。目前我国 PPP 领域存在的问题，同公法与私法的调整失调和失衡直接相关。基于公私合作的特殊性，好的 PPP 制度应当能够有效融合公法与私法，对此，可以从 PPP 中的前两个 P 的侧重点加以解析：

PPP 制度中的第一个 P，体现的是公共性，尤其与公益性、公开性、公平性紧密联系[①]，它既要求对市场主体的行为加以规范，也要求对其基本权利加以保护。正是在这个意义上，公法规范在PPP制度中是必不可少的。

PPP制度中的第二个P，体现的是私人主体或社会资本的重要作用，它要求必须保护好私人主体的利益，使社会资本也能够在合作中获益。目前在我国推进PPP的过程中，某些私人主体的积极性不高，不愿或者不敢成为PPP的主体。但在PPP的制度设计或实践中，任何一个P都是不可或缺的，因此，必须进一步关注私人主体的利益，使其既能有适度的收益，又能对未来有较为稳定的预期，这样才能使PPP制度真正可持续。

要解决上述第二个P存在的问题，需要从公法角度作出制度安排，既要直接加强对私人主体产权的公法保护[②]，又要对公权力作出约束，使私人主体的产权免遭侵犯。为此，应强调政府的公信力，保护私人主体的信赖利益，对违约的政府部门及相关当事人要切实追责。

总之，在法治经济建设的过程中，应不断推进良法善治，在相关制度设计方面体现“三共”精神。对此，好的PPP制度应该成为范例。目前，我国存在较为突出的地方债过多、结构失衡、经济下行压力大等诸多问题，PPP制度已成为解决上述问题的重要工具。[③] 其实，若对PPP的理念加以扩展，则整个社会经济的发展，也都需要公私合作，这个重要的理念也有助于更好地理解法治经济的诸多方面。

三、法治经济更需要充分保护市场主体的权利

无论在公共经济领域抑或私人经济领域，市场主体的权利都更易受侵犯，因

---

① 张守文. PPP的公共性及其经济法解析. 法学，2015（11).

② 对于产权保护的重要性，国家已经有了更为深切的认识，为此，中共中央、国务院于2016年11月4日发布了《关于完善产权保护制度依法保护产权的意见》，其中涉及对各类主体产权平等、公平保护的问题。

③ 包括国家出台的《东北振兴“十三五”规划》，也强调要引进更多的PPP项目，通过引入民间资本来支持东北振兴。

而加强其权利保护尤为重要。事实上，法治框架下的市场经济，作为整体法治经济的基础，其发展需要在法治层面上处理好政府与市场的关系①，这样才能既发挥市场在资源配置方面的决定性作用，又能更好地发挥政府作用。针对我国当前在法治经济建设方面存在的突出问题，既要继续推动政府简政放权，加强对政府行为的法律约束，减少对市场主体的干预，又要充分保护市场主体的权利。而在市场主体的各类权利中，有两类至为重要：一类是产权，一类是公平竞争权。

（一）对市场主体产权的充分保护

法治经济的根基是法治框架下的市场经济，而市场经济的根基则是市场主体的产权。倘若不能充分保护市场主体的产权，则市场经济将难以为继，法治经济建设也毫无可能。因此，唯有制定充分保护市场主体产权的良法，才可能实现善治。

自改革开放以来，特别是实行市场经济体制以来，我国通过多层次的立法，建立了诸多保护产权的制度。尽管如此，侵犯各类主体产权的问题仍屡见不鲜，导致纠纷不断，严重影响了市场秩序和市场经济的健康发展。因此，必须坚定地依法保护各类主体的产权，其中包括国家和国民、政府和市场主体的产权，对极易遭受侵犯的市场主体的产权，尤其应予以充分保护。

“有恒产者有恒心，无恒产者无恒心”②，自古及今，产权对于个体的存续、发展及道德水平的提升，乃至对于整体经济的发展和社会的稳定运行，都至为重要。正是基于上述认识，国家才多次重申对产权的保护，强调“产权制度是社会主义市场经济的基石”，“经济主体财产权的有效保障和实现是经济社会持续健康发展的基础”③。为此，在法治经济建设方面，必须有效保护产权，切实贯彻依法平等保护和依法全面保护这两大原则。

所谓依法平等保护原则，是强调在产权保护方面，对所有的经济主体都应一

① 张守文．政府与市场关系的法律调整．中国法学，2014（5）．

② 孟子·滕文公上．

③ 中共中央、国务院于2016年11月4日发布的《关于完善产权保护制度依法保护产权的意见》。

视同仁，而不应厚此薄彼。据此，无论是公有制经济主体还是私有制经济主体，无论是国有企业还是民营企业，无论是本国企业还是外国企业，其产权都应在法治框架下受到平等保护。

所谓依法全面保护原则，是指对各类主体的各类产权的保护都应依法“全覆盖”，而不应遗漏相关产权类型。据此，无论是有形财产还是无形资产的产权，无论是动产还是不动产的产权，无论是物权、债权、股权，还是知识产权等，都应依法全面保护。

上述的平等保护和全面保护都要依法实施，而依法保护则要求建立健全产权保护的法律体系，形成相关的制度框架，这是全面推进产权保护的基础。因此，我国必须构建相对稳定、切实可行的产权保护法律体系，而不应以各种借口频繁变动既定的、合理的规则，以确保各类市场主体能够有稳定的产权预期。

（二）对市场主体公平竞争权的充分保护

除上述的产权以外，在构建法治经济的过程中，还需要充分保护市场主体的公平竞争权。公平竞争权是市场主体的经济自由权的重要体现，要有效保护此类权利，既需要从整体上加强市场体系建设，促进统一、公平的大市场的形成，又要依法限制政府的权力，防止其通过法律、政策等手段，来减损或侵害市场主体的公平竞争权。为此，我国《“十三五”规划纲要》特别强调，要“加快形成统一开放、竞争有序的市场体系，建立公平竞争保障机制，打破地域分割和行业垄断，着力清除市场壁垒，促进商品和要素自由有序流动、平等交换。”同时，要“清理废除妨碍统一市场和公平竞争的各种规定和做法。健全竞争政策，完善市场竞争规则，实施公平竞争审查制度”。

基于上述纲要的目标要求，我国建立了公平竞争审查制度①，要求对国务院各部委、地方出台的相关立法或政策进行审查，以确保其能够有效促进而不是妨

① 《国务院关于在市场体系建设中建立公平竞争审查制度的意见》（国发［2016］34号）。依据该意见，行政机关和法律、法规授权的具有管理公共事务职能的组织制定市场准入、产业发展、招商引资、招标投标、政府采购、经营行为规范、资质标准等涉及市场主体经济活动的规章、规范性文件和其他政策措施，应当进行公平竞争审查。

害公平竞争。事实上，公平竞争审查制度不仅体现了公平价值，也有助于更好地体现效率、自由、秩序和正义的价值，因而对于全国统一大市场的形成，对于资源配置效率以及整体经济运行效率的提升，都更有积极意义。①

依据公平竞争审查制度，不当的财政补贴、地方税收优惠、价格歧视、限制外地商品的流入、行政和行业垄断等影响公平竞争的行为，都要被禁止，这对于打破地区和行业壁垒，实现商品、要素的自由流动，确保市场进出和市场定价的自由，使市场主体能够展开自由、公平、有效的竞争，充分保护市场主体的公平竞争权，都是非常重要的。

从具体立法的视角看，公平竞争审查制度的实施，涉及经济法的诸多领域，包括竞争法以及财政法、税法、金融法、价格法、产业法等方方面面。如果财政补贴、税收优惠、价格歧视、金融优惠等影响市场主体之间的公平竞争，则是不被允许的。据此，竞争政策及其体现的保护公平竞争的精神，不仅要体现在竞争法中，也要融入其他相关制度，即应当把竞争政策融入经济法的各类制度。

总之，在法治经济建设过程中，对市场主体的公平竞争权尤其要依法保护，因为公平竞争、商品要素的自由流动，更有助于在统一大市场的格局下实现个体和整体的效率，充分发挥市场在资源配置方面的决定性作用。公平竞争审查制度的实施，有助于依法约束政府的行为，防止政府违法作为或乱作为，这是推进法治经济建设所必需的。

四、小结

尽管对法治经济建设各界已有一定关注，但对该领域的一些基本问题尚需深入研究。为此，前面提出并讨论了法治经济建设方面的三个重要问题：首先，公共经济也是法治经济的重要组成部分，并且公共经济的法治化具有重要的现实意义。其次，法治经济建设离不开良法善治，良法应体现并协调各类重要的法律价

① 张守文．努力创造公平竞争的制度环境．人民日报，2019－01－10（9）．

值；在良法实施过程中形成的共治、共享与共赢，是善治的应有之义；我国正在推进的PPP制度，既是法治经济建设的重要内容，又应当在良法和善治方面作出表率。第三，在法治经济建设过程中，应充分保护市场主体的权利，既要依法全面、平等地保护市场主体的产权，又要通过公平竞争审查制度等重要法律制度，全面保护市场主体的公平竞争权，这些权利的保护对法治经济建设至为重要。

目前，我国正在全力推进改革、法治与发展，这三条主线都与法治经济建设直接相关，它们既与公共经济、私人经济相交织，又与良法善治、市场主体基本权利的保护密切相连。因此，可以在上述三条主线同时并进的背景下，重申、探讨和思考前面的三个重要问题的价值和相关性。

从改革的角度看，深化改革会涉及公共经济和私人经济等各个领域，而改革必须于法有据才符合法治精神，才能有效保护市场主体的基本权利。此外，改革本身就是变法，而各类法律变革唯有符合法律的基本价值和法治的基本精神，才可能使体现改革成果的立法具有普遍适用性和可预见性，才能在改革过程中实现良法善治。

从法治的角度看，推行法治首先要有“法”，尤其要有良法，这是确保法治效果的前提。其次，法治所关注的“治”，一方面强调治理，而治理不是单方面的管制，而是共治；另一方面，“治”是一种良好的状态，是一种和谐的秩序，这才是推行法治所要追求的目标，同时，也是法治经济建设的目标。

从发展的角度看，深化改革和推进法治，都是为了更好地促进发展。加强法治经济建设，无疑有助于促进在法治框架下的改革，推动经济和法治自身的发展。无论是公共经济的法治化，还是经济领域的良法善治，以及对市场主体的各类基本权利的充分保护，都是法治经济建设的应有之义，也是推动有效发展所必需的。

可见，国家全面推进改革、法治与发展的大背景，更有助于厘清法治经济建设的重要问题，推动国家经济法治化水平的提升，由此也更有助于推进发展法学的构建。

第三节　发展导向型的税收立法

前面探讨了我国经济法治的发展导向，以及法治经济建设应关注的重要问题，对此，法治体系的各个环节都应有所体现或回应。在法治建设的各个环节中，立法无疑具有基础性的地位，在立法中体现发展导向，会有助于相关的执法、司法活动围绕促进和保障发展展开。为此，下面以受到广泛关注的税收立法为例，探讨在立法过程中的发展导向问题。

事实上，随着税制改革的深化和税收法治建设的进步，以促进经济和社会发展为导向的税收立法日显重要。在新的历史时期，“发展导向型”的税收立法应融入协调、永续和共享等发展理念，并通过税种和课税要素的变动实现制度调整，以更充分地保障各类主体的经济发展权，这对于解决以往收入导向型税收立法所带来的诸多问题，促进发展法学的构建，实现税收法治的现代化，都具有重要意义。

一、发展导向型税收立法的提出

我国要实现强国裕民的目标，就必须在深化改革和加强法治的进程中，切实融入发展理念。由于财税是治国之基础，与政治、经济、社会、文化等直接关联[①]，因而财税体制改革和财税法治建设只有体现发展导向，才能有效促进上述各领域的发展。

考虑到税收立法事关财税体制改革的成败，对于推进依法治国具有标志意

① 熊彼特（Joseph Alois Schumpeter）等所开创的财政社会学，是从国家财政入手对国家与社会发展的力量和历史展开研究，其中涉及财政与社会、经济、政治和文化变化的驱动力、制度、机制、过程和结果的思考。而税收作为财政的重要组成部分，则对社会、经济、政治等各系统的发展有重要影响。刘志广．新财政社会学研究：财政制度、分工与经济发展．上海：上海人民出版社，2012：42.

义，直接影响国家的全面发展，因而有必要从改革、法治、发展相结合的角度，来探讨税收立法的相关问题。[①] 从既往研究看，学界关注较多的是税收立法权归属、授权立法、某类具体税种立法存在的问题等，对税收立法的导向则研究甚少，但该问题直接影响税制改革目标实现、税收法治体系建设乃至经济和社会的发展，因而不可不察。

从立法维度看，好的税收立法对改革、法治和发展的促进可谓至为重要。我国在改革开放之初，税收立法开经济立法之先河，直接推动了整体的改革开放和经济法制建设。随着改革开放的深入，我国的税收立法亦不断完善。自 2014 年我国开启新的税制改革以来，税收法定原则的落实迫在眉睫。新一轮大规模的税收立法[②]，应体现何种理念、何种目标，确立何种导向，都需要加以明晰。理论界和实践部门尽管在呼吁推进税收现代化或税收法治现代化，但对于何为现代税收法治的“现代性”，尚缺少系统探讨。事实上，当代中国社会的重大时代主题和现实需求，就是“发展”，因此，在新的历史时期，在构建现代税收法治体系的过程中，特别是在税收立法方面，充分体现发展理念，强调发展导向，全面确立促进发展的税法制度，这既是“现代性”的重要体现，也是中国税收立法的重大任务和亟待解决的现实问题。为此，综合诸多现实需求，我国应在新的历史时期，推进“发展导向型”的税收立法。这就意味着税收立法不能单纯以增加政府的税收收入为导向，而应当在国家与国民的收入分配、中央政府与地方政府的收入分配，以及税收调控等方面，更好地保障企业和居民的经济发展权，从而促进国家经济和社会的协调发展。

如前所述，诺贝尔经济学奖获得者、著名经济史学家诺思曾提出，“国家既是经济增长的关键，又是经济衰退的根源”。对这一著名的“诺思悖论”，若从税

---

① 在税法研究方面，法学界往往更侧重于法律或法治的维度，而经济学界则更侧重于税制改革的维度，如果能够兼顾两个维度，再加上发展的维度，则对税法研究的深化也许更有裨益。为此，后面将从三者结合的维度做一些探讨。

② 正是基于对税收法定原则的特别强调，我国对立法规划作出了重大调整，大幅度增加了税收立法的数量，从而使税收立法驶入快车道。但越是重视税收立法，越要明晰立法导向。

收的视角加以拓展，可以理解为：如果国家的税收工具用得好，就可以促进经济发展；如果用得不好，就可能引发经济衰退。因此，良好的税收立法，对于促进经济发展尤为重要。

有鉴于此，国家如能推进“发展导向型”的税收立法，则对于解决1994年税制改革以来“收入导向型”的税收立法所带来的诸多问题，真正建立现代税收制度，实现税收法治现代化，具有更为重要的现实意义。为此，国家应在税收立法的导向上作出适当选择，全面融入发展的理念，并通过有效的制度调整，促进经济和社会的良性运行和发展。

二、收入抑或发展：两种导向的立法选择

基于税收与政治、经济、社会等诸多系统的密切关联，现代国家的税收立法历来会设定多重目标，诸如获取税收收入、实施宏观调控、促进稳定发展等，都可成为各类税收立法的重要宗旨，这是现代税法“现代性”的又一体现。由于通过税法实施宏观调控的终极目标是促进经济和社会的良性运行和协调发展，因而在一定时期，一国的税收立法的侧重点在总体上可化简为两个方面：即或者更侧重于国家获取税收收入，或者更侧重于促进稳定发展①，由此可将一国的税收立法大略分为两种类型，即收入导向型和发展导向型。

收入导向型的税收立法以往较为常见。如果一国的税收立法主要以增加国家税收收入为导向，则在具体制度设计上会更多考虑国家的税收利益，在基本课税要素的安排方面，从对谁征税、对什么征税、征收多少税，到如何征税，特别是在什么时间、什么地点征税等方面，都会力图使国家获取更多的税收收入。收入导向型的税收立法对税法的实施会产生重要影响，尤其当征纳税双方存在“征纳

① “对于一个社会来说，斯蒂格利茨认为，没有什么比经济增长和稳定发展更为重要的了。”斯蒂格利茨，等．稳定与增长：宏观经济学、自由化与发展．刘卫，译．北京：中信出版社，2008：1．正因稳定增长非常重要，现代财政学之父马斯格雷夫特别将保障稳定作为财税的重要职能，欧盟专门通过了《稳定与增长公约》，德国早在1967年就制定了《经济稳定与增长促进法》。

的模糊地带”时，征税主体往往会作出利己的解释，“疑税从无”在实践中往往难以落实。[①] 可见，收入导向型的税收立法与“国库主义”直接相关，并会影响税收法制建设的整体走向。

与上述立法导向不同，发展导向型的税收立法更侧重于通过税法制度的科学设计和有效实施，来促进经济和社会的协调发展，因而它并不把税收增长作为唯一或主要目标，而是强调国家税制要有助于促进经济的稳定增长和社会的公平正义。同时，它并非罔顾国家的税收收入，而是同样肯定国家为实现其职能而适度获取税收收入之必要，只是强调国家获取税收收入应当与经济发展水平、公共物品提供的需要等相匹配。[②] 据此，如果经济运行良好，国家依据税法合比例地获取更多的税收收入，则是对经济发展成果的分享，由此而增加的税收收入，可以更好地投入公共经济和私人经济领域，不仅不会给经济和社会的发展造成负面影响，反而会进一步推动经济和社会的发展；同时，如果国民在公共物品的质和量上有更高的要求，则当然要有更多的税收收入作为支撑。

发展导向型的税收立法所侧重的“发展”，既包括国家整体的发展，也包括国民个体的发展；既包括经济和社会的发展，也包括其他领域的发展。[③] 但相对说来，国民个体的发展以及经济的发展更为重要——特别是如果没有作为个体的市场主体的发展，没有市场经济的发展，国家的税收收入就没有根基和保障。因此，在税收立法中，应当首先考虑如何促进和保障市场主体和市场经济的发展。

由于立法历来是在各类目标和利益之间寻求平衡，因而在税收立法诸多目标

---

① 按照严格的税收法定原则，基于对国民财产权和经营自由权的保护，在税收领域应当禁止类推适用，强调“疑税从无”，以解决片面强调收入导向所带来的诸多问题。

② 与此相关，有观点认为，人均收入与用于生产公共物品的经济资源呈正相关，税收与支出的水平占 GDP 的比重随国家经济的发展而提高，因此，打破税收缴付水平低、公共物品供给效率低的“低效均衡”非常重要。CAF-拉丁美洲开发银行. 面向发展的公共财政：加强收入与支出之间的联系. 北京：知识产权出版社，2013：1-3.

③ 对于“发展”的具体内涵，学者可能会有不同的理解。例如，熊彼特认为，“发展是一种特殊现象，它打破了均衡，并且永远改变着和替代着均衡状态。我们的发展理论，只不过是对这种现象自己伴随而生的过程的论述。”熊彼特. 经济发展理论——对利润、资本、信贷、利息和经济周期的探究. 叶华，译. 北京：中国社会科学出版社，2009：83.

并存的情况下，更要加强协调，以使其服务或统一于更高层次的目标。如果国家的收入目标与国家整体发展目标相冲突，则应当服从于国家发展的目标，因为国家获取收入就是为了更好地实现整体发展。同样，如果市场主体的税收负担与其有效发展之间存在较大冲突，则应考虑适当降低其税负，以促进其发展。因为只有市场主体发展得好，其纳税能力强，国家的税收收入才有保障甚至可能增加，这与以拉弗（Arthur Laffer）为代表的供给学派的思路是内在一致的。事实上，收入与发展并非总是矛盾，应基于两者之间的辩证关系，统筹近期与长远，兼顾国家利益与纳税人权益。

从历史维度看，我国自改革开放以来，税收立法基本上是从无到有，从不完善到比较完善的过程，其间的税制变迁不断融入效率、公平等重要价值并不断升华。[①] 从改革开放之初旨在恢复重建我国税法体系的 1984 年的税制改革，到力图建立与市场经济体制相适应的税法体系的 1994 年的税制改革，再到意在持续完善税法体系的 2004 年开启的税制改革，伴随着“十年一变”的制度变迁周期，我国税收立法的基本架构逐步形成。特别是 1994 年的税制改革，对我国税收立法的整体导向影响深远，由于其中许多具体的税收立法更多地考虑了增加税收收入的目标，因而在相当程度上可归入收入导向型立法。

之所以作出上述判断，是因为我国在 1994 年进行税制改革时，所面临的突出问题是国家税收收入严重不足。由于当时“两个比重”（即财政收入占 GDP 的比重以及中央财政收入占整体财政收入的比重）过低，并由此影响国家的宏观调控能力以及其他各种能力，从而影响市场经济体制的构建和市场经济的发展，因此，增加税收收入，既是整体税制改革的直接目标，也是税收立法的重要导向。为此，此次税制改革突出了以增值税为代表的间接税制度变革，因为这些商品税的收入在当时税收收入总额中的占比可达 70%，对于确保国家的整体税收收入可谓至关重要。

应当说，在上述“两个比重”过低的历史时期，在税收立法中体现收入导向

---

① 张守文. 税制变迁与税收法治现代化. 中国社会科学，2015 (2).

是必要的，因为这直接关乎国家能力的提升，影响公共物品的提供，尤其事关市场经济发展所需要的宏观调控能力等国家能力。[①] 但收入导向型税法制度的持续实施，导致国家税收收入连续多年大幅度超过 GDP 的增速[②]，由此使国家与企业、个人的收入分配格局大变。随着国家收入在整体收入分配中占比的不断提升，新的“两个比重”（即居民收入在国民收入分配中的比重以及劳动报酬在初次分配中的比重）过低的问题又日渐凸显。因此，在新的历史时期，有必要对收入导向型的税法制度作出适度调整，尤其应从有利于国家整体发展与国民个体发展的角度，来展开相关税收制度的设计。为此，需在税收立法中融入新的发展理念，切实解决好税负适度与公平分配的问题，有效保障各类主体的经济发展权。

从立法实践看，税收立法千差万别，非常复杂，形成于不同时期的具体税法制度可能会分别侧重于获取收入或促进发展，因而对税收立法导向的认识不应绝对化。提出和关注立法导向的视角，有助于发现税法制度存在的问题，不断提升其合理性和合法性，从而使其日臻完善。例如，1994 年税制改革所确立的许多制度都具有明显的收入导向：在增值税立法方面，我国长期实行生产型增值税，纳税人的抵扣范围长期受限，这虽有助于增加国家税收收入，却不利于市场主体的发展；在消费税立法方面，国家当时推出消费税，就是为防止开征增值税可能导致的税收收入下降，因而保障或增加税收收入是其首要目标，同时，当时对汽车轮胎等仅具财政意义的税目征税，更是体现了收入导向。此外，在营业税领域对金融业税率的多次非制度性调整，在个人所得税领域的分类所得税制的安排，等等，都在一定程度上体现了收入导向。与此同时，我国因施行复合税制而形成的多税类、多税种的征收，既导致大量的税制性重复征税，又未能避免某些税种内部的重复征税，这是国家税收连续多年激

① 增加收入和宏观调控都被作为1994年税制改革的重要目标，这表明国家对汲取财政收入和宏观调控的能力非常关注，而这两大能力当时在学界亦备受重视，王绍光，胡鞍钢. 中国国家能力报告. 沈阳：辽宁人民出版社，1993：6-13.

② 高培勇. 宏观经济分析中的财政政策. 北京：中国社会科学出版社，2013：259-262.

增的重要原因。

上述收入导向型的税收立法，直接导致在国家与国民之间的收入分配向国家倾斜；而在中央与地方之间税收收入的再分配方面，则存在着税收收入向中央倾斜的问题。随着中央享有的税收收益权的日益增加，分税制及其带来的诸多问题已引起各界的普遍关注。① 因此，解决收入导向型的税收立法以及相关税收收益权的分配问题，已经迫在眉睫。

总之，当前旨在建立现代税收制度、实现税收法治现代化的税制改革，应当更加突出税制的科学性、合理性与合法性，摒弃单一的收入导向的税收立法思想，更多地融入系统思维、法治思维和发展理念，而这些方面，应首先在税收立法中加以体现。

三、发展理念的立法融入

在税收立法中，历来都要融入发展理念。其实，过去的税收立法已有诸多基于发展的考虑，从而使发展导向型的税收立法亦占有一定比重。随着我国进入新的发展阶段，税收立法尚需融入更多地相关发展理念，从而使其成为阿西莫格鲁等所强调的“包容性制度”，而非“汲取性制度”，这对于全面促进发展至为重要。②

（一）以往税收立法对发展理念的融入

从我国税收立法的历程看，随着对发展问题的日益重视，有关发展理念亦不断融入立法之中，从而形成了税法领域的一系列旨在促进发展的税法规范。特别

① 经过多年的博弈演进，我国在中央和地方之间已形成“共享型分税制”。张守文．论“共享型分税制”及其法律改进．税务研究，2014（1）．

② 德隆·阿西莫格鲁和詹姆斯·罗宾逊的思路与前述诺思的一脉相承，不仅认为制度对于国家的兴衰是重要的，而且特别将制度分为“包容性制度”和“汲取性制度”，其中前者更有助于促进一国的发展。上述制度分类虽然不限于税收制度，但同发展导向型立法和收入导向型立法有着内在的关联。阿西莫格鲁，罗宾逊．国家为什么会失败．李增刚，译．长沙：湖南科学技术出版社，2015：51-58.

是，随着2004年以来的税法变革对发展目标的日益关注，与发展有关的税法规范也逐渐增多，从而使许多具体领域的收入导向型立法逐渐转变为发展导向型立法。从整体上看，随着发展理念的更多融入，我国的税收立法已呈现从收入导向型转为发展导向型的趋势。

例如，在增值税法立法方面，我国在1994年确立的生产型增值税制度，侧重于国家税收收入的获取，因而是典型的收入导向型的税法制度，但自2004年国家在东北地区推行增值税转型试点开始，到2009年全国普遍推开增值税转型为止，增值税制度已逐渐转为消费型增值税制度，从而扩大了进项税额的抵扣范围，减少了重复征税，体现了降低市场主体负担和促进其发展的理念。此外，从2012年到2016年，不断扩大“营改增”试点范围，旨在解决营业税领域存在的影响发展的诸多问题，因而也是以发展为导向的立法过程。又如，在消费税立法方面，1994年推出的消费税制度，本身就是收入导向型立法的结果，但随着该制度的发展，其引导消费的功能逐渐被强化，到2006年消费税改制时，其征税范围被扩大至实木地板、木制一次性筷子以及多种成品油，这主要是基于保护环境、促进绿色发展的考虑；到2014年，仅具有财政收入意义的汽车轮胎税目亦被取消，更体现了消费税立法对收入导向的淡化和对发展导向的强化。类似地，资源税制度的改革，环境税的酝酿开征、企业所得税领域对绿色环保企业的优惠等①，也都是发展导向的重要体现。

因此，不能说发展导向型的税收立法不曾存在过，只是以往收入导向型的税收立法相对更多而已。其实，在现实的税收立法中，收入导向与发展导向往往同时并存于具体的税收立法中，因而说某个时期的某类具体立法体现了某种导向可能更为准确。尽管如此，在国家全力推进法治和发展的新时期，在相关税收立法中，发展理念无疑要有更多呈现。

---

① 如《企业所得税法》第27条规定，从事符合条件的环境保护、节能节水项目的所得，可以免征、减征企业所得税。

（二）新时期税收立法应体现的发展理念

当前，国家正着力建立现代税收制度，税收立法必须体现与之相适应的发展理念，如协调发展、永续发展、共享发展等，这些发展理念的落实，对未来的经济和社会发展，乃至对政治和文化等领域的发展①，都具有重要意义。从经济法的视角看，发展导向型税收立法可归属于促进型经济法②，要更好地发挥其促进发展的功能，应着力体现如下发展理念。

首先，税收立法应体现“协调发展”的理念，我国在发展方面存在突出的“三不”问题，即不平衡、不协调和不可持续，而“平衡”和“可持续”的目标，都需要通过“协调”来实现，这就要求税收立法必须努力促进各个方面的协调发展。例如，在区域协调发展方面，如何推进城乡、地区之间的协调发展，解决各类二元结构问题，历来是税收立法应当关注的重要问题。为此，我国曾在东北地区实施增值税转型试点，也曾力推西部大开发战略，就是力图通过相关税法制度的差异性安排等来促进区域的协调、均衡发展。又如，产业之间的协调发展直接涉及结构优化，目前我国经济发展过程中出现的增速下滑、产能过剩、有效供给不足等诸多问题，都与产业结构的不协调、不合理有关，因此，我国在税收立法上应促进结构优化，对国家鼓励的产业给予更多的税收优惠。

此外，经济与社会的协调发展，历来是经济法调整的重要目标，也应是税收立法的重要导向。因此，我国的许多税收制度不仅有促进经济发展的优惠措施，也有大量体现社会政策、侧重于促进社会发展的优惠措施，这对于推进经济与社会的协调发展无疑非常重要。但与此同时，也要防止因税收立法失当而产生的不协调。如以往过多的区域性税收优惠，以及税收立法“试点模式”的推行等带来

① 仅就政治发展而言，有的学者认为，税收是重要的政治工具，蕴含着重要的政治价值观，因而会影响政治领域的发展。彼得斯．税收政治学：一种比较的视角．郭为柱，黄宁莺，译．南京：江苏人民出版社，2008：55．其实，我国税法从对不同所有制企业的区别对待到对内外企业的平等征税，从重视国库收益到重视国民发展，也体现了政治价值观的变化。

② 发展导向型税收立法与促进型经济法的内在精神是一致的。张守文．论促进型经济法．重庆大学学报（社会科学版），2008（5）．

的诸多问题[1]，若不能得到有效解决，也会影响协调发展。

要推进经济和社会的协调发展，还要求相关制度相互协调，包括各类税法制度之间以及税法制度与其他制度之间的协调，否则，就难以发挥系统的整体功效。因此，在关注税法促进其他领域协调发展的同时，也要关注税法制度自身的协调发展，以及税法与相关法律制度的协调发展。

其次，税收立法还应体现“永续发展”的理念。与上述协调发展的理念相关，经济和社会发展如果存在不平衡、不协调的问题，就会不可持续，因此，实现永续发展或绿色发展，是具有宏观意义的战略问题。我国既往经济的高速增长是以牺牲环境为代价的，由此导致的全方位的环境污染，需要多种制度协同整治。在以往的税收立法中，环保理念在消费税制度、企业所得税制度、资源税制度、土地税制度等领域虽已有所体现，但在未来的立法改进中还应进一步得到凸显。例如，在消费税和资源税方面，我国对影响环境的消费品以及自然资源的生产、开发、使用等，就不仅应将其纳入征税范围，还要更多地实施税收重课措施，以体现“寓禁于征”的思想。当然，我国力推的环境税制度无疑最能体现环保理念，且与“庇古税”的思想内在契合，更有助于促进绿色发展。此外，我国在推进结构调整的过程中，对节能环保的产业给予更多的税收优惠[2]，则同样有助于落实绿色发展理念。在促进绿色发展方面，税收立法如能将上述的税收重课措施和税收优惠措施协调并用，则更有助于实现促进经济和社会协调发展的目标。

再次，税收立法应体现“创新发展”和“开放发展”的理念。这两个理念联系密切，其落实有助于解决上述的“协调发展”和“永续发展”问题。在

---

① 因强调地区差异性而影响税制统一的税收立法在我国有许多体现，特别是各类税收立法的“试点”，更是加剧了税制的不统一，并由此带来了法治、经济、社会等诸多领域的问题。张守文. 我国税收立法的“试点模式”——以增值税的立法“试点”为例. 法学，2013 (4).

② 例如，《企业所得税法》第 33 条规定，企业综合利用资源，生产符合国家产业政策规定的产品所取得的收入，可以在计算应纳税所得额时减计收入；该法第 34 条规定，企业购置用于环境保护、节能节水、安全生产等专用设备的投资额，可以按一定比例实行税额抵免。

"创新发展"方面，自熊彼特提出创新理论以来，创新便被视为促进发展的重要手段或重要动力甚至"第一动力"，通过创新驱动促进有效发展已成为普遍共识。因此，只要税收立法能够推动创新，就会有助于促进相关领域的发展。① 此外，税收立法对技术创新、经营模式创新的推动固然重要，但税法理论的创新也必不可少。尤其在互联网＋的时代，各类创新日新月异，税收立法和税法理论若不能及时跟进，便极可能或者阻碍发展，或者形成税法调整的罅漏，从而或者有违税收效率原则，或者有悖税收公平原则，这些都不利于促进相关领域的发展。

此外，税法制度对于推进开放一直发挥着重要作用。如我国改革开放之初实施的《中外合资经营企业所得税法》《外国企业所得税法》《个人所得税法》等，作为税法领域乃至整个经济立法领域最早的一批法律，对于推动对外开放可谓功不可没。随着整体税法制度的发展，原来"内外有别"的两套税制在各个税种领域都已完成整合，使各类纳税主体在我国都能依法享受平等的税法待遇，从而有利于形成各类市场主体公平竞争的外部环境，进一步促进对外开放。与此同时，一些涉外税收制度，特别是关税制度、出口退税制度的完善，对于我国外向型经济的发展，对于企业"走出去"亦甚为重要。

最后，税收立法尤其应当体现"共享发展"的理念。良好的社会应有公平的分配制度，发展的成果应当由人民共享，不应出现严重的两极分化。税法作为典型的"分配法"，应当有助于促进公平分配，有效保障弱势群体的利益，真正落实"共享发展"的理念，在实质上成为"包容性制度"，促进"包容性增长"②。为此，税法不仅要体现形式公平，更要体现实质公平，对发展落后的地区，以及

---

① 我国税法较为重视创新优惠，如《企业所得税法》第 30 条规定，企业开发新技术、新产品、新工艺发生的研究开发费用，可以在计算应纳税所得额时加计扣除。此外，该法第 28 条规定，国家需要重点扶持的高新技术企业，减按 15%的税率征收企业所得税。

② 自从 2007 年亚行提出"包容性增长"的概念以来，我国也于 2009 年开始倡导该概念，与此相对应，税收立法唯有强调发展导向，全面关注收入贫困、能力贫困和权利贫困的问题，才能成为"包容性制度"，更好地促进"包容性增长"。为此，在未来的税收立法中，应特别关注相关主体的发展权利，对此后面还将专门探讨。

发展能力较弱的小微企业等，都应适当给予税法激励[①]，以实现均衡、共享的发展目标。其实，只有实现共享发展，才能真正实现经济与社会的“协调发展”和“永续发展”。

总之，针对我国“发展失衡”的诸多问题，唯有将上述各类发展理念不断融入立法，才可能更好地解决现实经济和社会发展过程中存在的诸多“差异性”问题，才能更好地体现经济和社会发展的整体性、协调性和永续性。而上述发展理念的落实，则需要税法制度作出有效调整，以切实保障相关主体的发展权。

四、促进发展的制度调整与发展权保障

发展导向型的税收立法不仅要体现发展理念，还要有能够落实发展理念的具体手段或路径，而通过各类旨在促进发展的税法制度的有效调整，来切实保障各类主体的经济发展权，正是落实发展理念的具体路径。

（一）促进发展的制度调整

在税收立法领域，为了有效促进发展，可以采取多种制度安排，既包括税种的开征、停征、取消、合并等调整，也包括税种内部的课税要素调整。

例如，为了加强环境保护，促进经济与社会的“协调发展”，我国已开征环境税[②]；为了鼓励固定资产投资，促进经济发展，我国曾一度停征固定资产投资方向调节税，并最终废止了该税种；为了促进农业发展，有效解决“三农”问题，我国在2006年取消了农业税，此后，又取消了屠宰税、筵席税等税种。此外，为了解决“内外有别”的两套税制的问题，促进公平竞争，我国合并了多个

① 如《企业所得税法》第29条规定，民族自治地方的自治机关对本民族自治地方的企业应缴纳的企业所得税中属于地方分享的部分，可以决定减征或者免征；该法第28条规定，符合条件的小型微利企业，减按20%的税率征收企业所得税。类似的税法规定，都有助于化解分配风险，实现共享发展。

② 我国《环境保护税法》将其称为“环境保护税”，但是否要加“保护”二字，是可以探讨的。其实，对某个领域征税，本身就体现了对某种法益的“保护”；同时，税种名称通常与征税对象联系更为密切，如果“保护”二字用得不当，可能产生歧义或反义，因此，目前我国已有税种均未加“保护”二字。据此，使用“环境税”的称谓可能更为准确。

税种，如将车船使用税与车船使用牌照税最终合并为车船税；在完成房产税与城市房地产税的合并后，拟进一步开征房地产税；等等。这些税种的调整，都是为了更好地促进相关领域的经济和社会发展。

除整体的税种调整以外，各税种内部的课税要素调整，也是促进发展的重要立法路径。其中，对纳税主体、征税对象以及税目、税基、税率的制度调整，都会对相关领域的发展产生重要影响。例如，我国在2016年以前着力推进的“营改增”试点工作，就涉及上述各类课税要素的调整，而这些制度变化，对于经济结构优化乃至宏观经济的良性运行和“协调发展”，都具有重要意义。又如，社会各界高度关注的房地产税的开征，也涉及所有课税要素的调整，其不仅会影响中国房地产及其相关产业的发展，还会影响国计民生的诸多方面。

除上述基本的课税要素以外，作为特别要素的税收优惠措施更为常用。事实上，各类企业、个人、社会团体等主体对于税收减免、出口退税、税收抵免、加计扣除、加速折旧等税收优惠措施更为关注，由此使这些措施得以成为促进各类主体发展的重要手段，并影响税收立法的内容。

例如，自我国2008年国际金融危机爆发以来，随着经济下行问题的日益突出，国家的财政压力和国民的民生压力都不断增大。为了有效解决经济和社会发展所面临的诸多矛盾和问题，国家力推简政放权、减税降费，试图通过降低制度性交易成本，减轻市场主体的负担，来更好地促进其自我发展。而国家推出的各类“结构性减税”措施，无论是“营改增”，还是促进小微企业的税收优惠，无论是促进创业创新的税收优惠，还是其他配合产业政策的制度调整，都要通过发展导向型的税收立法来实现。①

（二）税收立法与发展权保障

上述旨在促进经济和社会发展的各类制度调整，已经构成了发展导向型税收

① “结构性减税”方面的立法都属于发展导向型的立法，在推进此类立法的过程中，减税权的依法正当行使非常重要，否则会产生诸多法律问题。张守文．“结构性减税”中的减税权问题．中国法学，2013 (5).

立法的重要内容。而这些立法的直接目标，则是保障各类主体的发展权。在诸多发展权中，经济发展权居于基础和核心地位，对其他领域的发展特别重要，因而对各类经济发展权，无论是国家的促进发展权，还是国民的自我发展权，无论是整体的发展权，还是个体的发展权[①]，都应通过税收立法加以保障。

在税法领域，国家的促进发展权，就是国家通过税法来调控和促进经济发展的权力，具体体现为税收调控权。国家进行税种或基本课税要素调整，以及设定和实施税收优惠等权力，都属于税收调控权。因此，上述促进发展的各类制度调整，都是国家运用税收调控权促进经济和社会发展的重要路径。此外，与国家的促进发展权相对应的，是国民的自我发展权。在不违反税法规定的情况下，无论是企业、个人抑或其他主体，都有自我发展的权利。由于国民的自我发展受税负影响较大，较低的税负更有利于国民的发展，因此，税法领域的国民自我发展权既是纳税人权利的体现，又常常具体体现为广义的税收优惠权。

从促进发展的角度看，国家的税收调控虽然在形式上体现为国家在纳税主体、征税对象、税目、税率、税基以及税收优惠方面的制度调整，但在实质上，其更为直接的目标，是通过对经济运行的调控以及对主体权益的调整，来促进各类主体以及整体的经济和社会的发展。从一定的意义上说，传统的税收征管更侧重于保障国家的税收收入，而现代的税收调控则更侧重于保障和促进各类主体的发展。

基于保障经济发展权而形成的发展导向型的税收立法，对税收执法亦有重要影响。税收执法过程中备受诟病的“过头税”或“竭泽而渔”的问题，是单一的收入导向思维的结果，是绝对应当避免的。事实上，从税法的制定到实施，都应注意防止单一的收入导向，这样才能促进个体和整体的发展。基于发展导向，税法上的诚实信用原则不仅应在理论上得到认可，还应在税法实践中得到贯彻。如果在税法实施过程中仅考虑国家税收收入，就极可能置纳税人的信赖利益于不顾，违背诚信原则的情况就会比比皆是。近几年，国家在清理地方税收优惠措施

① 张守文．经济发展权的经济法思考．现代法学，2012，34（2）．

过程中所遇到的侵害纳税人信赖利益的问题，对地方政府的公信力产生了不利影响，因而国务院才特别强调允许逐步解决，这其实更符合法治精神[①]，也更有利于促进地方的经济发展。与此相关，征税机关应从经济生活的实质和发展的需要出发来实施税法，而不应完全机械地理解和适用税法；如能做到“疑税从无”，摒弃狭隘的“国库主义”，则更有助于促进纳税主体个体和国家的长远发展。

五、小结

前述的“诺思悖论”表明，国家既要获取税收收入，又要促进经济增长，因此，收入导向和发展导向在税收立法中都会有所体现。但从未来走向和现实需求来看，发展导向型的税收立法日益重要。随着发展理念的不断融入，以及税法制度的相应调整，对经济发展权的税法保障将更加充分，税收立法的包容性会更强，对经济和社会发展的促进作用将更为突出。从改革、法治与发展三者结合的维度，打通“诺思悖论”和“包容性制度”理论，尤其有助于拓展上述问题的思考，学界如能循此深入研究发展导向型税收立法的相关问题，则既有助于促进发展法学的发展，也有助于税法学研究的深化。

从发展法学的角度看，由于大量的税法制度在促进发展方面具有重要功用，因而同样可以成为发展法学的研究对象。[②] 通过研究发展导向型的税收立法，有助于进一步思考如何通过税法的制度调整，促进经济结构优化和社会公平分配，从而有助于解决经济和社会发展的诸多问题。

从税法学研究的角度看，尽管基于税收法定原则的特殊重要性，学界对税收立法问题已有相当研究，但系统的立法理论的构建尚有很大空间。以往的税收立

---

① 针对国务院2014年发布的《国务院关于清理规范税收等优惠政策的通知》（国发［2014］62号）中存在的“一刀切”及其带来的诸多问题，国务院又于2015年发布《国务院关于税收等优惠政策相关事项的通知》（国发［2015］25号）进行相应的调整，应当说，这种调整更符合法治精神，有助于落实诚实信用原则，提升政府的公信力。

② 张守文. “发展法学”与法学的发展——兼论经济法理论中的发展观. 法学杂志，2005（3）.

法理论，着重讨论的是立法原则、授权立法、立法层级、立法主体等，有些方面已在学界形成了较为广泛的共识，但对于立法类型、立法导向等问题的研究还不够，而这些问题事关立法的方向、路径乃至整体税法体系的构建，因而确需深究。

明确立法导向，对立法实践具有重要意义。我国的各类税收立法几乎都是多元立法目标并存的，如果主要目标不清晰，则会带来诸多问题。例如，在制定《车船税法》的过程中，就曾涉及收入目标、环保目标等多重目标的冲突和争论；又如，针对当前地方财政收入不足、地方债务负担过重等问题，某些税收立法的收入导向又日渐显明。诸如《房地产税法》之类的立法，就涉及是否要将房地产税作为地方税的主体税种，以及如何增加地方税收收入的问题。但如果此类税收立法把获取收入作为首要目标，则在税法遵从等方面难免会存在诸多问题，因而需要特别慎重。

虽然从理论上说，国家的税收收入如运用得当也有助于发展，但经济的良性发展会更有助于国家获取税收收入。因此，从发展导向出发，从有效发展、和谐征纳的角度考虑，会更有助于多元目标的实现。在这个意义上说，发展导向型的税收立法，比收入导向型的税收立法更为可取。

在经济和社会发展的新阶段，在构建现代税制的新时期，从改革、法治与发展相结合的维度看，在税收立法领域尤其应解决好税制统一与分散立法、税网无漏与税制简明、收入导向与发展导向等关系，切实转变政府的职能和观念，不断提升发展导向型税收立法的质量，从而更好地促进经济和社会的良性运行和协调发展。

第四节　整体经济法治的发展导向

随着对发展理念的强调和对发展目标的重视，发展导向不仅会体现在税收立法等经济立法中，而且会“扩展”适用于整个经济法治领域，从而形成发展导向型的经济法治。考虑到在这方面存在大量有代表性的实例，下面仅以社会各界关注较多的增值税立法和资本市场监管执法为例，分别从宏观调控法和市场规制法的维度，说明实行发展导向型的经济法治的必要性和重要性，在此基础上，进一步探讨发展导向型的经济法治对于优化营商环境的重要价值。

一、增值税立法的发展导向

税收立法在收入分配、宏观调控、保障稳定方面发挥着重要作用，增值税作为我国第一大税种，其相关制度建设直接影响上述税收立法作用的发挥。随着我国“营改增”试点工作的全面完成，国家迫切需要落实税收法定原则，结合原来的增值税和营业税制度，制定几乎覆盖经济生活各个领域的统一的增值税法，这是税收立法乃至整个经济立法领域都应关注的重大问题。而要提升增值税立法的质量，确保其未来的法律实效，则尤其要体现新发展理念，特别是创新、协调、开放的发展理念，并由此体现立法的发展导向。

（一）增值税立法应体现创新发展理念

增值税是我国最重要的税种，其覆盖范围广，影响社会经济生活的方方面面，在整个税收收入中占比最大。增值税作为一个较为年轻的税种，其本身就是理论创新和制度创新的结果。增值税制度自 20 世纪 50 年代开始在法国率先实施，至今已在 170 多个国家推展，得到全球绝大多数国家的认可，体现了各国在税制改革和创新方面的努力和追求。

我国当前的增值税立法要体现创新发展的理念，至少要强调两个方面：一方面，增值税制度要鼓励经济的创新发展；另一方面，增值税制度自身也要创新发展。

首先，统一的增值税立法要有助于推动经济的创新发展。增值税因其“道道课征，税不重征”，而被认为更能体现“税收中性”的原则，并且，它更有助于专业分工的细化和经济结构的调整。目前，如何优化中国的经济结构事关重大，而创新发展则是必由之路。在经济创新发展的过程中，增值税制度通过全链条的环环相扣，对货物和劳务的全覆盖，在整体上有助于均衡税负，并保持经济的稳定增长。

与此同时，在“营改增”过程中产生的创新型企业一定时期的抵扣不足、税负增加的问题，也需要得到综合解决。毕竟，对某些轻资产的创新企业来说，其可抵扣的项目相对较少，由此使其抵扣权的行使会受到局限，而因抵扣权行使不充分而产生的税负增加问题，是需要特别关注的。为此，需要增值税立法在强调普适性的基础上，关注税负的均衡性，这对于推进创新发展更为重要。

其次，增值税立法不仅要从其功能的角度关注如何促进经济的创新发展，还要关注其自身的创新发展。我国近期的税收立法是在高度重视落实税收法定原则的背景下展开的，国家立法机关要在 2020 年前完成把各类税收暂行条例上升为税收法律的目标，任务是非常艰巨的。为此，立法机关一方面按照“先易后难”的原则，先对环境保护税、烟叶税等进行立法推进；另一方面，在立法过程中，非常强调和重视所谓的“平移”原则，如“税负平移”“制度平移”等。这种“平移”，固然有助于减少立法成本，推进立法的速度，但是否应该在各个税种立法中都进行“平移”？如果都“平移”，最多算是在形式上落实税收法定原则，实质上距离税收法定原则的要求还会有距离，特别是在合理性方面难有进步，更不可能有什么“制度创新”[①]。

因此，基于创新发展的理念，必须进行真正的税制改革，在立法结构、规范内容等方面进行真正的创新。即使在立法体例或立法形式上，也不能再照搬过去的税收暂行条例，而必须基于重要立法应有的形式或体例，来设计增值税法的基本框架。这对于推进增值税制度自身的创新非常重要。

例如，从已颁布实施的《环境保护税法》以及其他多部从税收暂行条例上述为税收法律的立法文本来看，它们尽管名义上是“法律”，但基本上仍沿用“条例”的框架和格局。未来出台的统一的“增值税法”作为一部重要的税收法律，不应沿用既往的“税收暂行条例”的框架和格局，而应当具有一部重要法律所

① 张守文. 税制改革与税收立法的完善——以烟叶税为例. 法学杂志，2018，39（2）.

必备的基本要素，如立法宗旨、基本原则等，尽管这在一般的立法技术上并不是创新，但对增值税立法而言却是一种创新，并且，这种创新还应影响其他税种的立法，毕竟，每个税种立法的宗旨和原则还是有差别的。这是在强调税收法定原则的背景下，在努力解决“部门立法”弊端的前提下，应当推动的制度创新。

（二）增值税立法应体现协调发展理念

协调发展理念在增值税立法中的体现，涉及多个方面。其中，增值税立法与经济发展相协调、增值税立法与税法以外的法律制度相协调、增值税立法与税法领域的其他税法制度相协调，以及增值税立法的内部规范或制度之间相协调，尤其需要强调。

首先，增值税立法要与经济发展相协调。增值税作为以“应税的货物和劳务”为征税对象的税种，几乎覆盖经济的各个领域。特别是现代增值税制度，更是强调覆盖的广泛性，其对经济发展的影响会更为突出。因此，必须特别强调制度与经济之间的协调，尤其应构建具有“包容性”的“好的制度”，使其能够更好地促进经济的协调发展。

其次，增值税立法也要与税法以外的法律制度相协调。例如，增值税的征收要以货物的销售、劳务的提供为基础，因而涉及大量的交易，这就需要以民商法的调整为基础，强调相关增值税制度与民商法规范的协调。据此，从物权到债权，从有形资产到无形资产，从动产到不动产，在制度的界定、适用方面，都要相互协调。此外，增值税的制度设计，还要与经济法领域的相关制度相协调，其中，财政法、金融法、产业法、价格法等诸多方面的具体制度尤为重要。只有上述制度只有相互协调，才能更好地发挥法律系统的整体功用。

再次，增值税立法还要与税法领域的其他税法制度相协调。建立在“营改增”基础上的统一货物与劳务两类征税对象的增值税立法，与消费税、关税、所得税等税法制度都有关联，需要在上述制度的完善过程中相互协调。上述各类制度只有相互协调，才能更好地促进发展，这不仅有助于解决在多个国家之间可能发生的贸易摩擦或贸易战等问题，也有助于保持本国经济的长期稳定发展。[①]

最后，增值税法内部各类制度或规范之间同样需要有效协调。例如，原来征收增值税的部分，与原来征收营业税的领域，就需要在统一的增值税立法中得到协调。既然是“统一”的增值税立法，就更要体现其统一性和协调性，包括在纳税主体、税基确定、税率结构、征税范围、税收优惠等方面，要更多地加以协调以实现制度的统一性。从国际增值税制度的发展看，有些国家实行的是单一税率，其实就是为了提高协调性和统一性。[②]

（三）增值税立法应体现开放发展的理念

增值税立法应在多个方面体现开放发展的理念，其中，对国外开放，对社会公众开放，以及增值税制度自身的开放，尤为重要。

第一，增值税立法对国外开放，首先是指增值税立法应吸收各国增值税立法的优秀成果。从欧洲到澳洲，从发达国家到发展中国家，从实行传统增值税制度的国家到实行现代增值税制度的国家，都有增值税立法的大量成功经验和失败经验，很值得借鉴。[③] 其次，增值税立法对国外开放，还指其相关规范应充分体现国民待遇和平等征税原则，而不应实行内外有别的两套税制，这对于推动经济的对外开放更有意义。

第二，增值税立法对社会公众开放，是民主立法、科学立法的必然要求。增值税立法非常复杂，关系到社会经济生活的方方面面，其在不同地区、不同行业、不同领域的制度实施，可能存在特殊性，因而需要广泛听取社会公众的意见，以确保制度的设计和实施能更好地体现税收公平原则和税收效率原则，并在法治的框架下，全面兼顾效率和公平。

① 各类税法制度与国内国际的贸易、投资等都密切相关，其制度协调和完善也有助于贸易战问题的防避和解决。张守文．贸易战、全球经济治理与经济法的完善．武汉大学学报（哲学社会科学版），2019，72（5）．

② 有些学者建议减少增值税税率档次。陈晓光．增值税有效税率差异与效率损失——兼议对“营改增”的启示．中国社会科学，2013（8）．

③ 罗秦．OECD成员国增值税最新发展及启示．国际税收，2017（3）．

第三，增值税立法自身的开放，是指此类立法不应僵化，而应随着经济和社会的发展不断进行自我调整，从而保持制度自身的开放性和发展的包容性，这样才能更好地实现增值税法的相关目标。

总之，在增值税的立法中，需要体现发展理念，落实发展导向，这样才能使增值税立法能够有效保障和促进经济和社会发展，同时，也提升税收立法质量和税制现代化水平。而中国税制的现代化，须通过各类税收立法的不断优化来实现，为此，就需要在立法过程中不断体现各类新发展理念。

此外，增值税立法当然也要体现“永续发展”和“共享发展”的理念，因为它们与增值税制度的长期目标关联更为紧密。但相对说来，在制度设计方面，创新、协调和开放的理念对增值税立法的影响更为直接。只有将这些理念真正贯穿于增值税立法之中，并切实解决立法方面的突出矛盾和问题，才可能制定出一部更加符合中国实际和国际惯例、更能取得较好法律实效的“增值税法”，才能通过这样一部适用范围广泛的法律，更好地促进经济和社会的发展。

二、面向发展的适度监管

前面是从宏观调控法层面的增值税立法的角度，探讨经济法治的发展导向的问题，考虑到执法、司法等环节的发展导向对经济法治同样非常重要，因而还有必要从市场规制法层面的执法和司法视角，探讨经济法治的发展导向问题。

在市场规制法的执法活动中，涉及诸多领域的规制或监管问题，其中，金融市场特别是资本市场的监管问题，竞争行为的规制问题等，历来为各界高度关注。只有处理好相关的监管或规制问题，才能发挥市场规制法促进和保障发展的重要功能。为此，下面以资本市场监管为例，说明面向发展的适度监管的重要性。

资本市场的监管，历来为社会各界高度关注，究竟是否要监管、怎样监管、监管的方式、程度如何，都会影响资本市场乃至整体经济的发展，因而不可不慎。监管是由政府或其职能部门实施的重要执法行为，也是经济法治的重要环节，能否通过监管来促进和保障发展，是各界高度关注的重要问题。为此，有必要基于"关系-监管-发展"的分析框架，探讨政府与市场的定位，明晰两者之间的关系，在此基础上，再分析如何在市场监管中体现上述定位，并服务于发展的目标，其中贯穿的核心思想是：资本市场的监管要处理好政府与市场的关系，就必须贯彻适度监管的理念和原则，以形成"面向发展的适度监管"。

（一）关系的维度：政府与市场的定位

在法律调整的诸多社会关系中，政府与市场的关系无疑非常重要。只有在相关法律制度中明确政府的职能、职权和职责，界定政府的边界，才能厘清政府与市场的关系，并据此构建现代经济体制。①

现代国家的经济职能，主要就是宏观调控和市场监管，我国多年前就已将其定为政府的主要职能，同时，为了完善金融体制，规范金融市场秩序，有效防范和化解金融风险，我国还通过大量金融法律确立了多个金融监管主体的市场监管权，这是明确金融监管领域的政府与市场关系的制度基础。

中国的资本市场虽然起步较晚，但发展迅速，情况复杂。受多重因素交织影响，资本市场是一个名副其实的"复杂性系统"，充满了"复杂性问题"，需要对其进行特别监管，为此，能否处理好政府与市场的关系可谓事关重大。按照波兰尼的"双向运动"理论，一方面，从资本市场的角度看，会更强调市场因素或市场机制，希望减少政府干预（在中国资本市场的发展历程中，每次遇到较大波动时，都会有这个方面的声音）；另一方面，从政府监管的角度看，资本市场的复杂性、盲目性以及对社会经济稳定发展的特殊重要性，恰恰要求政府实施有力的监管。为此，一国的经济法治必须兼顾这两个方面，并对政府与市场的资源配置进行动态调整。

此外，按照诺贝尔经济学奖获得者缪尔达尔的理论，由于资本市场的影响因素众多，存在着大量复杂的博弈，因而会形成"多重的累积因果影响"。面对如此复杂的市场，要在监管过程中处理好政府与市场的关系，就需要切实贯彻监管

① 张守文．现代经济体制的构建及其法治保障．政法论丛，2019（1）．

的三大原则，即法定原则、适度原则和绩效原则，它们是经济法的三大基本原则在监管领域的具体化。只有一方面强调监管法定，在法治的框架下去协调政府和市场的资源配置，规范政府和市场主体的行为，另一方面强调监管适度，使监管符合规律、符合法度、符合比例，才能更好地发挥市场机制和政府监管部门的作用，从而在法定和适度的基础上，取得相应的监管绩效，从而实现相关发展目标。

因此，在推进资本市场的法治建设、加强监管的过程中，要处理政府和市场的关系，就需要遵循监管的三大基本原则，这样才能使政府和市场主体各司其职、各尽其责、各得其所，从而不断提高监管的遵从度，实现监管的效益，促进和保障资本市场的发展，进而促进整体经济的发展。而在上述三大原则中，目前亟待落实的是适度监管原则。

（二）体现发展导向的适度监管

我国社会主要矛盾的变化，实际上就是发展矛盾的变化，对明确资本市场法治建设的方向同样非常重要。由于我国资本市场发展不平衡、不充分的问题，是当前亟待解决的现实问题，因此，必须面向资本市场的发展，以发展为导向，在法治的框架下，进一步改进和完善监管制度，切实推进适度监管。

首先，适度监管应体现“包容性”。依据阿西莫格鲁等人的理论，“包容性”的制度更有助于促进发展，而“汲取性”的制度则不利于发展[①]，因此，资本市场的监管制度应具有“包容性”，要保障、促进而不是遏制资本市场的发展。为此，应当给市场主体更大的发展空间，充分发挥中介机构、行业协会的作用，从而使具有差异性的各类主体都能各展其能、各得其所，并由此促进整体的市场发展。

其次，适度监管应体现“平衡性”。只有体现监管者的监管能力和被监管者的承受能力之间的平衡，监管才可能是适度的和更为公平的。尽管监管对于防控风险非常重要，但监管受体必须可以通过努力来满足监管要求。如果市场主体根

① 阿西莫格鲁，罗宾逊. 国家为什么会失败. 李增刚，译. 长沙：湖南科学技术出版社，2015：51－58.

本无法达到监管目标，或者成本极高，就存在监管不适度的问题，并会由此导致监管失衡。只有监管者与被监管者有效互动，及时沟通信息，发现问题，才能更好地体现监管的平衡性。

再次，适度监管应体现"差异性"。现实的市场、市场主体存在诸多差异，应注意分类监管，不能搞"一刀切"。基于经济法上的"差异性"原理，针对现实存在的诸多"差异性"，监管必须更加审慎，要分类施策。在大数据、人工智能的时代，实行分门别类的、更为精准的监管是更有可能性的。监管科技的引进，有助于取得更优的监管绩效。

最后，适度监管应体现"规制性"。监管作为特殊的规制，同样应当把积极的鼓励促进和消极的限制禁止相结合，使守法的主体能够得到肯定的评价和有效的激励。为此，把监管与相关主体的信用评级或"信用减等"结合起来是较为可取的。信用好的企业在市场上能够多受益，反之则相反，这样就会使市场主体更乐于合规，从而提高其监管遵从度。在依法保障社会公共利益的前提下，使监管切实与市场主体的利益结合起来，让市场主体在合规中实现自己的相关目标，对各个方面都更有裨益。

总之，无论是机构监管还是行为监管、功能监管等，都需要在监管中处理好政府与市场的关系，强调监管的适度性，而不能只是片面地强调"强监管""严监管"。就像拉弗曲线所体现的思想一样，只有监管适度，市场主体才乐于遵从，整体的监管绩效才会更好，这更有助于促进资本市场和整个市场经济的发展。

三、营商环境与整体经济法治的发展导向

前面分别从宏观调控法和市场规制法的层面，在具体的增值税立法和资本市场监管方面，讨论了经济法治的发展导向问题，而经济法治只有切实以发展为导向，才能真正有助于推进营商环境的优化，从而推动整体的经济和社会发展。

营商环境欠佳是各界高度关注的现实问题，优化营商环境需要各个方面的努

力，尤其需要切实转变政府职能，减少政府的不当干预，建立良好的“政商关系”。为此，我国出台了大量文件，强调保护产权和企业家精神，并通过“放管服”等改革转变政府职能，但相关政策效果似乎并不明显。① 在这种情况下，在经济法治中切实体现发展导向，对于优化营商环境会更为重要。

从经济法的角度看，政府的重要经济职能，是宏观调控和市场规制，而这两项职能的正确履行，都应有助于营造好的营商环境，形成政府与市场的良好关系。在这个方面，需要把握两个重要的“度”，一个是市场自由度，一个是政府干预度，两个“度”都必须“适度”，否则就会影响经济和社会的发展，也会影响政府的公信力和合法性。因此，经济法的重要任务，就是不断调整这两个“度”，实现其动态协调，并应结合中国现阶段的具体实际，推动政府职能转变，塑造良好营商环境。

（一）两个“度”都要“适度”

一国市场经济的有效发展，需要较高的市场自由度，也需要适当的政府干预度，两者要协调“适度”。其实，这里的“适度”，既是处理好政府与市场关系的需要，也是经济法上的“适度”原则的体现，与前述的包容审慎原则等存在内在关联。

第一，较高的市场自由度是市场经济有效发展的基础。

市场自由度，首先体现为市场主体生产、经营、交易的自由，特别是具体的商品、资本、劳动力等方面的自由，没有这些自由，市场机制就难以充分发挥作用，资源配置的效率就会大大降低，这也是为什么市场自由度相对较高的国家，其市场经济更具有活力的重要原因。②

市场自由度可以通过很多重要指标来表征或体现。例如，市场主体的市场进出自由度，尤其在市场准入方面是否有限制，在民企与国企之间是否有区别，在

① 对于放管服与优化营商环境方面的探讨，可参见宋林霖，何成祥. 优化营商环境视阈下放管服改革的逻辑与推进路径——基于世界银行营商环境指标体系的分析. 中国行政管理，2018 (4)。

② 与此相关，我国大力推进的自贸区和自贸港建设，也都是把多个方面的市场自由度的提升作为重要目标或手段。

大企业与中小企业之间是否存在差异？上述区别或差异哪些具有合理性？等等，这些都需要深入的研究。

第二，适当的政府干预度是实现多元价值的保障。

市场的自由不能是无限的或不受限制的。市场自由更多的是基于效率因素的考虑，但一个国家的发展，还需要考虑公平、秩序、安全、正义等诸多价值，因此，还要有政府对市场的调控和监管，以及更广泛意义上的干预。政府的有效调控和规制，对于限制市场的不良作用是有积极意义的，无论从解决市场失灵问题的角度，还是全面体现应然价值的角度，都应当更好地发挥政府的作用，因此，应关注与市场自由度相对应的政府干预度。

政府干预是对市场自由的重要限制，它有多种体现，如征税、收费、审批、管制、交易限制、关税壁垒等，都构成了对市场自由的限制。而所有的这些方面，都会在经济上加重市场主体的负担①，这些负担无论是经济性的还是非经济性的，无论是制度性的还是非制度性的，都需要在经济法理论和实践中被关注。

第三，切实体现调制适度原则。

在政府主体与市场主体的关系中，政府处于强势地位，因此，加强对政府的约束，减少政府的不当干预，确保政府正确履行职能，历来都非常重要。这也是经济法将规范调制行为作为重点，强调调制法定、调制适度、调制绩效三大原则的重要原因。仅以税收负担为例，目前各界普遍感到税收负担过重，尽管政府一直呼吁减税降费，并至少在 2008 年发生金融危机后，一直推动结构性减税，但很显然并没有实现预期目标，即使是“营改增”，也在建筑业等行业发生了税负增加的情况。此外，中美贸易战及其背后的关税战，更是加重了市场主体的负担；从国家到企业、到个人的举国“高杠杆”，导致各类主体债务负担普遍偏重，又进一步增加了各个方面的成本和负担，这些都会影响市场自由度。

无论是市场自由度，还是政府的干预度，都需要“适度”，因此，在经济法

① 政府干预度过高会加重企业的负担。相关分析可参见夏后学，等. 营商环境、企业寻租与市场创新——来自中国企业营商环境调查的经验证据. 经济研究，2019，54（4）。

上，需要从直接约束政府的角度，确立调制适度原则，只有适度，才可能保障公平，才可能更有效率，并实现更好的绩效。

（二）优化营商环境的相关条件

优化营商环境，需要明确其前提、基础、路径等相关条件，以确保市场主体可以安心从事生产经营活动，从事市场活动，并为社会创造价值。现分述如下。

第一，政府的职能转变是优化环境的前提。

中国的改革开放，主要是政府主导型的，市场经济发展处处体现了各级政府的重要推动，而难以自生自发。随着中国市场经济基本框架的建立，以及市场化程度的不断提高，政府的职能和角色也需要适时转变，尤其是地方政府，不应再以市场参与者的身份出现，而应置身于市场之外，成为真正的市场培育者、监管者，中央政府也应从全国统一市场或现代市场体系建设的角度，转变政府职能，更多地促进市场主体的公平竞争，通过建立更有效的制度，切实优化营商环境。

第二，构建现代化经济体系是优化营商环境的基础。

营商环境是市场主体从事市场活动的外部环境，它不仅需要纸面的制度和文件倡导，更需要真正的制度落实。因此，在中国推进经济现代化的新阶段，需要切实构建现代化经济体系。尽管人们对该体系有诸多解读，对其构成有诸多层面的理解，但最重要的是两个方面，即现代市场体系和现代经济体制，它们直接对应于营商环境和政府职能，这是经济法研究需要特别关注的。

第三，减负与转型是优化营商环境的重要路径。

在现阶段优化营商环境，特别需要减负与转型。如前所述，在减负方面，就是减轻市场主体和政府主体的负担，其中，一方面要减轻市场主体的税费负担，以及其他各类合法和非法负担，使其可以轻装上阵，参与市场竞争；另一方面，也要削减政府的不必要的职能，切实优化其职能、职权配置，使其可以减轻负担。在转型方面，就是要使政府在职能转变中切实转变为现代政府，转变为有限政府，成为不与市场主体争利的、主要发挥调控和规制职能的组织，同时，市场主体只有在科技革命发展、全球化、信息化的背景下不断转型升级，才能真正形成自己的竞争优势和地位，并成为优化资源配置的重要主体 。

第四，在保障公益的前提下减少政府干预。

改善营商环境，需要真正减少干预，减少非理性的“折腾”，真正实行负面清单制度，使市场主体有更大的自由度。从经济法的角度看，如果行为不影响国家利益和社会公共利益，不影响公平、正义、秩序、安全等价值，则政府一般都不应干预，这样，市场主体就能够有更为稳定的预期，就可以“安心”生产高质量的产品，提供优质服务，通过为社会做更大的贡献，来获取自己的利益，并得到社会的认可，从而形成良性循环，这无疑有助于经济和社会的良性运行和协调发展。

总之，营商环境与政府职能的优化，涉及经济法领域要解决的政府与市场这一基本关系，涉及对政府与市场两大资源配置系统的认识，既是经济法的基础理论问题，也是具有重要现实意义的实践问题，需要认真研究如何更好地完善营商环境，并不断推进政府职能的优化和改进。这是一个动态的长期任务，需要我们持续不断地予以回应和解决。

四、小结

以上分别从宏观调控法和市场规制法的层面，以具体的增值税立法和资本市场监管执法为例，讨论了发展导向在经济法治方面的体现和落实问题，以及体现发展导向的经济法治对营商环境的重要影响。尽管不同的制度存在一定的差异性，但无论在立法，还是在执法、司法、守法等环节，都需要处理好政府与市场的关系，都需要融入基本的发展理念，最终目标都是要保障和促进经济与社会的发展。

为了在经济法治实践中体现发展导向，各类制度的制定和实施，都应当具有包容性，并基于现实差异性，体现制度的规制性，最终实现平衡性。在此过程中，包容审慎原则在宏观和微观层面都会受到重视。事实上，我国在金融调控领域已明确提出宏观审慎原则，在市场监管领域，更是大力强调包容审慎原则，特别是基于促进发展的目标，对新经济、新业态、新模式更强调适用包容审慎原则。由此可见，发展目标、发展导向已渗入经济法治的诸多领域，这是发展法学研究的重要现实基础。

从前述发展权利的分配到发展负担的调整，从发展导向的立法到法律实施，都需要整体的经济法治体现发展导向。只有基于此类经济法治的框架，才能进一步优化营商环境，更好地处理政府与市场的关系，并推进经济和社会的良性发展。

第五章　现代化经济体系的法治保障

建设现代化强国，是国家确立的重要发展目标，为此，必须在经济、法治等诸多领域实现现代化。要在经济领域实现现代化，就必须建立现代市场体系和现代经济体制，并在此基础上构建现代化的经济体系，而整个经济体系的现代化进程，则须臾离不开法治的保障。

为此，下面拟从经济法学和发展法学的维度，揭示经济法制度对于支撑、促进和保障现代化经济体系构建的重要功能；在此基础上，再分析从传统经济体制转型为现代经济体制过程中的法治保障问题，探讨在构建现代市场体系的过程中，如何通过公平竞争审查制度的建立，来确保经济领域的公平竞争，从而更好地促进经济和社会的发展。

第一节　现代化经济体系的发展法学解析

经济体系与法律体系，都是保障一国稳定发展的重要系统。在建设现代化经济体系的过程中，须臾也不能脱离法律制度，其中经济法尤为重要。解析经济法对现代化经济体系的重要影响，有助于推进发展法学的构建。

经济法是“发展促进法”，它能够为经济体系的复杂结构提供有力支撑；同时，在经济体系走向现代化过程中的结构优化，也需要经济法的促进和保障，因此，经济法对经济体系的现代化不可或缺，应弥补实践中忽视经济法相关功能的缺失。

此外，从整体经济全面发展的角度，应将公共经济纳入现代化经济体系的建设中，从而全面推进私人经济与公共经济等多重二元结构的优化，并在法治框架下建设现代化经济体系，这既有助于实现国家治理的现代化以及整体现代化，也有助于拓展发展理论和法治理论，深化发展法学的研究。

一、现代化经济体系构建的法律缺失

自改革开放以来，我国一直着力推进多个领域的现代化。由于经济现代化是全面现代化的基础，而传统的经济体系因存在诸多缺失而难堪大任，因此，在推进现代化国家建设的新时期，构建现代化的经济体系便被置于重要地位，并成为亟待解决的重大现实问题。

要建设现代化经济体系，需首先明确其基本构成要素。对此，人们大都从经济的维度，着重研讨相关的市场体系、经济体制等问题，并已取得不少成果。[①]但从法律视角看，法律制度对经济体系的构建历来具有直接而重要的影响，“现代国家”的经济体系无不与法律体系紧密结合。我国目前在经济体系建设和研究方面的重大缺失，恰恰是缺少法律视角的思考，对相关法律的功能重视不够，这一缺失亟待弥补。

事实上，任何体系的构成和建设都要依循相关规则。一国经济体系的建立和发展，须臾不能脱离法律制度，特别是与经济相关的各类法律制度，其中，

---

① 张辉．建设现代化经济体系的理论与路径初步研究．北京大学学报（哲学社会科学版），2018（1）：105-116；刘威，周士跃．现代化经济体系研究述评．改革与战略，2018（5）：11-16；等等。

经济法制度对经济体系的不断优化尤为重要。当前，在国家着力构建现代化经济体系的背景下，我们非常有必要基于该体系的构成要素，为其全面建设提供经济法的制度支撑；同时，还应分析如何运用经济法来对其结构优化予以“促进”，并对其持续发展加以“保障”，这是对现代化经济体系建设的重要补缺。

具体说来，经济体系作为由多种构成要素（或称子系统）结成的统一整体，是一个非常复杂的经济系统[①]，其构成要素之间的整合，不仅靠经济上的“联结”，也有赖于法律上的“维系”和“约束”。就经济体系与经济法制度的具体联系而言，经济体系的复杂结构要依法形成，尤其离不开经济法制度的“基础支撑”；同时，其各类子系统的优化乃至整体完善，需要多种制度的推动，尤其需要经济法的“有效促进”；另外，经济体系的持续发展，需要兼顾系统内外的协调与均衡，也离不开经济法的“持续保障”。如果经济法缺失或缺位，则经济体系的建立、维系和发展是不可想象的。

鉴于经济体系作为一个复杂系统，在不断走向现代化的进程中，需要通过经济法来促进和保障，而由此形成的经济与法律互动的“大系统”，又会涉及诸多层面的结构和功能问题，因而可以构建“现代化-经济体系-经济法”的理论框架，并由此展开具体的“结构—功能”分析。这样，可以基于现代化的发展目标，把经济体系与经济法紧密联系起来，并在两者的互动中发现其中蕴含的规律，揭示现实经济体系建设中存在的不足。

为此，后面拟依循上述理论框架，运用“结构—功能”分析方法[②]，探讨现代化经济体系的基本结构及相应的经济法支撑，分析在经济体系的现代化过程中如何加强经济法的有效促进和保障，从而揭示经济法的支撑、促进和保障功能的重要价值，在此基础上，还将从发展理论和法治理论的视角，在经济层面和法治

---

① 有学者认为，现代化经济体系是由多维度、多层次的经济子体系构成的经济大系统。季晓南．加强现代化经济体系的理论和实证研究．行政管理改革，2017（12）：26-30.

② 著名社会学家帕森斯等主张的结构功能主义或结构-功能分析方法，对现代化理论有重要影响。刘润忠．试析结构功能主义及其社会理论．天津社会科学，2005（5）：52-56.

层面作出理论拓展，对现代化经济体系进行扩大解释，强调公共经济与法治框架的不可或缺。

在后面的探讨中试图说明：现代化经济体系的建设，尤其需要经济法，如果经济法缺位，就难以建立现代化的经济体系；经济体系与经济法体系在“结构-功能”上紧密相关，经济体系的基本构成、结构优化与整体发展，同经济法的支撑、促进和保障功能存在内在关联；经济体系的现代化问题应成为发展理论和法治理论的研究对象，这对于推进经济法理论研究，构建发展法学，解决现代化经济体系建设方面的诸多问题，都有重要价值。

二、经济体系复杂结构的经济法支撑

在“现代化-经济体系-经济法”的理论框架中，经济体系是实现现代化的基础，也是经济法促进和保障的对象，因而有必要先对具有基础地位的经济体系加以解析。历史经验表明，一国的经济体系只有从传统、落后向现代、先进“转化”，才可能建成“现代国家”。而要构建现代化的经济体系，则必须先明晰其构成要素，揭示其基本结构及相应的制度支撑。因此，有必要从“结构分析”的视角，揭示现代化经济体系的基本构成，这对该体系的依法构建非常重要。

经济体系作为“复杂性系统”，会呈现为多个层面诸多要素错综交织的复杂结构。[①] 从经济类型、经济理念、经济机制和经济体制四个维度看，不同层面的要素及其所构建的经济体系，都离不开经济法制度的支撑。如果经济法制度缺失，则各个层面的要素都会受到影响。为此，后面将着重从上述四个维度，对各类要素结成的复杂结构加以解析，以揭示经济体系的基本构成，说明经济法支撑功能的重要性和必要性。

---

① 对于这种复杂性系统，我们可引入复杂系统范式展开研究。殷杰，王亚男．社会科学中复杂系统范式的适用性问题．中国社会科学，2016（3）：62-79.

首先，从经济类型的维度看，现代化经济体系的基本构成，体现为实体经济与虚拟经济的“虚实二元结构”[①]。其中，实体经济作为经济体系的骨架和基础，应得到现代金融体系的有力支持[②]，并且，实体经济和金融体系的发展都离不开经济法的有效调整。在制度实践中，财税法、金融法、产业法、竞争法等经济法制度，对于促进实体经济发展尤为重要，而金融调控制度、金融监管制度、公平竞争制度等，更是金融体系须臾不可或缺的重要制度支撑，它们尤其有助于防控金融风险，推动金融体系服务于实体经济，保障实体经济与金融体系的健康运行。

其次，从经济理念的维度看，现代化经济体系需要将重要的经济理念融贯其中，特别是创新理念、绿色理念、开放理念等，更需着重落实，以体现创新性、永续性和开放性。由于传统经济体系存在创新不足、以牺牲环境为代价、开放度不够等问题，因此，能否体现上述经济理念，是现代化经济体系有别于传统经济体系的重要标志。基于上述经济理念，只有发展创新型经济、绿色经济和开放型经济，才能不断优化经济体系的结构，提升经济发展的质量，并获得全球竞争优势。而在促进创新发展、绿色发展、开放发展方面，财税制度、金融制度、产业制度、竞争制度等各类经济法制度，都能从不同角度提供有效的制度支撑。

再次，从经济机制的维度看，现代化经济体系需要有三类机制，即市场机制、分配机制、区域发展机制，并由此形成三大体系，即现代市场体系、收入分配体系、区域发展体系。上述三类机制或三大体系，对现代化经济体系均有重要影响，且相互间存在紧密关联。例如，没有统一公平、竞争有序的现代市场体系，就无法形成现代化的经济体系；基于现代市场体系的交易和竞争所产生的收入或财富，需要进行公平有效的分配，而能够兼顾效率与公平的收入分配体系是

---

① 刘骏民．虚拟经济的理论框架及其命题．南开学报，2003（2）：34-40．

② 对于金融体系是否属于虚拟经济也存在争论，有学者认为金融体系是实体经济配置资源的核心。张晓朴，朱太辉．金融体系与实体经济关系的反思．国际金融研究，2014（3）：43-54．

现代化经济体系不可或缺的；作为现代市场体系和收入分配体系的延伸，保障不同区域的协调发展，构建体现兼顾效率与公平的区域发展体系，也是现代化经济体系的应有之义。又如，没有区域协调发展，公平分配就难以实现，现代市场体系也难以全面形成。与此同时，基于经济体系与法律体系的"对应关系"，上述三类机制或三大体系，都离不开经济法的支撑。例如，经济法作为"分配法"和"发展促进法"，会直接影响上述收入分配体系和区域发展体系的建设①；同时，经济法中的公平竞争审查制度乃至整体的竞争法制度，对现代市场体系的形成更是具有直接的推动作用。②

最后，从经济体制的维度看，现代化经济体系尤其需要现代经济体制，因为上述三类机制或三大体系的构建，都要在一定的经济体制框架内展开。现代经济体制应当在资源配置方面确保政府与市场各司其职、各得其所，使政府主体与市场主体有效分权、各尽所能，以更好地促进创新型、永续型、开放型经济的发展，实现三大体系的目标，推进整个经济体系的现代化。其中，处理好政府与市场的关系，既是现代经济体制的核心问题，也是经济法调整所要解决的基础性问题，因而经济法与现代经济体制的构建紧密相关。

通过上述四个维度，可以大体勾勒出由多层面、多要素交织而成的现代化经济体系的基本结构。鉴于该结构具有明显的"复杂性"，有必要再从"经济系统"的视角对其作出进一步梳理和解析。按照卢曼（Niklas Luhmann）的系统理论，经济体系作为重要的经济系统，包含着若干子系统或称子体系，且与法律系统之间存在紧密关联。③ 例如，现代国家的经济体系，涉及大量市场交易和市场竞争，因而需构建"市场体系"；而市场交易和竞争的结果，则涉及

① 徐孟洲．论区域经济法的理论基础与制度构建．政治与法律，2007（4）：2-9；张守文．分配结构的财税法调整．中国法学，2011（5）：19-31．

② 黄勇，吴白丁，张占江．竞争政策视野下公平竞争审查制度的实施．价格理论与实践，2016（4）：31-34．

③ 法律系统与经济系统都是社会系统的分系统，"其所有的运作始终是在社会中的运作"。卢曼．社会的法律．郑伊倩，译．北京：人民出版社，2009：14-15．

收入分配问题[①]，因而要有“分配体系”；同时，市场的交易和竞争要在不同的产业、区域展开，由此便会形成“产业体系”和“区域体系”；而上述的市场交易、竞争、分配以及产业和区域发展，都受制于相应的经济体制或称“分权体系”[②]，都离不开政府与市场关系的调整。

此外，经济系统中的动力系统或动力机制也必不可少。上述的创新型经济和开放型经济，为推动整体经济发展提供了重要动力，因而可以归入动力系统。各界对创新给经济发展带来的动力普遍关注较多[③]，但对开放的重要价值则强调不够。事实上，开放同样是重要的动力机制，建设统一开放的市场，放宽市场准入，同样会为促进经济发展提供重要动力。

另外，整个经济系统的重要目标是发展、实现现代化，而提升质量、实现内涵式发展则是其重要路径，并且，高质量发展与上述的创新、开放、绿色发展的理念直接相关，只有在此基础上形成的“产业体系”和“区域体系”，才是现代化经济体系所追求的目标。因此，新发展理念对于高质量发展非常重要，能否体现上述新理念，也是衡量经济体系是否现代化的重要标尺。

在整个经济系统的运行过程中，有两类基础性关系尤其需要有效处理：一类是市场主体之间的关系，为此要构建现代市场体系；另一类是政府与市场的关系，以及政府主体与市场主体的关系，为此要建立现代经济体制，从而明晰政府与市场的边界，以及政府主体与市场主体各自的权责。上述两类关系的调整都需要经济法相应的权义结构予以支撑。

以上主要是基于静态的“结构分析”，从经济类型、经济理念、经济机制和经济体制四个维度，讨论了现代化经济体系的基本结构，强调了实体经济与现代

---

① “收入或财富的分配会直接影响效率，也会通过它对制度的影响间接影响经济效率”，因而是经济体系中的重要问题。斯蒂格利茨．发展与发展政策．纪沫，等译．北京：中国金融出版社，2009：43.

② 有学者认为产业体系和经济体制的地位更为重要。刘伟．现代化经济体系是发展、改革、开放的有机统一．经济研究，2017（11）：6-8.

③ 例如，有学者认为，在我国经济增长的动力转换过程中，创新对现代化经济体系建设具有战略支撑作用。季晓南．充分发挥创新对现代化经济体系建设的战略支撑作用．北京交通大学学报（社会科学版），2018（2）：1-11.

金融体系应有的重要关联，分析了创新理念、绿色理念、开放理念的具体体现，以及建设现代市场体系、收入分配体系、区域发展体系和现代经济体制的重要性，这些方面蕴含着现代化经济体系不同于传统经济体系的“现代性”特征。与此相对应，经济法作为典型的现代法，对于经济体系各子系统的存续和发展都不可或缺，它可以为现代化经济体系建设提供重要的制度支撑。

三、经济体系走向现代化的经济法促进与保障

中国自改革开放以来不断推进的现代化，使整个经济体系不断优化，经济法也在此过程中应运而生并不断发展；与此同时，大量生成的经济法对改革开放、现代化亦具有重要的促进和保障功能。[①] 因此，在前面分析经济法对经济体系静态结构支撑功能的基础上，还要关注在经济体系走向现代化的动态结构优化过程中，经济法如何发挥其促进和保障的功能。为了增进研讨的针对性，下面将对密切相关的促进和保障功能分别予以解析。

（一）经济法何以促进？

要实现经济的现代化，就必须构建现代化的经济体系，为此，需要结合前述的经济理念、体制框架和运行机制，促进经济结构的转型升级，推进中国经济体系从传统向现代不断“转化”，从而实现经济系统的不断“优化”和经济整体的现代化。由于“转化”或“优化”都需要克服重重阻力，仅靠经济系统的“内力”往往力所不逮，因而需要经济法从外部予以促进。

现代化作为一个动态过程，会涉及速度快慢问题；作为一个发展过程，则涉及质量好坏问题，因而需要处理好“速度与质量”“增长与发展”的关系。改变既往对增长速度的片面追求，解决经济“大而不强”“社会成本过高”等问题，不断提升经济发展的质量与效益，是实现现代化的必由之路，这已成为改革开放以来全社会的基本共识。

---

① 张守文. 现代化、改革开放与经济法的生成. 法学论坛，2018（4）：5-12.

为此，建设现代化经济体系，必须强调“高质量发展”或“内涵式发展”①，切实落实上述的创新、绿色、开放等理念，努力通过结构优化来提升经济的整体竞争力。只有在开放条件下，以创新为动力和途径，以绿色为底色和底线，才能确保经济发展的高质量。没有在开放基础上推出的产品创新、技术创新、模式创新、制度创新等诸多创新，缺少基于生态环境保护的可持续发展，就难以形成有别于传统的高质量发展。② 而无论是鼓励有效创新、促进经济开放和绿色发展，还是由此实现经济结构调整，都离不开财税、金融、产业、竞争等领域的经济法制度的有效促进。

此外，要建设现代化经济体系，实现高质量增长，不仅需要经济结构的调整，还需要相关体制、机制的优化。因为经济体系作为一个复杂系统，有诸多因素对其存在“复杂累积因果影响”，其中涉及政府与市场关系的有效处理，以及相关主体的宏观调控权和市场规制权的分配，这不仅需要通过适时的改革加以解决，还尤其需要经济法中的“体制法”作出相应的制度安排。

无论是上述的经济结构调整还是体制机制优化，都要改变既往固化的观念、结构和做法，对此仅靠市场主体的自发行为几无可能，因而需要政府的引导以及相应的经济法促进。经济法的促进功能，源于其规范结构中大量的促进型规范，这些规范具有突出的政策性或现代性。③

在现代化经济体系建设的过程中，上述促进型规范一方面要通过财政法、金融法、产业法等经济法制度的有效调整，促进经济结构的优化④，另一方面要通

① 有学者认为，质量、效率和动力变革，是建设现代化经济体系的核心问题。迟福林．以高质量发展为核心目标建设现代化经济体系．行政管理改革，2017（12）：4-13.

② 创新理念以及熊彼特（Joseph Alois Schumpeter）等人的创新理论研究，都强调了创新对经济发展的重要性。严成樑，龚六堂．熊彼特增长理论：一个文献综述．经济学（季刊），2009（3）：1163-1196.

③ 张守文．论促进型经济法．重庆大学学报（社会科学版），2008（5）：97-100；焦海涛．论“促进型”经济法的功能与结构．政治与法律，2009（8）：77-84.

④ 在这方面我国已有大量制度实践，加强相关法律的协调尤为必要。姚海放．论政府补贴法治：产业政策法、财政法和竞争法的协同治理．政治与法律，2017（12）：12-21.

过各类经济法制度促进改革，推动体制和机制的完善。例如，在促进创新方面，财税法、金融法、竞争法等领域都有相关制度。[①] 如前所述，经济法是典型的“分配法”和“发展促进法”，其各类促进型规范能够有效促进市场主体的公平竞争，推动收入公平分配和区域协调发展；同时，在构建现代经济体制方面，还能促进各类主体的调控权和规制权的依法行使，保护各类主体的合法权益，从而实现政府与市场两大系统的有效运作和各司其职。

前述分析表明，经济法不仅可为现代化经济体系的基本结构提供重要的制度支撑，也能有效促进经济体系走向现代化的动态调整，并且，无论是经济体系的结构构成或结构调整，都与经济法的规范结构及相关功能直接相关，这种“相关性”或“对应关系”，使经济法在充分发挥促进功能的同时，也能有效发挥其保障功能。

（二）不应缺位的经济法保障

我国提出建设现代化经济体系，并将其作为实现经济现代化的重要路径，曾经历长期的认识过程。从历史上看，我国自 19 世纪 60 年代开始的洋务运动，以及其后的戊戌变法，都是试图推动国家现代化的早期努力，但当时“重器物而非制度”或者制度保障缺失，致使上述努力均未能实现现代化目标。[②] 因此，实现“制度的现代化”，并用“现代化的制度”为各领域的现代化提供保障，既是重要的历史经验，也是当前仍需解决的重要问题。

在洋务运动发起后约一个世纪，我国曾在 1954 年首届全国人大的首次会议上，正式提出了现代化的目标[③]，并据此逐步建立了比较完整的工业体系和国民

---

① 例如，有学者认为，应以税收优惠为主要政策工具，构建有利于创新的税收体系。马海涛，等. 现代化经济体系建设与税制改革. 税务研究，2018（2）：5-11.

② 有学者认为，洋务运动其因主要从器物层次入手，缺少政治、文化改革的配套而导致失败。张琢. 中国现代化的历程及前瞻. 北京：社会科学文献出版社，2017：10，51.

③ 周恩来在 1954 年的第一届全国人大第一次会议上提出要把我国建设成“一个强大的社会主义的现代化的工业国家”，并在 1964 年第三届全国人大第一次会议上提出了农业、工业、国防和科学技术四个现代化的目标。孙健. 20 世纪的中国——走向现代化的历程. 经济卷 1949—2000. 北京：人民出版社，2010，前言：2-4.

经济体系，这无疑是一个重大成就；但还是由于缺少足够的法律制度保障，我国的国民经济曾一度走到“濒于崩溃的边缘”。为此，借鉴历史经验，自改革开放以来，我国在推动经济建设的同时，一直着力加强配套的制度建设，从而使制度的保障功能日益显现。

我国不仅在快速推进以工业化、城市化为标志的“一次现代化”，也在大力推进以信息化为标志的“二次现代化”，并积极参与和引领经济全球化。而上述的各种“化”，都是从传统到现代的重要“转化”，且与多个领域突出的二元结构均密切相关。其中，工业与农业、城市与乡村、计划与市场、国内与国外等多重二元结构的“转化”或“优化”，已成为国家推进现代化的重点。例如，我国作为传统农业国家，在 1949 年后不断推进工业化的基础上，应在新世纪加快实现新型工业化，与此同时，基于突出的城乡差异，还需持续推动城市化，这样才能完成“一次现代化”。此外，在信息技术革命的新时代，我国还要不断推动信息化；作为曾实行计划经济体制且对外开放不够的国家，还要不断推进市场化，并适时适度扩大开放，全面参与经济全球化。而在上述各类二元结构调整或经济体系的结构优化过程中，要实现对发达国家的“追及”或“赶超”，就需要提高对法律保障的要求，不断强化法律的保障功能，并持续推进经济体系和法治体系的现代化，实现国家整体的现代化。

可见，无论是历史上推进现代化的努力，还是今天着力构建的现代化经济体系，都需要法律制度的相应保障，离不开法治体系，特别是以现代经济法为重点的法治体系[①]，这是一个基本判断。经济体系走向现代化的过程，需要财政法、金融法、产业法、竞争法等各类经济法制度的协调并用。这些制度不仅可以从不同维度促进经济体系的结构优化，还能够保障经济系统各子系统的协调和有效运行。可以说，没有从立法到执法、司法、守法等各个环节的经济法保障，

① 无论是强调“经济法治”，还是“法治经济”，都需要经济法发挥重要作用。张守文. 中国经济法治的问题及其改进方向. 法治与社会发展，2018 (2)：20-31；张守文. 法治经济建设的三个重要命题. 南海法学，2017 (1)：31-37.

经济系统的各子系统就无法确立或难以持续。据此，加强以经济法为重点的经济法治，应成为贯穿现代化经济体系建设的一条主线，忽视或偏离这条主线，经济体系现代化的进程就会受到严重影响，这是需要特别强调的一个重要问题。

事实上，经济法作为调整宏观调控关系和市场规制关系的现代法，对经济体系现代化的保障功能体现在诸多方面。例如，经济法对市场主体公平竞争的保障，对市场主体合法权益以及市场机制有效作用的保护，会直接影响统一开放、竞争有序的现代市场体系的形成，而该体系正是现代化经济体系的重要基础。① 又如，经济法对国家宏观调控和市场规制的保障和约束，有助于为经济领域的合理分权提供保障，从而有助于构建政府与市场的良性、协调关系，进而有助于形成现代经济体制，而此类体制正是现代化经济体系非常重要的组成部分。

上述的现代市场体系和现代经济体制，只有经由经济法保障，才能既有助于增进产业结构的合理性和市场的有序性、公平性，又有助于提升实体经济与虚拟经济、公共经济与私人经济的协调性、稳定性。在具体的制度实践中，竞争法制度对现代市场体系的形成、金融法制度对现代金融体系的构建、财税法制度对收入公平分配体系的确立等②，具有更为直接的影响。此外，在产业法领域，各类产业指导目录是产业结构调整的重要依据，它直接影响着实体经济和虚拟经济、公共经济与私人经济的协调发展。另外，经济法的各类体制法对现代经济体制的形成和完善，具有重要的保障作用。上述各类经济法制度的保障功能，都应当在法治框架下实现，“以经济法为重点的经济法治体系”，对现代化经济体系的构建尤其重要。

---

① 张守文．公平竞争审查制度的经济法解析．政治与法律，2017（11）：2-10．此外，也有学者从市场监管的角度进行探讨。吴汉洪．市场监管与建设现代化经济体系．学习与探索，2018（6）：97-104．

② 李扬．努力建设“现代金融”体系．经济研究，2017（12）：4-7；平新乔．建立与现代化经济体系相适应的财税体制所面临的一些问题．经济理论与经济管理，2018（2）：12-15．

总之，现代化的经济体系对应现代的法治体系，两者对于实现国家治理体系现代化必不可少；同时，两大体系存在紧密关联，如果缺少法治体系的支撑，则现代化经济体系就无法建立和存续。因此，从现代国家的立场看，现代的法治体系，特别是经济法治体系，是构建现代化经济体系的重要前提和基本保障，它直接影响着现代国家的形成以及现代政府的职能转变。

四、发展理论与法治理论的进一步解析

前面分别基于静态的结构分析和动态的功能分析，讨论了经济法对现代化经济法体系的基础支撑及其结构优化的促进和保障。从“结构功能主义”的角度看，经济体系与经济法体系在结构上的对应性，决定了经济法的重要支撑功能；而经济法的特殊规范结构，则决定了它所具有的促进和保障功能。在上述“结构—功能”分析的基础上，依循前述的“现代化-经济体系-经济法”的理论框架，如果对该框架进行“前后分段”和“分别组合”，还有必要进一步作出如下挖掘：

一方面，从“现代化-经济体系”的组合看，国家不断完善经济体系，并使其走向现代化，是为了更好地促进发展，因此，在发展理论中会涉及现代化理论，以及通过完善经济体系来促进发展的内容；另一方面，从“经济体系-经济法”的组合看，则会涉及在法治框架下如何运用经济法促进和保障经济体系存续和发展的问题。据此，有必要在经济与法治两个层面，分别从经济法的发展理论和法治理论的维度，进一步作出理论拓展。

（一）从发展理论视角的扩展解析

“经济法的产生基础是现代市场经济”，这主要是基于一些国家经济法的生成背景作出的判断。对于这一重要命题，学界曾在发生论层面展开过讨论。从理论上说，一国的经济体系与其法律体系相对应，相应地，现代化的经济体系也应与现代经济法相匹配。如果一国的经济法不能有效发挥作用，甚至对经济发展有诸多掣肘或阻碍，就不可能建成现代化的经济体系。因此，如何用“好的经济法制

度”推进经济体系的现代化[①]，是发展理论应研究的重要课题。

此外，从私人经济与公共经济的分类看，现代化的经济体系不仅应包括私人经济，还应将公共经济作为其重要组成部分。各国的发展历史表明，有些国家能够进入“发达”行列，与该国经济政策或公共经济重要作用的发挥直接相关。与此相关联，无论是早期李斯特（Friedrich List）的理论[②]，还是晚近张夏准（Ha-Joon Chnag）的探讨[③]，在今天都很值得思考。

据此，现代化经济体系的建设，不仅要重视私人经济，也要关注公共经济[④]，并应强调如下方面：一方面，必须建设好统一开放、竞争有序的现代市场体系，它作为现代化经济体系的基础，有助于使市场机制有效发挥作用，使市场主体充满活力，这对私人经济非常重要。另一方面，要更好地发挥政府的作用，就必须建立现代经济体制，有效界定政府宏观调控和市场规制的经济职能，充分发挥政府的调控和规制作用，这对政府参与的公共经济至为重要。

可见，要全面认识现代化经济体系，就应当关注公共经济，包括现代财政体系、税收体系、公共债务体系、公共收费体系等，它们是政府能够更好发挥作用的重要经济基础，对私人经济的有效发展影响甚巨。在广义上，公共经济同样应属于现代经济体系的重要组成部分，之所以作出这样的扩展解析，是因为良好的

① “包容性制度”是有助于促进经济发展的好制度，“汲取性制度”是可能导致国家失败的坏制度。阿西莫格鲁，罗宾逊. 国家为什么会失败. 李增刚，译. 长沙：湖南科学技术出版社，2015：51－58. 因此，在推进经济现代化的过程中，需要大量具有包容性的经济法制度。

② 李斯特认为，“统计数据和历史都告诫我们，哪个国家需要立法力量和行政力量干预的必要性越明显，哪个国家的经济就越发达”。李斯特. 政治经济学的国民体系. 邱伟立，译. 北京：华夏出版社，2013：128.

③ 张夏准认为，“所有当今的发达国家在赶超时期都积极采取了干预主义的产业、贸易和技术政策，以促进幼稚产业的发展”。张夏准. 富国陷阱：发达国家为何踢开梯子?. 肖炼，等译. 北京：社会科学文献出版社，2009：18.

④ 公共经济与国家治理现代化密切相关。齐守印. 构建服务于国家治理现代化的公共经济理论体系. 财贸经济，2015（11）：5-13.

公共经济体系的建立，以及公共经济与私人经济的协调发展，更有助于促进整体经济的全面发展，这是现代化经济体系的应有之义，只是目前尚未受到足够重视，因此现代化经济体系从理论和制度上都应当“补缺”。

上述对现代化经济体系的理论扩展，有助于丰富经济法学的发展理论。由于经济法作为“发展促进法”，不仅要在微观层面定分止争，还要在宏观层面推动国家经济和社会的长远发展，并尤其要对经济体系的现代化予以有效促进和保障，因而，应把“现代化问题”作为发展理论研究中的一个重要论题，并使其成为经济法理论的重要研究对象。

事实上，在以往贯穿经济学、社会学、政治学等领域的发展理论中，“现代化理论”早已是其重要组成部分，只是经济法学界对此尚缺少足够关注。① 从影响经济社会长远发展的角度看，经济法学的发展理论更应关注现代化问题，并将经济体系的现代化作为研究重点，这是经济法学与传统法学的重要不同。与此相关联，学界在以往讨论经济法理论的基本假设时曾关注的“国内与国际”“城市与乡村”等多个层面的二元结构，都是发展理论或具体的现代化理论的重要研究对象，体现了刘易斯（William Arthur Lewis）等提出的二元结构理论的重要现实价值。对于上述二元结构的诸多问题，如能从现代化经济体系与经济法相结合的视角展开深入探讨，则会具有多方面的意义。

与上述的二元结构理论直接相关，我国在多个领域存在突出的发展不平衡、不充分问题，由此带来的大量“差异性问题”，需要在经济体系现代化的进程中不断解决，这也是经济法上的差异性原理的体现和要求。现代化是一个不断解决发展失衡问题的过程②，在发展理论中较为重要的“现代化理论”“中心-外围理论”“依附理论”“世界体系理论”等，有助于分析相关国家从传统到现代、

① 以往学界主要关注了经济法自身的现代化，李昌麒，鲁篱．中国经济法现代化的若干思考．法学研究，1999（3）：88-98；应飞虎．论公权行为与经济法现代化．广东社会科学，2002（2）：117-122；等等。但学界总体上尚未把现代化问题作为经济法理论的重要研究对象。

② 有学者认为，建设现代化经济体系有助于解决发展不平衡、不充分的问题。刘少波．社会主要矛盾转化与建设现代化经济体系．暨南学报（哲学社会科学版），2017（12）：8-15.

从不发达到发达以及在相互依赖的世界体系中的发展①，如果对上述理论加以扩展适用，就可以对于一国内部不同地区之间的发展不平衡问题作出理论解析。例如，对于我国存在的传统产业占据主导地位的欠发达地区，如何推动其产业从传统向现代升级，实现其从外围的落后地区向发达的中心地区转变，上述相关理论都有扩大解释或扩展适用的空间。

（二）法治理论的思考

与上述的发展理论直接相关，经济法学的法治理论要研究经济法的法治建设如何促进经济发展，特别是如何在法治框架下促进现代化经济体系建设的问题。由于现代化经济体系的结构优化，离不开经济法的促进和保障，且经济法的法治建设水平直接影响现代财政体系、现代税收体系、现代金融体系等诸多体系的具体建设，因而，应加强经济法领域的法治现代化理论的研究②，并将通过法治思维和法治方式来实现经济法功能和价值的问题，作为法治理论的重要研究课题。

例如，现代化经济体系的建设需要现代经济体制，以便在法治框架下有效处理政府与市场的关系。为此，必须强调宏观调控和市场规制要“有度”，即政府的调控和规制首先要合乎“法度”，不能恣意妄为，确保基本的合法性；同时，调控和规制都要“适度”，遵循经济规律，体现经济的合理性。只有将宏观调控和市场规制限定在一定的“度”内，才可能实现良好的绩效。由此看来，这里的“有度”，与经济法的法定、适度、绩效这三大基本原则的要求是内在一致的。

又如，建设现代化经济体系，必须构建具有基础地位的现代市场体系，以更好地体现市场主体、市场机制的重要价值。只有市场主体有活力，市场机制

① 在发展理论的发展过程中，帕森斯、罗斯托、普雷维什（Raul Prebisch）、沃勒斯坦（Immanuel Wallerstein）等作出了重要贡献。普雷斯顿．发展理论导论．李小云，等译．北京：社会科学文献出版社，2011：162-168，173-180.

② 经济法领域的法治状况对整体法治水平有直接影响，进而会影响国家治理现代化。张文显．法治与国家治理现代化．中国法学，2014（4）：5-27.

才能更好地发挥作用，反之，如果市场机制运行不畅，市场主体的活力也会大受影响。而市场机制能否发挥作用，则与政府职能、职权的有效界定以及市场主体的权利保障直接相关，尤其需要经济法在综合调整过程中全面体现法治原则。

可见，从法治理论的维度看，经济法并非只是代表政府的法，它同样也要考虑市场主体、市场机制，并应在政府和市场之上，对两者关系进行有效协调，因而不能认为经济法只强调政府干预，片面地以为经济法忽视市场机制、市场主体。经济法要促进经济和社会的良性运行和协调发展，就必须兼顾政府和市场两大资源配置系统，处理好政府主体与市场主体的关系，并在法治框架下切实保护调制主体与调制受体的利益，这样才能更好地实现经济法的目标。

总之，无论是国家整体的现代化，还是经济体系的现代化，都需要在法治框架下，运用法治方式来推进。其中，影响现代化经济体系建设的诸多方面，如现代市场经济体系的构建，以及公平分配、区域发展，特别是政府与市场关系的处理等，都离不开经济法的有效调整；在新的历史时期，尤其需要不断提升经济法治乃至整体法治的水平，用国家治理的现代化来保障经济体系的现代化。

五、小结

建设现代化经济体系，是有重大历史意义的系统工程，涉及多个层面的诸多要素，其复杂结构的维系、存续和优化，都离不开经济法的支撑、促进和保障，因此，在建设现代化经济体系的实践中，对经济法的上述重要功能应高度重视，并使其真正落实到位，否则，经济体系的现代化就会受到重大影响。

有鉴于此，上述内容对现代化经济体系的复杂结构、经济法特殊的规范结构及其重要功能进行解析，通过“结构—功能分析”，探讨了现代化经济体系建设与经济法之间内在的紧密关联，并基于“现代化-经济体系-经济法”的理论框架，分别从静态角度分析了现代化经济体系的基本结构与经济法的基础支撑功能，从动态角度揭示了经济体系的结构优化与经济法的有效促进和持续保障功能，从而说明经济法对于建设现代化经济体系的不可或缺；在此基础上，还从发展理论和法治理论的角度，对现代化经济体系建设及经济法相关功能的实现作出拓展解析，强调公共经济也是经济体系的重要组成部分，应将整个经济体系的现代化纳入法治框架，这对于丰富相关经济法理论，构建发展法学理论，解决现代化经济体系建设中存在的问题，亦具有重要价值。

上述“现代化-经济体系-经济法”的理论框架，还涉及“现代化与经济法的关系”问题。事实上，各国经济法的产生和发展，始终与其经济现代化进程紧密相关。在我国，正是在改革开放的背景下，经济法才应运而生；正是在推进现代化的过程中，经济法才不断取得长足进步。与此同时，经济法对改革开放和经济现代化，也持续发挥了重要作用。在新的历史时期，要建设现代化经济体系，全面实现现代化，对经济法的重要功能就应有全面认识，并在制度实践中弥补影响相关功能实现的缺失。

由此扩展，在整体上还应关注经济体系与法律制度的“对应关系”。由于经济体系的形成和发展，都离不开相应法律制度的支撑，如果缺少法律制度，就难以形成有效的经济体制以及相关的各类机制，因此，经济体系的现代化需要在相关法律制度的促进和保障下，尤其应在法治框架下逐步推进。一国的经济体系建设如果偏离了法治轨道，就谈不上“现代化”；而能否符合“在法治框架下依法构建”的要求，应当是衡量经济体系是否现代化的重要标尺。

据此，从法治的视角看，建设现代化的经济体系，不仅要有现代的经济理念、经济体制、经济机制等，还要有现代的法治理念，即应当在法治的框架下，依法建设经济体系，并依法促进和保障该体系的发展①，而在此过程中所依的

① 福山（Francis Fukuyama）认为，“经济发展只靠好的经济政策是推动不起来的，还必须能够保障法律和秩序、财产权、法治以及政治稳定”。弗朗西斯·福山．历史的终结与最后的人．陈高华，译．桂林：广西师范大学出版社，2014：359.

"法"，则主要是作为现代法的经济法。

总之，"国家的经济体系对应于法律体系，经济体系的现代化需要在法治的框架下展开，并尤其需要经济法的支撑、促进和保障"，这既是贯穿本节的一条重要主线，也是法学领域值得关注的重要命题。基于上述命题，不仅应继续加强经济法治或法治经济的研究，还应进一步推进发展理论与法治理论的探讨，并在实现国家现代化的进程中推动发展法学的全面构建。

第二节　构建促进发展的现代经济体制

能够促进发展的现代经济体制的构建，会直接影响现代化经济体系各个子体系的存续和发展，因而是具有统领地位的"核心问题"，对其加强法治保障至为重要。为此，我们有必要通过考察我国改革开放和法治发展的历程，揭示"双手并用"的现代经济体制的形成及其基本内涵，以及对其加强法治保障的必要性；同时，应分析现代化经济体系各子体系的内在关联，说明现代经济体制对相关经济机制运作、经济理念落实的重要影响，以及将法治保障贯穿其中的重要价值；在此基础上，还应探讨影响"市场机制有效、微观主体有活力、宏观调控有度"的法律问题，从而明晰现代经济体制的法治保障的缺失以及完善相关制度的具体路径。

构建促进发展的现代经济体制，更有助于处理政府与市场、改革与法治、法治与发展的关系，推进有中国特色的"法治理论"和发展理论的研究，并在此基础上构建发展法学，促进经济与社会的良性运行和协调发展。

一、构建现代经济体制的主要问题

当前，我国正在从经济的高速增长向高质量发展转变，迫切需要构建现代化经济体系，以推动经济的现代化和国家治理的现代化，从而为实现全面现代化奠定基础。对于现代化经济体系的具体构成、建设路径等，学界已有诸多有益探讨[①]，但该体系极其复杂，尚需对其“核心问题”进行理论提炼[②]，才能为相关实践提供明晰的理论指导。

为此，学界应当对经济体系的复杂构成要素加以梳理，明晰其内在关联和主次地位，从而发现现代化经济体系建设的内在逻辑，并有针对性地解决实践中的问题。通常，对于构成现代化经济体系的子体系，人们会关注现代产业体系、现代市场体系、收入分配体系、区域发展体系、绿色发展体系、全面开放体系等，但上述体系的建设，无不受制于经济体制。因此，经济体制是影响其他各类子体系的关键因素，是直接关乎现代化经济体系建设成败的“核心问题”。

正因为经济体制极为重要，许多国家在实现现代化的过程中，都曾长期探索如何完善其经济体制，以通过相关权力和权利的优化配置，有效处理政府与市场的关系。同样，我国的改革开放也始终致力于经济体制的不断改进，其重要目标就是构建现代经济体制，从而形成完善的国家治理体系，实现国家治理的现代化。[③] 历史经验表明，缺少符合国情的现代经济体制，就不可能建成现代化的经济体系。

任何体制或体系的确立，都要依循一定的规则。由于各类体制的“核心问题”都是“分权”，因而必然涉及相应的制度安排；好的“分权”不仅要依赖于一般意义上的法律制度，更需要在法治的框架下展开，由此可以发现“体制-分权-法治”的内在关联，并将其作为论题的分析框架。依据该分析框架，现代经济体制亦需依法确立，并应在法律制度上合理划分政府与市场的边界，在政府主体、市场主体以及其他相关主体之间有效“分权”，以确保由此形成的体制能够

① 张辉．建设现代化经济体系的理论与路径初步研究．北京大学学报（哲学社会科学版），2018（1）：105-116；刘威，周士跃．现代化经济体系研究述评．改革与战略，2018（5）：11-16；等等。

② 对于何为核心问题，学界存在不同认识。例如，有学者认为，质量、效率和动力变革是建设现代化经济体系的核心问题。迟福林．以高质量发展为核心目标建设现代化经济体系．行政管理改革，2017（12）：4-13.

③ 我国1984年、1993年、2013年分别作出的重要“改革决定”，都涉及对经济体制的重要探索，对于构建现代经济体制意义重大。张守文．“改革决定”与经济法共识．法学评论，2014（2）：13-24.

得到法治保障。从历史上看，没有法治保障，就没有现代国家[①]，也不可能有现代经济体制和现代化的经济体系。因此，有必要在“体制-分权-法治”的分析框架下，探寻现代经济体制、现代化经济体系与法律制度、法治保障的内在关联，并在发现和解决其中存在的突出问题的过程中，真正融入法治思维和法治方式，这对现代化经济体系建设可谓至关重要。

有鉴于此，后面的研讨试图说明：现代经济体制的构建是现代化经济体系建设需要解决的“核心问题”，对于实现全面现代化具有特殊重要性；经济体制与经济法治存在内在关联，构建现代经济体制必须加强法治保障；如果不重视法治保障，不能在法治框架下解决相关的“分权”问题，现代经济体制就难以形成，也不可能建成现代化经济体系。针对我国当前构建现代经济体制过程中存在的法治保障不足问题，必须将法治思维和法治方式贯穿其中，并形成经济系统与法治系统的良性互动。

为此，在国家全面深化改革和推进依法治国的背景下，针对既往研究中可能被忽视的问题，下面拟在“体制-分权-法治”的分析框架下，着重讨论如下几个问题：第一，从改革开放、法治发展的维度，考察现代经济体制的形成及其核心内涵，揭示法治保障对于构建现代经济体制的重要性；第二，从现代化经济体系建设的维度，说明现代经济体制对该体系的各个子体系的重要影响，以及将法治贯穿其中的重要价值；第三，结合现代经济体制需解决的“三大问题”，探讨相关法治保障的缺失以及完善相关制度的具体路径。

上述三个方面分别贯穿三条主线，第一条主线是改革开放—法治发展—体制变革，旨在从历史维度揭示现代经济体制的形成和发展及其关联因素；第二条主线是经济体制—经济机制—经济理念，旨在强调体制与机制、理念三者之间的内在关联，揭示现代化经济体系的构成要素以及现代经济体制的现实重要影响；第三条主线是市场机制—市场主体—宏观调控，旨在结合现代经济体制要解决的核心问

① 有关法治对现代国家的重要价值的探讨，可参见何勤华．现代国家政治文明的根基与灵魂——论建设社会主义法治国家的根本战略意义．人民论坛·学术前沿，2014（22）：6-14。

题，揭示当前和未来解决“分权失衡”问题的法治路径。因此，上述三个方面涉及对现代经济体制的过去、现在和未来的讨论，也贯穿着对相关的合理分权与法治保障的探讨。

从拓展研究的视角看，现代经济体制不仅对现代化经济体系建设至为重要，对国家的政治、社会等各方面亦影响巨大而深远。现代化是国家重要的发展目标，而能否在法治框架下构建现代经济体制，以及能否为其提供有效的法治保障，则直接关乎国家治理的现代化和全面现代化。[①] 因此，学界若能对现代经济体制的法治保障问题展开深入探讨，将会有助于推进“法治理论”和发展理论乃至社会科学多个重要领域的研究，特别是推动发展法学的构建。下面拟依循上述分析框架和三条主线，分别探讨如下三个方面的问题。

二、改革开放、法治发展与现代经济体制的形成

我国的改革开放带来了举世瞩目的“大转型”，引发了规模空前的制度变迁。[②] 正是随着改革开放的不断深入，我国才强调法制建设，重视依法治国，从而推动了法治发展。而与此同时，不断完善的法治，又会进一步推动改革开放的深化。全面理解改革与法治的互动关系，对现代经济体制的构建和完善至为重要。

我国改革开放的重要目标，是结合中国实际和国际成功经验，不断改进不合理的经济体制，并持续推进其完善。为了实现上述目标，我国放弃了传统的计划经济体制，转为实施国际通行的市场经济体制，这一巨变通常被视为一场“革命”，它不仅引发了权力和权利的重新配置，改变了政府的经济管理体制，也带

① 我国的改革开放与现代经济体制、经济法的形成，都与国家的现代化目标密切相关。张守文. 现代化、改革开放与经济法的生成. 法学论坛，2018（4）：5-12.

② 经济学家罗兰（Gérard Roland）认为，转型就是一种大规模的制度变迁过程或经济体制模式的转换，政治、经济、法律等诸多要素都会对此产生重要影响。热若尔·罗兰. 转型与经济学. 张帆，等译. 北京：北京大学出版社，2002：22-26.

来了法律制度的大变革，同时，还推动了现代经济体制的形成。

回望历史，不难发现，我国从计划经济体制转变为有计划的商品经济体制，再变革为市场经济体制，每一步转化都会促使政府的经济管理体制发生改变。例如，在计划经济时期，政府对经济的管理是无所不包、无微不至的；在有计划的商品经济时期，政府着重通过简政、放权、让利，来不断缩小其直接管理经济的领域或范围；在市场经济时期，政府的经济管理职能更是集中于宏观调控和市场规制两大方面。[①] 因此，从计划经济体制到市场经济体制的大变革，使政府传统的"经济管理体制"变成了现代的"经济调制体制"[②]，从而形成了政府与市场在资源配置方面的二元结构。上述结构变化，借用苏轼《后赤壁赋》中"山高月小，水落石出"的名句，可以比喻为：市场在资源配置方面的基础性、决定性地位，如山似石，更加坚实凸显；政府对经济的管理不再像过去"如水覆石"无所不包、直接且具体，而是"如明月高悬于空中，柔和地普照大地"，其直管经济的范围不断缩小，从而使市场机制能够更好地发挥作用。

从传统的"经济管理体制"转变为现代的"经济调制体制"，对现代经济体制的形成至为重要。经济体制的核心问题是"分权"，只有明确哪些权力应配置给政府，哪些权利应配置给市场主体，以及政府应承担哪些经济职能，市场应享有哪些自由，才能明晰政府与市场的边界，实现两者之间的"定分止争"。而在上述"分权"过程中，制度无疑不可或缺。正因如此，我国自改革开放之初，就强调加强法制建设，将改革开放的重要做法、主要成果以法律的形式固定下来，并用法律来保障改革开放的推进[③]；在实行市场经济体制后，我国更是明确提出

① 世界各国进行的"体制改革"都是在扩大市场竞争领域，缩小公共领域。神野直彦．体制改革的政治经济学．王美平，译．北京：社会科学文献出版社，2013：3-4.

② "调制体制"原为通信技术等领域的一个重要概念，就经济、法律领域而言，如何使市场或政府的各类"信号"能够得到清晰传播，防止各种失序等原因导致噪声过大、信号变弱或失真等问题，切实维护和保障良好的市场秩序和市场运行，正是调制体制的重要任务。张守文．体制改革与经济法的关联性考察．北京大学学报（哲学社会科学版），2018（5）：27-35.

③ 陈甦．改革开放40年来我国经济体制与经济法制的互动发展．中州学刊，2018（11）：1-9.

依法治国，强调“市场经济就是法制经济”[①]，并进一步提出“市场经济本质上是法治经济”，倡导在法治框架下处理政府与市场的关系，从而使经济体制得以在法治保障下不断完善。

现代经济体制的形成，与“国家理由”或“国家理性”直接相关。[②] 现代国家存在的重要价值，就在于有效提供公共物品，因而它必须在经济领域承担宏观调控和市场规制的职能，以保障市场经济的健康发展，这就需要确立现代经济体制。各国尽管因国情不同而政府作用的发挥各不相同，但都要努力在政府与市场两大资源配置系统之间寻求动态平衡，并更加重视法治的保障功能，这是各国在现代经济体制方面的重要“共性”。

从各国的实践看，如果一国不重视法治，经济体制缺少法治的保障，就不可能建立现代经济体制。如果政府行为不受法律约束或缺少法律制约，则政府必然会恣意妄为、独断专行，扭曲市场，从而会大幅降低市场和政府的资源配置效率，导致“两个失灵”，并严重影响经济运行和经济公平。可以说，无视经济规律或法律约束的经济体制，一定会存在诸多弊端，必然不是体现进步和发展的“现代经济体制”。

我国着力构建的现代经济体制，是在改革开放和推进法治过程中逐渐形成的，它应当是在法治框架下有效处理政府与市场关系的体制，也就是“让市场在资源配置方面起决定性作用，并更好地发挥政府作用”的“双手并用”体制。对该体制的上述基本内涵，我国宪法虽无明文规定，但可以通过对《宪法》第 15 条这一重要“经济宪法”条款的解释来加以说明：该条第 1 款规定，“国家实行社会主义市场经济”，据此，当然要强调市场在资源配置方面的重要作用或“决

① 苏力．关于市场经济和法律文化的一点思考——兼评“市场经济就是法制经济”．北京大学学报（哲学社会科学版），1993（4）：8-13；林喆．对“市场经济是法制经济”的一点质疑．中国法学，1994（1）．

② 韦伯认为，强调“国家理由”并非主张国家任意干预经济生活；国家是否以及在多大程度上应当干预经济生活，最终的决定性因素要看是否有利于全民族的经济和政治利益，是否有利于民族国家。马克斯·韦伯．民族国家与经济政策．甘阳，等译．北京：生活·读书·新知三联书店，1997：93．

定性作用”，这是现代经济体制的基础；① 该条第 2 款规定，“国家加强经济立法，完善宏观调控”，据此，必须强调“更好地发挥政府的作用”，即政府要切实完善宏观调控，但宏观调控应依据经济立法展开，要受到法律约束，确保其合乎法度；该条第 3 款规定，“国家依法禁止任何组织或者个人扰乱社会经济秩序”，据此，政府要切实加强市场规制，确保市场秩序，这对于形成“竞争有序”的市场体系，更好地发挥政府对市场的规制作用，都具有重要意义。可见，前面对现代经济体制的基本内涵的理解，不仅体现了法治精神，也符合宪法条款的内在要求。

我国宪法对现代经济体制的上述内在要求，应体现在各类相关立法中，从而形成有关经济体制规定的各类“体制法”规范。而依据上述“经济宪法”和“体制法”，就可以明晰政府与市场在资源配置方面的“分工”，对其各自提供公共物品和私人物品的职能作出界定，并将政府的经济管理权主要限缩为宏观调控权和市场规制权，以与市场主体的经济自由权相对应。上述的“分工”和“分权”，是现代经济体制的核心内容和经济法治的重要基础。

总之，正是为了避免传统经济体制的各类弊端，我国才着力构建现代经济体制。对该体制的形成及其基本内涵，需要在改革开放和法治发展的历程中来理解，这样才能说明为什么改革开放推动了现代经济体制的形成，以及该体制为什么需要法治的保障。由于现代法律制度都要体现经济规律、自然规律等诸多规律的要求，缺少现代法律约束或现代法治保障的经济体制，一定不是现代经济体制②，因此，在我国构建现代经济体制的过程中，尤其应注重运用法治思维和法治方式，确保在法治框架下解决“分权”问题，切实处理好政府与市场的关系。

在上述的探讨中，贯穿着改革开放—法治发展—体制变革的主线。以往的许多研究更关注改革开放—体制改革的主线，强调改革开放对体制变革的影响，这

① 有研究者认为，该条款强调必须确保市场机制的有效运行，这是国家机构应当尊重的宪法原则。潘昀. 论宪法上的“社会主义市场经济”——围绕宪法文本的规范分析. 政治与法律，2015（5）：78-91.

② 体制改革越深入，难度就会越大，法律的促进和保障就越重要。蔡昉. 依法推进经济体制改革. 经济研究，2015（1）：6-8.

固然很重要，但与此同时，也不应忽视法治发展对体制变革的重要影响。毕竟，所有的体制变革都要经由相关的制度确认，因而会与法制建设直接相关；同时，良性的体制变革必须与法治发展同步，以获取持续的法治保障。因此，有必要将"法治发展"作为重要的影响因素，加入上述改革开放—体制改革的主线中，并据此强调：我国"现代经济体制"的形成和发展须臾不能脱离法治的框架，否则就很难形成"现代"的经济体制；同时，只有法治保障下的现代经济体制，才能使市场主体形成稳定预期，促进各类主体的全面发展。可见，将现代经济体制的构建与法治保障结合起来非常重要。

三、现代经济体制对现代化经济体系建设的重要影响

一国的经济体系作为一个复杂系统，需由各类子体系构成，这些子体系作为支撑整体经济体系"大厦"的"四梁八柱"，相互关联，互相配合，共同发挥着重要作用，而经济体制作为重要的"分权框架"，对于经济体系的存续和发展则更为重要。可以说，特定的经济体制决定着特定的经济体系，没有现代的经济体制，就不可能建成现代化的经济体系。

经济体制对经济体系的重要影响，可以从我国经济体制改革的实践中得到实证。在计划经济体制时期，我国的经济体系是较为单一、低效、封闭和不可持续的，只是在有计划商品经济时期和确立市场经济体制后，多元、高效、开放和可持续的经济体系才逐步形成。不同时期的经济体系所对应的经济体制，以及相关的经济机制、经济理念是存在差别的。如果缺少现代的经济体制、经济机制和经济理念等构成要素，则建设现代化经济体系是不可想象的。[①]

构成现代化经济体系的各类子体系，是上述经济机制、经济理念的重要体现，现代经济体制对每个子体系均有重要影响，现分别说明如下。

第一，对现代市场体系的影响。

---

① 张守文．现代化经济体系建设的经济法补缺．现代法学，2018（6）：54-63.

现代市场体系是现代化经济体系的重要基础，其核心是市场机制。对该体系的基本要求是“统一开放、竞争有序”，这不仅在大量政策文件中被反复提及，也是《反垄断法》等法律、法规的重要规定。[①] 只有构建统一开放的“大市场”，才能促进公平竞争；而竞争只有依法有序展开，才能实现市场机制在资源配置方面的优势，真正体现市场机制作为重要经济机制的有效性。由于各类机制都是在一定的体制框架下运作的，因此，如果没有现代经济体制，即“让市场在资源配置方面起决定性作用，并更好地发挥政府作用”的“双手并用”体制，则上述的市场机制就会受到很大限制，现代市场体系也难以形成。

当前，我国正在建设现代市场体系，着力通过打破各种壁垒，促进全面开放，推动全国统一大市场的形成。在市场的统一开放方面，政府必须“更好地发挥作用”，既要减少政府自身影响市场统一开放的情形，又要主动作为，通过有效的市场规制，推动市场的统一开放。此外，在市场的竞争有序方面，政府对于妨害竞争、影响市场秩序的行为，必须全面整肃和规范，这是现代经济体制下政府应提供的重要公共物品，与政府职能的转变直接相关。[②]

要在现代经济体制的框架下建立现代市场体系，就应当赋予市场主体以充分的公平竞争权和正当竞争权，鼓励各类主体在市场上展开公平、正当的竞争，从而使国家和社会获得“来自竞争的繁荣”，进而促进“大众福利”的增加。[③] 同时，政府应当享有并行使市场规制权，对各类市场垄断和行政垄断行为进行有效规制，禁止各类不正当竞争行为，保障市场的竞争和有序，促进市场的开放和统一。对此，不仅需要负责保障竞争秩序的独立规制机构持续努力，更需要整体的

---

① 例如，我国《反垄断法》第 4 条规定：国家制定和实施与社会主义市场经济相适应的竞争规则，完善宏观调控，健全统一、开放、竞争、有序的市场体系。

② 有学者认为，我国政府职能转变分为两个阶段，第一阶段的重点是政府经济管理职能的转变，第二阶段的重点是加强和改善宏观调控，更加注重社会管理和公共服务职能。周志忍，徐艳晴．基于变革管理视角对三十年来机构改革的审视．中国社会科学，2014（7）：66.

③ 这里是借用德国“社会市场经济之父”路德维希·艾哈德（Ludwig Wilhelm Erhard）的著作《来自竞争的繁荣》（原名《大众福利》）的书名。路德维希·艾哈德．大众福利．祝世康，穆家骥，译．北京：商务印书馆，2017.

政府系统、市场系统相互协同，以确保政府与市场的分工、政府主体与市场主体“分权”目标的有效实现。

第二，对现代产业体系的影响。

现代化经济体系离不开现代产业体系的支撑。随着市场经济的发展，要改变我国传统的、落后的产业体系，就需要通过创新引领、协同发展来推动产业的转型升级。为此，必须落实“创新发展”和“协调发展”这两大理念。

产业发展的动力来自创新，而创新的活力主要来自市场，没有上述的现代市场体系，产业的创新发展就会受到影响；同时，缺少政府在制度层面对创新的鼓励和促进，产业的创新发展也会受阻。只有在现代经济体制下，充分发挥市场和政府两个方面的作用，才能更好地推动创新，并不断带动新产业、新业态、新产品的出现，实现产业结构的不断优化。

目前，随着信息技术的发展，我国正在推进信息化、网络化、数字化、智能化，并将其融入多个产业领域，同时，还制定了多种计划或规划来推动相关产业的发展①，这对于在新一轮产业革命中占据国际竞争的重要地位非常重要。为此，国家专门出台相关产业政策，将相应的财政、税收、金融等促进措施融入其中，以持续推动产业创新，同时，也鼓励市场主体充分运用市场化的手段，不断推进产业升级和自身的发展。在此过程中，对于新兴产业可能存在的问题，政府应实行“包容审慎监管”，并吸取英国历史上的“红旗法案”的教训，这样才能依托现代经济体制，实现政府与市场的良性互动。

此外，我国作为一个发展中的大国，在日益复杂的国际环境下，还须注意各类产业的协同发展，促进相关产业的有效互补，以发挥产业体系的整体优势。为此，单靠市场的自发调节肯定是不够的，这就需要政府更好地发挥作用，在制度设计上解决不同行业的公平竞争问题，切实打破产业发展的壁

① 可参见中办、国办印发的、自2016年7月起实施的《国家信息化发展战略纲要》，国务院2016年11月印发的《“十三五”国家战略性新兴产业发展规划》（国发〔2016〕67号），国务院2015年8月印发的《促进大数据发展行动纲要》（国发〔2015〕50号），以及国务院印发的《新一代人工智能发展规划》（国发〔2017〕35号）等。

垒，给各类产业发展以更大的空间，并在可能的范围内给予其更多的鼓励和促进。

另外，我国现代产业体系的构建，特别需要打牢实体经济的根基，实现实体经济和虚拟经济的协调发展。目前，我国“脱实向虚”的问题尤为突出，许多企业为了自身利益，都会在虚拟经济领域追逐利润，而不顾及由此给整体经济发展带来的影响，由此使“个体营利性与社会公益性”的矛盾会更为凸显，亟待政府之手的有效规制。[①] 只有在现代经济体制之下，既尊重个体营利性，又重视社会公益性，真正考虑国家产业发展的大局，才能兼顾营利性和公益性，实现实体经济、科技创新、现代金融诸多方面的协同发展。

第三，对“绿色发展”、全面开放体系的影响。

现代化经济体系的建设，既要有资源节约、环境友好的绿色发展体系，又要有多元平衡、安全高效的全面开放体系，这两个体系分别体现了“绿色发展”和“开放发展”的理念，同时，又都关乎经济体系作为复杂系统的可持续性。

单纯强调市场体系或产业体系建设，市场主体或相关产业可能会为自身利益而将内部成本外部化，导致社会成本大大增加，在这方面国内外的教训都非常深刻。政府只有加强资源节约、环境友好的绿色发展体系建设，才能把环境因素切实融入经济发展，促进产业升级和市场优化，从而推动经济的高质量发展。为此，在现代经济体制下，政府应发挥积极作用，解决上述外部效应所导致的市场失灵问题。相应地，环境法、自然资源法、经济法甚至民法等诸多法律，都要在绿色发展体系的构建方面实施综合调整。[②]

此外，上述的市场体系和产业体系都需要“开放发展”，包括对内开放与对外开放，为此，需要构建全面开放的体系。要确保开放条件下经济发展的安全、

---

① 对金融领域大量存在的“脱实向虚”问题，亟待加强有效的规制。蒋大兴. 金融“脱实向虚”之规制逻辑——以上市公司并购重组规制为例. 现代法学，2018 (5)：79-94；等等。

② 吕忠梅，等. “绿色原则”在民法典中的贯彻论纲. 中国法学，2018 (1)：5-27；曹明德，王京星. 我国环境税收制度的价值定位及改革方向. 法学评论，2006 (1)：92-96；等等。

高效，并在经济全球化时代实现各类主体的利益平衡，尤其离不开现代经济体制下的“双手并用”。从这个意义上说，我国从闭关锁国到全面开放的转型过程，也是现代经济体制的形成过程。因此，不仅可以从前述“改革的视角”来认识现代经济体制的确立，也可以从“开放的视角”来理解政府职能的转变以及现代经济体制的形成。

事实上，我国正是在不断扩大开放的过程中，建立了涉外企业、涉外税收、涉外金融、涉外贸易等诸多制度，并通过持续转变政府职能，有效发挥市场机制的作用，使政府和市场的边界日益明晰。在上述的制度变迁过程中，伴随着相关“分权”的不断深化，现代经济体制才随之逐渐确立，并由此进一步推动了开放的市场体系和产业体系的发展，以及全面开放格局的形成。

第四，对收入分配、区域发展体系的影响。

建设现代化的经济体系，实现经济的稳定增长，尤其需要兼顾效率与公平，促进经济与社会的协调发展，为此，体现效率、促进公平的收入分配体系，以及协调联动的城乡区域发展体系同样不可或缺。[①] 上述两类体系分别涉及收入分配机制和区域协调机制，是对前面的现代市场体系及其内含的市场机制的重要补充，对经济和社会的持续、稳定发展非常重要。

市场体系和产业体系的发展，必然会带来收入分配问题和区域发展不均衡的问题。例如，在收入分配方面，在我国政府、企业和居民个人的分配格局中，居民个人的收入占比偏低；而在居民个人的收入分配格局中，高收入者与中低收入者的收入分配差距过大，分配不公的问题尤为突出，表现为基尼系数连续多年居高不下（官方统计至今仍在 0.46 以上），已引起国家和社会各界的高度关注。此外，我国幅员辽阔，区域发展不平衡的问题尤为突出，无论是东部、中部、西部、东北地区的划分，还是环渤海、长三角、珠三角等区域一体化发展（或者作为其扩展的京津冀协同发展、长三角区域一体化发展、粤港澳大湾区建设等），

---

① 我国不仅应重视东西经济差异，也应关注南北区域协调发展。周民良．经济重心、区域差距与协调发展．中国社会科学，2000（2）：42-53.

以及我国纷繁复杂的各类特殊经济区域如经济特区、经济开发区、自由贸易区、各类新区的设立，等等，都是区域发展不平衡的体现。[①] 在上述情况下，如果单纯强调市场机制或产业发展，而忽视收入分配和区域协调，则可能带来诸多不均衡、不稳定的问题，导致经济体系难以持续。[②] 为此，必须在现代经济体制之下，更好地发挥政府的作用，通过有效的制度安排进行再分配与“再平衡”。在此过程中，预算法、转移支付法、税法、金融法、产业法的调整，都有助于对相关主体的收益权作出再分配，从而构成另一个层面上的“分权”，这对个人收入公平分配和区域协调发展尤其具有重要作用。

有效解决分配问题、发展问题，特别是具体的收入公平分配和区域协调发展问题，仅靠市场机制是无法完成的，尤其需要政府的积极作为和法律制度的有力规制。只有将法律制度“内嵌”于经济活动中，将法治贯穿于现代化经济体系建设中，使其成为“内生力量”，才能有效降低制度性交易成本，提升各类主体的分配能力和发展能力，从而更好地解决个体或区域的发展不平衡、不充分问题，为现代化经济体系建设奠定坚实、稳定的基础。

总之，上述对现代经济体制四个方面重要影响的探讨，贯穿了经济体制—经济机制—经济理念的主线，体现了三者之间的内在关联，以及“现代经济体制”对现代化经济体系各个子体系的重要价值，从而说明现代化经济体系为什么可以构成一个整体，以及为什么需要在现代经济体制之下有效协调市场机制、收入分配机制和区域发展机制，并落实创新、绿色、开放等经济发展理念。

上述探讨表明，现代经济体制具有突出的重要性：没有现代经济体制，具有基础地位的现代市场体系就难以建立，现代产业体系的创新、绿色、开放发展等

---

① 为了解决区域发展不平衡的问题，2018 年 11 月 18 日中共中央、国务院专门发布了《关于建立更加有效的区域协调发展新机制的意见》，强调建立区域协调发展新机制的目标是：区域实现基本公共服务均等化、基础设施通达程度比较均衡、人民基本生活保障水平大体相当。

② “收入或财富的分配会直接影响效率，也会通过它对制度的影响间接影响经济效率”，因而是经济体系中的重要问题。斯蒂格利茨. 发展与发展政策. 纪沫，等译. 北京：中国金融出版社，2009：43.

就难以实现[①]，收入分配、区域协调方面应体现的公平与效率也难以兼顾。只有依托现代经济体制，依法实现“双手并用”，才能使市场和政府的功用得到有效发挥，并在良好的分权架构下协调政府与市场的关系[②]，从而确保市场机制有效、微观主体有活力，以及宏观调控有度。

此外，无论是现代经济体制抑或上述各类子体系，都涉及诸多层面的“分权”问题，因而都离不开相应的制度支撑或法律调整，由此使法治保障更为重要。从现实情况看，在我国构建现代经济体制乃至现代化经济体系方面所存在的诸多问题，恰恰与法治保障的不足直接相关。为此，有必要在明晰现代经济体制重要性的基础上，进一步结合其所需解决的突出问题，分析如何加强相应的法治保障。

四、解决“三大问题”的法治保障

构建现代经济体制，需要达成三大目标，即“市场机制有效、微观主体有活力、宏观调控有度”，这三个方面存在的诸多不足，都与制度上的“分权失衡”有关。因此，应围绕这“三大问题”（同时也是三大目标），探讨如何通过“合理分权”，加强相应的法治保障，来有效推进现代经济体制构建和现代化经济体系建设。

（一）“市场机制有效”的法治保障

要切实保障市场机制有效运作，使其在资源配置方面发挥决定性作用，就需要在现代经济体制之下，明确政府与市场在资源配置方面的“分工”，解决好政府主体与市场主体以及其他各类主体间的“分权”问题，并通过法治方式，从立法到执法、司法等各个环节，不断完善市场规制的法治体系，排除影响市场机制

---

① 现代产业体系是对传统的产业结构的拓展，要考虑技术或知识分工等更加复杂的分工形式，关注产业和产业要素之间的互动与融合。贺俊，吕铁．从产业结构到现代产业体系：继承、批判与拓展．中国人民大学学报，2015（2）：39-47.

② 有学者认为，正确处理政府与市场的关系是我国市场经济取得成功的根本原因，应在经济体制上基于政府与市场的辩证关系强化有效的国家建构。周文，包炜杰．国家主体性、国家建构与建设现代化经济体系——基于西欧、美国与中国的现代化发展经验．经济社会体制比较，2018（5）：1-8.

有效运行的各类障碍。为此，应加快构建现代市场体系，促进政府的有效转型，不断完善经济法治，现分述如下。

首先，市场机制的有效运作，离不开现代市场体系和相应的法治保障。如前所述，现代市场体系是现代化经济体系的基础，缺少现代市场体系，市场机制就不可能有效配置资源，垄断、不正当竞争、信息偏在等导致市场失灵的诸多问题就会比比皆是。而要建设“统一开放、竞争有序”的现代市场体系，就应建立与之相对应的市场规制法律体系，并在执法、司法环节有效实施反垄断法、反不正当竞争法、消费者权益保护法等各类法律，使经营者的公平竞争权、正当竞争权与消费者权利等都能得到有效保护，这样才能在法治框架下，基于政府与经营者、消费者之间的合理“分权”，保障市场机制的有效运作。

与此同时，还必须有效落实公平竞争审查制度。在相关立法领域，审查相关规则是否妨害市场主体的公平竞争，并对存在问题的规则加以修正，尤其有助于保障市场机制的有效运行。依据 2016 年发布的《国务院关于在市场体系建设中建立公平竞争审查制度的意见》，国家发改委等五部门制定了《公平竞争审查制度实施细则（暂行）》，各省级政府均出台了实施方案或实施办法，从而形成了通行全国的公平竞争审查制度。该制度强调：在制定涉及市场主体经济活动的政策措施时，各类政策制定机关应当进行公平竞争审查，评估其对市场竞争的影响，以防止排除、限制市场竞争。但目前该制度的立法层级还比较低，尚未实现市县层面的“全覆盖”。尽管公平竞争理念作为法治精神和《宪法》第 15 条内在要求的体现，应贯穿于经济立法的各个方面，但现行的公平竞争审查制度还缺少足够的约束力。为此，未来应进一步提升该制度的立法层级，促进影响公平竞争的各类经济政策和法律制度的协调配合，以推进市场的统一开放，确保市场竞争的良性有序。①

---

① 相关分析可参见张守文．公平竞争审查制度的经济法解析．政治与法律，2017（11）：2－10。此外，也有学者从市场监管的角度进行探讨。吴汉洪．市场监管与建设现代化经济体系．学习与探索，2018（6）：97－104.

其次，市场机制的有效运作，离不开政府的有效转型和相应的法治约束。为了确保市场机制在资源配置方面的有效性，政府应切实减少对市场的不当干预，真正简政放权，减税降费，实现市场主体和政府主体的“双向减负”和“各自转型”[①]。只有政府推进“全面减税”而非“结构性减税”，我国的宏观税负水平才能真正调低，人民才能有更大的获得感，切实减轻负担的市场主体才能更有效率地投入市场经济活动；只有政府真正从过去“无限的全能型政府”转型为“有限的服务型政府”，把能够交给市场的都交给市场，才能真正实现政府自身的减负，并确保市场机制的有效运作。[②]

目前，由于高税负、高成本、高杠杆等诸多因素，我国市场主体的负担还较为沉重。为此，国家进行了税制改革，通过全面推进“营改增”，试图减少重复性征税，以降低企业的税负；改进了行政审批制度，压缩了多种收费项目，降低了社会保障费的费率以及其他收费标准，并不断解决企业的“融资难”“融资贵”等问题，这些都是为了切实减轻市场主体的负担，以使其可以轻装上阵，积极参与市场经济活动，从而使市场机制能够有效发挥作用。

值得注意的是，我国市场主体负担过重的问题，与多种制度因素均有关联。例如，高税负的存在，就涉及税法制度的合理性和合法性问题。从总体上说，通过优化税制结构，避免税制性重复征税，来降低纳税人整体的宏观税负；通过优化课税要素，调整税率、税基、税收优惠等制度安排，来切实降低纳税人个体的税收负担。这些都是未来税制改革的方向。据此，只强调“落实税收法定原则”是不够的，还应当贯彻税收公平原则和税收效率原则，既要使市场主体的税负适度，而不是单纯考虑国库收入，又要使税收制度真正有助于促进经济增长。根据“瓦格纳定律”，政府的财政支出总是存在不断膨胀的趋势，因此，

① 有学者认为，从全能主义国家向法治政府、市场经济转变，从中央高度集权向中央集权与地方分权相统一转变，是我国国家治理模式演变的基本趋势，政府角色的转型则构成这一变迁的中轴逻辑。何显明．政府转型与现代国家治理体系的建构——60 年来政府体制演变的内在逻辑．浙江社会科学，2013（6）：4-13.

② 张守文．减负与转型的经济法推进．中国法学，2017（6）：187-202.

必须顾及税制优化的背后因素，要考虑在现代经济体制之下，政府究竟应该履行哪些职能，是否要转变相关职能，并由此减少政府不必要的开支，从而减轻市场主体的负担。①

基于制度因素的重要影响，在经济法、行政法、社会法等诸多领域，需要不断推进相关制度变革，尤其应从根本上加快政府审批制度改革，推动财税制度、金融制度和社保制度等各类制度的调整，从而实现政府主体与市场主体之间的“分权”格局的优化，扩大市场主体的经济自由权，这尤其有助于在法治框架下提升市场机制的有效性。

最后，市场机制的有效运作，还需要经济法治的不断改进。从历史上看，伴随着我国的改革开放，国家开始重视法制建设；随着市场经济体制的确立，国家开始强调依法治国，经济法治备受重视，并在推进改革开放方面发挥了重要作用。尽管如此，在过去长期的改革过程中，由于诸多原因，许多领域都存在制度的碎片化、分散化、不稳定等问题，我国的经济法治呈现明显的柔性特点，这是有悖于法治原则的。市场经济的进一步发展对整体法制的统一性、稳定性会提出更高的要求，这对于形成统一开放的市场体系尤为重要。为此，不断改变我国经济法治的柔性特点，逐渐增强其刚性，是我国经济法治的重要改进方向。这样才能使市场主体和政府等各类主体都在法治框架下从事相关行为，并可以依法预见自己的行为后果，从而切实降低社会交易成本，提升社会整体福利，促进市场机制的有效运作。

此外，基于既往对法制的重视，我国已出台大量经济立法，为市场机制的有效运作提供了重要的制度保障。随着立法的不断完善，在执法、司法环节保障市场机制的有效运作变得更为重要。这就需要实施法律的各类主体能够正确适用法律，切实摆正政府与市场的关系，并将依法加强对微观主体权利的保障，持续激发其活力作为重点，这始终是影响市场机制有效运作的关键。

---

① 推进新公共管理运动，有助于优化政府职能，降低财政支出规模。郝晓薇，叶子荣. 基于新公共管理视角的瓦格纳定律之现实评析. 中南财经政法大学学报，2010（1）：11-15.

（二）“微观主体有活力”的法治保障

微观主体的活力不足，是我国实行改革开放的一个重要动因。在改革开放之初，正是基于农业生产者的积极性不足，我国才开启了以“联产承包责任制”为主要内容的农村改革；正是基于当时国营企业活力的不足，我国才开启了以企业改革为重点的城市改革。可以说，在整个改革历程中，如何提升微观主体的活力，从而提升经济效率，促进经济增长，一直是国家推进经济体系建设的重要内容。[①] 在新的历史时期，要保障微观主体活力，尤其需要进一步减少政府干预，加强产权的法律保护，依法促进公平竞争，现分述如下。

首先，微观主体是否有活力，取决于政府干预的多少或禁锢的大小。现代经济体制是在有效、有为的政府的调控和规制下，充分调动市场主体积极性、激发微观主体活力的体制。只有在现代经济体制的“分权”框架下，政府“放权”并对自身“限权”，同时对市场主体“扩权”，并由此使市场主体有更大的经济自由，才能使微观主体更有活力。而无论是“放权”还是“限权”，都离不开法律制度的支撑，都需要在法治框架下展开。因此，微观主体能否有活力，与减少政府的不当干预并加强经济法治的保障直接相关。

如前所述，我国《宪法》第 15 条第 1 款规定，“国家实行社会主义市场经济”，而由宪法保障的“市场经济”，则需要通过各类法律制度的具体权利义务安排，以及有效的执法和司法，使各类市场主体能够展开自由、充分、有效的竞争，做到“万类霜天竞自由”，以切实展现市场主体的活力，并充分发挥市场机制的作用。因此，从“经济宪法”到各类相关经济立法，都要有效激发市场主体的活力；相关的执法和司法活动，都要切实保障市场主体的合法权益。这些也应当是经济法治的重要目标。

在现实的政府与市场主体的关系中，政府通常居于强势地位或主导地位，因

---

① 也有学者认为，我国改革不同阶段要解决的核心问题不同，先后有三次变化：增强企业活力、正确认识和处理计划和市场的关系、正确处理政府和市场的关系。孙蚌珠．中国经济体制改革核心问题的演变．求索，2018（4）：18-25.

而我国自改革开放以来，一直强调要减少政府的不当干预、简政放权，并以此来保障市场主体的活力。由于政府权力总是存在膨胀的趋势，因此，通过各种制度安排来有效约束政府的行为，确保市场主体的经济自由权，是经济法治的核心问题。在法治框架下明确政府的权力清单和责任清单①，为市场主体释放更大的自由空间，尤其有助于激发和保障市场主体的活力。

其次，微观主体是否有活力，与产权制度的有效实施或对产权的法治保障直接相关。我国长期以来备受关注的微观主体，主要是国企与民企，大企业与中小企业（或小微企业），等等，尽管上述企业的地位不同，存在的问题各异，但从经济发展的角度看，都需要对其加强产权保护并确保其活力。为此，应依法保障各类企业的产权并完善其治理机制，有效化解各类企业存在的问题，减少对其经营的禁锢。这些方面都需要法治的保障。

在产权保护方面，随着改革开放的深化和市场经济的发展，孟子“有恒产者有恒心”（语出《孟子·滕文公上》）的思想得到了普遍认可，产权制度已被视为“市场经济的基石”，“归属清晰、权责明确、保护严格、流转顺畅”的现代产权制度和产权保护法律框架已在我国基本形成。尽管如此，国有产权的“委托-代理”关系仍不够清晰，利用公权力侵害私有产权的问题频发，侵害知识产权的行为屡禁不止，都严重影响了市场主体的活力。因此，必须强调对公有制经济和私有制经济要一视同仁、平等对待，对各类主体的物权、债权、股权、知识产权等各类权利要予以全面保护。同时，上述的平等对待和全面保护，都不应是“运动式”的，而应当是制度化、法治化的，必须建立产权保护的长效机制，以保障各类主体的稳定预期，激发各类市场主体的活力。②

为了切实保障市场主体的产权，政府部门应在执法活动中积极作为，恪守诚信原则，切实保障市场主体的信赖利益。尤其在招商引资、PPP（政府与社会资

① 可参见 2015 年 3 月 24 日中共中央办公厅、国务院办公厅印发的《关于推行地方各级政府工作部门权力清单制度的指导意见》；王春业. 论地方行政权力清单制度及其法制化. 政法论丛，2014（6）：26-33。

② 国家对于产权保护方面存在的问题和具体改进措施已有较为明确的认识，可参见 2016 年 11 月 4 日发布的《中共中央、国务院关于完善产权保护制度依法保护产权的意见》。

本合作）等领域，如果地方政府以政府换届、领导人员更替等理由违约，就会严重侵害市场主体的合法权益，当然会影响市场主体的活力，因此，政府必须遵守诚实信用原则或信赖利益保护原则，并依法承担相应的法律责任。此外，司法部门也应正确司法，严格遵循罪刑法定原则，准确把握罪与非罪、此罪与彼罪的界限，防止通过选择性司法将一般经济违法行为归入犯罪。上述对市场主体产权的法治保障虽然是非常基本的，但对于激发市场主体的活力尤为重要。

最后，微观主体是否有活力，还与政府能否依法促进公平竞争，营商环境是否优化有关。我国目前的突出问题是公平竞争不足，市场不统一、不开放，以及所有制的壁垒等问题仍然存在，特别是国企与民企之间的竞争，仍未充分体现"竞争中立"。民企尽管在税收、创新、就业等方面的贡献都超过了国企①，但在现实经济活动中尚未充分获得平等待遇，这无疑会影响其活力和整体经济的发展。

保障各类主体的公平竞争，需要反垄断法、反不正当竞争法以及其他相关制度真正发挥作用，并持续推进公平竞争审查制度的落实，以实现竞争政策的目标，同时，还应当协调好竞争政策与产业政策的关系。对于我们这样的大国，产业政策必不可少，但产业政策是否适度，如何减少政府不必要的干预，确是需要深究的重要问题。②

为了提升各类企业的活力，我国推出了"放管服"改革，强调构建服务型政府，促进微观主体的公平竞争。例如，在简政放权方面，我国不仅取消了大量行政审批，还全面实施市场主体登记制度改革，推行"多证合一"，大大减轻了企业的各类登记成本和奉行费用；同时，通过全面实行"双随机、一公开"的监管模式，尽量避免对企业的频繁检查，努力减少政府对企业经营的不当干预。此外，在完善公司治理、打破不同所有制企业之间的壁垒、推进市场准入负面清单

① 目前的基本判断是：民营经济贡献了50%以上的税收、60%以上的GDP、70%以上的技术创新、80%以上的城镇劳动就业、90%以上的新增就业和企业数量，因而在整个经济体系中具有重要地位。

② 吴敬琏．产业政策面临的问题：不是存废，而是转型．兰州大学学报（社会科学版），2017（6）：1-9.

制度[①]、扶持小微企业成长等方面，我国也进行了大量的制度改进。上述方面都有助于促进营商环境的优化，进一步激发企业活力。[②]

针对我国在营商环境方面存在的诸多问题，各级政府在开业时间、登记管理、经营保障方面作出了较大改进，使我国在营商环境方面的国际排名大幅度提升。[③] 但是，从应然的角度说，营商环境不只体现在上述方面，公平竞争、税负适度、融资便捷、良好的市场秩序等，对市场主体更为重要。事实上，切实减少政府的不当干预或管制，扩大市场主体的"经济自由度"，保障其经济自由权，会对市场主体的活力产生更大影响。因此，从加强法治保障的角度，国家应在财税法、金融法、竞争法、劳动法、社会保障法等多个领域进一步作出法律调整，从而切实降低企业负担，降低企业负债或杠杆率，减少相关的制度性交易成本，推动营商环境的全面优化，不断增进市场主体的活力。[④]

（三）"宏观调控有度"的法治保障

现代经济体制是协调"双手并用"的体制，因而不仅要重视市场机制的有效运作和微观主体的活力，还要强调更好地发挥政府的作用[⑤]，不断完善政府的宏观调控职能。现代市场经济是"有宏观调控的市场经济"，宏观调控要"有度"。

---

① 国家发展改革委、商务部于2018年12月21日发布了《市场准入负面清单（2018年版）》，标志着我国全面实施市场准入负面清单制度，真正实现"非禁即入"，其有效实施会特别有助于激发市场主体活力。

② 有学者研究表明，在好的营商制度环境下，企业家在有限的经济活动时间中，用于"内治"（即生产性的日常经营管理）的时间占比将更高，而用于"外攘"（即非生产性的对外公关招待等）的时间占比将更低。魏下海，董志强，张永璟. 营商制度环境为何如此重要？——来自民营企业家"内治外攘"的经验证据. 经济科学，2015（2）：105-116.

③ 世界银行每年对全球190个经济体的营商环境进行评估，主要指标包括获得施工许可、跨境贸易、纳税、财产登记、开办企业、获得电力、少数投资者保护、获得信贷、破产、执行合同等。根据世界银行发布的《2019年营商环境报告》显示，中国营商环境比2018年提升32位，位列全球第46名。

④ 可参见《国务院关于积极稳妥降低企业杠杆率的意见》（国发［2016］54号）、《国务院办公厅关于聚焦企业关切进一步推动优化营商环境政策落实的通知》（国办发［2018］104号）、《国务院办公厅关于加快推进"多证合一"改革的指导意见》（国办发［2017］41号）等。

⑤ 波兰尼认为，在市场经济条件下，一方面存在经济自由主义的运动，另一方面，为了防止市场机制给社会带来的侵害，还存在反向的社会自我保护运动，并由此形成了"双向运动"。波兰尼. 大转型：我们时代的政治与经济起源. 冯刚，刘阳，译. 杭州：浙江人民出版社，2007：114，136，164. 据此，需要更好地发挥政府的作用。

如果政府的宏观调控可以不受限制和约束，就与计划经济体制相差无几。因此，强调“宏观调控有度”，正是现代经济体制不同于传统经济体制的重要方面。

“宏观调控有度”，重点不在于政府能否进行宏观调控，而在于“有度”。这里的“度”有多重含义。首先，宏观调控要合乎“法度”，即宏观调控要受到法律约束，而不是政府的恣意妄为或不当干预，这样才能确保其合法性；其次，宏观调控要“适度”，即政府的调控行为必须符合经济规律，具有经济上的合理性，同时要合乎比例原则的要求，并因而更加公平；最后，宏观调控也要有“力度”，即针对经济运行存在的突出问题，政府必须有所作为，切实采取有力措施，实现调控目标。如果说前面的合理性和合法性强调的是调控要“有理”“有节”，则此处的“力度”是强调调控要“有力”，这也是“适度”的进一步体现。

无论是上述的哪类“度”，都要用相关法律来“度量”。对此，各类宏观调控法尤其应发挥重要作用。尽管我国尚未制定“宏观调控基本法”，但宏观调控领域的各类具体立法，包括《预算法》《中国人民银行法》以及多种税收法律等已初具规模，可以为“宏观调控有度”提供基本的法律支撑。例如，在财政调控方面，《预算法》对政府的预算调整、发债行为等都有相应的法律要求和约束，如果不严格遵守相关规定，就会带来政府投资膨胀、债务规模失控等严重后果，因此，必须严格遵守《预算法》等相关法律、法规的规定；在金融调控方面，中央银行应独立制定和实施货币政策，实施宏观审慎监管，而不应受到不当的干预，只有严格遵循《中国人民银行法》等相关法律的规定，才可能有效防控系统性金融风险。

由于宏观调控直接影响经济运行，关系到相关市场主体的基本权利，因此，必须在法治的框架下加强对各类主体法益的均衡保护。我国在现实的宏观调控实践中，大量运用积极的财政政策和稳健的货币政策等“政策手段”，针对当前经济下行的情况，既要推出更大规模的减税降费，又要使货币政策松紧适度，并在去杠杆的同时保持流动性合理充裕①，从而实现政策协调和逆周期调节。上述宏

① 我国必须解决高杠杆的问题，但在去杠杆的过程中也要循序渐进，避免金融杠杆急速下降所导致的经济衰退和金融不稳定。马勇，田拓，等. 金融杠杆、经济增长与金融稳定. 金融研究，2016（6）：37-51.

观调控政策的运用当然都很重要且必要，但也必须强调，在立法能力不断提升、经济立法不断完善的今天，还应及时将行之有效的经济政策上升为法律，从而更多运用法律手段进行宏观调控，这对于保障各类主体的理性预期和合法权益更为重要。从法治的角度看，随着市场主体权利意识的增强，基于政府的宏观调控对其权益造成的侵害，相关主体会不断提出权利救济的诉求。如何解决宏观调控的可诉性问题，是否可以对相关的宏观调控规则进行司法审查[①]，如何增强经济法治的刚性[②]，都是我国未来法治建设需要解决的重要问题。

因此，在现代经济体制下，宏观调控不仅涉及经济政策的实施，也涉及法治的框架和法律的约束。只有不断完善宏观调控的法律制度，将政府的宏观调控行为限定在法治的框架下，才能保障宏观调控行为的合法性。依据我国《宪法》第15条第2款“国家加强经济立法，完善宏观调控”的规定，应将宏观调控与经济立法结合起来理解，即经济立法要为宏观调控提供基础和保障，宏观调控的完善应在法治的框架下展开。为此，我国还应进一步加强宏观调控方面的基本立法，在以往尝试制定“经济稳定增长促进法”和“发展规划法”的基础上，在未来条件成熟时，还可以考虑制定“宏观调控基本法”或“宏观调控法通则”，从而为“宏观调控有度”提供有效的法治保障。

总之，在上述讨论中，贯穿着市场机制—市场主体—宏观调控的主线，旨在结合现代经济体制所要解决的三大问题，揭示未来解决“分权失衡”问题的法治路径。在实现“市场机制有效”“微观主体有活力”“宏观调控有度”这三大目标的过程中，要真正转变一些重要观念，如对国企与民企的一视同仁或平等对待，确保“竞争中立”[③]，等等，从而切实优化营商环境，促进公平竞争。此外，还

---

① 徐澜波. 宏观调控的可诉性之辨. 法学，2012 (5)：63-74；邢会强. 宏观调控行为的不可诉性再探. 法商研究，2012 (5)：72-78；等等。

② 张守文. 中国经济法治的问题及其改进方向. 法制与社会发展，2018 (2)：20-31.

③ 有学者认为，政府行为“竞争中立”与发挥市场在资源配置中的决定性作用具有内在一致性，国家的经济治理应最大限度地避免限制或扭曲竞争的行为。张占江. 政府行为竞争中立制度的构造——以反垄断法框架为基础. 法学，2018 (6)：80-98.

要处理好政府与市场、政府主体与市场主体的关系，更好地发挥政府的宏观调控作用，并以此保障整体经济体系的良性运行。

我国为解决上述“三大问题”，出台过大量经济政策，包括历次重要的“改革决定”，以及针对各个领域制定的大量具体政策（在相关注释中已有部分列举），这些政策都曾经或正在发挥重要作用，但也必须认识到政策的局限性。随着全面依法治国的推进，我国还应更多地融入法治思维和法治方式，以在法治框架下，通过建立和实施有效的制度，特别是市场规制法和宏观调控法制度，来持续推动上述“三大问题”的解决。

五、小结

现代化经济体系的建设，直接影响国家全面现代化目标的实现。由于现代化经济体系是由多个子体系组成的复杂系统，因而对其中的核心问题或关键要素应予以特别关注。考虑到任何经济体系的存续和发展都离不开相关的体制和机制，而机制又需要在一定的体制框架下发挥作用，因而经济体制对经济体系而言是最为重要的，这是将现代经济体制作为现代化经济体系建设的“核心问题”，也是探讨如何对其加强法治保障的重要原因。

现代经济体制的核心问题是“分工”和“分权”，而“分权”则需要在法治的框架下展开，为此，前面提出了“体制-分权-法治”的分析框架，并分别从历史、现实、未来发展的维度，探讨了现代经济体制的形成、该体制对现代化经济体系的现实价值，以及当前和未来应着重解决的“三大问题”，并在上述讨论过程中，将“分权”问题和相应的法治保障问题贯穿其中，形成了如下基本认识。

第一，我国经济体制的变革，与改革开放、法治发展直接相关。因此，应当在改革开放与法治发展的历程中理解现代经济体制的形成。能否处理好政府与市场的关系，是衡量经济体制优劣的关键标尺；“让市场在资源配置方面起决定性作用，并更好地发挥政府的作用”，是现代经济体制的基本内涵；能够在法治框架下有效协调“双手并用”的经济体制，才是现代的经济体制。依循改革开放—

法治发展—体制变革的线索，有助于从历史维度揭示现代经济体制的形成和发展及其关联因素。

第二，现代经济体制对现代化经济体系建设是不可或缺的，它对构成现代化经济体的各类子体系均有重要影响。其中，现代市场体系、收入分配体系和区域发展体系，蕴含着现代化经济体系应有的市场机制、分配机制和区域协调机制；而现代产业体系、绿色发展体系和全面开放体系，则是落实创新、绿色、开放等重要发展理念的体现。缺少现代经济体制，上述三大经济机制的有效运作和三大经济理念的全面落实都会受到严重影响。因此，现代经济体制在整个现代化经济体系建设过程中具有核心地位。依循经济体制—经济机制—经济理念的线索，有助于揭示现代化经济体系各个子体系的内在关联，以及现代经济体制的重要现实价值。

第三，现代经济体制需要保障市场机制有效、微观主体有活力、宏观调控有度。其中，前两个目标侧重于“市场端”，后一个目标侧重于“政府端”①，唯有“两端”协同，“双手并用”，才能更好地实现发展目标。在实现上述“三大目标”的过程中，国家以往运用政策手段较多，但随着法治的推进，还要考虑法治思维和法治方式的大量融入，并将法治手段贯穿于现代经济体制运行的全过程。依循“市场机制—市场主体—宏观调控”的线索，有助于结合现代经济体制所要解决的核心问题，揭示当前和未来解决“分权失衡”问题的法治路径。

上述三个方面的探讨表明，我国从最初的经济体制变革，到现代经济体制的构建，都始终重视相应的法制建设和法治完善。考虑到现代经济体制更需要在政府与市场、政府主体与市场主体之间进行有效“分权”，缺少法律的支撑和法治的保障，现代经济体制就无法构建和存续，因此，对于现代经济体制乃至整个现代化经济体系建设的法治保障问题，还应从理论研究到制度实践层面予以更多的关注。

此外，任何现代国家要建立现代经济体制、构建现代化经济体系，都会注重

① 对于我国政府端的宏观调控实践，可参见王健，王立鹏．中国改革开放40年宏观调控．行政管理改革，2018（10）：15-21。

经济系统与法律系统的有机结合；同样，在法治框架下处理政府与市场的关系，也是我国深化改革和推进法治的基本路径，其中涉及改革、法治、发展等多个维度的问题。为此，我国还需处理好“改革与法治”“法治与发展”的关系，这尤其有助于深化有中国特色的“法治理论”与发展理论的研究，推进发展法学的构建，促进经济与社会的良性运行和协调发展。

第三节　现代市场体系与公平竞争审查

在构建现代化经济体系的过程中，现代市场体系具有基础性地位，直接影响市场机制能否有效发挥作用，因而关乎整体经济发展。要建立统一开放、竞争有序的现代市场体系，必须加强公平竞争审查，并构建相关制度。为此，有必要探讨公平竞争在现代市场体系建设中的必要性和重要性，以及通过多种经济政策的协调来推动公平竞争的可行性，以解释公平竞争审查制度的经济基础；同时，还应当通过梳理公平竞争在经济宪法以及经济法中的具体制度安排，揭示公平竞争审查制度的法律基础。在此基础上，应进一步探寻审查主体及其审查权的配置和行使方面存在的问题和解决路径。

公平竞争审查制度是覆盖现代市场体系、影响整体经济运行的“大制度”，它与前述的现代经济体制亦直接相关。要处理好政府与市场的关系，确保公平竞争，发挥市场机制在资源配置方面的决定性作用，就必须加强公平竞争审查，从而更好地发挥政府作用。只有把公平竞争审查制度落到实处，才能从制度供给端坚持发展导向，并有效促进和保障经济与社会的发展。

一、对公平竞争审查制度的基本理解

我国的公平竞争审查制度自确立以来，得到了举国上下的积极响应，各地纷纷出台具体规定，相关领域学者也展开了大量研讨。这样一个看似“很小”的制

度为什么会受到广泛关注？其背后的原因非常值得研究。[①]

对于公平竞争审查制度，已有多位研究者着重从反垄断法的视角对其进行了深入分析，这些研究都重要而有意义。[②] 但与此同时，无论是研究者还是执法机构都深知，一旦涉及政府行为或行政垄断，制度的执行难度就会大增。事实上，公平竞争审查制度的实施不仅涉及反垄断法，还涉及整个经济法的其他各类制度，甚至涉及宪法等更大范围的问题，因此，仅将其视为反垄断法的一个“小制度”并进行微观的制度分析是不够的，还应当从更广阔的经济法视角进行“上下扩展”，对其涉及的“基础”问题展开解析。

为此，相对于以往的研究，后面的讨论更侧重于从整体的经济法视角，对公平竞争审查制度所涉及的基础问题进行如下解析：一方面是从经济的维度，探讨公平竞争在现代市场体系建设中的必要性和重要性，以及通过各类经济政策的协调来推动公平竞争的可行性；另一方面是从法律的维度，梳理促进和保障公平竞争的理念和原则在经济宪法以及经济法制度中的具体体现。这些解析意在夯实公平竞争审查制度的理论基础和制度基础，厘清其经济基础和法律基础，强调该制度既源于反垄断法，又要在理念、价值以及具体实施上超越反垄断法，从而将其从“小制度”提升和扩展为“大制度”。

之所以要有这样的提升和扩展，是因为公平竞争事关国家的市场体系建设，但整体市场体系的建设仅靠反垄断法是无法完成的。市场体系作为一个“体系”，还对应于相关的法律体系，其建设和完善需要诸多法律部门的协同保障。为此，需要对公平竞争审查制度的位阶加以提升，使其有效实施成为相关部门法协同保障的共同目标。

---

① 自国务院 2016 年 6 月发布《关于在市场体系建设中建立公平竞争审查制度的意见》以来，许多省、市都印发了具体的实施意见，有关该主题的学术会议曾召开多次，相关论文亦有数十篇。

② 我国《反垄断法》第五章明确对“滥用行政权力排除、限制竞争”的行为加以规制，该法的第 37 条又特别规定“行政机关不得滥用行政权力，制定含有排除、限制竞争内容的规定”，这被视为建立公平竞争审查制度的直接法律依据。黄勇，等. 竞争政策视野下公平竞争审查制度的实施. 价格理论与实践，2016 (4)：31-34.

此外，考虑到市场体系还与政府体系相对应，且两个体系的有效协调是各国长期的任务，因此，只有不断处理好政府与市场的关系，才能更好地推动市场体系的建设；同时，政府与市场关系的框架是由一国宪法奠定的，因此，还应当从经济宪法的维度，来审视市场体系建设的问题，这样才能更好地理解公平竞争以及相应的审查制度，进而明确具体的审查主体和审查权力、审查标准和审查责任等，这对于完善整体的公平竞争审查制度是更为重要的。

基于上述思考，应当从整体的经济法视角，对公平竞争审查制度的相关基础问题展开解析，强调该制度不仅可在狭义上理解为反垄断法上的一个"小制度"，还可从整体的经济法乃至经济宪法的视角，在广义上将其理解为一个"大制度"，这会更有助于促进该制度的实施。因此，需要在"双手并用"的框架下，通过分析现代市场体系的基本要求，来明晰其经济基础；同时，通过梳理宪法和经济法对促进和保障公平竞争的制度安排，来明晰其法律基础。基于上述两大基础，还应进一步探讨审查主体及其审查权的配置和行使等基本问题，从而推动该制度的完善和有效实施。

有鉴于此，本节在结构安排上，先从市场体系与经济政策的维度，探讨促进和保障公平竞争的必要性、重要性和可行性，从而揭示公平竞争审查制度的经济基础；再从经济宪法和经济法的维度，分析公平竞争竞争审查制度的法律基础；在此基础上，探究公平竞争审查制度自身的核心问题，即审查主体及其审查权的配置和行使问题，并对该制度的完善提出相关建议。

二、市场体系与经济政策维度的公平竞争

我国正在建设现代市场体系，公平竞争是其内在要求；而在促进和保障公平竞争方面，许多经济政策均有重要影响。从市场体系和经济政策的维度展开解析，有助于更好地理解为什么要促进和保障公平竞争，以及为什么要建立相应的公平竞争审查制度，其可行性如何等问题。

(一) 公平竞争是建设现代市场体系的内在要求

依据经济法的“双手并用”原理，各国一般通过有形之手和无形之手的“协同”，来实现各类资源的有效配置，由此形成了政府和市场两大资源配置系统。如何处理好政府和市场的关系，既能使市场在资源配置方面发挥决定性作用，又能更好地发挥政府的作用（其中包括政府在促进和保障公平竞争方面的作用），一直是各国需要不断面对的问题。而上述问题的持续解决，则需要相应的法律调整，尤其是经济法的有效调整。[①]

市场在资源配置方面的重要作用的发挥，离不开现代的市场经济和市场体系这一平台[②]，只有在该平台之上，各类主体才能展开自由、公平的市场竞争，否则，公平竞争就无从谈起。因此，现代的市场经济和市场体系，是公平竞争以及构建公平竞争审查制度的前提和基础。如果一国不实行市场经济体制，没有“双手并用”的两个资源配置系统，就不涉及政府系统可能影响公平竞争的审查问题，当然也不可能建立公平竞争审查制度。

上述的现代市场经济和市场体系，与公平竞争存在着内在关联。如果没有公平竞争，就不可能有真正的市场经济。只要一国实行市场经济体制，市场主体和政府就应在保障公平竞争方面负有重要义务。为了确保各类主体履行上述义务，国家既应建立专门的竞争法制度，直接保护市场主体的公平竞争，也要建立体现公平竞争理念的相关制度，包括公平竞争审查制度[③]，并通过约束政府的行为，将公平竞争的理念贯穿到各类相关制度之中。

可见，公平竞争审查制度的建立，有其重要的现实经济基础。正是“双手并用”框架下的现代市场经济和市场体系，才要求各类主体必须展开公平的市场竞

---

① 张守文. 政府与市场关系的法律调整. 中国法学，2014 (5).

② 整体的市场体系包括商品市场和要素市场，而要素市场则又包括了劳动力、资本、土地、技术等市场，对于这些市场的建设，需要多种法律的有效调整。张占斌. 建设统一开放竞争有序的现代市场体系. 天津行政学院学报，2008 (5).

③ 关于公平竞争审查制度功能的讨论，可参见前引黄勇，等. 竞争政策视野下公平竞争审查制度的实施. 价格理论与实践，2016 (4).

争，并对政府的“建制立规”行为实施相应的审查，以免该行为排除或限制公平竞争，而由此建立的公平竞争审查制度，则有助于厘清政府与市场的关系，使两者在资源配置方面各司其职，并推动政府和市场主体各自承担维护市场机制健康运行、保障公平竞争的职责和义务。

从现实的制度推进看，建立市场体系以及相应的公平竞争审查制度，是我国2013年“改革决定”中的重要内容①，体现了经济法共识。② 根据“改革决定”的整体设计，我国应建设“统一开放、竞争有序”的市场体系，以实现企业的自主经营、公平竞争，消费者的自由选择、自主消费，以及商品和要素的自由流动、平等交换。③ 该市场体系应当符合以下要求：首先，作为一个“体系”，应当是“统一”的整体，而不应是被人为分割或支离破碎的传统市场的组合；其次，该体系应具有开放性和国际性，而不应是封闭的和地方化的，这样才具有现代性；最后，该体系应该是在法治框架下的既有竞争又竞争有序的系统，如果各类市场竞争受限，或者竞争无序，则整个市场体系也难以持续。

上述的统一、开放、竞争、有序均密切相关。例如，只有保持开放，市场主体进出自由，才能构建统一的市场体系；只有在统一的市场体系中，各类商品和要素能够自由、有序流动，才能实现公平竞争。统一、开放、竞争、有序，既是现代市场体系的应有之义，也是判断竞争是否受限、是否公平的重要标准。

从总体上说，建立统一开放、竞争有序的现代市场体系的过程，既是推进公平竞争的过程，也是对影响公平竞争的各类制度不断清理和排除的过程。因此，

---

① 早在2007年，国家就提出“加快形成统一开放竞争有序的现代市场体系”。2013年的“改革决定”更是用较大篇幅专门提出要“加快完善现代市场体系”，尤其强调“建设统一开放、竞争有序的市场体系，是使市场在资源配置中起决定性作用的基础”。

② 2013年的“改革决定”在许多方面都体现了经济法共识。张守文．“改革决定”与经济法共识．法学评论，2014（2）．

③ 这里的市场体系涉及企业的经营自由、消费者的选择自由以及商品和要素的流动自由，这些自由同样是公平竞争的重要前提，因此，在宪法或相关法律中也要得到特别保障。例如，《巴西共和国宪法》第170条专门确立了“自由竞争”原则，强调市场主体“除法律规定外，无须政府授权而可以自由进行一切经济活动”。世界各国宪法：美洲大洋洲卷．《世界各国宪法》编辑委员会，编译．北京：中国检察出版社，2012：191．

审查各类制度（包括公共政策和相关立法）是否影响公平竞争，并尽可能降低其对公平竞争的影响，以体现“制度中性”或确保“竞争中立”[①]，是实现市场在资源配置方面的决定性作用的重要保障。考虑到我国在经济治理中大都是经济政策先行，而经济立法相对滞后，下面着重探讨经济政策对公平竞争的影响。

（二）在经济政策协调中促进公平竞争

在各类公共政策中，经济政策对现代市场经济体系的建立以及公平竞争的影响是最大的，而各类经济政策的组合，也正是经济法制度建设的重要源泉。在公平竞争方面，许多人更关注产业政策和竞争政策的组合，并认为只要确定竞争政策的基础地位，就有助于解决公平竞争乃至整体市场经济的基本问题。但从整体的经济法维度看，在一国的经济政策体系中，财政政策和货币政策作为最大量被采行的基本政策，对竞争政策、产业政策等其他政策的制定和实施都会产生重要影响。尽管有学者将涉及产业发展的财税政策和货币政策都归入产业政策，但毕竟前两类基本政策更为基础和重要。因此，不宜仅将竞争政策与产业政策的关系视为影响公平竞争的核心问题，真正对竞争政策构成重要影响的，首先是财政政策和货币政策，并且，它们与产业政策不在一个层次上。

在推进现代市场体系建设的过程中，要促进和保障公平竞争，就应综合考虑各类经济政策，特别是财政政策和货币政策，以及与其密切相关的产业政策、外贸政策、竞争政策和消费者政策等。上述各类政策均有其存在的价值，需要通过有效协调，将公平竞争的理念贯穿其中，才不会在政策制定方面产生过多的冲突。而在此过程中，各类政策目标的确定会涉及相关公共利益，并直接影响公平竞争审查制度的例外规定和调整范围，从而影响其实施的可行性。

例如，在财政政策领域，财政补贴和税收优惠，往往被视为可能影响公平竞

① “当市场中任何实体均不存在不当竞争优势或劣势时，就实现了竞争中立状态。”经济合作与发展组织．竞争中立：维持国有企业与私有企业公平竞争的环境．谢晖，译．北京：经济科学出版社，2015：4.

争的重要因素，但在相关国际条约和一国的国内法中，仍然允许保留多种类型的财政补贴和税收优惠，这说明其存在有合理性。因此，需要明确哪些财政补贴和税收优惠是必要、合理的，而且是不违反“实质公平”的，并由此确立“必要-合理-公平原则”，作为排查的依据和标准，这对公平竞争审查制度的完善是很有意义的。又如，在货币政策领域，我国对不同类型金融机构存款准备金率，以及对不同地区的 IPO 政策，均实行区别对待①，其对公平竞争的影响也需要按照上述的“必要-合理-公平原则”作具体分析。

各类政策的制定者都会认为自己的目标是保障公共利益，包括扶贫济困、国家安全、节能环保等，当这些目标与保障公平竞争的目标发生冲突时，就需要进行有效的协调。② 其中，对于上述旨在扶贫济困、保护弱势群体的优惠或政策倾斜，人们一般不会认为影响公平竞争；但对于那些并不贫困、并不弱势的市场主体，国家是否应对其扶持或倾斜，则会存在争议。尽管国家在扶持某类企业时，往往强调其对国计民生或国家经济安全的重要影响，但能否由其他企业担负该使命？尤其是民营企业可否担此重任？在市场经济条件下，国有企业具有的公益性和营利性应如何平衡，国有企业如何与民营企业展开公平竞争，一直是争论颇多的话题，有许多方面需要解释和协调。③ 从总体上说，当保障公平竞争与其他政策所保障的公共利益发生冲突时，在各类经济政策之间进行目标和手段的协调，合理确定公平竞争的地位，是现代市场经济体系建设过程中要持续解决的重要问题。

总之，建立和完善公平竞争审查制度，是建立现代市场体系、推进整个市场

---

① 例如，2016 年 9 月 8 日证监会发布的《中国证监会关于发挥资本市场作用服务国家脱贫攻坚战略的意见》，被称为“IPO 扶贫”制度，曾引发广泛热议。

② 现行公平竞争审查制度中的例外规定，都是基于国家安全、扶贫济困、节能环保等公共利益的考量。对此，该制度要求自我审查的机关应说明政策措施对实现政策目的不可或缺，且不会严重排除和限制市场竞争，并要明确实施期限。

③ 税收中立、债务中立、监管中立等是影响两类企业“竞争中立”的“八大基石”。经济合作与发展组织．竞争中立：维持国有企业与私有企业公平竞争的环境．谢晖，译．北京：经济科学出版社，2012：17-22.

经济发展的需要[①]，有助于发挥市场机制配置资源的重要作用。发展市场经济、建立现代市场体系的现实需要，是公平竞争审查制度得以建立和发展的重要经济基础。国务院将文件（国发〔2016〕34 号）标题定为《在市场体系建设中建立公平竞争审查制度》，正是体现了市场体系建设与公平竞争审查制度的紧密关联。

从市场体系建设的视角看，整个市场体系建设都是围绕公平竞争展开的，因而保障公平竞争具有突出的必要性和重要性；从经济政策的视角看，通过多种政策目标的协调来促进公平竞争，具有现实可行性。因此，在促进和保障公平竞争目标基础上建立的审查制度，既具有经济必要性，又具有制度可行性。

三、公平竞争审查制度的法律基础

前面基于公平竞争审查制度突出的经济性，探讨了其产生的经济基础，而该制度作为一种法律制度，还需明晰其存在的法律基础。鉴于公平竞争审查制度的核心目标是促进和保障公平竞争，由此可以考察其在相关法律甚至宪法上的渊源，这有助于全面理解该制度的理念和位阶，明晰其法律基础，并推进其具体实施。

对于促进和保障公平竞争，各国一般是通过经济法领域的竞争法或具体的反垄断法作出直接规定，同时，许多国家的宪法亦有相关规定。据此，对公平竞争审查制度可分别从微观和宏观两个层面来理解：在微观层面，可将其理解为反垄断法的一项制度；在宏观层面，可将其理解为整体经济法乃至经济宪法上的一项制度。鉴于有关宏观层面的研究相对不足，下面着重从经济法与经济宪法相结合的维度加以探析。

---

① 早在 1980 年的《国务院关于开展和保护社会主义竞争的暂行规定》中就提出要“打破地区封锁和部门分割”。此外，在实行市场经济之初制定的《反不正当竞争法》（1993 年）第 7 条也规定，“政府及其所属部门不得滥用行政权力，限制外地商品进入本地市场，或者本地商品流向外地市场。”上述规定为市场经济发展和市场体系建设奠定了重要的制度基础。

通常，一国经济体制的变革或整体经济的发展，都会浓缩并呈现在宪法中，并构成经济宪法的重要内容，同样，在市场经济体制下至为重要的公平竞争，也会体现在经济宪法中，这是旨在保障公平竞争的反垄断法被称为“经济宪法”的重要原因。其实，包括竞争法在内的各类经济法制度，都源于宪法的基本规范，而这些基本规范则构成了经济宪法的重要内容。[①]

随着市场经济体制在全球的普遍建立，宪法的“经济性”日益突出。尤其是许多原来实行计划经济体制的国家，在转行市场经济体制后，其宪法内容的变化更为显著，有关市场经济以及公平竞争的内容纷纷“入宪”[②]。基于宪法的这种“经济性”，经济法与宪法有了更高的一致性。[③]

促进和保障公平竞争作为经济宪法的重要内容，在许多国家的宪法文本中都有体现。例如，《俄罗斯联邦宪法》第 34 条第 2 项规定，“不允许进行旨在垄断和不正当竞争的经济活动”[④]，这是保障公平竞争的宪法基础。俄罗斯作为从计划经济体制转型为市场经济体制的典型国家，其宪法中大量规定统一市场、禁止垄断和不正当竞争的条款，充分体现了对公平竞争的高度重视。此外，克罗地亚宪法第 49 条也规定，“国家保证所有企业家在市场上的平等法律地位。禁止滥用法律所界定的垄断地位”[⑤]；而《土耳其宪法》第 167 条则规定，“国家应采取措施保障和促进货币、信贷、资本、商品和服务市场的合理有序运行，

---

① 早期宪法的政治性更为突出，如 1917 年制定的《墨西哥合众国宪法》即如此。随着市场经济的发展，在该宪法第 28 条也融入了反垄断的内容，即“墨西哥合众国在法律规定的范围和情况下，禁止垄断、垄断活动、专卖和偷税漏税”.《世界各国宪法》编辑委员会. 世界各国宪法：美洲大洋洲卷. 北京：中国检察出版社，2012：632.

② 例如，《俄罗斯联邦宪法》第 8 条规定，“在俄罗斯联邦，保障经济空间的统一，保障商品、劳务和资金的自由流动，鼓励竞争和保障经济活动自由。”世界各国宪法：欧洲卷.《世界各国宪法》编辑委员会，编译. 北京：中国检察出版社，2012：212. 上述规定体现了市场体系统一、商品和要素自由流动、鼓励竞争的精神。

③ 张守文. 宪法与经济法关系的“经济性”分析. 法学论坛，2013 (3).

④ 世界各国宪法：欧洲卷.《世界各国宪法》编辑委员会，编译. 北京：中国检察出版社，2012：215.

⑤ 同④338.

防止市场形成事实或者由协议产生的垄断和卡特尔”[①]；等等。各国宪法关于反垄断的规定，都在强调保障公平竞争，并进而为建立公平竞争审查制度提供宪法支撑。

我国宪法虽然没有像某些国家那样通过明确规定“反垄断”“统一市场”等方式来体现促进和保障“公平竞争”的理念，但实质上也存在“可推导”或“可解释”的隐含规定。例如，我国《宪法》的第15条，就是保障公平竞争、建立相应的审查制度的重要宪法基础。该条共有3款，分别是市场经济体制条款、宏观调控条款和市场规制条款，它们不仅确立了作为经济法基础的市场经济体制，也明确了经济法的两大板块，即宏观调控法和市场规制法，对经济法的理论研究和制度建设尤其有特殊意义。下面就着重从公平竞争的角度，对上述3款作出如下解析。

首先，第1款有关我国实行市场经济体制的规定至为重要。正是由宪法确立的市场经济体制，才要强调市场在资源配置方面的重要作用，并依法保护和促进公平、正当的竞争。根据该款规定，无论政府还是市场主体，只要其行为妨害公平竞争，就违背了宪法规定及其相关理念。该款规定有助于理解为什么要在各个领域倡导和保障公平竞争。

依据该款规定的内在要求，我国正在构建的“统一开放、竞争有序”的市场体系。从法制的角度看，统一的大市场要求有统一的制度[②]，因此必须清除各类限制商品和要素自由流动的制度。[③] 同时，开放是实现市场统一的重要前提，各个部门、地区、行业等人为设置壁垒的制度，也都必须被清理；由于广义的开放

---

① 世界各国宪法：亚洲卷.《世界各国宪法》编辑委员会，编译. 北京：中国检察出版社，2012：623.

② 统一的市场需要统一的产权制度、竞争制度、税收制度等，因而需要多种制度协调，共同促进统一市场的形成和公平竞争。其中，我国1994年以来的几次税制改革，非常重视公平税负，从而为统一市场的公平竞争创造条件。张守文. 税制变迁与税收法治现代化. 中国社会科学，2015 (2).

③ 可以形成对比的是，《俄罗斯联邦宪法》第74条规定，“在俄罗斯联邦境内，禁止为了阻挠商品、劳务和资金的自由流动，设立关卡、关税、收费以及其他任何障碍”。此外，该法第71条规定，俄罗斯联邦的管辖对象包括规定统一市场的法律原则。《世界各国宪法》编辑委员会编译. 世界各国宪法：欧洲卷. 北京：中国检察出版社，2012：219-220.

还包括对国外开放，因而涉外领域的公平竞争制度亦应受关注。另外，在法治框架下展开的竞争，唯有真正遵循相关法律，切实做到“竞争有序”，才能促进和保障公平并提升经济效率。因此，作为现代市场体系内在要求的“统一开放、竞争有序”，不仅在前述的经济层面有重要意义，在制度建设层面同样有重要价值。

其次，第 2 款规定的“国家加强经济立法，完善宏观调控”，有助于从宏观层面推进公平竞争。如果把第 1 款强调的公平竞争价值和目标融入其中，则该款可理解为：“完善宏观调控”，是指应完善对“宏观经济运行”的调节和控制，而不应干扰微观的市场主体的公平竞争和经营自由①；同时，在“加强经济立法”的过程中也应不断强化对公平竞争的要求。

最后，第 3 款规定的“禁止任何组织或者个人扰乱社会经济秩序”，对于保障公平竞争的作用更为直接。依据该款规定，各类政府部门或相关组织机构，违法从事影响市场统一开放、公平竞争的市场秩序的行为，都属于扰乱社会经济秩序的行为。可见，该款规定从市场经济秩序的角度，为市场规制法提供了重要的宪法依据；同时，由于任何主体都不能扰乱社会经济秩序，包括公平竞争的市场秩序，因此，该规定也为公平竞争审查制度的设立奠定了重要基础。

上述的第 2 款和第 3 款，要与第 1 款所内含的公平竞争理念相结合，体现在经济法上，就是要把公平竞争的价值和目标贯穿于宏观调控和市场规制的各类制度之中。因此，公平竞争虽然内涵于第 1 款，但要通过第 2 款和第 3 款来落实，并且，这些经济宪法层面的规定，对经济法的制度形成具有重要影响。为了促进和保障公平竞争，需要把经济宪法与经济法有机地结合起来，共同作为公平竞争审查制度的法律基础。

正因如此，尽管许多国家在宪法中会直接或间接地规定反垄断的内容，但对公平竞争的促进和保障，仍需通过各类具体的经济法以及其他相关法律来落实。因此，促进和保障公平竞争，仅靠反垄断法是不够的，它是一个系统工程，需要

---

① 阿马蒂亚·森认为，自由是发展的首要目标，自由的、公平的竞争对于市场主体的发展无疑是非常重要的。阿马蒂亚·森．以自由看待发展．任赜，等译．北京：中国人民大学出版社，2002：3，13，31-33.

诸多法律配套，尤其要从源头上，防止通过公共政策的制定和相关立法来排除或限制公平竞争。这就需要对既存的或制定中的涉及公平竞争的各类相关制度进行审查，以排除或减少其对公平竞争的影响。可见，一般意义上的公平竞争审查制度，其目标是促进和保障公平竞争，其手段是审查和排除影响公平竞争的规定，并以此确保公共政策或相关立法的质量，实现其与相关竞争政策、竞争制度的协调。

四、审查主体及其审查权的配置与行使

以上分别着重从经济和法律的维度，探讨了公平竞争的重要性及其经济基础和法律基础，从而说明对影响公平竞争的各类制度进行审查的合理性与合法性。在此基础上，还需转入对具体规范层面的基本问题的探究，进一步分析公平竞争审查制度中的审查主体及其审查权的配置和行使等问题。

如前所述，无论是为了推进整体市场体系建设，还是基于经济宪法的规定，从经济法的维度看，公平竞争审查制度涉及诸多法律制度、经济政策的协调，事关整体市场体系的建设，牵涉各个层级的政府，因而确有必要将其理解为一个“大制度”。基于这种理解，对审查主体及其审查权的配置、行使等问题，应当有进一步的考量和安排，这对于完善现行制度可能更为重要。

（一）审查主体及其审查权的配置问题

我国现行的公平竞争审查制度，将审查主体确定为“行政机关和法律、法规授权的具有管理公共事务职能的组织”，并将其统称为“政策制定机关”。从法学的角度看，这种“统称”并不合适，因为许多立法活动不宜被归属为政策制定活动，许多规范性文件也不宜被称为政策。对此，可以结合制度经济学的思路，将公共政策和相关法律规范统称为“制度”①，将“政策制定机关”改为“制度制定机关”更为合适。

① 制度是指由人制定的规则，其目的是抑制人际交往中的任意行为和机会主义行为。柯武钢，史漫飞．制度经济学：社会秩序与公共政策．韩朝华，译．北京：商务印书馆，2000：32.

在公平竞争审查制度中，审查主体并非限于反垄断法的执法主体，而恰恰要扩展到其他领域更广泛的主体，并涉及对竞争法之外诸多制度的审查。[①] 在审查过程中，公平竞争作为一种重要的理念和标准，应贯穿于对各类相关制度的评判，由此会大大扩展公平竞争审查制度的适用范围。[②]

此外，公平竞争审查在性质上不是司法审查，而是一种广义的立法审查，即在规则制定过程中对规则合法性进行的审查，这就决定了它是一种源头审查，而不是在出现纷争之后的执法审查或司法审查。由于审查主体非常分散，且主要是自我审查，能否保证审查的质量，切实保障公平竞争，还是令人存疑的。尤其在各部门和地区都有自身利益或业绩追求的情况下，当公平竞争的要求与其他制度目标发生冲突时，要实现保障公平竞争的目标，就要有制度的特别保障。[③]

基于制度保障的需要，应结合审查权的分散行使可能造成的问题，再配置一类审查权给国务院反垄断委员会，使其可作为相对独立的“第三方”，对公平竞争审查工作进行不定期、不定项的抽查或实地检查，这是对审查的“再审查”[④]；同时，对于不严格按照公平竞争审查制度要求敷衍塞责的审查主体，应细化追责程序和机制，这既有助于反垄断委员会职能的适度“实化”，也有助于审查制度的有效落实。

---

① 对于审查主体及其审查权，各国的规定不尽一致。例如，《印度竞争法》（2002）第49条规定，中央政府在制定竞争政策（包括审查与竞争有关的法律）或其他事项时，或州政府在制定竞争政策或其他事项时，根据具体情况可以就该政策可能对竞争产生的影响向委员会作出说明，而委员会应当在收到说明之日起60天内向中央政府、州政府给出其意见，根据具体情况，中央政府、州政府可采取其认为适当的行动。林燕萍，等. 发展中国家十国竞争法研究. 北京：北京大学出版社，2010：414.

② 《瑞士联邦宪法》第94条规定，联邦和各州尊重经济自由原则。对经济自由原则的克减，特别是威胁竞争的措施，只有在联邦宪法有所规定或各州法律规定了排他性权力时才能被允许。世界各国宪法：欧洲卷.《世界各国宪法》编辑委员会，编译. 北京：中国检察出版社，2012：569.

③ 对此，1993年的《蒙古国禁止不公平竞争法》第10条曾规定，国家大呼拉尔有权为促进公平竞争的国家政策确立基础；有权依照法律监督政府决议的执行以确保处于市场中的企业有一个公平的竞争环境；如果发现政府（行政机构）的决定禁止或限制了公平竞争，可以行使否决权。林燕萍，等. 发展中国中国家十国竞争法研究. 北京：北京大学出版社，2010：433.

④ 也有研究者提出以反垄断委员会为主的竞争评估机制。张占江. 中国法律竞争评估制度的建构. 法学，2015（4）.

从权力依据的角度看，公平竞争审查权在微观层面的依据，是反垄断法的相关规定，而其更上位的法律基础，则是宪法的相关规定。因此，此类审查权体现了国家的整体制度安排，具有其合法性；同时，此类审查权存在的合理性，在于可以解决相关制度可能对公平竞争造成的负面影响。在明晰上述权力依据的基础上，应有效配置审查权，以全面促进和保障公平竞争目标的实现。

（二）行使审查权过程中的政策与法律问题

在审查权的行使（同时也是审查职责的履行）过程中，需要着重审查四个方面，即市场主体的自由进出、商品和要素的自由流动，以及对生产经营成本和生产经营行为的影响。上述四大审查标准与相关的例外规定，体现了经济法兼顾效率与公平的基本原则。[①] 与此同时，上述标准的适用，不仅涉及反垄断法，也涉及经济法的其他若干部门法，特别是财政法、税法、招标投标法、价格法、特许经营法等诸多法律。

明确上述审查标准，是为了更好地确定政府制定的公共政策或相关规则是否影响公平竞争。在公共政策特别是经济政策的制定方面，许多人认为应强调竞争政策的基础性地位，就像强调市场在资源配置方面的决定性地位一样；同时，不少人把产业政策等同于政府的干预或影响，并将其与竞争政策对立。但如前所述，财政政策、税收政策、货币政策的影响范围更大，只不过这些政策会影响到产业，便有人将其等同于产业政策。但事实上，诸如财政补贴、税收优惠等，首先是财政政策和税收政策的问题，而不是产业政策的问题，这是需要重申并加以澄清的。

与此同时，尽管国内外许多学者将竞争法纳入广义的竞争政策[②]，但从严格的学术意义上说，既不应把竞争政策等同于竞争法，也不应把竞争法包含于竞争

① 依据这一原则，政府应建立合适的兼顾公平和效率的制度安排，实施更有效的监管和引导。坦茨. 政府与市场：变革中的政府职能. 王宇，等译. 北京：商务印书馆，2014：34.

② 例如，美国著名反垄断法学者霍温坎普（Herbert Hovenkamp）就特别强调其选择“政策”一词作为书名，是既想阐明现有的法律，又想阐明那些主张采用其他方法的政策。霍温坎普. 联邦反托拉斯政策：竞争法律及其实践. 3版. 许光耀，江山，王晨，译. 北京：法律出版社，2009，作者序言.

政策之中。从经济法的角度看，尽管经济法是经济政策的法律化，经济法与经济政策的联系非常紧密，但仍应区分经济政策和经济法，以及具体的竞争政策与竞争法，否则许多问题会混淆不清。

强调上述政策与法律的界分，对审查权的行使乃至整个公平竞争审查制度的实施可能会有特殊意义。目前，我国公平竞争审查制度的系统体现，是《国务院关于在市场体系建设中建立公平竞争审查制度的意见》（国发〔2016〕34 号），其中存在的一个重要问题就是，当该制度与其他法律法规冲突的时候，何者优先？如果单纯机械地套用法律效力级次的规则或《立法法》的规定，可能有人认为它们并不在一个层次上，应强调其他法律、法规有更强的法律约束力。如果仅将公平竞争审查制度作为国务院文件规定的一个“小制度”，就会面临这样的问题。但是，如果将其作为一个“大制度”，就应从整体解释、系统解释的角度，强调保障公平竞争是宪法确立的市场经济体制的要求，而且从合宪性的角度，其他法律法规也要遵循这一规定。更何况该制度所涉及的许多标准，已有《反垄断法》规定作为基础。因此，即使其他法律法规与《反垄断法》相冲突，也可以从宪法的高度，进行合宪性的解释。这更有助于发挥法律体系的整体功用，真正实现法治系统的整体合力。当然，从未来完善公平竞争审查制度的角度，我国还应提升立法级次，进行单独立法，或在修改《反垄断法》时作出专门规定，至少应出台国务院层级的“公平竞争审查条例”，这会更有助于上述问题的解决。①

从一般意义的保障公平竞争的角度看，在经济法领域，不仅要关注企业或经营者之间的公平竞争，也应关注中央政府和地方政府对公平竞争的影响，并对政府行为进行约束和规制②，此时的政府亦属于规制受体，这是在经济法主体理论

---

① 对于公平竞争审查制度的实施可能带来的“文件管文件”的问题，已有学者予以关注并提出改进建议。时建中．强化公平竞争审查制度的若干问题．行政管理改革，2017（1）．

② 例如，2001 年的《南非共和国竞争法》第 21 节规定，竞争委员会的职能是“对生效法律和公共性规章进行事后审查，对其中允许非竞争行为的有关规定向部长报告”。时建中．二十一国竞争法典．北京：中国政法大学出版社，2009：402．又如，1993 年的《蒙古国禁止不公平竞争法》第 11 条曾规定，蒙古国的部长和国家发展委员会的主席如果发现部落首领或省会首脑作出的决定与禁止不公平竞争的法律相抵触，可以向总理提交建议否决之。林燕萍，等．发展中国家十国竞争法研究．北京：北京大学出版社，2010：434．

研究方面需注意的问题。此外，如果对公平竞争的理念再予扩展，则在经济法领域还需关注税收竞争、金融竞争、产业竞争等多种类型的竞争，其中也都涉及公平竞争的问题。尤其是地方政府的竞争[①]对整体经济和法治的影响更为突出，在经济法研究中应特别关注这一点。而建立在扩展意义上的公平竞争以及相应的审查制度，会使经济法变成全方位的保障公平竞争的法。

五、小结

公平竞争审查制度直接影响现代市场体系的建设，同时影响诸多经济政策、法律制度的协调，是当前理论界和实务界关注的一个热点问题。以往的研究主要是从反垄断法的维度展开探讨，已取得一些重要成果，但考虑到公平竞争涉及整体的市场体系建设和诸多公共政策的协调，甚至关系到宪法所确立的市场经济体制，因此，有必要将研究扩展至整个经济法层面，进一步研究该制度的重要基础问题，这更有助于其制度完善和有效实施。

为此，前述讨论先从市场体系与经济政策的维度，分别探讨促进和保障公平竞争的必要性、重要性和可行性，从而揭示公平竞争审查制度的经济基础；再从经济宪法和经济法的维度，探讨公平竞争审查制度的法律基础；在此基础上，探讨了公平竞争审查制度自身的核心问题，即审查主体及其审查权的配置和行使问题，提出了相关的制度完善建议。通过上述解析研讨，会发现公平竞争审查制度不仅可以将其理解为一个狭义的“小制度”，还可以从整体经济法乃至经济宪法的层面，将其理解为一个广义的“大制度”。

基于“大制度”的定位，应当将公平竞争的理念、价值、原则，贯穿于经济法的各类制度，使整个经济法都有助于促进和保障公平竞争。因此，无论是财税制度还是金融制度，无论是产业制度还是外贸制度，等等，都要在制度的形成过程中，充分考虑促进和保障公平竞争的目标。由于市场规制法对公平竞争已有较

① 沈坤荣，付文林．税收竞争、地区博弈及其增长绩效．经济研究，2006（6）．

多体现，因此，在宏观调控法领域将公平竞争的目标与其他目标相协调更为重要。

此外，将公平竞争审查制度理解为“大制度”，不仅因其影响范围大，涉及市场体系的方方面面，也因其制度效力不仅直接源于反垄断法，而且与经济法的各类制度乃至经济宪法规范都有内在关联，其有效实施也需要与经济法以外的相关制度协调配合。作为一种“大制度”，公平竞争审查制度的重要价值将日益显现，它是直接促进和保障公平竞争，从而促进经济发展的重要制度安排；但该制度在实践中也会遇到诸多问题，只有不断改进和完善，才能有效促进和保障公平竞争，进而实现促进经济和社会发展的目标。

第六章　全球化与信息化发展的法律应对

市场化、信息化与全球化，直接影响一国乃至全球的经济和社会发展，涉及大量发展法学的问题。前面几章主要基于市场化的线索，研讨了“发展与法治”的相关问题，在此基础上，有必要针对信息化、全球化的迅猛发展所带来的诸多新问题，探讨如何进行法律应对。

其实，在前面的有关章节中，既涉及发展权利、发展负担、发展法治等方面的探讨，也涉及各类国家，特别是发展中国家的发展问题，这些都是以往发展理论较为关注的问题，它们在全球化背景下会进一步加剧。考虑到上述问题已有大量研究，后面将选取当前国际上最为关注的贸易战以及相关的国家竞争问题，探讨如何加强法律应对。这是发展法学在回应全球化方面需要特别关注的重大现实问题。

此外，信息化与市场化、全球化都紧密关联，对各类主体的发展都有重要影响，特别是互联网、物联网、大数据、人工智能等信息技术的应用，会直接关系到发展动力、发展能力、发展潜力、发展质量、发展风险等问题，因而需要加强法律应对，并实施具体的法律规制。为此，后面将选取在信息化方面具有代表性的人工智能，以及相关的分享经济问题，探讨在产业发展和经济形态创新方面的经济法规制以及相关的发展法学问题。

第一节　贸易战、国家竞争与法律应对

在全球化的背景下，国家竞争是推动世界经济发展的重要动力，但在竞争中也存在着不公平竞争、不正当竞争的情形，需要国际层面的法律协调和国内层面的法律规制。全球化的迅速发展和国家竞争的日益激烈，带来了发展不平衡、不协调的问题，并使贸易等领域的摩擦常态化。贸易战作为和平时期国家竞争的极端表现，是国内外高度关注的重大现实问题，如何通过法律调整进行防避和应对，需要从经济法学或发展法学的维度展开研究。

从总体上说，对贸易战的防避和应对，离不开相互关联、相互促进的“两大路径”：一是通过在法治框架下促进国际层面的法律协调，推动相关规则的形成和实施，从而加强全球经济治理；二是通过将国际规则在国内层面的落实，以及在国际规则缺失的情况下加强制度创新，从而实现经济法的完善。当国际法律协调难度较大时，加强国内经济法的制度完善更为重要。此外，还应关注与国际贸易相关的国家安全、贸易管制、域外适用或长臂管辖等问题，防止相关权力或制度的滥用，切实遵循全球市场经济或公平贸易的基本规律。

对上述“两大路径”的解析，有助于提炼“国家竞争理论”、发展理论，实现经济法和国际经济法的理论贯通，并在此基础上推进发展法学的构建，同时，也有助于更好地处理全球化、市场化与法治化的关系，推动国家治理体系和全球治理体系的完善，促进和保障全球经济的繁荣和稳定。

一、贸易战的法律应对问题的提出

在 2008 年全球性金融危机爆发十年后，波及多个国家的大规模贸易战再次由美国引发。基于单边主义和保护主义，美国全面开启了大规模的对外商战，其

中，中美两大经济体之间的博弈，直接影响着全球经济的复苏步伐和未来走向，因而最为引人注目。[①] 由此不禁使人联想到历史上英国、美国与其他国家多次发生的贸易战。如何汲取既往教训[②]，提炼基本共识，以解决当前问题，走向未来的共同繁荣和协调发展，是涉及人类共同命运的重大现实问题，事关“地球村”的生态安全和长治久安。

从市场经济的视角看，在国际贸易或全球经济发展过程中出现摩擦或不平衡，实属正常现象，贸易摩擦或不平衡本来就是国际竞争的体现或结果，对此应通过有效的协调，运用相关国家可接受的规则来加以解决，而不应采取以邻为壑的非理性手段。因此，防止、避免和应对各国之间的贸易战，需要加强制度建设，不断完善全球经济治理规则，从而实现全球治理的现代化。[③] 而全球经济治理规则的形成和实施，则离不开各国国内法制度的创新和完善，其中，经济法的制度完善尤为重要。

事实上，国际贸易涉及财政、税收（特别是关税）、金融、产业、价格、竞争等多个领域的问题，而旨在解决上述问题的相关国内法制度，正是经济法的主要组成部分。因此，通过各国经济法制度的完善，来促进国际贸易领域的相关制度协调，并由此不断降低交易成本，提升全球范围内的资源配置效率，保障各类主体的合法权益，化解贸易战产生的负面影响，尤其具有重要的现实意义。

鉴于贸易战是当前的重大现实问题，它与全球经济治理、国内经济法制度

---

① 陈继勇. 中美贸易战的背景、原因、本质及中国对策. 武汉大学学报（哲学社会科学版），2018，71（5）.

② 汲取历史教训在今天尤为重要。有学者认为，亚当·斯密正是基于对历史教训的反思，提出了自由贸易理论，推动了英国废除《谷物法》和《航海条例》（也被称为《航海法》The Navigation Acts），结束了长期实行的重商主义政策，从而使英国在对外推行自由贸易的过程中不断崛起。金圣荣. 贸易战：全球贸易进化史. 北京：电子工业出版社，2011：79-81.

③ 早在1990年，国际发展委员会主席勃兰特就提出了“全球治理”的概念。在2008年全球性金融危机爆发后，有关“全球治理现代化”的价值、目标及实现路径的理论探讨，日益引起人们的关注。通过确立国际规则和相应实施机制，解决全球治理失灵问题，在“共商共建共享”的理念下追求国际正义，已日渐成为多数国家的共识。有关全球治理失灵与多元主义的讨论，可参见秦亚青. 全球治理失灵与秩序理念的重建. 世界经济与政治，2013（4）.

的完善均密切相关，对其间的内在关联及相关理论问题展开研讨甚为必要。为此，下面的讨论试图说明：贸易战是全球经济交易成本过大的集中体现，要降低交易成本，确保全球经济的公平与效率，需要不断完善全球经济治理规则，尤其应加强国际层面的经济法律协调[①]；同时，为了应对贸易失衡乃至整体经济失衡所带来的问题，还要不断推进国内经济法制度的完善，并在经济法治的框架下，建设现代化经济体系，增强国家和企业的竞争力，不断提升国家的治理能力。

考虑到全球经济是一个大系统，其治理尤其应体现“系统”思维，以兼顾各国的具体情况，并通过创新和完善相关治理规则，解决世界经济的结构失衡问题，在“合作与竞争”中实现全球经济的稳定发展。此外，无论是经济全球化抑或全球经济治理，都是一个“历史”的过程，对相关的博弈和规则的形成，都要“历史地”看待，并且，审视相关制度的变迁，更能发现国际治理规则与国内法之间的关系。为此，下文将从两条路径展开探讨：先是从系统分析的维度，说明贸易战为什么需要加强全球经济治理，再从历史分析的维度，回顾经济法制度的完善历程，说明其与全球经济治理的内在关联，从而进一步揭示国内经济法制度的发展对全球经济治理的重要影响。上述两条路径对于防避或应对贸易战均甚为重要。基于前述讨论，还应进一步进行理论拓展，强调应推进国家竞争理论、发展理论的提炼，实现经济法与国际经济法的理论贯通。上述理论拓展，尤其有助于经济法与国际经济法的理论互鉴，并推进相关法治理论的完善。

二、对贸易战与全球经济治理的系统分析

无论是防避贸易战的发生，还是应对已经发生的贸易战，都需要加强全球经

① 这种协调是与经济竞争或经济斗争相伴的。马克斯·韦伯认为，各民族之间的经济斗争从未停息，全球经济共同体的形成，是各民族经济斗争的另一种形式，并使斗争变得更为困难。韦伯. 民族国家与经济政策. 甘阳，译. 北京：生活·读书·新知三联书店，1997：89，92.

济治理。目前，对上述问题的讨论还较为零散，展开整体的系统考察甚为必要。从系统分析的角度看，贸易战并非单纯涉及贸易的问题，而是牵涉各个相互关联的系统，对此，尤其需要遵循相应的经济规律，加强全球的经济治理，形成相应的规则，在兼顾效率与公平、自由与秩序、安全与发展等多种价值的前提下，促进各国的经济、社会发展和全球的繁荣与稳定。

事实上，贸易战涉及经济、法律、社会、政治等各个系统和不同层面，可从相关系统的不同层面来揭示其可能带来的问题。例如，第一，贸易战表面上是贸易领域的经济战争，其背后必然涉及金融、科技等诸多问题，因而贸易战也是现代的“金融战”和“科技战”。特殊时期发生的资本市场、外汇市场上的博弈，以及科技领域的角逐，都是其重要体现。第二，贸易战在直接手段上是“关税战”，而关税作为重要的涉外税收，要以法律为基础，因而贸易战也是“法律战”。在现实的贸易战中，“法律战”所涉领域广阔，并非仅限于关税领域。[①] 第三，贸易战会影响市场主体的生产与交换、分配与消费，并由此直接影响社会公众的认知和心理，引发社会公众和媒体的讨论，甚至可能导致不同社会力量参与的“社会战”。第四，贸易战与各国的发展道路、发展模式、政治体制等密切相关，与各国的政治动员能力、合法化水平等密不可分，会影响相关国家的政治安排和政治走向，因此，贸易战也是“政治战”[②] 等。可见，在经济、法律、社会、政治等各类要素所组成的相互关联的“大系统”中，贸易战所带来的影响是全方位的，其对当事国乃至整体的国际经济秩序和法律秩序，对相关国家的社会稳定、政治格局等都会产生重大影响。贸易战引发的各类问题，单靠一国的制度调整难以解决，必须加强全球经济治理，推进国际层面的法律协调，在法治框架

① 围绕贸易展开的法律战不仅限于关税领域，还体现为保护本国贸易的诸多方面。例如，英国1651年通过的旨在形成和保护英国航海贸易垄断地位的《航海条例》，曾引发三次“英荷战争”，对英国的崛起起过重要作用。

② 政治决定贸易，贸易通过影响政权的能力和激励，在一定程度上也决定着政治。据此，贸易战也是“政治战”。芬德利，奥罗克．强权与富足：第二个千年的贸易、战争和世界经济．华建光，译．北京：中信出版社，2012：前言．

下有效解决相关问题，且不应单纯强调一国的意志或利益。

在把全球经济视为一个“复杂系统”的情况下，贸易战是相关国家经济失衡的重要体现，同时，它又会进一步加剧经济失衡，从而使全球经济系统的结构性问题更为突出。然而，单边主义、保护主义的抬头，会进一步劣化全球经济结构，直接导致和加剧贸易战。由于贸易战有悖于市场经济的基本原理和理性的全球治理规则，会降低全球经济效率，影响各国公平发展，为此，需要通过加强国际层面的宏观调控和市场规制，不断优化相关贸易结构乃至整体经济结构。事实上，二战以后建立的重要国际经济组织，如关税及贸易总协定（GATT）及后来的世界贸易组织（WTO）、国际货币基金组织（IMF）、世界银行（WB）等，对于推动全球经济治理均发挥了重要作用。特别是WTO所确立的相关规则及其制度实践，对全球经济治理的影响更是有目共睹。当然，任何规则都有其改进的空间，WTO等确立的全球治理规则亦需与时俱进，不断完善，但其所确立的多边体制和法治框架是更为可取的。因此，应更多地回归到多边法治框架下，通过既有的治理规则或完善相应规则来加以解决各类贸易摩擦。

从经济法学或法律经济学的角度看，波及深广的贸易战，会对贸易自由、便利等产生巨大负面影响，由此增加的交易成本，直接影响全球贸易的效率与公平以及国际经济秩序，对此，需要推进全球经济治理，加强多方面的制度协调，特别是各国与贸易相关的财政、税收、金融、产业、规划、竞争、消费者保护等诸多领域的政策和法律的协调，以解决各国可能存在的涉及财政补贴、税收优惠、关税壁垒、汇率管制、金融抑制、产业促进、发展规划、反垄断等方面的诸多问题。而上述的经济政策和法律的协调，最终仍需通过各国经济法制度的相应完善来落实，且必须符合法治原则。只有在法治框架下协调确立相关规则，才能形成有效的国际治理，推动国际经济新秩序的形成。①

① 中国等新兴国家开始向发达国家主张“平等与无差别待遇”，而非过去的“特殊与差别待遇”，这掀起发展中国家建立国际经济新秩序的高潮。徐崇利．新兴国家崛起与构建国际经济新秩序——以中国的路径选择为视角．中国社会科学，2012（10）．其实，强调“平等与无差别待遇”更能体现法治精神。

当代的国际经济新秩序，应真正体现公平与效率、自由与秩序等重要价值。由于国际经济与国内经济一样，都属于“复杂系统”，有多重因素对其构成“循环累积因果影响”①，在其运行过程中会出现效率递减、公平度下降等问题，因此，应通过体现法治精神的规则，确立相应的“修复机制”，不断实现整个系统的动态优化。这就要求在全球经济治理中，应持续加强国际法律协调而不是各行其是，从而形成有约束力的规则②，以增进人类的福祉，促进全球经济的稳定增长。

在全球经济治理中，税收制度和金融制度的协调历来令人瞩目，且成就斐然。事实上，二战后建立的前述三大国际经济组织所确立的规则主要都集中于税收和金融领域。其中，GATT 以及后来的 WTO 更侧重于税收及与其相关的贸易问题的解决。由于关税壁垒和非关税壁垒对贸易影响巨大，因此，GATT 和 WTO 都致力于国际层面的法律协调，其构建的关税与贸易规则体系，作为全球经济治理的重要法律成果，对于维护国际贸易秩序可谓功不可没。

总之，防避和应对贸易战需加强国际治理，尤其应通过国际法律协调形成有效的规则，并在规则的基础上构建体现公平合理价值的国际经济新秩序。③ 尽管全球经济治理方面的法律协调有时难度较大，但还应迎难而上。为此，G20 峰会、OECD，以及欧盟等区域一体化组织都加大了制度协调力度，推动了相关领域规则的形成。当然，上述规则的有效实施，离不开国内经济法的落实和制度创新。在国际法律协调存在困难时，更需要各国经济法制度及时优化，以在各国主权范围内着力解决相关贸易纷争或化解经济争端。

---

① 这里是借用诺贝尔经济学奖获得者缪尔达尔提出的“循环累积因果影响”理论。缪尔达尔. 亚洲的戏剧：南亚国家贫困问题研究. 方福前，译. 北京：商务印书馆，2015：373-381.

② 中国开放型经济发展模式转型产生了参与全球经济治理、改善国际经济秩序的现实需求，因而中国需要参与全球治理规则的制定。安礼伟，马野青. 国际经济秩序：中国的新需求与政策思路. 经济学家，2019 (1).

③ 国际经济秩序的演进过程可大体分为“实力导向”、“规则导向”和“公平价值导向”三个发展阶段。车丕照. 国际经济秩序“导向”分析. 政法论丛，2019 (1).

三、我国经济法制度完善的历史考察——以税法制度为例

从历史的维度看，无论是过去、现在抑或未来，全球的经济治理都要通过国内经济法的制度实践来落实，这主要涉及两个方面：一方面，随着全球治理规则的变化，在国内经济法层面需作出相应的制度调整，这是对国际层面的法律协调成果的落实；另一方面，在国际协调困难、全球治理规则不能应对和解决相关问题的情况下，需要推动国内经济法的制度创新，以弥补国际治理的缺失。

事实上，自我国改革开放以来，在不断扩大开放、融入经济全球化的进程中，相关的经济法制度从无到有、不断创新，形成了较为完整的经济法体系。经济法体系的形成，得益于中国改革开放的推动，也与中国参与全球经济治理密不可分。[①] 考虑到贸易战与关税制度等直接相关，下文着重以经济法制度中的税法制度为例，来说明制度完善对于落实全球治理规则、推进本国经济发展、防避或应对贸易战的重要价值。

（一）关税制度的持续优化

在各国的经济发展进程中，关税制度历来影响巨大。一国关税制度的确立和不断完善，会有助于推动一国的对外贸易以及相关国家之间的国际贸易，这从中国关税制度的不断完善以及相应的外贸增长也可见一斑。

在计划经济时期，由于国际国内的诸多因素，我国的对外贸易发展相对缓慢。根据国务院新闻办公室《中国的对外贸易》白皮书（2011 年）的统计：1978 年，我国全国货物进出口总额只有 206 亿美元，在世界货物贸易中排名第 32 位，所占比重不足 1%。针对这种落后的局面，必须通过对外开放，加强相关制度建设，推动外贸的发展。为此，在改革开放之初的 1985 年，国务院发布了《进出口关税条例》和《海关进出口税则》；此后，全国人大常委会又于 1987 年通过了《海关法》；在我国实行市场经济体制不久的 1994 年，全国人大常委会通

① 张守文．改革开放与中国经济法的制度变迁．法学，2018（8）．

过了《对外贸易法》。上述与关税、外贸密切相关的法律、法规历经多次修改，有力地促进了对外开放，推动了对外贸易的发展，对于依法维护公平、自由的对外贸易秩序起到了重要作用。

随着开放领域的不断扩大，我国已深度融入世界经济，进出口贸易总额大幅增长，关税制度亦需相应完善。而2001年加入WTO，则为我国完善关税制度和参与全球经济治理提供了重要契机。事实上，我国在“入世”前，整体的关税水平较高，关税壁垒和非关税壁垒均较为突出，而基于WTO这一全球经济治理规则的要求，我国对关税法律制度作出了重要调整，不仅修改了《海关法》《进出口关税条例》等重要法律法规，还于2001年废止了1997年的《反倾销和反补贴条例》，分别制定了“特别关税”领域的《反倾销条例》与《反补贴条例》。上述关税法律制度的完善，尤其有助于推动国际贸易和中国融入经济全球化，促进全球市场经济的发展。

在不断推进市场经济发展的过程中，我国在商品领域的市场化率已经非常高，政府定价已被限制在很小的范围，这有助于在国际贸易领域体现市场原理、公平交易原则；同时，我国还通过不断降低关税水平，进一步扩大进口，来推动本国经济发展与国际贸易的平衡。自加入WTO以来，我国的关税水平不断下降，所涉及的税目或税号不断增加，非关税壁垒的限制亦不断减少[①]，为实现贸易的自由化、便利化提供了重要支撑，使我国多年位列世界贸易首位，体现了关税制度完善的巨大实效。

我国关税制度的完善，既体现了对全球经济治理的重要规则——WTO相关规则的落实，也体现了我国结合自身实际的制度创新。从全球范围看，各国将WTO的相关原则或具体规则适当转化为国内立法，并持续推进相关规则的实施，都会有助于推动各相关国家的经济发展，增进全球经济治理的实效。因此，

① 对于关税水平的调整，著名经济学家李斯特认为，无论征收何种关税，都应适度，否则不但会削弱国内的生产能力，增加税收的目的也将受挫。李斯特. 政治经济学的国民体系. 邱伟立，译. 北京：华夏出版社，2013：227.

对 WTO 的规则及其在各国的落实应持肯定的态度，这对于在法治框架下解决贸易纷争非常重要。

WTO 规则体现的是多边主义和贸易自由，要实现全球经济的效率和公平，需要各国不断降低关税壁垒和非关税壁垒。据此，一国的关税制度应适度优化，而不应成为贸易保护或实现其他政策目标的工具。[①] 例如，从 1828 年到 1929 年，在这一百多年间，美国曾多次实行高额关税税率，实施贸易保护政策。其中，美国 1828 年的关税平均税率达 61.7%，尽管后来曾调低，但到南北战争时期的 1864 年，美国又将关税平均税率提高到 47%；此后，1913 年的《安德伍德关税法》（Underwood Tariff Act）曾调低税率，但 1929 年大危机时期的《斯穆特——霍利关税法》（The Smoot-Hawley Tariff Act），又将关税平均税率提高到 53.2%。[②] 从上述关税税率的调整轨迹看，每当爆发战争、经济危机时，美国就会采取高关税手段，并可能与相关国家发生贸易战，这也有助于理解 2018 年美国对相关国家发起贸易战的原因。在缺少全球经济治理规则的时期，各国基于本国利益各行其是属于“历史常态”，但在 WTO 等全球治理规则已形成且日益完备的当代，各国都应基于法治的精神，遵守 WTO 规则及其所体现的重要价值，并不断完善本国的关税立法，推动世界经济的良性、有序发展。

总之，关税制度的完善，应充分体现效率与公平、自由与秩序等价值，以促进贸易的自由和效率，体现公平贸易和相应的贸易秩序。因此，与关税配套的其他商品税制度，如进出口环节的增值税和消费税制度，亦应与其保持相同的调控方向，这也是对全球治理规则的重要落实。

（二）涉外企业所得税制度的不断改进

对于国际贸易与国际投资之间的替代效应或互补效应，以及相关理论上的交

---

① 美国曾多次使用关税工具，意图实现贸易保护和其他政策目标。例如，美国决定自 2018 年 6 月 1 日起对欧盟、加拿大、墨西哥输入美国的钢、铝产品分别征收 25%和 10%的关税；自 2019 年 6 月 10 日起对进口自墨西哥的所有商品征收 5%的关税，以解决非法移民问题。

② 对美国历史上不同时期的关税税率变化及其相关评价，可参见邓峰．论美国关税法的演变．东北亚论坛，2005（1）。

叉融合，学界一直有诸多探讨。[①] 从现实情况看，国际贸易与国际投资存在密切关联：一国对外资的限制或开放程度可能是导致贸易战发生的原因，同时，贸易战也会影响国际投资，影响相关产业的布局和迁移。因此，有效吸引国际投资，对于应对贸易战、提振本国经济、开展深度的国际合作，都具有积极意义。而完善涉外企业所得税制度，则有助于落实全球经济治理规则，促进与国际贸易密切关联的国际投资问题的解决。因此，在探讨贸易战与国际经济治理的相关问题时，作为一种扩展分析，还应关注涉外企业所得税制度的完善问题。

吸引外资是我国对外开放的重要内容，它与涉外企业所得税制度的确立和实施直接相关。在改革开放之初，在缺少参与全球经济治理的经验、整体立法严重不足的背景下，我国分别于 1980 年、1981 年制定了三部涉外所得税法律，体现了国家对此类立法的高度重视。上述立法在一定程度上体现了国际共通的原理和原则，标志着我国开始融入全球经济，也为后来签订各类税收协定乃至条约，参与全球经济治理，奠定了重要的法律基础。

随着经济改革和对外开放的不断深化，我国在确立实行市场经济体制的前一年（即 1991 年），将原来有关涉外企业的两类所得税制度整合为一部《外商投资企业和外国企业所得税法》，实现了中外合资经营企业、外国企业所得税制度的统一，这既符合国际惯例，又能够有效保障相关企业的公平竞争。我国在加入 WTO 后，又于 2008 年统一了涉外企业所得税与国内企业所得税制度，解决了长期存在的“内外有别”的两套企业所得税制的问题，实现了内资与外资企业的国民待遇，这也是对 WTO 相关原则的进一步落实。[②]

在上述涉外企业所得税制度不断发展的过程中，我国从 1983 年至今，已同 107 个国家签订了“避免对所得和财产进行双重征税和防止偷漏税”方面的协

---

① 有学者认为，贸易和投资实际上是同一行为主体的不同选择，两者之间应有共同的基础，应重视国际贸易理论与国际直接投资理论的交叉和融合。张二震，方勇. 国际贸易和国际投资相互关系的理论研究述评. 南京大学学报（哲学·人文科学·社会科学），2004（5）.

② 安体富，王海勇. 论内外两套企业所得税制的合并. 税务研究，2005（3）；张守文. 企业所得税法统合的内在局限. 税务研究，2008（2）.

定，这些协定以国际组织［包括联合国和欧洲委员会和经合组织（OECD）］的“范本”为基础，是我国与相关国家参与国际经济治理的一种重要形式。此外，基于国际经济领域“税基侵蚀和利润转移（BEPS）”日益突出的现实，OECD于2013年发布了《税基侵蚀和利润转移行动计划》（Action Plan on Base Erosion and Profit Shifting），着力推动该问题的解决。我国已于2017年签署了《实施税收协定相关措施以防止税基侵蚀和利润转移的多边公约》，这既有助于完善我国涉外企业所得税制度，也有助于推动该领域的全球经济治理。

总之，考虑到国际贸易与国际投资的密切关联，在完善与贸易相关的商品税（特别是关税）制度的同时，还应关注与投资有关的企业所得税制度的改进。毕竟，在贸易战的背景下，当国际贸易受阻时，相关主体极可能转而进行国际投资①，因而需要研究两者之间的替代与互补以及相关的企业所得税问题。自改革开放以来，我国的涉外企业所得税制度从无到有，从分散到统一，从内外有别到实行国民待遇，每一次制度的完善都力图体现国际通行的原理和规则，落实国际经济治理的成果，并在其制度创新中为推动全球经济治理提供重要的国内法基础。

（三）税收征管制度的逐步健全

上述的关税制度和涉外企业所得税制度都与税收征管制度直接相关。我国税收征管制度是随着改革开放的深化而逐步健全的。在1984年大规模的税制改革后，为了“加强税收征管，确保国家财政收入，充分发挥税收调节经济的杠杆作用，促进经济体制改革和国民经济协调发展”，国务院于1986年发布了《税收征收管理暂行条例》；在我国确立实行市场经济体制的1992年，全国人大常委会通过了《税收征收管理法》，并于我国加入WTO的2001年对其进行较大修订。在《税收征收管理法》的后续修正中，不断吸纳和体现了国际税收的通行理念和

① 全国人大于2019年3月通过的《外商投资法》，将“进一步扩大对外开放，积极促进外商投资，保护外商投资合法权益，规范外商投资管理”作为其立法宗旨。这是在贸易战背景下，我国迅速出台的一部重要法律，其中涉及大量经济法规范。

价值。

随着我国不断融入世界经济体系，税法制度对国际贸易、国际投资、国际技术转让的影响日增，使税收征管问题变得日益重要且复杂。对此，我国加入和签署了涉及税收征管的多项国际公约和税收协定，并在国内的税收征管立法中不断融入国际税收征管规则的相关内容。

例如，在经济全球化的背景下，人、财、物的跨国流动频仍，纳税人跨国经营的无界性与税收征管有界性之间的矛盾日益突出，给开放经济条件下的税收征管带来了严峻挑战。为了加强国际税收征管协作，打击跨境税收逃避行为，维护税收秩序的公平性，OECD 于 1988 年共同制定了《多边税收征管互助公约》，G20 峰会亦连续多年高度关注国际税收征管合作，并推动该公约的签署。在上述背景下，我国于 2013 年正式签署了《多边税收征管互助公约》，成为参与税收征管全球治理的重要成员。此外，为解决所得税领域的税收征管问题，我国还加入了前述的《实施税收协定相关措施以防止税基侵蚀和利润转移的多边公约》。上述的各类公约，有助于通过信息交换防止滥用税收协定，解决税收征管领域的信息偏在问题。为了落实上述税收征管领域全球治理的成果，我国也在国内立法中不断完善相关信息交换和反避税规则。[①]

另外，我国同 107 个国家签订的税收协定也大量涉及税收信息交换、防止税收逃避等内容，由此形成的日益严密的税收协定网络，对于保障国际税收秩序的公平性甚为重要。基于市场经济原理和全球治理规则，严格而有效的税收征管，有助于各国依托国际贸易、国际投资等公平地获取税收收益，从而有助于防止贸易战及其引发的其他经济战和法律战。随着全球范围内各类“区域一体化”的发展，“一带一路”倡议的不断落实，还会有更多形式的税收征管国际合作，因为无论是整体上的全球经济治理，还是局部的区域经济治理，税收征管制度的协调都是其中的重要内容。

① 陈琍，等. BEPS 行动计划：世界主要国家采取的措施和中国立场. 税务研究，2016（12）.

（四）国内整体税制的与时俱进

上述的关税制度、企业所得税制度以及税收征管制度，都是随着改革开放以及中国参与全球经济治理的不断深化而日益完善的。历史经验表明，经济全球化和日趋激烈的国家竞争，使全球经济治理更为复杂，需要形成有效的国际治理规则[①]；如果国际规则难以形成，则需要各国主动调整相关制度，以弥补国际规则的缺失，从而促进本国经济发展，并从根本上提升国家的经济实力。

在发生贸易战的特殊情况下，多边的国际法律协调及相关规则的形成会更为困难，要有效应对贸易摩擦所带来的相关问题，需要相关国家通过对国内经济法制度的调整，不断推进产业转型升级，提升企业的国际竞争力，从而主动解决本国的问题。而在这方面，不仅需要完善前述的关税、企业所得税和税收征管制度，也需要国内整体税制的与时俱进和全面优化，真正构建发展导向型的税制。[②]

例如，针对我国市场主体负担相对较重的现实，国家已通过多种税法制度安排来减税降费。无论是“营改增”，还是对小微企业的税收优惠，都被视为推动市场主体发展的重要举措。[③] 毕竟，税收成本是影响企业定价和企业竞争的重要因素，对国际贸易影响尤为突出。通过调低增值税税率、提高出口退税率、降低所得税和财产税的税负等，可以大幅减轻市场主体的负担，有助于促进经济发展，减轻贸易战的压力。

上述经由减税降费的整体税制安排，直接影响市场主体营商环境的优化。在世界银行对营商环境的排名中，我国从 2018 年的第 78 名大幅提升到 2019 年的第 46 名，这与相关经济法、行政法等制度的完善密切相关。只有不断夯实制度

① 其实，相关国家在历史上曾为此付出过巨大努力。例如，在 19 世纪 50 年代克里米亚战争爆发前，历经多年战争的欧洲诸国曾就尊重法律达成共识，强调“恢复法治”，构建新的国际体系，这对于经济发展起到了积极的推动作用，英国也在 19 世纪中叶最终转向自由贸易。芬德利，奥罗克．强权与富足：第二个千年的贸易、战争和世界经济．华建光，译．北京：中信出版社，2012：405.

② 张守文．论“发展导向型”的税收立法．法学杂志，2016，37（7）.

③ 杨灿明．减税降费：成效、问题与路径选择．财贸经济，2017，38（9）；张守文．市场主体负担“轻重”的法律调整．法学评论，2019，37（2）.

基础，苦练内功，确保法治环境的不断优化，才能有效促进经济发展，更好地解决贸易战所带来的诸多问题。

其实，通过减税降费来减轻市场主体的负担，不只是我国的税法实践，在其他国家也被普遍采行。例如，美国在2017年推出了引发全球关注的大规模减税方案，此类减税措施作为税收竞争手段，是经济全球化时代许多国家惯用的工具[①]，也是“制度竞争”的重要体现。在各类成本高企的时代，如何降低公共物品的价格，使市场主体承担适度的税收成本，是在全球经济治理方面应考虑的重要问题。这无论对于应对贸易战、促进各国国内经济的健康发展，还是对于加强全球经济法律协调，都具有重要意义。

从“大历史”的视角看，一定时期的贸易战虽然只是“短期行为”，却会对国际经济发展产生长久影响。要通过有效的国际法律协调，不断熨平经济的周期波动，增进全球经济的效率与公平，提升全球的经济福利，就需要确立国际经济治理方面的规则，使各国切实认识到“合作”或良性竞争产生的“正和博弈”的重要性[②]，避免贸易战或非理性对抗而导致的“两败俱伤”。因此，应当将国内的宏观调控和市场规制扩展到国际层面，形成国际调制的相关规则，这对国际公法和国际经济法的发展都非常重要。[③]

以上主要以税收制度为例，说明全球经济治理规则的落实以及自身的制度创新所带来的经济法制度完善，对于防避或应对贸易战、促进全球经济治理的重要价值。当然，除上述税收制度外，诸如财政补贴制度、金融扶持制度、产业促进制度、竞争规制制度等各类经济法制度的完善，对于有效落实全球治理规则、弥补其不足，以及推动本国经济发展，从根本上防避贸易战，促进有效的国际经济

① 税收竞争是经济全球化发展的历史必然，需要明确国际税收竞争与有害税收竞争的区别与联系。靳东升．论国际税收竞争与竞争性的中国税制．财贸经济，2003 (9).

② 早在斯密和李嘉图提出相关理论之前的1701年，马太（Henry Martyn）就提出了自由贸易理论，强调贸易对所有参与者都有利，更能使资源物尽其用，并非零和博弈。罗德里克．全球化的悖论．廖丽华，译．北京：中国人民大学出版社，2011：41-43.

③ 对此可从国际经济协调的角度理解。杨紫烜．国际经济法新论——国际协调论．北京：北京大学出版社，2000：45-48.

秩序的形成，同样具有重要影响。

在完善国内经济法制度的过程中，还要关注与国际贸易相关的国家安全、贸易管制、域外适用或长臂管辖等问题，防止相关权力或制度的滥用①，切实遵循全球市场经济或公平贸易的基本规律。否则，如果各国都通过国内法的路径，对相关国家进行非理性的法律对抗，则整个国际社会又会回到“丛林法则”的时代，这与全球治理现代化以及推进全球经济的稳定繁荣的目标相去甚远。因此，不能把“对抗”常态化，应从市场经济应有的“分工”“合作”“共赢”的原理出发，基于法治的、理性的、长远的目标，推进国内经济法制度以及其他相关制度的真正“完善”。

四、基于“两大路径”的理论拓展

上文探讨的全球经济治理和国内经济法制度完善，是防避贸易战发生和应对贸易战问题的“两大路径”。在通过系统分析和历史分析，揭示贸易战与全球经济治理、经济法制度完善之间的内在关联的基础上，还应当基于“两大路径”，对相关重要理论进行拓展研究。其中，在“系统—历史”的分析框架下，从经济法维度提炼国家竞争理论和发展理论，促进经济法与国际经济法的理论贯通，尤其值得关注。

（一）国家竞争理论与发展理论的提炼

国家竞争有多种形式，贸易战是其突出体现。贸易战不仅在历史上曾多次出现，而且是当前国际、国内的重大现实问题，未来也不可避免，因此，贸易战的相关问题有持续研究的理论价值，而不只是有现实意义。从理论拓展的角度看，基于经济法维度，可将全球市场经济体系中的各主权国家或民族国家视为理性的

---

① 例如，根据美国宪法，国际贸易的权力集中于国会，只是随着实践的发展，基于保障国家安全的考虑，才授权总统才依法享有一定的权力（如《1974 年贸易法》中的“301 条款”等方面的规定）。但此类权力不应被滥用。

"经济人"，据此，这些国家会始终将本国利益置于重要地位[①]，如果没有相关约束，就极可能会从事大量有利于本国利益的行为。重商主义、贸易保护主义会以各种形式不断抬头，从而影响国际贸易、投资的自由化和便利化，影响国际层面的经济效率和公平。

事实上，今天的许多发达国家（如英国、美国等），在历史上都曾先强调重商主义、贸易保护主义，再基于本国的经济发展阶段和自身利益，对外推行自由贸易。对于国家竞争的上述路径或手段，著名经济学家李斯特等曾作过重要研究。[②] 在新的历史时期，如何通过有效的全球治理，增进国际合作，推动共治、共享和共赢，已成为各国必须面对的重大问题。通常，在一国的国内法层面，主要关注企业竞争、地方政府竞争等问题，而在全球经济治理中，则更关注国家竞争问题，包括财政竞争、税收竞争、金融竞争、产业竞争等，并通过形成有效的全球经济治理规则，来规范和约束国家竞争，使其不至于影响全球的经济秩序，并有助于保障全球经济的效率与公平。基于国家竞争的上述实践和相关研究，应进一步提炼国家竞争理论。[③]

国家竞争是推动国家发展的重要路径。在各国实现现代化的过程中，不仅要构建现代化经济体系，推动本国治理体系的现代化，还要在全球经济的框架下，在参与全球治理的过程中，推动全球治理的现代化，实现各国的共同发展与繁荣。就像一国内部的个人或组织享有发展权一样，在全球经济的框架下，各国也都享有其发展权，需要通过全球治理规则的不断完善，来保障其发展权和发展利

① 韦伯认为，在国家的经济政策问题上，包括国家是否干预经济生活、是否开放和推进经济自由化、是否拆除关税保护等，最终的决定性因素是要看是否有利于全民族的经济和政治的权力利益，是否有利于民族国家。韦伯. 民族国家与经济政策. 甘阳，译. 北京：生活·读书·新知三联书店，1997：93.

② 例如，李斯特认为，限制政策是各国在追求独立与优势、国家利益方面的争夺；一些国家会按照自己的发展进程不断改进其制度，包括在不同阶段选择实行自由贸易或限制贸易措施。李斯特. 政治经济学的国民体系. 邱伟立，译. 北京：华夏出版社，2013：87-88. 此外，张夏准也认为，"所有当今的发达国家在赶超时期都积极采取了干预主义的产业、贸易和技术政策，以促进幼稚产业的发展"。张夏准. 富国陷阱：发达国家为何踢开梯子?. 肖炼，等译. 北京：社会科学文献出版社，2009：18.

③ 张守文. 后危机时代经济法理论的拓掘. 重庆大学学报（社会科学版），2011，17（3）.

益，提升其发展能力。从经济法维度看，任何国家都不应滥用其优势地位或经济优势，通过贸易战或其他类似方式阻碍或限制相关国家的发展，否则会导致不公平的国家竞争，就应被追究责任。可见，国家竞争理论与发展理论是紧密相关的[①]，这些理论探讨应构成需提炼的发展理论的重要组成部分，其深入研究尤其有助于推动发展法学的发展。[②]

（二）实现经济法与国际经济法理论的贯通

前文对全球经济治理与经济法制度完善的内在关联的讨论，已涉及经济法与国际经济法的关系问题。其实，贸易战、全球经济治理等问题的研究，都涉及经济法、国际经济法的相关理论，只有将两类理论融会贯通，才能有效解决相关复杂问题。尽管曾有学者关注过国内法与国际法的打通，特别是经济法与国际经济法的互融[③]，但由于诸多原因，学科之间的对话、交流以及理论贯通仍然不足。从经济法的维度看，贸易战和全球经济治理需加强国际层面的宏观调控和市场规制，增强相关领域的经济政策和法律协调，因此，应将经济法的相关理论、原理，扩展适用于国际经济法领域，从而使国际层面的法律或相关规则的形成具有国内法的理论基础。从历史上看，既往经济法和国际经济法在理论和制度上都是相对独立地发展，如果对两者之间的相互影响研究不足，就会妨碍其理论的互鉴和制度的互补。而一旦将经济法的相关理论扩展适用于国际经济法领域，实现两者的有效贯通，则会有助于区分国际商法和国际经济法，形成“有国内法支撑”的国际经济法理论和制度体系。

形成上述国际经济法理论和制度体系，有助于增进理论的自足性和制度的系统性，有效解决诸如贸易战、全球经济治理等问题。从经济法的视角看，全球经济治理主要涉及相关国家之间的宏观调控和市场规制，与各国的经济法制度具有

① 林毅夫，李永军．比较优势、竞争优势与发展中国家的经济发展．管理世界，2003（7）．

② 程信和．经济法基本权利范畴论纲．甘肃社会科学，2006（1）；张守文．经济法学的发展理论初探．财经法学，2016（4）；等等。

③ 学界以往对此已有相关研究。杨紫烜．论国际经济法基础理论的若干问题．法商研究，2000（3）；漆多俊，漆彤．国际调节与国际经济法学科理论新视角．当代法学，2004（2）．

内在的一致性。如果从国际商法的维度来构建国际经济法体系，则无法完成全球经济治理或“国际调制”的任务。

经济法的调整需要处理好一国的政府与市场的关系，关注国内法上一国政府的独立决策、自定规范；而在贸易战的应对以及相关全球经济治理中，则需要协调多国甚至全球层面的政府与市场的关系，更关注国际法上多个国家和地区之间的协调决策、协定规范，以及由此对效率与公平、自由与秩序、安全与发展等基本价值的影响。如能有效处理国际层面的政府与市场的关系，兼顾或协调上述价值，则会特别有助于贸易战等各类经济摩擦、冲突的有效化解，维护经济领域的和平，并在和平环境下促进全球经济的稳定、有序发展。①

经济法要推动国内的宏观调控和市场规制行为，从而使市场在资源配置方面发挥决定性作用；而国际经济法应推动国际经济治理，形成有效的规则，为国际层面的宏观调控和市场规制提供制度支撑，并保障全球的经济秩序。因此，在优化国际经济法理论和制度，构建国际经济新秩序的过程中，应关注或适当吸纳有关宏观调控和市场规制的相关经济法原理和制度，这有助于实现经济法与国际经济法的理论贯通，并推进国家经济治理和全球经济治理的全面优化。

五、小结

在世界经济发展史上，英国、美国等多个国家在崛起过程中，都曾与相关国家发生过贸易战。而2018年爆发的持续波及多个国家的贸易战，则影响更为深广。降低贸易战所带来的负面影响，需要加强国际经济法律协调，提升全球经济治理水平，同时，也需要将全球治理规则融入国内相关经济立法中，不断推进制

① 例如，凯恩斯、怀特等推动建立的“布雷顿森林体系”，促进了经济增长、平等、安全和稳定，并进一步推动了经济全球化，该体系诞生后的50年被认为是全球化的黄金期。其中，GATT被视为贸易多边主义的社会制度的化身。罗德里克．全球化的悖论．廖丽华，译．北京：中国人民大学出版社，2011：58-60.

度创新，解决相关国家之间的经济失衡和制度失灵等问题。

据此，前面着重探讨了防避和应对贸易战的“两大路径”：一个是通过在法治框架下促进国际层面的法律协调，推动相关规则的形成和实施，来加强全球经济治理；另一个是通过将国际规则在经济法层面的落实，以及在国际规则缺失的情况下加强国内经济法的创新，来实现经济法的完善。上述“两大路径”相互关联，相互促进。当国际法律协调难度较大时，加强国内经济法的制度完善更为重要，无论是本国关税制度和其他税收制度的改进，还是相关的金融、产业、竞争、规划等经济法制度的完善，都会有助于推动相关贸易结构的优化，促进本国经济发展和提升国际竞争力，因而具有更为根本的意义。

在前述探讨中，还贯穿着“系统—历史”的分析主线。一方面，全球经济是一个大系统，全球经济治理尤其应体现系统思维，兼顾各国的具体情况，通过创新和完善相关治理规则，解决世界经济的结构失衡问题，在“分工与合作”“合作与竞争”中实现全球经济的稳定发展。另一方面，无论是经济全球化抑或全球经济治理，都是一个历史的过程，相关的博弈及规则形成，都要“历史地”看待，其中，观察相关制度变迁的历史，更能发现国际法与国内法，或者国际治理规则与经济法之间的紧密联系。为此，前面先是从系统分析的维度，说明贸易战与加强全球经济治理的内在关联，继而从历史分析的维度，说明全球经济治理与加强经济法制度完善的相互影响，从而进一步揭示国内经济法制度对实现全球经济治理的重要影响。

此外，审视上述相互交织的“两大路径”，还可以发现其中蕴含的诸多重要理论问题。其中，国家竞争理论与发展理论的提炼，以及经济法与国际经济法的理论贯通尤为重要。事实上，贸易战已是和平时期国家竞争的极端表现，促进国家之间的公平竞争和正当竞争，维护全球的经济运行秩序，保障全球的公共利益，事关全球经济的稳定与繁荣，影响人类的福祉，因此，需要形成有效的规则对国家的竞争行为加以规范，并在此基础上提炼相应的国家竞争理论。同时，由于国家竞争与国家发展直接相关，因此，切实保障国家的发展权和发展利益，提升其发展能力，并提炼相应的发展理论[①]，是非常值得研究的重大问题。

上述的国家竞争与发展，都需要在法治的框架下展开，这对全球经济治理和国内经济法制度的完善非常重要。其实，在前面探讨经济法制度完善的过程中，隐含着几个重要时间节点，分别是“改革开放之初”、“确立实行市场经济体制之后”以及“加入 WTO 后”，这些时点先后相继体现了相关税法制度不断回应市场化、国际化、法治化的过程，对于揭示中国的财政法、金融法、竞争法等各类经济法制度的变迁历程同样是适用的。在当前全面推进改革和法治的过程中，上述各类制度仍在进一步完善，其中不仅涉及国内层面的改革、法治与发展的关系，也涉及更为具体的全球化、市场化与法治化的关系[②]，由此不仅应提炼前述的国家竞争理论和发展理论，还应进一步关注相关的法治理论。而法治和法治理论也是贯通经济法与国际经济法、经济法学与国际经济法学的重要纽带。

基于理论与实践的密切相关性，在既往关注经济法和国际经济法的制度互补的同时，还应推进两者的理论贯通。如能在国际经济法中适当体现或融入国内经济法的原理，则国际治理就会有更多的国内法基础，从而更易于被各国接受，进而有助于解决贸易战以及全球治理方面的诸多问题；同时，如能将国际经济法的一些重要原理引入经济法研究，则对国内的经济法治建设亦会起到重要推动作用。

在现实的经济法治建设方面，为了应对贸易失衡或整体经济失衡所带来的问题，中国需要在经济法治的框架下，建设现代化经济体系，提升国家治理能力，增强国家和企业的竞争力。[③] 在新的历史时期，在国家竞争日趋激烈的背景下，各类贸易限制或经济遏制不可避免。要推进国家的现代化，更需要不断完善经济法制度，有效发挥其促进经济发展的功能，大力发展本国经济，全面提升国际竞

① 现代经济发展都需要一个中央信息协调机构，其协调能力直接影响国家竞争力，对此需要从经济发展理论、国际关系理论的角度展开研究。维斯，霍布森．国家与经济发展——一个比较及历史性的分析．黄兆辉，等译．长春：吉林出版集团有限责任公司，2009：276-279.

② 有学者提出建立“国际经济合作组织”、制定《国际经济合作宪章》的设想，以提升全球治理的法治化水平。刘敬东．全球经济治理新模式的法治化路径．法学研究，2012，34（4）.

③ 张守文．现代化经济体系建设的经济法补缺．现代法学，2018，40（6）.

争力[①]，在此基础上，经济法制度才能为提升国际经济治理水平、增进人类的福祉作出更大的贡献。

第二节　人工智能产业发展的法律规制

信息化是推动经济和社会发展，实现国家现代化的重要路径。迅猛发展的信息技术革命，带动了相关产业的发展，并使传统产业得以不断转型升级，而在“科技革命-产业发展-法律规制”三者交互影响的过程中所生成的大量问题，都需要从发展法学的角度展开研究。

在与信息化直接相关的各个产业中，人工智能产业尤其引人注目，其发展需要各类相关法律的有效规制，其中，经济法的规制尤为重要。从总体上说，对人工智能产业发展的积极效应，经济法应予以鼓励和促进，而对其消极效应则应加以限制或禁止。为此，应当在“技术-制度”的分析框架下，依循“人工智能技术—人工智能产业—经济法规制”的逻辑主线，进行经济法层面的价值考量和制度取舍，并具体运用发展规划、财税、金融、竞争、消费者保护等诸多经济法制度进行“差异化规制”，在此过程中，需要处理好政府与市场、经营者与消费者、分配与发展、风险防控与信息用益等多种复杂关系，从而促进人工智能产业的健康发展和经济法调整目标的实现，推动产业法理论以及“科技与法律”交叉研究的深化。

一、人工智能产业发展规制问题的提出

信息革命的迅猛发展，使人工智能的重要性备受瞩目。自 1956 年达特茅斯

---

① 如果存在对国内社会制度、分配偏好和价值观的威胁，贸易自由就会受到限制；同时，即使存在贸易管制，如果各国经济健康发展，世界经济也会欣欣向荣。罗德里克. 全球化的悖论. 廖丽华，译. 北京：中国人民大学出版社，2011：60-63. 因此，在贸易自由受限的情况下，搞好本国经济更为根本，也更为重要。

会议以来，人工智能的研究和应用曾几经起伏，自2016年以来又掀起了新的热潮。[①] 基于人工智能技术对人类生产、生活日益广泛的现实影响，对经济增长和社会发展的积极促进作用，以及对智能经济、智能社会未来发展的憧憬，政产学研各界纷纷推出了大量有前瞻性的发展规划、有创意的产品和研究成果，其中，有关人工智能的法律规制问题已成为研究的热点。

目前，对于人工智能的主体资格、法律责任等基础性问题，学界已有诸多讨论[②]，而对于人工智能的产业发展及相应的法律规制问题，则缺少经济法、信息法视角的探讨，迫切需要现代法或后现代法层面的拓掘。由于人工智能技术作为"颠覆性创新"，能够直接影响生产、分配、交换、消费等各个环节，促进技术、产品、业态、模式的创新，从而带动经济结构变革乃至整体产业革命，并重构整个经济体系，因此，必须高度重视人工智能产业，切实推动智能软硬件、智能机器人、智能运载工具等新兴智能产业的发展，促进人工智能在制造、金融、商务、物流、家居、农业等领域的应用，并通过"人工智能＋"实现各类相关产业的智能化升级。[③] 而上述智能产业及其带动的智能经济的创新发展，都离不开相应的政策和法律保障，并尤其需要加强经济法规制。

根据经济法原理，经济法规范主要有两类，一类是鼓励、促进型规范，另一类是限制、禁止型规范。两类规范的结构及"双向并用"，使经济法具有了规制功能和规制性特征。由于包括人工智能在内的各类产业的发展都可能"利弊同存"，因而国家需要根据不同时期的需要，对其进行适当的经济法规制。其中，

---

① 由于核心算法、计算能力和数据成本等问题，人工智能的发展曾受到影响，而随着上述问题的解决，人工智能的研究和应用又开启了新阶段。同样，我国的人工智能发展也几经起伏。蔡自兴. 中国人工智能40年. 科技导报，2016（15）：12-32.

② 例如，有些学者认为人工智能不具有独立主体地位，参见吴汉东. 人工智能时代的制度安排与法律规制. 法律科学，2017（5）：128-136，等等；也有学者认为应依据人工智能的不同类型来确定其主体资格和责任能力，参见张清，张蓉. 论类型化人工智能法律责任体系的构建. 中国高校社会科学，2018（4）：134-141。

③ 在智能革命中，现有产业的转变和新产业的诞生并行，其共同特点是智能化和精细化，这些产业可以被统称为"智能产业"。吴军. 智能时代：大数据与智能革命重新定义未来. 北京：中信出版社，2016：275.

针对人工智能产业发展的积极效应，经济法应予以鼓励和促进，而对其可能带来的负面影响，则应予以限制或禁止，这样才能辨证施治，扬长避短，促进人工智能产业的健康发展。①

研究“人工智能产业发展的经济法规制”，需要结合人工智能技术可能导致的突出问题展开。由于此类技术不仅影响某个产业的发展，还会带来整体的产业革命，引发经济和社会的巨变②，因此，对其应用需要作出有效的制度安排，以确保人工智能产业的有序、健康发展。而对于其中所蕴含的“技术与制度的关系”，以及“人工智能产业与经济法规制的关系”，则需要在“技术-制度”的基本分析框架下，依循“人工智能技术—人工智能产业—经济法规制”的逻辑主线展开讨论。

上述的基本分析框架和逻辑主线，有助于梳理人工智能产业发展及其经济法规制方面的复杂问题，并能够与既有的经济法理论分析框架相融合，从而可以在“现代法”层面上展开研讨。例如，人工智能产业发展带来的问题非常广泛，事关政府与市场、经营者与消费者等多重关系的处理，涉及效率与公平、自由与秩序、安全等多种价值的权衡与兼顾，以及分配与发展、风险防控与信息用益等多种重大问题的解决，因而需要在“技术-制度”分析框架的基础上，再融入“政府-市场”“经营者-消费者”等经济法理论既有的分析框架，这有助于更全面地审视人工智能产业发展的经济法规制问题。

基于上述考虑，在后面的讨论中试图说明：蓬勃发展的人工智能产业需要经济法的有效规制，其中，对人工智能产业发展的积极效应，经济法应予以鼓励和促进，而对其消极效应则应加以限制或禁止，如此才能兼顾多种法律价值，有效

---

① 我国的《新一代人工智能发展规划》提出，要“协调产业政策、创新政策与社会政策，实现激励发展与合理规制的协调，最大限度防范风险”。这里的“规制”仍是从狭义的、消极的“管制”角度来理解的。

② 有学者从消极的方面认为，人工智能技术是一种“前所未有的破坏力量”，它不断推动收入和消费的不平等，并终将破坏对于持续繁荣至关重要的市场需求。福特. 机器人时代：技术、工作与经济的未来. 王吉美，牛筱萌，译. 北京：中信出版社，2015：70，251.

处理人工智能产业发展带来的多种复杂关系和重大问题，从而促进人工智能产业的健康发展，实现经济法的调整目标。

为此，下面拟着重探讨对人工智能产业发展为什么要进行经济法规制以及如何规制的问题：首先，通过分析“技术与制度”的基本关系，揭示人工智能所带来的问题及其对相关法律价值的冲击，从而说明进行价值考量和制度取舍的重要性，以及加强经济法规制的必要性；其次，通过探讨经济法规制的两个具体路径，强调应区分人工智能产业的不同效应，并具体运用发展规划、财政、税收、金融、竞争、消费者保护等诸多经济法制度进行“差异化规制”，从而实现经济法对人工智能产业健康发展的促进和保障。

后面的探讨将贯穿“产业发展的经济法规制”的一般原理，在重申学界既有共识的同时，强调深化产业法研究对于推进经济法理论发展的重要性，并揭示科技发展与经济法的紧密关联。在当前全面落实创新发展理念、建设“创新型国家”的背景下，学界应继续拓展“科技与法律”的相关理论，加强“科技与经济法”的交叉研究，并由此推动经济法学与科技法学、信息法学的发展，推进发展法学的构建。

二、规制的必要性：价值考量与制度取舍

历次工业革命在促进经济和社会大发展的同时，也会带来大量新问题。以人工智能技术和产业发展为重要内容的“第四次工业革命”，对许多领域都会产生深刻影响。[①] 例如，新兴智能产业的发展和传统产业的智能化升级，会大大提高经济效率，减少对资源、能源的消耗，改善人类的生存和生活质量；但与此同时，也会在某些领域对公平、安全、秩序等产生负面影响。只有妥善把握其带来

① 有研究者认为，只有 18 世纪末始于英国的第一次工业革命、19 世纪下半叶始于美国和德国的第二次工业革命，以及二战以后以摩尔定律为标准的信息革命，才能和正在进行的智能革命相比。吴军．智能时代：大数据与智能革命重新定义未来．北京：中信出版社，2016：340.

的变革和价值冲突，并在制度安排上作出有效取舍，才能通过“适度”的法律规制，促进智能产业的健康发展。

事实上，人工智能技术能否广泛应用，智能产业能否有效发展，都与相关制度的促进和保障程度直接相关。基于前述“技术-制度”的分析框架，可以发现“技术与制度”的如下关系：在微观领域，技术进步往往走在具体制度前面，并会带动相关领域的制度变革；而在宏观领域，整体的或基础性的制度安排，则对具体领域的技术创新影响巨大。① 例如，产权（特别是知识产权）制度，以及经济法领域的产业制度、竞争制度等，都会直接影响技术进步和产业发展。

明晰上述“技术与制度的关系”，有助于阐释具体的人工智能技术与经济法制度的如下交互影响：一方面，人工智能技术会改变相关经济法制度，如各类人工智能技术的推广会推动消费者保护以及市场竞争等领域的经济法制度变革；另一方面，经济法制度也可能对人工智能的技术进步和产业发展产生重要影响。其中，“好的制度”会有助于促进人工智能技术的创新和转化，解决技术进步导致的相关问题；而“坏的制度”则无助于解决上述问题，甚至可能会限制或阻碍人工智能的技术创新和产业发展。② 只有在“技术-制度”的分析框架下，关注人工智能技术、产业与经济法制度之间的互动，才能更好地理解和说明人工智能产业发展为什么需要经济法规制。

其实，人工智能产业发展之所以需要经济法规制，与国家对效率与公平、安全、秩序等重要价值的考量直接相关。例如，各国纷纷出台鼓励和促进人工智能产业发展的政策或法律，首先就是看重其效率价值，特别是人工智能的应用对产业升级的重要推动，以及对经济乃至社会、政治、文化等诸多系统效率的有力提升。

上述的效率价值，当然也是经济法调整所特别关注的。由于经济法要解决的基本矛盾，就是个体营利性与社会公益性的矛盾，以及作为其延伸的效率与公平

① 对于技术与制度的关系，许多学者认为“制度重于技术”或“制度比技术更重要”。吴敬琏. 制度重于技术——论发展我国高新技术产业. 经济社会体制比较，1999（5）：1-6.

② 这方面同样需要“包容性制度”，而非“汲取性制度”。阿西莫格鲁，等. 国家为什么会失败. 李增刚，译. 长沙：湖南科学技术出版社，2015：51-58.

的矛盾，因而必然会重视相关的效率价值，这与人工智能产业发展所追求的效率提升是内在一致的。但经济法作为“法”，又不能只关注效率价值，它还要考量公平价值等多元价值。据此，对于人工智能提升效率、促进经济发展、为人类带来便利的一面，经济法当然要予以鼓励和促进，但对于其带来的各类负面效应，则要予以限制或禁止。其中，与人工智能相关的垄断、不正当竞争、侵害相关企业或消费者权益等问题①，以及因人类智能与人工智能、自然人与机器人的“差异性”所导致的分配、发展等领域的不公平、不平等问题，尤其需要经济法的有效规制。

此外，针对人工智能可能危害安全的多种问题，经济法要特别关注安全价值。例如，人工智能对信息的“用益”，可能涉及诸多领域的信息安全，因而经济法需要对消费者的数据信息、相关机构或组织的秘密信息依法加以保护，以保障国家安全和社会公共利益；同时，人工智能也可能侵害消费者的生命健康，直接影响其安全权的保障；等等。随着《网络安全法》以及其他相关法律法规的实施，经济法领域对安全价值要有更多的考量，并应通过增进人工智能的透明性、可解释性，以及全流程监管，使其安全影响处于可控范围内。针对人工智能对人类安全可能构成的威胁②，霍金、马斯克、盖茨等都曾提出过警告，这是终极意义上的人类安全问题。③ 对此，重申“阿西莫夫法则”等重要伦理原则④，切实“以人为本”，保障人类的根本利益，对于处理好人类与人工智能的关系、建立和谐的“人机关系”，可谓甚为必要。

另外，基于人工智能对社会经济秩序的影响，经济法还要关注秩序价值。人

---

① 人工智能应公平对待所有人，但它也有可能影响公平竞争、侵害消费者权益。施博德，沈向洋. 未来计算：人工智能及其社会角色. 北京：北京大学出版社，2018：27，45-46.

② 有研究者认为，在可预见的未来不会出现超过人类智能的人工智能，因而不必人为地制造恐慌。蔡曙山，薛小迪. 人工智能与人类智能——从认知科学五个层级的理论看人机大战. 北京大学学报（哲学社会科学版），2016（4）：145-154.

③ 托斯. 人工智能时代. 赵俐，译. 北京：人民邮电出版社，2017：69-80.

④ 多梅尔. 人工智能：改变世界，重建未来. 赛迪研究院专家组，译. 北京：中信出版社，2016：246.

工智能的大范围应用，会对许多产业产生重要影响，由此导致的产业兴衰、人员流动、市场调整，已经引发了公众的普遍忧虑。其中，人工智能广泛应用所导致的裁员、失业，已经对劳动或人力密集型产业产生重要影响，若应对失当，就可能危及经济秩序，甚至引发社会动荡，对此应对得当对人口大国尤其重要。要保障与人工智能相关的市场竞争的公平有序，经济法规制可谓必不可少。

可见，在“技术-制度”的框架下，需考虑人工智能的技术创新、产业发展给经济社会带来的影响，并基于相关价值考量予以制度回应，其中，在兼顾各类价值基础上作出的经济法制度取舍尤为重要。考虑到政府的认知能力及其对人工智能的态度会直接影响制度形成，因此，有必要再引进或融入“政府-市场”这一常用的经济法理论分析框架，这更有助于厘清人工智能产业发展与经济法规制的相关问题。

从“政府-市场”的角度看，任何技术的进步和应用，都离不开市场机制的有效运作，并且，人工智能技术的市场化会极大推动智能产业的发展。随着人工智能技术覆盖产业的日益广阔，其对市场化也会提出更高的要求，因而需要市场在资源配置方面发挥决定性作用。但与此同时，由于人工智能对公平、安全、秩序可能会产生诸多负面影响，因而还需更好地发挥政府的作用——政府尤其应通过相关制度安排以及具体的调控和规制来化解其消极效应。

当然，即使是政府的调控和规制，也可以大量引入人工智能，这尤其有助于提升政府的调制效率和计划能力。但尽管如此，政府仍然不能据此实行计划经济体制，因为没有市场经济，有价值的大数据就难以生成，人工智能也就失去了存在的基础[①]；只有在市场经济体制下有效处理政府与市场的关系，切实有序推动市场化，才既能推进人工智能产业的有效发展，又能切实提升政府调控和规制的能力，从而不断解决市场失灵和政府失灵，实现经济法的调整目标。

事实上，人工智能在政府和市场两个资源配置系统中，都有重要的应用价

① 有学者认为，即使有大数据、人工智能，也不能实行计划经济体制。许成钢．人工智能、工业革命与制度．比较，2018（2）.

值：其在政府系统的应用，有助于提升调制能力，因而有助于解决“两个失灵”问题，推动人工智能领域的市场化、产业化发展；其在市场系统的应用，有助于提升市场主体的经济效率，从而增进其竞争能力。而上述两类能力的不断提升，又会进一步增强经济全球化背景下的国家调制能力和国家竞争能力。

总之，从“技术-制度”的分析框架看，人工智能作为技术创新的重要形式，会给各个领域带来多种复杂影响，因而需要在价值考量的基础上，切实兼顾各类重要价值，并作出相应的制度取舍，以实现有效的经济法规制。此外，技术创新是在市场与政府的二元结构下展开的，因此，还需要引入“政府-市场”的分析框架，强调政府既要给人工智能的市场应用留出足够的制度空间，又要对人工智能带来的诸多问题予以有效的经济法规制。

基于前述分析，本书对于应否以及如何促进人工智能技术和产业的发展，可以作出较为明晰的制度取舍：一方面，对人工智能产业的积极效应，应当通过经济法予以鼓励和促进，同时，应基于来自市场的有效数据，发现经济运行中存在的诸多问题，提升调控的精准度和规制的针对性，从而更好地处理政府与市场的关系；另一方面，对人工智能的消极效应，特别是其对公平、秩序、安全等方面的负面影响，应通过有效的经济法制度安排加以防止，以使人工智能产业发展符合人类的长远目标。①

三、经济法规制智能产业发展的具体路径

前面对制度取舍的探讨，其实已提出了对人工智能产业发展的经济法规制的两种主要路径：一种是对产业发展的积极效应的鼓励与促进，另一种是对产业发展的消极效应的限制或禁止。前者需要经济法作出积极的制度安排，并由此体现经济法的“促进型规范”的重要价值；后者则涉及人工智能产业对分配、发展等

① 马长山．人工智能的社会风险及其法律规制．法律科学，2018（6）：47-55．

多个方面的影响[①]，以及经济法对如何化解其诸多负面效应的关注。依循“人工智能技术—人工智能产业—经济法规制”的逻辑主线，或者产业法领域“技术创新—产业发展—经济法规制”的分析线索，将上述两种路径结合起来展开研讨，会更有助于揭示人工智能产业发展的经济法规制的重要问题。

（一）对智能产业积极效应的鼓励与促进

如前所述，人工智能产业发展会带来多方面的积极效应。从人工智能的强弱划分看，随着信息化、网络化、数据化和智能化的发展，弱人工智能已在生产和生活、经营和管理等领域有广泛应用，其所带来的效率、便利与福利等积极效应已日益显现。由于中国的现代化进程是以工业化、城市化为特征的“一次现代化”与以信息化、全球化为特征的“二次现代化”的叠加，而人工智能产业的大发展又是“二次现代化”的重要内容，因此，要实现国家现代化，就必须充分发挥人工智能产业的积极效应。

从经济法的视角看，人工智能不仅有助于推动市场经济的发展，也有助于政府有效履行宏观调控和市场规制的经济职能。例如，人工智能在财税、金融、市场监管等诸多领域的运用，使各类调制机构变得更加“智能”，这有助于提高各类调制机构调控和规制的效率和能力，促进经济法的有效实施。因此，对于人工智能产业的发展，以及人工智能在国家治理中的运用，经济法应持肯定和支持的态度，并针对其积极效应，作出鼓励与促进的制度安排[②]，由此便会形成大量旨在鼓励、促进人工智能产业发展的促进型规范。其中，法律化的规划、财税、金融等促进手段最为重要，现分述之。

首先，在规划促进方面，鉴于人工智能是“引领未来的战略性技术”，许多国家都试图通过发展人工智能来提升国家竞争力和维护国家安全，并出台了各类规划（或称计划）和政策（如美国曾于 2016 年推出了《国家人工智能研究与发

① 曹静，周亚林. 人工智能对经济的影响研究进展. 经济学动态，2018（1）：103-115.

② 人工智能产业是具有国际竞争力的产业，其发展会受到产业政策以及相应的经济法制度的影响。吕明元. 产业政策、制度创新与具有国际竞争力的产业成长. 经济社会体制比较，2007（1）：134-137.

展战略计划》[①]），来促进人工智能产业的发展。这些产业发展规划或计划，涉及产业法或计划法上的安排，包含了支持人工智能产业发展的多种经济法手段，集中体现了经济法作为“发展促进法”的功能。

我国一直有重视计划或规划的传统，强调“凡事预则立”“未雨绸缪”，对人工智能产业发展更是不断强化规划促进。例如，自2015年国务院出台的《关于积极推进“互联网+”行动的指导意见》首次提出“培育发展人工智能新兴产业”以来，2016年通过的《“十三五”规划纲要》和《“十三五”国家科技创新规划》就先后强调要发展人工智能产业，国务院在2017年不仅首次将人工智能写入政府工作报告，还正式公布了《新一代人工智能发展规划》。可见，“发展人工智能产业”从最初提出，到正式写入“十三五”规划，再到出台“专项规划”，是层层递进、不断深化的，体现了国家对人工智能产业的高度重视，以及规划促进的目标和路径的日渐明晰。其中，在专项规划中确定的多种促进措施，尤其有助于促进人工智能产业发展以及相关产业的升级换代，推动经济结构优化和整体经济发展。

其次，在财税促进方面，人工智能产业作为新兴产业，财政制度对其发展的影响十分巨大。例如，对人工智能产业应否给予更多的财政支出倾斜，特别是对人工智能企业应否给予财政补贴，或在政府采购方面赋予其优先权？在各类政府性基金、行政事业性收费方面应否对其予以减免优惠？等等，都涉及非常重要的制度取舍。如果国家作出倾斜性的制度保障，就会对智能产业发展起到重要的促进作用。

需要注意的是，尽管财政促进很重要，但它只是“引导”而非“主导”，着重发挥市场的作用更重要。[②] 对此，还是应充分发挥政府和市场各自的作用：一

① 《美国国家人工智能研究与发展战略规划》（National Artificial Intelligence Research and Development Strategic Plan）将人工智能上升到美国国家战略高度，确定了有关人工智能发展的7项长期战略，包括“社会影响战略：理解和应对人工智能带来的法律、伦理和社会经济等问题”，以及“安全战略：确保人工智能驱动系统的可靠性和安全性”。何哲. 通向人工智能时代——兼论美国人工智能战略方向及对中国人工智能战略的借鉴. 电子政务，2016（12）.

② 有学者研究认为，财政激励政策比税收优惠政策更能促进高新技术产业的增长，提高高新技术产业的自主研发和创新能力更为重要。张同斌，高铁梅. 财税政策激励、高新技术产业发展与产业结构调整. 经济研究，2012（5）：58-70.

方面政府应建立“财政引导”的资金支持机制，重点支持人工智能基础前沿研究、成果转移转化等；另一方面，还应鼓励成立市场化的发展基金，引导社会资本投入人工智能产业。这样，才可能在发挥财政促进的引导作用的同时，尽量避免其干扰市场公平竞争，使政府和市场各尽所能、各得其所。

此外，人工智能产业的发展也离不开税收制度的促进，尤其是增值税和所得税制度中的税率、税基、税收减免等优惠安排，对产业发展的促进作用更为突出。例如，高新技术企业税收优惠、研发费用加计扣除、软件企业税收优惠、对人工智能中小企业和初创企业的税收优惠①等，都是促进人工智能产业发展的重要措施。与此相关联，是否将人工智能作为税法上的纳税主体或征税对象（比尔·盖茨和一些学者都曾提出对机器人征税的观点），也会影响人工智能产业的发展，对其研究有助于推动税法乃至整个经济法理论的深化。

最后，在金融促进方面，人工智能产业涉及大量投融资问题，其在发展过程中能否通过银行、资本市场等渠道获取资金支持，国家的金融制度是否宽松，都会影响该产业的发展。与此同时，在相关立法中对制度障碍的排除或清理，也是对产业发展的一种促进。例如，智能投顾在金融领域发展迅速，要在防范风险的同时，促进人工智能的应用，就需要改进相关金融立法。②

上述针对人工智能产业发展的规划促进，以及具体的财税促进、金融促进等，大量涉及经济法上的制度安排，但许多经济学家往往将其视为广义的“产业政策”。而对于产业政策应否存在，以及适用范围、力度如何，则历来见仁见智③，同样，对于更为具体的人工智能产业政策的存废、强弱，也存在不同认识。从历史和现实情况看，各发达国家的“成功”，其实都离不开特定时期产业

---

① 例如，对国家重点支持的高新技术企业、技术先进型服务业，目前按15%征收所得税，这是影响较大的税率优惠。

② 例如，有学者认为《证券法》第171条的规定就影响了智能投顾的发展，因而应该通过修改法律来加以解决。李文莉，等. 智能投顾的法律风险及监管建议. 法学，2017（8）：15-26.

③ 江飞涛，等. 直接干预市场与限制竞争：中国产业政策的取向与根本缺陷. 中国工业经济，2010（9）：26-36.

政策的有效运用[①]，这也是许多国家纷纷出台人工智能产业政策以及相关法律制度的重要原因。因此，保留适当的产业政策仍是必要的，其实，我国早在前述的“发展规划”之前，就已在多种政策安排中布局人工智能。[②]

各类行之有效的“产业政策”经过法律化，就可以转化为“产业法”的重要内容，成为经济法的重要组成部分和促进产业发展的重要手段。在“人工智能产业与经济法规制的关系”方面，既要从技术和产业的角度，正视人工智能大量应用于相关产业以及财税、金融、竞争等调控和规制领域所产生的积极效应，特别是其带来的经济效率、调制效率的提升，也要从经济法规制的角度，在发展规划、财税、金融等制度中对人工智能的积极效应予以肯定，以促进人工智能产业的健康发展。[③]

在关注经济法制度对人工智能产业发展的促进的同时，也要看到人工智能产业发展对经济法制度变迁的推动。例如，大数据作为人工智能的基础，往往与消费者直接相关，为此，就应当从数据或信息的维度，不断完善消费者保护制度，这是人工智能产业发展对经济法制度变迁的推动。又如，智能投顾等人工智能在金融领域的应用，同样会带动相关金融法制度的改变[④]等。从人工智能产业发展推动经济法制度变迁的视角，有助于理解经济法制度的特殊形成路径，增进经济法规制的针对性和有效性。

无论是经济法对人工智能产业发展的促进，还是人工智能产业发展对经济法制度变迁的推动，都与“信息”这一重要连接点直接相关。由于人工智能技术和

① “所有当今的发达国家在赶超时期都积极采取了干预主义的产业、贸易和技术政策，以促进幼稚产业的发展。”张夏准. 富国陷阱：发达国家为何踢开梯子?. 肖炼，等译. 北京：社会科学文献出版社，2009：18.

② 包括较早的《当前国家重点鼓励发展的产业、产品和技术目录》(2000年修订)、《当前优先发展的高技术产业化重点领域指南》、《国家产业技术政策》、《促进产业结构调整的暂行规定》、《产业结构调整指导目录》等，都涉及人工智能的相关内容。

③ 当然，学界对产业政策的有效性一直存在争论，这也会影响对产业法功能的认识。张鹏飞，徐朝阳. 干预抑或不干预？——围绕政府产业政策有效性的争论. 经济社会体制比较，2007 (4)：28-35.

④ 人工智能技术会渗透到金融信息处理、数据分析、风险控制、征信、智能投顾等多个方面，这些都会带动相关金融法制度的变革。李彦宏，等. 智能革命：迎接人工智能时代的社会、经济与文化变革. 北京：中信出版社，2017：188.

产业的发展，是以数据或信息为基础的，而信息规制则是贯穿经济法各类制度的重要手段。在经济法领域，有关各类主体的各信息权，包括消费者、经营者、政府的信息获取权、信息使用权等，以及相关主体的信息义务的规范，构成了遍布各个具体部门法的信息制度，它们对人工智能产业发展具有重要影响。经济法制度对人工智能产业的有效规制，有助于提高相关主体的信息可得性，使其可以拥有更充分、有效的信息和更好的决策能力，在此基础上，就能够提升政府调控和规制的质量和水平，以及经营者的经营能力和经营业绩，实现消费者效用的最大化和权利的有效保护。

总之，对人工智能产业的积极效应，各国都予以充分肯定，并注重运用相关产业政策①，以及相应的经济法制度予以促进。但与此同时，为了保障人工智能产业的健康发展，针对人工智能应用所带来的消极效应，也应通过经济法加以限制和禁止。这其实是许多人更为关注的问题。

（二）对智能产业消极效应的限制和禁止

借助于人口数量、市场的体量、技术进步以及相对宽松的制度约束，我国的数字经济取得了长足进步，并由此带动了人工智能产业的发展，从而在“弯道超车”过程中实现了某些领域的“并跑”甚至“领跑”。但人工智能技术作为“颠覆性创新”，其应用也会产生诸多消极效应，尤其是对相关主体的就业、分配、发展等带来的负面影响，已受到广泛关注。对此，需要结合前述的价值考量，在经济法上作出限制或禁止的制度安排。

例如，对于人工智能可能导致的产品质量、侵害消费者权益、妨害公平竞争等问题，就需要运用经济法中的市场规制法予以限制或禁止；而对于人工智能产业在公平分配、稳定发展等方面的消极效应，则应分别从经济法的分配理论、发展理论、风险理论等维度来展开研究②，并分门别类地运用经济法的各类制度实

① 吴敬琏. 产业政策面临的问题：不是存废，而是转型. 兰州大学学报（社会科学版），2017（6）：1-9.

② 这些正是经济法研究需关注的新领域。张守文. 中国经济法理论的新发展. 政治与法律，2016（12）：2-12.

施有效规制。其中，如下几类消极效应需特别关注。

首先，是人工智能产业的“替代排挤效应”。人工智能在提升效率、解放生产力的同时，会对相关主体产生“替代排挤效应”，可能导致失业激增，并带来社会结构的变化。[①] 例如，人工智能技术的普及和推广，会形成“无人驾驶”“无人超市”“无人银行”等多种“无人”模式，导致机器对人的替代和排挤，从而影响就业。而能否做到充分就业，则直接影响“促进经济稳定增长”“保障经济与社会的良性运行和协调发展”等经济法调整目标的实现。要解决上述问题，既需要社会法等部门法的调整，更需要经济法的有效规制。

其次，是人工智能产业的“差异扩展效应”。例如，上述人工智能产业发展所带来的失业等问题，会影响相关主体的分配能力和发展能力，扩大分配和发展方面的“差异”，从而影响整个社会的分配和发展格局。要解决分配问题和发展问题，需要依法保障经济法主体的分配权和发展权，提升其分配能力和发展能力。[②] 由于技术是影响分配和发展的要素，人工智能技术和产业发展在提高部分主体分配能力和发展能力的同时，也会限制其他主体的上述能力，并加剧分配差距的扩大和发展的不平衡，带来新的“差异性问题”[③]，因此，对人工智能技术和产业发展所引发的不合理差异，需要通过经济法的“差异化规制”来限制或禁止。

最后，是人工智能产业的“风险积聚效应”。如前所述，人工智能产业的发展可能导致和积聚诸多风险[④]，并使不确定性大增，极易引发系统性风险。对此，应加强经济法的信息规制，依法管控信息用益行为，强化风险管理，综合解

---

① 人与人工智能的并存，使原来的社会结构发生了重要变化。但也有学者认为，智能机器人的发展不仅不会威胁人的主体地位，还能够在更大程度上实现人的自由全面发展。朱巧玲，李敏. 智能化背景下机器人和人的发展关系探讨. 改革与战略，2017（3）：12-16.

② 贫困的本质是能力贫困，尤其体现为现代社会中知识和技能的不足。阿马蒂亚·森. 以自由看待发展. 任赜，等译. 北京：中国人民大学出版社，2002：85.

③ 有的研究者认为，人工智能的发展如果没有适当的政策加以引导，必定会加剧不平等，其中，从“接触”到“使用”再到“技术的掌握”这三种类型的不平等最为突出。金东寒. 秩序的重构——人工智能与人类社会. 上海：上海大学出版社，2017：156-158.

④ 有学者认为，人工智能对人类社会的潜在风险，涉及人类基本权益的生命与健康、尊严与隐私、安全与自由。吴汉东. 人工智能时代的制度安排与法律规制. 法律科学，2017（5）.

决传统的和新兴的信息问题。例如，对消费者数据权利的侵犯，是人工智能产业和消费者都面临的风险①，因此，在经济法的市场规制法中，既要保障经营者依法获取、处理信息的权利，也要特别明确其不得侵害消费者信息权利的义务。随着人工智能产业的发展，反垄断法、反不正当竞争法、消费者保护法以及更为具体的个人信息保护法、电子商务法的立法，都应当对人工智能的“风险积聚效应”作出制度回应，并根据不同情况对相关主体的行为加以限制或禁止。② 鉴于人工智能技术涉及领域广阔，其复杂性、不确定性导致的各类风险积聚，不仅会影响个体的安全、健康等权益，还可能影响国家的经济安全、社会安全，因而应加强风险评估，建立安全监管体系和安全监测预警机制。对此，不应仅停留在人工智能的“发展规划”上，还应在具体的经济法制度中加以落实。

综上所述，针对人工智能产业发展的积极效应和消极效应，需要分别从鼓励、促进和限制、禁止两种路径展开经济法规制。人工智能产业由于其发展涉及发展规划、财税、金融、产业、竞争、价格、质量、消费者保护等诸多问题，需要经济法各类具体制度的有效规制，因此，应从整体上体现经济法基本原则的要求，将法定、适度、绩效三大原则贯穿于人工智能产业规制的始终，并应突出强调规制的“适度性”③。

在经济法治的框架下，既要有效保护消费者的权益，也要依法保障经营者的发展，其中涉及的价值考量、利益平衡与制度取舍，对人工智能产业发展的经济法规制具有直接影响。此外，人工智能理论曾有结构主义、功能主义、行为主义等分类④，经济法领域同样要重视结构、功能和行为，尤其应关注经济法的规范

---

① 例如，在金融领域的智能投顾就涉及相关风险的防范，因而需要加强监管或规制。姜海燕，吴长凤．智能投顾的发展现状及监管建议．证券市场导报，2016（12）：4-10.

② 例如，我国2018年通过的《电子商务法》就既是电子商务发展的促进法，也是消费者权益的保障法，该法将鼓励促进与限制禁止相结合，具有突出的经济法规制性的特征。

③ 有学者认为，技术进步有赖于经济激励机制、自由科研体制和良好创新环境；只有建构良好的创新体制，才能用“稳定的”制度实现“变动的”技术的不断创新和进步。易继明．技术理性、社会发展与自由——科技法学导论．北京：北京大学出版社，2005：68.

④ 钟义信．人工智能理论：从分立到统一的奥秘．北京邮电大学学报，2006（3）：1-6.

结构、制度功能及其对相关主体行为的规制效果，以更好地促进和保障人工智能产业的健康发展。

四、小结

从“互联网+”到“人工智能+”，中国新经济的急遽发展，尤其是人工智能产业的勃兴，已经和正在带来经济、社会、法律等领域的诸多变革。在“智能时代”的背景下，对新兴的人工智能产业发展如何加强法律规制，已成为迫切需要解决的重大现实问题。考虑到各类产业发展都与经济法密切相关，人工智能产业发展也离不开经济法规制，为此，前面在“技术-制度”的分析框架下，依循“人工智能技术—人工智能产业—经济法规制”的主线，着重探讨了对人工智能产业发展进行经济法规制的必要性和具体路径等基本问题。

人工智能产业发展与经济法规制的关系，是“技术与制度关系”的具体化。科技进步与科技产业的发展，推动了经济法相关制度的变迁；而经济法的有效规制，则对于科技进步和科技产业发展具有重要影响。在规制人工智能技术和产业发展的过程中，需要进行多重价值考量，既要看到人工智能产业的效率价值，又要关注其对公平、安全、秩序等诸多价值的影响，并应在兼顾各类价值的基础上，作出经济法上的制度取舍，从而形成经济法规制的两种具体路径，即对其积极效应予以鼓励和促进，对其消极效应则应加以限制和禁止。

经济法对人工智能产业的具体规制，涉及发展规划、财税、金融、竞争、消费者保护等经济法的各类制度，由此不难发现整体经济法对人工智能产业的重要影响。在经济法的规制过程中，需要有效处理政府与市场的关系、技术与制度的关系、产业政策与竞争政策的关系等多种复杂关系。而贯穿其中的重要思想或原则，就是应基于人工智能的不同类型或发展阶段，有针对性地“辨证施治”；同时，应当给新兴的智能产业发展以一定的“试错空间”，这会更有助于该产业的健康发展。

在人工智能产业发展的过程中，无论把人工智能视为经济法的主体、准主体、智能体或“类人主体”，还是视为“代理主体”甚至客体①，都涉及既有制度能否适用以及如何改进的问题；而对于人工智能所带来的技术创新、产业升级和产业发展，则涉及经济法如何适度规制并实现有效促进的问题。不同的制度安排，会直接影响人工智能技术或产业的发展空间、经济结构优化或整体经济发展，以及一国在国际竞争中的能力和方位。②

科技发展与经济法历来关联密切，但学界对“科技与经济法”这一研究领域的关注还不够。其实，科技法学的许多研究都涉及发展规划、产业政策、科技促进等与经济法密切相关的内容。因此，从“人工智能产业发展的经济法规制”问题切入，有助于进一步促进“科技与法律”或“科技与经济法”的交叉研究，从而在深化产业法研究的同时，进一步推动整个经济法理论的发展。此外，依循产业规制所贯穿的“科技创新—产业发展—经济法规制”的逻辑主线展开研讨，还会有助于完善国家竞争理论，并进一步丰富发展法学的研究。

第三节　收益与资源分享经济的法律规制

信息化的发展，不仅带动了人工智能等信息产业的兴起，也带动了相关产业的转型和发展。在此过程中，新经济、新业态、新模式层出不穷，社会普遍关注的分享经济（也有人称之为共享经济③）异军突起，已成为数字经济的重要组成

① 与此相关，随着人工智能的发展，未来还可能形成多智能体系统，这不仅可能影响国家的主权和治理，也会影响经济法的主体体系和规制功能。弗洛里迪. 第四次革命：人工智能如何重塑人类现实. 王文革，译. 杭州：浙江人民出版社，2016：205-213.

② 人工智能引发的“数据-算法竞争”已被视为国家竞争的重要形式。封帅，周亦奇. 人工智能时代国家战略行为的模式变迁——走向数据与算法的竞争. 国际展望，2018（4）：34-59.

③ 尽管分享经济与共享经济常常被等同使用，但许多学者认为应将两者区别开来。例如，有学者认为，分享经济既区别于“共享经济”，也不同于“协同消费”，它是在新消费方式与互联网信息技术相互作用下，对社会与公众的闲置资源进行再配置与分享的新经济形态。张文明，张孝德. 分享经济的经济学逻辑及理论蕴意. 宏观经济研究，2018（11）.

部分[①]，它作为推动经济和社会发展的重要经济形态，也是发展法学的重要研究对象。

分享经济的发展，充分体现了创新、绿色、开放和共享等发展理念，但也会带来诸多问题，同样需要多个部门法协调配合，全面加强法律规制。特别是分享经济带动的平台经济的发展，更是给传统的法律制度提出了新挑战，需要从理论到制度予以有效的回应和应对，这些都是发展法学领域的重要问题。

一、分享经济规制问题的提出

中国数字经济的发展，催生出许多新的经济形态，其中，分享经济就是理论界和实务界都较为关注的。但是，对分享经济的认识，仍处于众说纷纭、莫衷一是的阶段。[②] 尽管如此，各种分享经济的具体实践仍在不断涌现，如何对其进行法律规制，已成为一个亟待解决的问题。

事实上，对分享经济的理解尽管有诸多不同，但相关理论大略可以分为两类，一类是早期由马丁·威茨曼（Martin Weitzman）提出的分享经济理论[③]，它关注对最终收益或利益的分享，可简称为“收益分享论”；另一类是目前理论界和实务界普遍关注的分享经济理论，它关注对可利用资源的分享，更强调通过分享资源的使用而获益，可简称为“资源分享论”。上述两类分享理论，分别对应于收益型分享经济和资源型分享经济。以上只是基于研讨的方便，而对不同分享

---

① 有学者认为，分享经济是伴随开放源代码、云计算等互联网开放技术的发展而兴起的，以生产资料和生活资源的使用而非拥有为产权基础，充分利用知识资产与闲置资源的新型经济形态。姜奇平. 如何推进分享经济. 互联网周刊，2015（22）.

② 例如，较为广义的看法是，C2C、B2C、C2B、B2B都属于分享经济的模式，但也有人认为C2C才是真正的分享经济模式。对于模式的不同认识，会直接影响法律规制的范围。对于不同模式的区别以及相关理论的争论，可参见马化腾，等. 分享经济：供给侧改革的新经济方案. 北京：中信出版集团股份公司，2016：30-60。

③ 在威茨曼之前，我国学者李炳炎就已提出了分享经济的理论，只不过他们的观点有些不同，目前经济学界的讨论比较多的仍然是威茨曼的理论。王珍，沈建国. 李炳炎与威茨曼两种分享经济理论的比较. 经济纵横，2009（5）.

经济实践模式的大略概括。

无论是哪类分享经济，都涉及相关主体的权利配置和利益保护，都与法律调整密切相关，其中，不仅可能涉及民商法、社会法甚至刑法等部门法，还尤其与经济法的规制存在紧密关联。但是，从经济法的视角来研究分享经济的成果相对较少，对于经济法与分享经济的关联，以及如何运用经济法对分享经济展开规制的研讨还很不够，这需要整个学界作出更多的努力。

有鉴于此，下面拟基于上述对分享经济的分类，分别从经济法的理论和制度视角展开分析，以揭示分享经济与经济法之间的紧密关联，并强调对分享经济进行调整或规制之必要，以期推进相关经济模式的健康发展，更好地实现经济法的调整目标和整体发展目标。

二、收益型分享经济与经济法规制

经济领域的分享活动，自古有之，但没有形成今天普遍性的、规模化的经济行为或经济模式。因此，早期的分享，更多地体现为个体之间的互相帮助、互通有无，既未形成普遍的群体性的收益分享，也未形成社会化的、网络化的营利性的模式。

对于经济领域的分享行为，经济学、社会学等领域早已有所关注。无论是将其作为合作经济的基础，还是作为财富分配的形式，都至少早在 19 世纪，就有人开始研究了。对此，有研究者将今天的分享经济归入马克思的合作经济范畴[①]，也有人将分享经济作为分配制度改革的重要途径，特别是在资本和劳动的对立冲突中，可以通过分享经济的形式，把劳资双方的利益兼顾起来。[②] 事实上，从英国学者米德曾经研究过的员工持股计划、利润分享制或收益分享制等形式，到美国学者舒尔茨的人力资本理论等，都体现了在劳资双方之间进行利益分

① 钮钦. 数字时代分享经济的马克思主义合作经济理论审视. 电子政务，2016 (12).

② 张怀富. 略论分享经济. 中南财经大学学报，2001 (6).

享的思想，因而有关收益型分享经济的理论探讨，其实早已展开。而这些认识，也为威茨曼等学者后来提出分享经济理论奠定了重要基础。

在 20 世纪的大萧条以后，凯恩斯的经济学理论曾长期占据统治地位，但随着西方国家出现突出的“滞胀”现象，凯恩斯理论已经无法有效解决这些问题。于是，各类经济学家纷纷提出自己的政策主张，试图解决新的危机。其中包括今天仍然有重要影响的以拉弗为代表的供给学派的理论，以及今天又被人们挖掘的分享经济理论。美国的马丁·威茨曼于 1984 年出版了《分享经济：用分享制代替工资制》一书①，明确提出了分享经济的概念，他认为应当通过改革工资制度，建立劳资之间的收益分享制度，来解决“滞胀”问题。

依据威茨曼的分享经济理论，不应该实行单纯的固定工资制度，而应该使企业的经营与雇员的收益挂钩，为此，可以将企业的报酬制度分为两类，即工资制度和分享制度，依据分享制度而获得的收益，是与企业效益的好坏、经济的冷热密切相关的。因此，通过改变报酬制度，可以改善微观经济结构的缺陷，以保证经济的稳定增长。分享制度具有自动抵消失业和通货膨胀的功能，它不仅有助于在微观层面解决劳资关系的问题，而且具有根治“滞胀”的宏观效应。②

可见，威茨曼所提出的分享经济理论，更主要的是要解决收益分配问题，对于分配制度的变革，他希望在劳资双方之间的不是单一的工资制度，而是通过利益的分享，来使双方的利益密切关联，从而共同应对经济的起伏变化，这样，劳动者与企业形成利益共同体，共同促进企业的发展，可以保障劳动者的基本就业，促进经济的稳定增长。由于经济法特别关注如何促进经济的稳定增长，威茨曼的分享经济理论，是与经济法的调整目标内在一致的；同时，威茨曼的分享经济理论涉及分配制度的调整，而经济法是典型的“分配法”，因此，该理论及其所涉及的分配问题和发展问题，也应当是经济法学或发展法学需要关注的重要

---

① 该书集中体现了威茨曼的分享经济理论，且很快被译成了中文。威茨曼．分享经济：用分享制代替工资制．北京：中国经济出版社，1986.

② 对于威茨曼的分享经济理论，我国学者有很多研讨。朱善利．威茨曼分享经济理论述评．北京大学学报（哲学社会科学版），1988（6）；等等。

问题。

当然，收益分配问题的解决，还涉及劳动法、社会保障法、公司法等方面的问题，如工资制度本身就是劳动法中的重要制度，而劳动者的长期收益及其权利保障，则还可能与社会保障法有关，同时，企业内部的期权制度等分配制度，还涉及公司法等问题，这些都是分享经济领域的具体问题。但从宏观层面上看，上述问题又都与经济法的调整密切相关。如前所述，经济法的调整要关注宏观经济运行，实现经济的稳定增长，就必须解决好充分就业和稳定物价的问题，只有解决好这两类问题，才能解决好通胀问题，实现宏观经济的四大目标，这与威茨曼所提出的分享经济的思想在出发点上是一致的。

我国当前也面临着突出的分配问题，其中，劳动者在初次分配中占比相对较低的问题也很突出，而分配问题正是经济法所关注的市场失灵的重要领域。对此，经济法也要从分配结构的调整的角度，来关注如何提高劳动者的收入占比的问题。为此，在经济法领域，既要解决资本、资源、技术等要素的占比过高的问题，又要考虑如何提升劳动者的收入占比①，对不同类型的收入，在税法、金融法等方面，都应当作出不同的经济法制度安排。

威茨曼等学者的理论，主要是关注微观的企业与个人之间的分配，并希望通过微观分配问题的解决，来解决宏观的“滞胀”问题，促进经济的稳定增长，他所关注的主要还是私人经济领域的问题。如果将威茨曼等经济学家的思路进一步扩展到公共经济领域，则同样存在分享经济的问题。例如，中央与地方之间的财政分享，也是一种典型的分享，如何解决好政府职能与支出之间的关系，如何使地方政府在与中央分享的过程中保持适当的比例，一直是经济法学乃至政治学、财政学等诸多学科需要关注的重要问题。

我国已经形成了典型的“共享型分税制”②，许多税种由过去的中央或地方的独享，变成了双方的分享或称共享，这是我国公共经济领域里的一种重要制度

① 张守文．分配结构的财税法调整．中国法学，2011（5）．

② 张守文．论“共享型分税制”及其法律改进．税务研究，2014（1）．

变迁。自 1994 年开始，我国在财政领域正式推广这种分享经济的模式，只是随着经济和社会的发展，中央和地方的收益分配，越来越多地因为事权、财权、事责等方面的模糊，而更多地向中央倾斜，大量的地方税变成了共享税。由此也带来了很多问题，包括土地财政、地方债务等。因此，随着公共经济领域分享经济的发展，从经济法的角度看，权力分配的问题非常重要。具体在财税法领域，尤其应处理好财政权或税权等相关权力分配问题①，如果相关收益权分配问题没有解决好，会带来更多的持久的问题。

总之，从收益型分享经济的角度看，分享的客体是具体的收益，无论是工资制度改革所带来的相关收益调整，还是中央与地方之间的财政收益分配，都关注收益结构与利益的分享，这是收益型分享经济的突出特点。对此，如何更好地配置其中的权力、权利，以及相关的职责、义务，都需要经济法制度设计进行特别考量。

三、资源型分享经济与经济法规制

当前，社会公众更关心的分享经济，不是上述的收益性分享经济，而主要是在信息化背景下，以互联网为平台，以大数据为支撑，通过相关主体形成的对资源的分享和利用，来实现共赢的一种制度安排。

尽管人们对分享经济存在多种不同认识，但作为一种经济类型，它至少是一种广义的交易。正是各类交易构成了市场经济，也奠定了经济法调整的基础，正是针对分享经济实践中存在的各类问题，进行宏观调控和市场规制，才有了经济法调整的必要。因此，分享经济作为一种重要的经济类型，它同样与经济法存在紧密关联。人们无论把它作为知识经济的一种形式，还是把它作为

① 在这方面，涉及许多具体的税权或财政权的分配，包括减税权、举债权等，也都需要特别重视。张守文．“结构性减税”中的减税权问题．中国法学，2013（5）；债务风险与举债权的法律约束．苏州大学学报（哲学社会科学版），2016（3）．

传统经济的新发展，无论把它与信息化或数字经济相关联，还是认为它仅限于一般意义上的资源分配或让渡，分享经济都通过资源的使用而使相关主体受益，并在此过程中需要经济法的规制。人们理解的各类分享经济①，都会涉及相关主体的权利和义务，而这些权利和义务不仅需要民商法的配置，更需要经济法的安排，特别是公平竞争权、纳税人权利、产业发展权等，都需要经济法领域进行有效配置。

其实，只要是分享经济，就会涉及利益分配，无论人们是否强调其营利性或非营利性。因此，作为典型的"分配法"，经济法必然要关注上述的利益分配问题，并且，这些利益分配在微观和宏观层面都有其价值，因而在经济法的宏观调控法或市场规制法调整中应依法受保障。分享经济之所以需要经济法的有效规制，还因为分享经济与经济法存在其他方面的内在关联，特别是分享经济的理念与经济法的基本原理等，存在着内在的一致性，这也是分享经济需要经济法有效规制的重要前提和基础。对此，下面有必要先探讨分享经济的理念与经济法原理的一致性，并在此基础上分析资源型分享经济的经济法规制问题。

（一）分享经济的理念与经济法原理的一致性

人们当下所关注的分享经济，更强调两个核心理念，第一，"使用而不占有"（Access over Ownership），第二，"不使用即浪费"（Value Unused is Waste）。从法律的角度解析这两类理念，主要也涉及两个方面：首先是对所有权认识的转变。在所有权的诸多权能中，从"重占有到重用益"，是一个提出已久的重要命题。在重视用益的情况下，相关主体会"不求所有，但求所用"，因而都更重视使用权，并通过使用获取收益，而不是通过所有权或占有的权能，因此，能够有效使用资源是更为重要的。其次是对权利客体认识的转变。在分享经济背景下，各类主体权利的客体是大量的分散的闲置资源，包括闲置的时间、空间、资金、物品、知识等，其重要特点是不使用就是浪费，因此，如果不能有效配置这些资

① 有的学者将分享经济分为有偿分享经济、对等分享经济、劳务分享经济、众筹分享经济等类型。张孝德，等. 分享经济：一场人类生活方式的革命. 人民论坛·学术前沿，2015（12）.

源，就是社会的巨大浪费。[①]

在经济法的多个重要基本原理中，经济性原理和差异性原理，对于研讨分享经济的问题，揭示经济法与分享经济的内在关联，发现分享经济的理念与这些原理之间的内在一致性，具有特殊的意义。对此，下面分别从上述原理的角度略作分析。

首先，从经济性原理的角度看，分享经济的上述理念与该原理是非常一致的。通过分享实现资源的有效配置，真正做到物尽其用，无疑是更节约、更有效率的。依据经济法的经济性原理，整个经济法的调整，就是为了使整个社会的经济运行更“经济”，增进社会总福利。因此，经济法的经济性原理与分享经济的追求是内在一致的。

依据经济性原理的要求，经济法应通过经济政策的法律化，优化经济杠杆的调整，不断降低交易成本，并由此推动分享经济的发展，其中，降低交易成本非常重要。分享经济在过去之所以没有得到较大发展，就是因为存在较大的交易成本，信息偏在问题突出，市场失灵严重。只是在互联网大发展以后，随着各类平台作用的凸显，以及大数据的应用，才使供需双方的交易更为便捷。因此，经济法必须解决好信息偏在的问题，确保交易更加公平、便捷，并应切实保护消费者权益。

其次，从差异性原理的角度看，经济法特别重视各类主体现实存在的差异，包括在信息、能力、规模等方面的差异，并力求化解由这些差异所导致的市场失灵问题。[②] 同时，上述差异的存在，使希望获取某些资源的使用权的许多主体，因存在信息不对称的问题，以及缺少议价能力，而阻碍其对相关资源的有效使用，难以做到物尽其用、人尽其才，这恰恰是催生分享经济的重要原因。互联网、大数据、云计算等技术手段的应用，相关平台的介入和保障，使资源的供需在信息供给和公平议价方面成为可能，并使交易成本大为降低，这对于解决由信

① 有学者强调，以互联网为媒介的市场交易，有助于解决因信息不对称诱发的高额交易成本问题，从而提高资源利用率。张文明，等. 分享经济的经济学逻辑及理论蕴意. 宏观经济研究，2018 (11).

② 张守文. 经济法原理. 北京：北京大学出版社，2013：6.

息不对称等原因导致的市场失灵问题，有效缓解相关差异导致的问题，都具有积极的意义。

分享经济在很大程度上有助于解决相关主体现实存在的差异，特别是因资源占有差异而带来的一些负面影响，使全社会不必都搞“大而全”“小而全”，从而能在社会分工的基础上，做到物尽其用。正是在这个意义上，分享经济重视“用益”的理念，通过信息沟通优化资源利用以避免浪费的理念，与经济法的差异性原理，也是内在一致的。

（二）对资源型分享经济的经济法规制

基于上述分享经济理念与经济法原理的内在一致性，对资源型分享经济应加强经济法规制，以保障其健康发展。① 依据经济法的规制性原理，经济法在调整手段方面，能够把积极的鼓励促进和消极的限制禁止相结合，这有助于保障新兴的分享经济的有序发展。据此，针对现实中的分享经济，应分门别类，区别对待，对于符合公共利益和经济发展方向的，经济法应予以肯定的评价，否则，应作出消极的限制和禁止。

从总体上说，在现实的资源配置方面，市场之手和政府之手都很重要，经济法的规制恰恰要有效协调、“双手并用”：一方面，要有效保障分享经济领域各类主体的经济法权利和利益，充分发挥市场机制的作用；另一方面，也应切实发挥政府的作用，通过财税、金融、产业、价格、竞争等制度，推进分享经济的健康发展。

面对新兴的分享经济，经济法规制的过程尤其要遵循经济法的基本原则，即法定原则、公平原则（或称适度原则）、效率原则（或称绩效原则）。其中，分享经济与效率原则的要求是非常契合的。依据效率原则，经济法的规制应当有助于提升经济的整体效率和效益，而分享经济的理念也是追求节约、分享或共享，对个体和整体的绩效都会有所提升，这与经济法效率原则的要求是一致的。因此，

① 也有学者认为，分享经济是福利体系和慈善捐赠之后的一种新的再分配形式。王宁．分享经济是一种改良运动——一个“市场与社会”的分析框架．广东社会科学，2018（2）．各类再分配，都有加强经济法规制之必要。

经济法应当对真正促进效率提升的分享经济予以鼓励和促进。

对现实发展的分享经济而言，在经济法规制方面强调法定原则有着特殊的意义。依据法定原则，有关分享经济相关主体的实体权利和程序权利，都必须法定，对分享经济所实施的规制，也需要有明确的法律依据，并切实保障各方的权益。目前，面对迅速发展的分享经济，首先需要解决其合法性问题，相关主体的权利是否得到法律的肯定，这是在落实法定原则方面需要考虑的。例如，在很长一段时期，网约车存在着客观上有助于提高出行效率、有利于消费者，却在法律上没有得到认可的问题。而《网络预约出租汽车经营服务管理暂行办法》（简称《管理办法》）的出台①，虽然使其合法性问题得到解决，却可能会影响公平和效率，因而需要在法定原则与公平原则、效率原则之间加强协调。又如，对于互联网金融领域存在的非法集资问题，国家采取了消极的限制和禁止的手段，以更好地保证金融秩序和金融稳定，保护相关当事人的合法权益。②

从公平原则的角度看，在权利配置上更加合理，对市场主体的规制更为适度，或更加符合比例原则，都是公平原则的具体体现。从适度规制的角度看，对新兴的分享经济的规制不应过于严苛，而应考虑为其的发展适度留出空间，实行包容审慎监管，因此，应当观察其发展，并在其发展初期尽量减少干预。事实上，对许多创新，规制机关也难以把握规制的尺度，因而更应从鼓励发展的角度加以考量。这就如同我国的互联网产业，正是在政府干预较少的情况下，才得到了迅速发展，并为今天中国的结构转型和整体经济的发展奠定了重要基础。

此外，依据公平原则，对分享经济的规制也要考虑横向公平和纵向公平。例如，在税收方面，对网络平台以及其他服务的相关提供者，是否要依法征税，就

---

① 该办法由交通运输部牵头，七个部委参与制定，自 2016 年 11 月 1 日起实施。该办法对于明确网约车的合法地位有其积极意义，但其中所设定的多项条件一直受到批评，被认为可能不利于分享经济的发展。

② 在这方面，加强金融监管和进行适度规制都非常重要。李有星，等. 互联网金融监管的探析. 浙江大学学报. 人文社科版，2014（4）；刘宪权. 互联网金融股权众筹行为刑法规制论. 法商研究，2015（6）；等等。

涉及横向公平的问题，已引起各方面的高度关注。[①] 对此，网约车的《管理办法》特别提出了依法纳税的问题[②]，体现了平等征税、公平征税的原则的要求。又如，依据公平原则的要求，在分享经济所涉及的市场准入、日常经营等方面，都应当确保竞争的公平性。因此，分享经济的方方面面，都应当贯穿公平原则的要求，不仅在对其调控和规制方面要强调公平，在市场主体相互之间，也要强调公平交易、公平竞争、公平纳税、公平发展，这些都是经济法的公平原则所特别关注的，而上述方面的公平，会更有助于分享经济的长远发展。

总之，在对分享经济进行经济法规制的过程中，需要遵循经济法的基本原则，并在法治的框架下，切实兼顾效率和公平，解决相关市场失灵问题，推进经济的稳定增长，保障社会公共利益，从而推进经济和社会的协调发展，全面实现经济法的调整目标。

分享经济有助于节约成本、提高效率，但在其发展过程中如何兼顾公平，推进公平交易、公平竞争，并非只是民商法需要解决的问题，更需要经济法加强规制。例如，网约车常常被作为分享经济的突出代表，但在其不断发展的过程中，相关平台是否存在垄断，在其不断壮大的同时是否会损害消费者利益，一直是各方面关注的重要问题，需要经济法领域加强反垄断法、消费者保护法、价格法方面的规制。[③] 这就需要法定原则和公平原则的切实落实。

四、小结

分享经济的迅猛发展，带来了诸多理论和实践问题，需要从发展法学的维度

① 刘磊，钟山．互联网金融税收问题研究．国际税收，2015（7）；谢铭杰．互联网专车服务征税问题初探．税收经济研究，2015（6）；等等。

② 例如，该办法第23条规定：网约车平台公司应当依法纳税，为乘客购买承运人责任险等相关保险，充分保障乘客权益。

③ 对此，该办法的第21条规定：网约车平台公司不得妨碍市场公平竞争，不得侵害乘客合法权益和社会公共利益。网约车平台公司不得有为排挤竞争对手或者独占市场，以低于成本的价格运营扰乱正常市场秩序，损害国家利益或者其他经营者合法权益等不正当价格行为，不得有价格违法行为。

展开研究。基于学界既往的研究，可将分享经济分为两类，即侧重于最终收益分配的“收益型分享经济”，以及侧重于资源使用过程的“资源型分享经济”。其中，第一种类型的分享经济，是威茨曼等早期学者更为关注，且在今天仍有现实意义的分享经济类型；而第二种类型的分享经济，则是随着信息化的发展，在数字经济时代人们普遍关注的分享经济类型。

上述两种类型的分享经济，都与经济法存在内在关联，这些关联既体现在理念与原理层面，也体现在原则与制度层面。分享经济在理念上与经济法的基本原理存在内在的一致性，因此，经济法应当对分享经济在总体上持肯定、支持的态度，需要对其予以鼓励和促进，这是经济法的积极规制；同时，对于分享经济发展过程中可能存在的问题，特别是相关主体侵犯其他主体权利的问题，也要予以限制和禁止，这是经济法的消极规制。无论是哪种类型的规制，都要遵循经济法的基本原则，特别是法定原则和公平原则，这对于确保分享经济的长期健康发展更为重要。

在分享经济的两种类型中，“收益型分享经济”与解决现实的分配问题关联更为密切，无论是威茨曼提出的用来解决宏观“滞胀”问题的微观分享，还是在公共经济领域的分享税制，都需要有效的经济法规制。此外，“资源型分享经济”对于解决微观的市场需求，有效配置资源，降低社会成本，提升就业水平和稳定物价，优化经济结构，改善经济运行的质量，均有其积极意义，因而既需要经济法为其发展留出适度的空间，又需要经济法根据其不同情况进行有针对性的积极或消极规制，从而推进整体的经济与社会的良性运行和协调发展。

结　论

本书着重从经济法的维度，对发展法学的基本体系、基本范畴、基本问题等进行解析，相关研讨涉及发展法学的本体论、发生论、价值论、规范论、运行论和范畴论，上述诸论紧密相关，共同构成了发展法学的基本框架和主要内容。

前述各章的探讨表明，发展是时代的主旋律，改革、法治与发展是我国交织并行的三条主线，改革和法治都应有助于发展，因而应通过构建发展导向型法治，促进和保障各个领域的发展；对于发展失衡、发展失调、发展失序等发展问题，应通过法律制度的调整来加以解决，因而应当对各类发展主体的发展权利进行有效分配，对发展义务或发展负担进行轻重适度的调整，通过明确整体法治的发展导向，着力促进和保障现代化经济体系的建设，在市场化、信息化、全球化的背景下，处理好国家与国民、政府与市场、中央与地方、国内与国外等各类关系，从而推动整体现代化的发展目标的实现。

基于大量存在的以促进和保障发展为目标的法律制度及其实践，基于我国实现现代化的现实需要，基于既往“法律与发展”或“发展与法治”研究的大量积累，通过开展跨部门法的研究，融入法理学与相关部门法学的理论成果，构建发展法学，并将其作为法学体系中的重要新兴分支学科，既有必要，也有可能；既有理论价值，又有现实意义。

虽然本书着重从经济法的维度，初步提出了发展法学的基本体系、基本范畴等方面的思考，但发展法学的构建绝非易事，它是法理学和各个相关部门法学科的共同任务，只有相关法学分支学科勠力同心、协力并进、共谋“发展”，才可能构建起发展法学的宏伟大厦。

一、全书主要内容的发展法学提炼

对于本书所研讨的主要内容，导论部分曾按照全书的布局谋篇和各章的逻辑关联，简要加以说明，在此基础上，下面将从发展法学的视角作进一步提炼。

（一）基本体系与基本范畴

发展法学的构建，首先需要明确其基本体系和基本范畴，对此，在前面各章的讨论中，已作出大体的勾勒和提炼，现进一步归纳如下。

发展法学的基本体系或基本框架，主要包括本体论、发生论、价值论、规范论、运行论和范畴论。其中，在本体论方面，需要回答发展法学的概念、学科定位、与相关部门法学科的关系等问题；在发生论方面，需要解释发展法学的产生和发展背景、与既有的“法律与发展”理论的历史联系等问题；在价值论方面，需要阐释发展理念，分析发展促进与发展保障等内在价值，以及公平与效率、自由与秩序、安全与发展等外在价值的体现；在规范论方面，需要分别界定发展主体、发展权利、发展义务、发展负担、发展责任、发展利益等问题；在运行论方面，需要揭示法律制定与法律实施对发展的影响，以及法治体系的发展导向，审视法律在促进和保障发展方面的实效；在范畴论方面，需要提炼各类发展范畴，如发展矛盾、发展问题、发展目标、发展能力，等等。上述各类理论相互联结，共同构成了发展法学的基本体系或分析框架。

上述发展法学的基本体系表明，发展法学与传统的发展理论既有一定关联，又有很大不同。传统的发展理论主要是从发展经济学和发展社会学角度作出的提炼，对法学方面的成果吸纳相对较少。而上述的发展法学体系，则主要是基于法学视角所作出的提炼。尽管本书的研究主要侧重于经济法维度，但所概括的基本体系同样可以包容或适用于其他部门法对发展问题的研究。

在上述基本体系的提炼过程中，已经包含了一系列冠以“发展”字样的概念，它们都是发展法学应当关注的范畴。此外，书中还提及了诸如发展道路、发展模式、发展矛盾、发展目标、发展手段、发展能力、发展方式、发展质量等与“发展”相关的十几种概念。尽管这些概念在发展法学研究中都会用到，但它们并非都属于基本范畴。相对说来，在发展法学中更为重要的基本范畴主要是：发展问题、发展权利、发展义务或发展负担、发展法治、发展利益。

上述几个基本范畴，普遍适用于发展法学各类问题的研究，并且它们相互关联，构成了发展法学研究的如下逻辑主线：大量存在的发展问题（如发展失调、发展失序、发展失衡，体现为发展的不协调、无秩序、不平衡），都需要通过法律的调整来加以解决，而法律调整的主要方式或手段，则是有效分配发展权利，调整发展义务或发展负担，从而促进和保障发展，由此形成的发展导向型法治，可以简称为“发展法治”，只有在此类法治的框架下，才能有效实现各类发展主体的发展利益，同时，只有依法公平、均衡地保护各类主体的发展利益，才能从根本上解决发展问题，化解发展矛盾。可见，从发展问题的存在，到依靠法治解决发展问题，形成持续不断的发展过程；只有发展问题得到持续解决，才能实现经济、社会等各个领域的良性运行和协调发展。

（二）发展理念与发展理论

发展理念对发展法学的构建至为重要。为此，本书第一章专门讨论了发展理念对发展法学的影响，并在后续各章不同程度地涉及发展理念的探讨。事实上，发展理念是贯穿以促进和保障发展为目标的各类法律制度的魂魄，直接影响着发展的方向、目标和手段，也影响着发展导向型法治的实践，因此，在发展法学的各个领域，都需要关注发展理念的重要影响。

发展理论为发展法学的构建提供了直接的理论支撑，没有发展理论就不可能有发展法学。因此，在继承传统发展理论合理因素的基础上，从法学视角提炼发展理论甚为必要。为此，本书第一章专门提炼了发展理论，并将其作为整个发展法学的理论基础。事实上，发展理论是整个发展法学的理论浓缩，前面所概括的发展法学的基本体系和基本范畴，在发展理论都有体现。同时，后续各章的许多理论探讨，都是对发展理论的延续和扩展。对于发展法学需要研究的基本问题、基本范畴、基本关系、基本逻辑，在发展理论中均有讨论，因而它对发展法学的未来发展具有重要的基础价值。

（三）发展促进与发展保障

发展法学侧重于从法学的视角研究发展问题，尤其关注法律或法治对发展的促进和保障，因此，从本书第一章提出发展促进和发展保障开始，后续各章都从法律功能或法治作用的角度，关注发展促进和发展保障，这是贯穿全书的一条“功能主义主线”。

各类法律由于功能不同，在发展促进和发展保障上的体现也不同。例如，经济法就具有突出的发展促进功能，因而被称为“发展促进法”；而社会法在发展保障上的功能更为突出，因而社会保障法是其必不可少的组成部分。当然，各类法律都有发展保障的功能，即使是传统法，在产权保护等方面，也有突出的保障作用，因此，在发展法学研究中，需要根据各类法律的特点，关注其在促进和保障发展方面的不同功能。

在发展促进和发展保障方面，发展权利的分配和发展负担的调整非常重要。无论是一般意义上的发展权还是在发展权中最为重要的经济发展权，无论是市场主体的定价权还是地方政府的举债权，都需要注意法律分配的合理性和合法性；同时，要基于各类主体发展负担过重的现状，通过法律调整使其负担适度，并通过减负与转型，来实现发展促进和发展保障的目标。

无论是发展权利分配，还是发展负担调整，都要在法治框架下展开，只有构建发展导向型法治，才能有效促进和保障发展。因此，从法律制定到法律实施的各个环节，都应明确发展导向，从而实现促进和保障发展的良法善治。只有发展导向型的法治，才能为现代化经济体系提供有效保障，推动现代经济体制和现代经济体系的构建，从而进一步优化营商环境，实现市场主体的公平竞争；才能应对全球化、信息化带来的诸多新挑战，解决诸如贸易战与国家竞争、人工智能与分享经济等方面的复杂问题，促进和保障国际层面与国内层面的经济、技术等各个领域的全面发展。

上述三个方面，即基本体系与基本范畴、发展理念与发展理论、发展促进与发展保障，共同构成了本书第一章提出的发展法学基础理论，同时，它们也为全书提供了基本分析框架。作为基础理论和基本分析框架，它们为全书的探讨提供了最重要的理论基础，使全书各章节的探讨可以融为一体，并共同构成发展法学的基本内容。

二、发展法学研究需关注的几类重要关系

在上述各章的探讨中，蕴含着发展法学研究需要关注的多种关系，其中，如下几类关系尤为重要。

（一）“发展与法治”的关系

“发展与法治”的关系，以及相关联的“法律与发展”的关系，是发展法学需要关注的最为基础的关系，以往的“法律与发展”研究对此已有一定的探讨。因此，本书自始至终，一直贯穿着对上述关系的探讨。基于发展法学构建的角度，本书更关注法律或法治对发展的促进和保障，这也是贯穿各章的一条主线。

当然，从发展法学或发展理论全面研究的角度，应关注两者之间的相互关联或交互影响，既要分析法律或法治对发展的促进和保障，也要探寻相关领域的发展对法律或法治实践的影响。事实上，经济、社会、政治、文化等诸多领域的发展，既会影响法律制度的生成和变迁，也会影响法治的走向和改进，因此，从全面研究的视角，应当关注两者的互动。只不过在把发展作为主要目标的情况下，对于法律或法治能否以及如何促进和保障发展，人们会更为关注。

（二）“三化”及其与法治化的关系

“三化”及其与法治化的关系，是上述“发展与法治”关系的具体化，也是本书研究各类具体问题时所关注的重点。当代发展法学的研究背景，是市场化、信息化与全球化（合称“三化”）的迅速发展。由于世界各国主要实行市场经济，

市场化是信息化和全球化的基础，因此，进行发展法学研究，也要从市场化的视角出发，尊重市场经济规律，特别是价值规律、竞争规律等，并在市场化的基础上推进相关领域的发展。正由于市场化非常重要，因此，本书的前五章，都主要结合市场化的场景，讨论发展法学的相关问题。

此外，在市场化发展的过程中，随着科技的发展，特别是信息技术的突破，各国都大力推进信息化，并将其作为实现新阶段国家竞争目标的重要路径。而市场化和信息化的发展，又进一步推动了全球化，并转而带动了全球市场化和信息化的大发展。可见，“三化”是相互作用、相互影响的，在发展法学领域应紧密结合“三化”所带来的发展问题，特别是发展失调、发展失序和发展失衡问题，展开深入研究。为此，本书最后一章特别安排讨论全球化与信息化发展的法律应对问题。

但是，无论是市场化，还是信息化、全球化，都与法治化密切相关。因此，必须处理好“三化”与法治化的关系。从发展法学的角度看，“三化”都应在法治框架下展开，需要对“三化”涉及的相关问题进行适当的法律规制，这样才能促进和保障各类发展主体的发展权利和发展利益，实现可持续的有效发展。

为此，需要构建发展导向型的法治，实现“三化”过程中的良法善治，有效解决“三化”所产生的各类发展问题，这样，才能实现“三化”与法治化的协同，共同促进国家现代化发展目标的实现。

实现现代化是国家的整体发展目标，其重要路径是市场化、信息化和全球化，其中涉及市场机制、信息手段和开放条件，这些对整体经济系统的运行都是非常重要的。因此，本书各章对发展法学诸多问题的讨论，也贯穿了市场化、信息化和全球化的主线，既把它们作为讨论发展问题的背景，又把它们作为解决发展问题的手段。而上述的“三化”只有与法治化有机结合，形成相互支撑的“四化”，才能更好地促进整体现代化的实现。

上述对“四化”的讨论贯穿全书，形成了贯穿各章的逻辑主线，并由此形成了发展法学的主要内容。在发展法学的未来发展中，围绕“四化”展开的讨论还会持续不断，这与国家整体现代化这一最高发展目标直接相关。

（三）政府与市场的关系

由于在上述“三化”中，信息化与全球化都是在市场化条件下展开的，即市场化处于基础地位，因而本书各章一直贯穿着对市场化条件下的发展问题的讨论，其中涉及的基本关系，就是政府与市场的关系。政府与市场的关系对各领域的发展都有重大影响，是发展法学研究的重点，因而在本书多个问题的探讨中，始终贯穿着对两者关系的关注。

为此，本书在体例安排上，通常是在界定一般问题的基础上，再分别从市场和政府两个维度展开解析，如在发展权利方面，在界定了发展权和经济发展权的基础上，分别探讨了市场主体的定价权和地方政府的举债权；在发展负担方面，在界定了减负与转型的发展路径的基础上，分别探讨了市场主体的负担过重和政府主体的减负问题；在现代化的经济体系建设方面，在界定了经济体系的法治保障的基础上，分别探讨了以政府为主导的现代经济体制，以及以市场主体为主导的现代市场体系；等等。

对政府与市场的两者关系、两种作用，学界已有大量研讨，已形成的基本共识是：两者都是资源配置的重要系统，只不过是分别在提供公共物品和私人物品，因此，既要在波兰尼所提出的“双向运动”理论中处理好两者关系，又要在实践中切实体现司马迁的“善因论”的要求，这对于有效推进发展可谓至为重要。当然，两者关系也要“法治化”，这更有助于形成发展导向型的法治，从而更好地促进和保障发展。

除上述各类关系以外，在发展法学领域需要研究的关系还有很多，例如，在一国的发展时空中，会涉及国家与国民的关系、中央与地方的关系，等等；在全球化背景下，国家之间的竞争与合作直接影响发展，会涉及本国与外国的关系、国内经济与国际经济的关系，等等；在信息化环境下，信息技术的应用所带来的大量发展问题，会涉及科技与法律的关系、发展与安全的关系，等等。对于上述各类重要关系，本书亦有所探讨，在发展法学的未来发展中，也都应进一步关注。

三、发展法学的未来发展

发展法学研究要特别关注法律的促进和保障发展的功能，而经济法的上述功能尤为突出，因此，本书着重从经济法的维度，对发展法学的基本体系、基本范畴、基本问题等进行解释和分析，并试图由此展示发展法学的基本图景。对发展法学的最初构建而言，这可能是一条捷径，但对发展法学的未来发展而言，这还是相当不够的。

发展法学的未来发展，尤其需要开展跨学科研究。在法学内部，需要更多吸纳、融合法理学和各相关部门法学科的成果；在法学外部，则需要将经济学、社会学、政治学的相关研究融入发展法学的研究之中。在此基础上，发展法学研究的扩展和深入，将进一步丰富和完善社会科学的整体发展理论，也会推进相关社会科学的发展，因而具有重要的学术价值。

此外，随着发展法学的未来发展，发展法学会成为法学的重要新兴学科，并在法学体系中占据重要地位。同时，基于发展法学自身的独特性和重要性，基于学界的共同努力，未来的发展法学极有可能为中国乃至世界法学的发展作出重要贡献。

因此，学界有必要运用适当的方法论，对发展法学从上述的本体论到运行论等诸论，展开更全面的研究；有必要对其基本体系、基本范畴、基本问题等进行更为深入的研讨，并不断推出新的重要研究成果，从而不断推进发展法学的新发展。

相信未来在发展法学研究的推动下，相关的制度建设会不断完善，各类主体的发展权利将受到更为充分的保障，其发展负担也会得到极大减轻；同时，国家的法治建设会更有助于促进发展，国家的政治、经济、社会、文化等领域的发展也能够得到完备的法治保障，而由此不断提升的国家治理能力，也会更有助于国家现代化发展目标的实现。

参考文献

阿西莫格鲁，罗宾逊．国家为什么会失败．李增刚，译．长沙：湖南科学技术出版社，2015.

艾哈德．大众福利．祝世康，穆家骥，译，北京：商务印书馆，2017.

奥格斯．规制：法律形式与经济学理论．骆梅英，译．北京：中国人民大学出版社，2008.

奥斯特罗姆．公共事务的治理之道．余逊达，等译．上海：上海三联书店，2000.

贝克，佩里兹．为什么国家也会破产．原龙，译．北京：中国电力出版社，2015.

波兰尼．大转型：我们时代的政治与经济起源．冯刚，刘阳，译．杭州：浙江人民出版社，2007.

彼得斯．税收政治学：一种比较的视角．郭为桂，等译．南京：江苏人民出版社，2008.

布坎南．宪政的经济学阐释．黄文华，等译．北京：中国社会科学出版社，2012.

布朗芬布伦纳. 收入分配理论. 方敏，等译. 北京：华夏出版社，2010.

多梅尔. 人工智能：改变世界，重建未来. 赛迪研究院专家组译. 北京：中信出版社，2016.

芬德利，奥罗克. 强权与富足：第二个千年的贸易，战争和世界经济. 华建光，译. 北京：中信出版社，2012.

费恩塔克. 规制中的公共利益. 戴昕，译. 北京：中国人民大学出版社，2014.

费肯杰. 经济法：二卷. 张世明，译. 北京：中国民主法制出版社，2010.

福山. 历史的终结与最后的人. 陈高华，译. 桂林：广西师范大学出版社，2014.

福特. 机器人时代：技术，工作与经济的未来. 王吉美，牛筱萌，译. 北京：中信出版社，2015.

弗洛里迪. 第四次革命：人工智能如何重塑人类现实. 王文革，译. 杭州：浙江人民出版社，2016.

哈耶克. 法律，立法与自由：二，三卷. 北京：中国大百科全书出版社，2000.

侯家驹. 中国经济史. 北京：新星出版社，2008.

霍温坎普. 联邦反托拉斯政策：竞争法律及其实践. 3 版. 许光耀，等译. 北京：法律出版社，2009.

金东寒. 秩序的重构——人工智能与人类社会. 上海：上海大学出版社，2017.

金圣荣. 贸易战：全球贸易进化史. 北京：电子工业出版社，2011.

柯武钢，史漫飞. 制度经济学：社会秩序与公共政策. 韩朝华，译. 北京：商务印书馆，2000.

李昌麒. 中国改革发展成果分享法律机制研究. 北京：人民出版社，2011.

李斯特. 政治经济学的国民体系. 邱伟立，译. 北京：华夏出版社，2013.

李彦宏，等. 智能革命：迎接人工智能时代的社会、经济与文化变革. 北京：中信出版社，2017.

林恩. 发展经济学. 王乃辉，等译. 上海：格致出版社，2009.

林燕萍，等. 发展中国家十国竞争法研究. 北京：北京大学出版社，2010.

卢曼. 社会的经济. 于瑞先，等译. 北京：人民出版社，2008.

罗德里克. 全球化的悖论. 廖丽华，译. 北京：中国人民大学出版社，2011.

罗兰. 转型与经济学. 张帆，等译. 北京：北京大学出版社，2002.

米塞斯. 人的行为. 夏道平，译. 上海：上海社会科学院出版社，2015.

缪尔达尔. 亚洲的戏剧：南亚国家贫困问题研究. 方福前，译. 北京：商务印书馆，2015.

诺思，托马斯. 经济史中的结构与变迁. 陈郁，等译. 上海：上海三联书店、上海人民出版社，1994.

诺斯，托马斯. 西方世界的兴起. 厉以平，等译. 北京：华夏出版社，1999.

帕力瓦拉，等. 第三世界国家的法律与危机. 邓宏光，等译. 北京：法律出版社，2006.

帕森斯，斯梅尔瑟. 经济与社会. 刘进，等译. 北京：华夏出版社，1989.

皮凯蒂. 21世纪资本论. 巴曙松，等译. 北京：中信出版社，2014.

普雷斯顿. 发展理论导论. 李小云，等译. 北京：社会科学文献出版社，2011.

青木昌彦. 比较制度分析. 周黎安，译. 上海：上海远东出版社，2001.

桑斯坦. 简化：政府的未来. 陈丽芳，译. 北京：中信出版社，2015.

阿马蒂亚·森. 以自由看待发展. 任赜，等译. 北京：中国人民大学出版社，2002.

阿马蒂亚·森. 贫困与饥荒——论权利与剥夺. 王宇，等译. 北京：商务印书馆，2001.

塞德曼，等. 发展进程中的国家与法律——第三世界问题的解决和制度变革. 冯玉军，等译. 北京：法律出版社，2006.

瑟尔沃. 发展经济学. 9 版. 郭熙保，等译. 北京：中国人民大学出版社，2015.

神野直彦. 体制改革的政治经济学. 王美平，译. 北京：社会科学文献出版社，2013.

施特尔特. 21 世纪债务论. 胡琨，译. 北京：北京时代华文书局，2015.

施博德，沈向洋. 未来计算：人工智能及其社会角色. 北京：北京大学出版社，2018.

斯蒂格利茨. 自由市场的坠落. 李俊青，等译. 北京：机械工业出版社，2011.

斯蒂格利茨. 发展与发展政策. 纪沫，等译. 北京：中国金融出版社，2009.

斯蒂格利茨. 不平等的代价. 张子源，译. 北京：机械工业出版社，2013.

斯蒂格利茨，等. 稳定与增长：宏观经济学，自由化与发展. 刘卫，译. 北京：中信出版社，2008.

斯塔萨维奇. 公债与民主国家的诞生. 毕竞悦，译. 北京：北京大学出版社，2007.

斯密. 国民财富的性质和原因的研究. 郭大力，等译. 北京：商务印书馆，2003.

速水佑次郎. 发展经济学. 李周，译. 北京：社会科学文献出版社，2003.

坦茨. 政府与市场：变革中的政府职能. 王宇，等译. 北京：商务印书馆，2014.

托斯. 人工智能时代. 赵俐，译. 北京：人民邮电出版社，2017.

托达罗，史密斯. 发展经济学. 11 版. 聂巧平，等译. 北京：机械工业出版社，2014.

汪习根. 发展权全球法治机制研究. 北京：中国社会科学出版社，2008.

王绍光，等. 中国国家能力报告. 沈阳：辽宁人民出版社，1993.

威茨曼. 分享经济. 北京：中国经济出版社，1986.

韦伯. 民族国家与经济政策. 甘阳，等译. 北京：生活·读书·新知三联书店，1997.

韦伯. 经济与社会：上卷. 林荣远，译. 北京：商务印书馆，1997.

维斯，霍布森. 国家与经济发展——一个比较及历史性的分析. 黄兆辉，等译. 长春：吉林出版集团有限责任公司，2009.

吴军. 智能时代：大数据与智能革命重新定义未来. 北京：中信出版社，2016.

希克. 联邦预算：政治、政策、过程. 3版. 苟燕楠，译. 北京：中国财政经济出版社，2011.

谢泼德，等. 经济地理学指南. 汤茂林，等译. 北京：商务印书馆，2009.

杨紫烜. 国家协调论. 北京：北京大学出版社，2009.

姚建宗. 法律与发展研究导论. 长春：吉林大学出版社，1998.

易继明. 技术理性、社会发展与自由——科技法学导论. 北京：北京大学出版社，2005.

俞可平. 论国家治理的现代化. 北京：中国社会科学文献出版社，2014.

张守文. 经济法理论的重构. 北京：人民出版社，2004.

张守文. 分配危机与经济法规制. 北京：北京大学出版社，2015.

张夏准. 富国陷阱：发达国家为何踢开梯子?. 肖炼，等译. 北京：社会科学文献出版社，2009.

张琢. 中国现代化的历程及前瞻. 北京：社会科学文献出版社，2017.

图书在版编目（CIP）数据

发展法学：经济法维度的解析 / 张守文著. --北京：中国人民大学出版社，2021.8
（中国当代法学家文库. 张守文经济法学研究系列）
ISBN 978-7-300-29648-7

Ⅰ. ①发… Ⅱ. ①张… Ⅲ. ①经济法-研究-中国
Ⅳ. ①D922.290.4

中国版本图书馆 CIP 数据核字（2021）第 140084 号

"十三五"国家重点出版物出版规划项目
中国当代法学家文库·张守文经济法学研究系列
发展法学：经济法维度的解析
张守文　著
Fazhan Faxue：Jingjifa Weidu de Jiexi

出版发行	中国人民大学出版社		
社　址	北京中关村大街 31 号	**邮政编码**	100080
电　话	010－62511242（总编室）		010－62511770（质管部）
	010－82501766（邮购部）		010－62514148（门市部）
	010－62515195（发行公司）		010－62515275（盗版举报）
网　址	http://www.crup.com.cn		
经　销	新华书店		
印　刷	涿州市星河印刷有限公司		
规　格	170mm×228mm　16 开本	**版　次**	2021 年 8 月第 1 版
印　张	21.25 插页 4	**印　次**	2021 年 8 月第 1 次印刷
字　数	318 000	**定　价**	98.00 元